# ʟIM SPIEGEL DER LITERATUR

*Kurzprosa aus dem 20. Jahrhundert*

# IM SPIEGEL DER LITERATUR

*Kurzprosa aus dem 20. Jahrhundert*

EDITED BY

BRIGITTE M. TURNEAURE

*Stanford University*

W · W · NORTON & COMPANY · New York · London

Copyright © 1992 by W. W. Norton & Company, Inc.
Printed in the United States of America


The text of this book is composed in Janson
with the display set in Zaph Chancery
Composition and Manufacturing by The Haddon Craftsmen Inc.
Book design by Antonina Krass.
Illustrations by Virginia Waddell Sampson.

**Library of Congress Cataloging-in-Publication Data**
Im Spiegel der Literatur : Kurzprosa aus dem 20. Jahrhundert / edited
  by Brigitte M. Turneaure.
      p.   cm.
    ISBN 0-393-96182-6
    1. German language—Readers.   2. German fiction—20th century.
  3. Short stories, German.   4. German language—Textbooks for foreign
  speakers—English.   I. Turneaure, Brigitte M.
  PF3117.I4   1992
  438.6'421—dc20                                                91-39826
                                                                    CIP
W. W. Norton & Company, Inc., 500 Fifth Avenue, New York, N.Y. 10110
W. W. Norton & Company, Ltd., 10 Coptic Street, London WC1A 1PU
  3 4 5 6 7 8 9 0

# Acknowledgments

The editor wishes to thank the following publishers and individuals for permission to reprint copyrighted material.

Hugo von Hofmannsthal, "Das Erlebnis des Marschalls von Bassompierre," from *Gesammelte Werke in Einzelbänden. Die Erzählungen.* Copyright © 1945 by Berman-Fischer Verlag AB, Stockholm. Reprinted by permission of Fischer Verlag, Frankfurt am Main.

Rainer Maria Rilke, "Die Turnstunde," from *Sämtliche Werke, Band 4.* Copyright © 1961 by Insel-Verlag, Frankfurt am Main.

Thomas Mann, "Anekdote," from *Stockholmer Gesamtausgabe der Werke von Thomas Mann. Erzählungen.* Copyright © 1958 by Katharina Mann. Reprinted by permission of Fischer Verlag, Frankfurt am Main.

Robert Musil, "Das Fliegenpapier," from *Gesammelte Werke, Band 7.* Copyright © 1978 by Rowohlt Verlag GmbH, Reinbek.

Hermann Hesse, "Der Dichter," from *Märchen.* Copyright © 1955 by Suhrkamp Verlag, Frankfurt am Main.

Franz Kafka, "Der Schlag ans Hoftor," "Der Aufbruch," "Gib's auf!," "Der Steuermann," "Heimkehr," from *Beschreibung eines Kampfes.* Copyright © 1936, 1937 by Heinr. Mercy Sohn, Prague; Copyright 1946 by Schocken Books Inc., New York; Copyright © 1964 (1965) by Schocken Books Inc., New York.

Franz Kafka, "Eine kaiserliche Botschaft," from *Gesammelte Werke. Erzählungen.* Copyright © 1935 by Schocken Verlag, Berlin. Copyright © 1946 (1963) by Schocken Books Inc., New York.

Bertolt Brecht, "Das Wiedersehen," "Erfolg," Wenn Herr K. einen Menschen liebte," "Herr Keuner und die Flut," "Der hilflose Knabe," "Der Städtebauer," "Maßnahmen gegen die Gewalt," from *Gesammelte Werke.* Copyright © 1967 by Suhrkamp Verlag, Frankfurt am Main.

Ilse Aichinger "Das Plakat," from *Der Gefesselte.* Copyright © 1954 by S. Fischer Verlag, Frankfurt am Main.

Heinrich Böll, "Es wird etwas geschehen. Eine handlungsstarke Geschichte," from *Gesammelte Erzählungen. Band 2.* Copyright © 1981 by Verlag Kiepenheuer & Witsch, Köln.

Alfred Andersch, "Die Letzten vom 'Schwarzen Mann'," from *Geister und Leute.* Copyright © 1969 by Diogenes Verlag AG, Zürich.

Ingeborg Bachmann, "Jugend in einer österreichischen Stadt," from *Werke.* Copyright © 1978 by R. Piper & Co. Verlag, München.

Franz Fühmann, "Das Judenauto," from *Das Judenauto, Kabelkran und Blauer Peter, Zweiundzwanzig Tage oder Die Hälfte des Lebens.* Copyright © 1979 by Hinstorff Verlag GmbH, Rostock.

Johannes Bobrowski, "Mäusefest," from *Gesammelte Werke. Band 4. Die Erzählungen und vermischte Prosa.* Copyright © 1987 by Union Verlag, Berlin.

Uwe Johnson, "Osterwasser," from *Karsch und andere Prosa.* Copyright © 1964 by Suhrkamp Verlag, Frankfurt am Main.

# CONTENTS

PREFACE          XI

ACKNOWLEDGMENTS          XV

HUGO VON HOFMANNSTHAL          1
    *Das Erlebnis des Marschalls von Bassompierre* (1900)          3

RAINER MARIA RILKE          15
    *Die Turnstunde* (1902)          17

THOMAS MANN          23
    *Anekdote* (1908)          25

ROBERT MUSIL          31
    *Das Fliegenpapier* (1913)          33

HERMANN HESSE          37
    *Der Dichter* (1913)          39

FRANZ KAFKA          47
    *Der Schlag ans Hoftor* (1917)          49
    *Heimkehr* (1920)          51

Der Aufbruch (1922)     51

Gib's auf (1922)     52

Eine kaiserliche Botschaft (1917)     52

Der Steuermann (1920)     53

BERTOLT BRECHT     55

Geschichten von Herrn Keuner: Auszüge (1933–1947)     57

ILSE AICHINGER     61

Das Plakat (1954)     63

HEINRICH BÖLL     71

Es wird etwas geschehen. Eine
handlungsstarke Geschichte (1954)     73

ALFRED ANDERSCH     79

Die Letzten vom ,Schwarzen Mann' (1958)     81

INGEBORG BACHMANN     87

Jugend in einer österreichischen Stadt (1959)     89

FRANZ FÜHMANN     101

Das Judenauto (1962)     103

JOHANNES BOBROWSKI     115

Mäusefest (1964)     117

UWE JOHNSON     121

Osterwasser (1964)     123

GÜNTER KUNERT     133

Alltägliche Geschichte einer Berliner Straße (1968)     135

SARAH KIRSCH                                    141
  Der Schmied von Kosewalk (1969)               143


PETER BICHSEL                                   153
  Der Mann mit dem Gedächtnis (1969)            155


ALFRED ANDERSCH                                 159
  Jesuskingdutschke (1971)                      161


BARBARA FRISCHMUTH                              179
  Meine Großmutter und ich (1973)               181


CHRISTA WOLF                                    189
  Blickwechsel (1974)                           191


REINER KUNZE                                    209
  Die wunderbaren Jahre: Auszüge (1976)         211


ANGELIKA MECHTEL                                217
  Netter Nachmittag (1976)                      219


HEINRICH BÖLL                                   223
  Du fährst zu oft nach Heidelberg (1977)       225


GERTRUD WILKER                                  235
  Prinz Lipetui (1979)                          237


AYZEL ÖZAKIN                                    245
  Die dunkelhaarigen Kinder von Berlin (1982)   247

# ANGELA KRAUß 253
### Der Dienst (1988) 255

# MANFRED JENDRYSCHIK 269
### Straßentage (1990) 271

# GLOSSARY OF SELECTED LITERARY TERMS 275

# VOCABULARY 279

# PREFACE

## To the Instructor

*Scope of the Book*

*Im Spiegel der Literatur* is intended to meet the need for a literary reader for intermediate and advanced students of German. Because anthologies edited for undergraduates are limited in number and infrequently updated, many of us have resorted to using unedited texts. Consequently, teaching introductory courses in German literature has been a difficult enterprise. Most of us who teach them have more than once watched students eager to explore German literature become discouraged as they flip back and forth between text and dictionary or puzzle blankly over unfamiliar historical allusions and cultural references. To help my students sustain their initial enthusiasm for German literature and to make their study both meaningful and pleasurable, I began developing a teaching apparatus to accompany the texts we read in our Modern Short Prose course, one of the introductory courses we offer at Stanford. Out of this grew *Im Spiegel der Literatur.*

In selecting texts, I was guided by several criteria. Of first importance was teachability. With the exception of the two stories published most recently, I have included only those works that groups of students taking the course over seven years repeatedly have found interesting and engaging. Another important criterion was quality and range of writing; the anthology includes seven writers from the early decades of the century, seventeen from the last forty years; four writers from the Federal Republic of Germany (Böll and Andersch are represented each by two stories), eight from the former German Democratic Republic, seven from Austria or the Austro-Hungarian Empire, and two Swiss writers. Of the twenty–five authors, nine are women. With few exceptions, the writers represented are acknowledged major authors.

A further consideration was variety of linguistic and interpretive difficulty, as well as variety in form, length, and subject matter. The different short-prose forms represented here—short story, surrealist story, parable, anecdote, novella, literary fairytale, and experimental texts—will be a welcome feature in classes that concentrate on literary analysis and interpretation. While most of the texts are between five and ten pages long, I have included some texts of a paragraph or two, and a few as long as seventeen pages. Subjects range from the final moments of life of flies stuck on flypaper to street life during the Velvet Revolution of 1989.

In response to current interest in the cultural contexts of literature, I have included many texts that explore political and social change in the twentieth century. Many students are drawn to German literature precisely because of the insights it can offer into German culture and history and into western culture generally. While much of the literature of the Federal Republic and the former German Democratic Republic necessarily draws students into the dark themes of this century and the German trauma of remembering—or trying to forget—the past, the texts, by virtue of their aesthetic richness, their compelling descriptions, and the provocative ideas they raise, engage and excite students. I have often been told by my students that the stories in *Im Spiegel der Literatur* have given them new perspectives on their studies in other disciplines.

The texts are arranged chronologically in the order of their publication dates, indicated in the table of contents, with the exception of selections by Kafka, Brecht, and Krauß where the dates given indicate the years they were written. Of course the works need not be read in this order. For less advanced students, instructors may want to begin with texts that are the easiest linguistically—the stories by Bichsel, Bobrowski, Brecht, Kafka, Mechtel, Wilker, and Özakin. In courses where the focus is on cultural events of different decades or periods, instructors will find ample stories reflecting different eras. Something of the *Zeitgeist* of the early decades of this century can be gleaned from the works of such writers as Hesse and Kafka. Several texts reflect the impact of Nazi rule, such as the stories by Bobrowski and Kunert. A number of writers, for example Andersch and Mechtel, explore West German society, while Kirsch and Krauß, among others, portray aspects of life in East Germany under the Communist regime.

## Teaching Apparatus

The teaching apparatus opens the possibilities for learner-centered instruction. It is designed to help students overcome the obstacles built into the study of a foreign literature: insufficient familiarity with the vocabulary and the cultural context, and insufficient practice with literary analysis. Linguistic help is provided by glosses and an extensive end-vocabulary. I have tried to render the glosses as literally as possible without making them awkward or distorting their German meaning. I have chosen to gloss more rather than less largely because in teaching the texts I've found that students who worked with extensive glosses displayed a deeper understanding of the stories than students in earlier years reading the same texts with few or no glosses.

In classes where *Im Spiegel der Literatur* is used for explicit language instruction, instructors might ask students to identify the high-frequency words they still need to learn and to generate individual word lists. This individualized word-study method is one of the strong features of proficiency-based teaching. In addition, instructors can select a number of glossed words that they would like their students to learn.

To help students overcome contextual barriers, I have provided both general background information on the author and brief introductions that orient students to the subject and setting of the story. More detailed background information appears in footnotes, written in English to speed up this preparatory reading. My students, using this book in manuscript form, have reinforced recent research that shows the benefit of these advance organizers; they were better readers for having taken time to prepare.

Finally, the guiding questions which follow the introductions help students develop their skills as close readers. The questions prompt students to read with greater awareness—of themes and images, style, and structure—than if they were reading "cold"; they guide them toward critical as well as personal responses. The questions can also serve as the basis for class discussions in which the instructor can take the role of facilitator while the class or small groups in the class share reactions and interpretations. The quality of discussions will be further enhanced if students think about the questions in detail and write down their responses in preparation for class. With the exception of cognates, the literary terms used in the questions are translated in the end-vocabulary; all of the terms are briefly defined in the literary glossary preceding the end-vocabulary.

## To the Student

### Strategies for Reading

To read literature with care and imagination, with "delicate fingers and eyes" as Nietzsche puts it, is to approach each text with a sense of discovery and a willingness to make a commitment to thoughtful, *active* reading. The sequence of steps below will help you become a more active reader. These reading strategies grew out of an invitation to students using *Im Spiegel der Literatur* in manuscript form to share practical advice with future readers of the book. Keep in mind from the start that two or three careful readings, with time in between for thinking about meaning, will be more rewarding than reading laboriously in one sitting.

To establish a context for the story, begin by reading the introduction and annotations providing historical background. Glance at the questions following the introductions and keep them in the back of your mind during your first reading. At this stage, the questions merely serve as signposts that help you structure the material. As you read, look up only those words needed to understand the gist of a sentence or group of sentences. Before you look up a word, read the entire sentence and several sentences beyond that, since often the context will clarify the meaning of a word or phrase that troubled you initially.

At the end of your first reading, make a mental note of your questions about plot and other elements of the story. Then reread the guiding questions and focus on a few of them while you read the story a second time. Mark and annotate those passages that provide clues that help answer the questions. During this reading, you will want to look up words that you haven't been able to understand from context. After your second reading, go back to the passages you have marked and think about your answers to the questions. As preparation for writing your answers in some detail or for discussing them in class, it is useful to note key words or phrases, followed by page and line numbers, for reference later on.

You will be richly rewarded for reading with care. In the mirror these works hold up to lives and worlds far different from your own, you will often see yourself reflected as well, for such is the pleasure and power of literature.

# Acknowledgments

I wish to thank all those whose help was essential in the creation of *Im Spiegel der Literatur*. First and foremost, I am indebted to my students who used the typescript for this book as their course readings. Their thoughtful and enthusiastic responses to the readings, introductions, and questions encouraged me to develop the typescript into a book. Dora Van Vranken, Redlands University, tested parts of the manuscript in various classes and provided me with valuable feedback. Marian Sperberg-McQueen, University of Illinois—Chicago, reviewed the manuscript and made helpful suggestions. Ursula Berg-Lunk, Santa Clara University, read the entire book at various stages of the editorial process, refining the language glosses, copyediting, and proofreading. My husband, John P. Turneaure, helped lighten the burden of preparing the manuscript for publication by serving as my computer expert. Virginia Waddell Sampson's illustrations enhanced the visual appeal of the book.

At W.W. Norton, Antonina Krass created the elegant, inviting page design. Diane O'Connor, production editor, ably saw the project through from typescript to finished book. Julia A. Reidhead, editor, gave the book the most thoughtful attention an author could hope for from its inception to its completion. To every question that arose during the planning and production stages she responded with intelligence, practicality, and good humor.

I dedicate *Im Spiegel der Literatur* to Tanya and Stefan Turneaure and to the many students like them who have persevered in their study of German. My hope is that their knowledge and appreciation of German literature and culture will be deepened by the stories in this anthology.

Stanford, California
August 1991

# IM SPIEGEL DER LITERATUR

Kurzprosa aus dem 20. Jahrhundert

# HUGO VON HOFMANNSTHAL

## Das Erlebnis des Marschalls von Bassompierre

*Der Österreicher Hugo von Hofmannsthal (1874–1929) ist einer der größten deutschsprachigen Lyriker. Von ihm stammen auch Erzählungen, Dramen, Essays und Libretti. Er war einer der Mitbegründer[1] der weltberühmten Salzburger Festspiele.*

    *„Das Erlebnis des Marschalls von Bassompierre" basiert auf einer Novelle von Goethe. Jedoch hat Hofmannsthal seine Vorlage[2] weitgehend geändert, indem er seine eigene Problematik und die seiner Zeit dargestellt hat. Hofmannsthal war Zeuge[3] der sich auflösenden[4] Habsburger Monarchie und der Krise der westlichen Kultur.[5] Er charakterisiert das Wesen seiner Zeit als das „Unbestimmte", „das Gleitende",[6] das sich für ihn aus dem Zerfall der alten Werte und der Entstehung einer pluralistischen Werteskala ergibt.[7] Die neuen Werte, die seinen Werken zugrunde liegen, sind das Irrationale, die Erotik und das Schöne. Dabei spielt das Todesbewußtsein[8] eine wichtige Rolle.*

[1] **Mitbegründer**   co-founders

[2] **Vorlage**   model

[3] **Zeuge**   witness

[4] **sich auflösenden**   disintegrating

[5] **Krise . . . Kultur**   Cultural historians of this period point to the dissolution of liberal values such as progress, reason, and the identity of the individual.

[6] **das Gleitende**   the moving, slipping, sliding

[7] **sich [. . .] ergibt**   results

[8] The writers and artists of turn-of-the-century Vienna shared with the Romantics a fascination with death and a longing for the infinite, which could be attained through beauty, love, and ultimately death.

*Beim Lesen achten Sie darauf, wie Hofmannsthal die Krämerin[9] zeichnet. Welche Züge[10] an ihr betont er? Wie würde man dieses von einem Mann entworfene[11] Bild der Frau mit feministisch geschulten Augen sehen?*

*Welches Leitmotiv[12] deutet auf die Intensität und Flüchtigkeit[13] des erlebten Glückes? Wo wird die Nähe von Eros und Tod besonders deutlich suggeriert, und wie werden die Todesfälle präfiguriert?*

[9]**Krämerin** shopkeeper

[10]**Züge** traits

[11]**entworfene** drawn

[12]Literary terms are translated and defined in the glossary on pages 275–277.

[13]**Flüchtigkeit** ephemeral nature

# HUGO VON HOFMANNSTHAL

## Das Erlebnis des Marschalls von Bassompierre

Zu einer gewissen Zeit meines Lebens brachten es meine Dienste mit sich,[1] daß ich ziemlich regelmäßig mehrmals in der Woche um eine gewisse Stunde über die kleine Brücke ging (denn der Pont neuf[2] war damals noch nicht erbaut) und dabei meist von einigen Handwerkern oder anderen Leuten aus dem Volk erkannt und gegrüßt wurde, am auffälligsten[3] aber und regelmäßigsten von einer sehr hübschen Krämerin, deren Laden an einem Schild mit zwei Engeln kenntlich war, und die, sooft ich in den fünf oder sechs Monaten vorüberkam, sich tief neigte[4] und mir soweit nachsah, als sie konnte. Ihr Betragen fiel mir auf, ich sah sie gleichfalls an und dankte ihr sorgfältig. Einmal, im Spätwinter, ritt ich von Fontainebleau nach Paris, und als ich wieder die kleine Brücke heraufkam, trat sie an ihre Ladentür und sagte zu mir, indem ich vorbeiritt: „Mein Herr, Ihre Dienerin!" Ich erwiderte ihren Gruß, und indem ich mich von Zeit zu Zeit umsah, hatte sie sich weiter vorgelehnt, um mir soweit als möglich nachzusehen. Ich hatte einen Bedienten und einen Postillion hinter mir, die ich noch diesen Abend mit Briefen an gewisse Damen nach Fontainebleau zurückschicken wollte. Auf meinen Befehl stieg der Bediente ab und ging zu der jungen Frau, ihr in meinem Namen zu sagen, daß ich ihre Neigung,[5] mich zu sehen und zu grüßen,

---

[1] **brachten . . . sich**  my employment required
[2] **Pont neuf**  bridge in Paris
[3] **am auffälligsten**  most noticeably
[4] **neigte**  bowed
[5] **Neigung**  inclination

3

bemerkt hätte; ich wollte, wenn sie wünschte mich näher kennenzulernen, sie aufsuchen, wo sie verlangte. 25

Sie antwortete dem Bedienten: er hätte ihr keine erwünschtere Botschaft[6] bringen können, sie wollte kommen, wohin ich sie bestellte.

Im Weiterreiten fragte ich den Bedienten, ob er nicht etwa einen Ort wüßte, wo ich mit der Frau zusammenkommen könnte. Er antwortete, daß er sie zu einer gewissen Kupplerin[7] führen wollte; da er aber ein sehr 30 besorgter und gewissenhafter[8] Mensch war, dieser Diener Wilhelm aus Courtrai, so setzte er gleich hinzu: da die Pest[9] sich hie und da[10] zeige und nicht nur Leute aus dem niedrigen und schmutzigen Volk, sondern auch ein Doktor und ein Domherr[11] schon daran gestorben seien, so rate er mir, Matratzen, Decken und Leintücher[12] aus meinem Hause mitbringen zu 35 lassen. Ich nahm den Vorschlag an, und er versprach, mir ein gutes Bett zu bereiten. Vor dem Absteigen sagte ich noch, er solle auch ein ordentliches Waschbecken[13] dorthin tragen, eine kleine Flasche mit wohlriechender Essenz[14] und etwas Backwerk und Äpfel; auch solle er dafür sorgen, daß das Zimmer tüchtig geheizt[15] werde, denn es war so kalt, daß mir die Füße im 40 Bügel[16] steif gefroren waren, und der Himmel hing voll Schneewolken.

Den Abend ging ich hin und fand eine sehr schöne Frau von ungefähr zwanzig Jahren auf dem Bette sitzen, indes die Kupplerin, ihren Kopf und ihren runden Rücken in ein schwarzes Tuch eingemummt,[17] eifrig in sie hineinredete. Die Tür war angelehnt,[18] im Kamin lohten große frische 45 Scheiter geräuschvoll auf,[19] man hörte mich nicht kommen, und ich blieb einen Augenblick in der Tür stehen. Die Junge sah mit großen Augen ruhig in die Flamme; mit einer Bewegung ihres Kopfes hatte sie sich wie auf Meilen von der widerwärtigen[20] Alten entfernt; dabei war unter einer kleinen Nachthaube,[21] die sie trug, ein Teil ihrer schweren dunklen Haare 50 vorgequollen[22] und fiel, zu ein paar natürlichen Locken sich ringelnd,[23] zwischen Schulter und Brust über das Hemd. Sie trug noch einen kurzen

---

[6]**Botschaft** message
[7]**Kupplerin** procuress, madam (of a brothel)
[8]**besorgter und gewissenhafter** careful and conscientious
[9]**Pest** plague
[10]**hie und da** here and there
[11]**Domherr** canon
[12]**Leintücher** sheets
[13]**ordentliches Waschbecken** proper washbasin
[14]**wohlriechender Essenz** perfume

[15]**tüchtig geheizt** heated well
[16]**Bügel** stirrup
[17]**in [. . .] eingemummt** wrapped in a shawl
[18]**war angelehnt** stood ajar
[19]**im . . . auf** in the fireplace large fresh logs were blazing noisily
[20]**widerwärtigen** repulsive
[21]**Nachthaube** nightcap
[22]**vorgequollen** escaped
[23]**zu . . . ringelnd** falling into a few natural ringlets

Unterrock von grünwollenem Zeug[24] und Pantoffeln[25] an den Füßen. In diesem Augenblick mußte ich mich durch ein Geräusch verraten haben:[26] Sie warf ihren Kopf herum und bog mir ein Gesicht entgegen, dem die 55 übermäßige Anspannung der Züge[27] fast einen wilden Ausdruck gegeben hätte, ohne die strahlende Hingebung,[28] die aus den weit aufgerissenen Augen strömte und aus dem sprachlosen Mund wie eine unsichtbare Flamme herausschlug. Sie gefiel mir außerordentlich; schneller, als es sich denken läßt, war die Alte aus dem Zimmer und ich bei meiner Freundin. 60 Als ich mir in der ersten Trunkenheit des überraschenden Besitzes einige Freiheiten herausnehmen wollte, entzog sie sich mir mit einer unbeschreiblich lebenden Eindringlichkeit[29] zugleich des Blickes und der dunkeltönenden Stimme. Im nächsten Augenblick aber fühlte ich mich von ihr umschlungen,[30] die noch inniger mit dem fort und fort empordrängenden 65 Blick der unerschöpflichen Augen als mit den Lippen und den Armen an mir haftete;[31] dann wieder war es, als wollte sie sprechen, aber die von Küssen zuckenden[32] Lippen bildeten keine Worte, die bebende Kehle[33] ließ keinen deutlicheren Laut als ein gebrochenes Schluchzen[34] empor.

Nun hatte ich einen großen Teil dieses Tages zu Pferde auf frostigen 70 Landstraßen verbracht, nachher im Vorzimmer des Königs einen sehr ärgerlichen und heftigen Auftritt durchgemacht[35] und darauf, meine schlechte Laune zu betäuben,[36] sowohl getrunken als mit dem Zweihänder stark gefochten,[37] und so überfiel mich mitten unter diesem reizenden und geheimnisvollen Abenteuer, als ich von weichen Armen im Nacken um- 75 schlungen und mit duftendem Haar bestreut[38] dalag, eine so plötzliche heftige Müdigkeit und beinahe Betäubung, daß ich mich nicht mehr zu erinnern wußte, wie ich denn gerade in dieses Zimmer gekommen wäre, ja sogar für einen Augenblick die Person, deren Herz so nahe dem meinigen klopfte, mit einer ganz anderen aus früherer Zeit verwechselte und gleich 80 darauf fest einschlief.

---

[24]**Zeug** material
[25]**Pantoffeln** slippers
[26]**mußte ... haben** I must have given myself away by making a sound
[27]**übermäßige ... Züge** excessively strained look
[28]**strahlende Hingebung** radiant devotion
[29]**Eindringlichkeit** intensity
[30]**umschlungen** embraced
[31]**die ... haftete** who clung to me even more fervently with the ever more urgent glance of

her unfathomable eyes than with her lips and arms
[32]**zuckenden** quivering
[33]**bebende Kehle** trembling throat
[34]**Schluchzen** sobbing
[35]**ärgerlichen ... durchgemacht** had been involved in a very annoying and violent scene
[36]**meine ... betäuben** to numb my bad mood
[37]**mit ... gefochten** fenced vigorously with a two-handed sword
[38]**mit [...] bestreut** covered with fragrant

Als ich wieder erwachte, war es noch finstere Nacht, aber ich fühlte sogleich, daß meine Freundin nicht mehr bei mir war. Ich hob den Kopf und sah beim schwachen Schein der zusammensinkenden Glut,[39] daß sie am Fenster stand: Sie hatte den einen Laden[40] aufgeschoben und sah durch den Spalt hinaus. Dann drehte sie sich um, merkte, daß ich wach war, und rief (ich sehe noch, wie sie dabei mit dem Ballen der linken Hand an ihrer Wange emporfuhr[41] und das vorgefallene Haar über die Schulter zurückwarf): „Es ist noch lange nicht Tag, noch lange nicht!" Nun sah ich erst recht, wie groß und schön sie war, und konnte den Augenblick kaum erwarten, daß sie mit wenigen der ruhigen großen Schritte ihrer schönen Füße, an denen der rötliche Schein emporglomm,[42] wieder bei mir wäre. Sie trat aber noch vorher an den Kamin, bog sich zur Erde, nahm das letzte schwere Scheit, das draußen lag, in ihre strahlenden nackten Arme und warf es schnell in die Glut. Dann wandte sie sich, ihr Gesicht funkelte[43] von Flammen und Freude, mit der Hand riß sie im Vorbeilaufen einen Apfel vom Tisch und war schon bei mir, ihre Glieder noch vom frischen Anhauch des Feuers umweht[44] und dann gleich aufgelöst und von innen her von stärkeren Flammen durchschüttelt,[45] mit der Rechten mich umfassend, mit der Linken zugleich die angebissene kühle Frucht und Wangen, Lippen und Augen meinem Mund darbietend. Das letzte Scheit im Kamin brannte stärker als alle anderen. Aufsprühend sog[46] es die Flamme in sich und ließ sie dann wieder gewaltig emporlohen,[47] daß der Feuerschein über uns hinschlug,[48] wie eine Welle, die an der Wand sich brach und unsere umschlungenen Schatten jäh[49] emporhob und wieder sinken ließ. Immer wieder knisterte[50] das starke Holz und nährte[51] aus seinem Innern immer wieder neue Flammen, die emporzüngelten[52] und das schwere Dunkel mit Güssen und Garben[53] von rötlicher Helle verdrängten.[54] Auf einmal aber sank die Flamme hin, und ein kalter Lufthauch tat leise wie eine Hand den Fensterladen auf und entblößte die fahle widerwärtige Dämmerung.[55]

[39] **zusammensinkenden Glut**  dying embers
[40] **Laden**  shutter
[41] **dabei . . . emporfuhr**  brushing the palm of her left hand upward over her cheek
[42] **an . . . emporglomm**  reflecting the reddish glow
[43] **funkelte**  sparkled
[44] **Glieder . . . umweht**  her limbs still bathed in the fresh breath of the fire
[45] **durchschüttelt**  seized (lit.: shaken)
[46] **Aufsprühend sog**  With sparks flying, it sucked in

[47] **gewaltig emporlohen**  flare up powerfully
[48] **über uns hinschlug**  broke over us
[49] **jäh**  abruptly
[50] **knisterte**  crackled
[51] **nährte**  fed
[52] **emporzüngelten**  leaped up
[53] **Güssen und Garben**  fountains and sheaves
[54] **verdrängten**  dispelled
[55] **entblößte . . . Dämmerung**  revealed the pallid hideous light of dawn

Wir setzten uns auf und wußten, daß nun der Tag da war. Aber das da draußen glich[56] keinem Tag. Es glich nicht dem Aufwachen der Welt. Was da draußen lag, sah nicht aus wie eine Straße. Nichts Einzelnes ließ sich erkennen:[57] es war ein farbloser, wesenloser Wust,[58] in dem sich zeitlose Larven[59] hinbewegen mochten. Von irgendwoher, weither, wie aus der Erinnerung heraus, schlug eine Turmuhr, und eine feuchtkalte Luft, die keiner Stunde angehörte, zog sich immer stärker herein, daß wir uns schaudernd aneinanderdrückten. Sie bog sich zurück und heftete[60] ihre Augen mit aller Macht auf mein Gesicht; ihre Kehle zuckte,[61] etwas drängte sich in ihr herauf und quoll bis an den Rand der Lippen vor:[62] es wurde kein Wort daraus, kein Seufzer[63] und kein Kuß, aber etwas, was ungeboren allen dreien glich. Von Augenblick zu Augenblick wurde es heller und der vielfältige Ausdruck ihres zuckenden Gesichts immer redender;[64] auf einmal kamen schlürfende[65] Schritte und Stimmen von draußen so nahe am Fenster vorbei, daß sie sich duckte und ihr Gesicht gegen die Wand kehrte. Es waren zwei Männer, die vorbeigingen: einen Augenblick fiel der Schein einer kleinen Laterne, die der eine trug, herein; der andere schob einen Karren, dessen Rad knirschte und ächzte.[66] Als sie vorüber waren, stand ich auf, schloß den Laden und zündete ein Licht an. Da lag noch ein halber Apfel: wir aßen ihn zusammen, und dann fragte ich sie, ob ich sie nicht noch einmal sehen könnte, denn ich verreise erst Sonntag. Dies war aber die Nacht vom Donnerstag auf den Freitag gewesen.

Sie antwortete mir: daß sie es gewiß sehnlicher verlange[67] als ich; wenn ich aber nicht den ganzen Sonntag bliebe, sei es ihr unmöglich; denn nur in der Nacht vom Sonntag auf den Montag könnte sie mich wiedersehen.

Mir fielen zuerst verschiedene Abhaltungen[68] ein, so daß ich einige Schwierigkeiten machte, die sie mit keinem Worte, aber mit einem überaus schmerzlich fragenden Blick und einem gleichzeitigen fast unheimlichen[69] Hart- und Dunkelwerden ihres Gesichts anhörte. Gleich darauf versprach ich natürlich, den Sonntag zu bleiben, und setzte hinzu, ich wollte also Sonntag abend mich wieder an dem nämlichen Ort einfinden.[70] Auf dieses

---

[56] **glich** resembled
[57] **Nichts ... erkennen** No individual contours could be made out
[58] **wesenloser Wust** shadowy wasteland
[59] **Larven** masks
[60] **heftete** fastened
[61] **zuckte** tensed
[62] **drängte ... vor** rose in her and surged up to her lips

[63] **Seufzer** sigh
[64] **immer redender** more and more expressive
[65] **schlürfende** shuffling
[66] **knirschte und ächzte** creaked and groaned
[67] **sehnlicher verlange** desired more ardently
[68] **Abhaltungen** previous commitments
[69] **unheimlichen** frightening
[70] **an ... einfinden** come to the same place

Wort sah sie mich fest an und sagte mir mit einem ganz rauhen [71] und gebrochenen Ton in der Stimme: „Ich weiß recht gut, daß ich um deinetwillen in ein schändliches Haus [72] gekommen bin; aber ich habe es freiwillig getan, weil ich mit dir sein wollte, weil ich jede Bedingung eingegangen wäre. [73] Aber jetzt käme ich mir vor, wie die letzte, niedrigste Straßendirne, [74] wenn ich ein zweites Mal hierher zurückkommen könnte. Um deinetwillen hab' ich's getan, weil du für mich der bist, der du bist, weil du der Bassompierre bist, weil du der Mensch auf der Welt bist, der mir durch seine Gegenwart dieses Haus da ehrenwert macht!" Sie sagte: „Haus"; einen Augenblick war es, als wäre ein verächtlicheres [75] Wort ihr auf der Zunge; indem sie das Wort aussprach, warf sie auf diese vier Wände, auf dieses Bett, auf die Decke, die herabgeglitten auf dem Boden lag, einen solchen Blick, daß unter der Garbe von Licht, die aus ihren Augen hervorschoß, alle diese häßlichen und gemeinen Dinge aufzuzucken und geduckt vor ihr zurückzuweichen [76] schienen, als wäre der erbärmliche [77] Raum wirklich für einen Augenblick größer geworden.

Dann setzte sie mit einem unbeschreiblich sanften und feierlichen [78] Tone hinzu: „Möge ich eines elenden [79] Todes sterben, wenn ich außer meinem Mann und dir je irgendeinem andern gehört habe und nach irgendeinem anderen auf der Welt verlange!" und schien, mit halboffenen, lebenhauchenden [80] Lippen leicht vorgeneigt, irgendeine Antwort, eine Beteuerung [81] meines Glaubens zu erwarten, von meinem Gesicht aber nicht das zu lesen, was sie verlangte, denn ihr gespannter [82] suchender Blick trübte sich, [83] ihre Wimpern schlugen auf und zu, [84] und auf einmal war sie am Fenster und kehrte mir den Rücken, die Stirn mit aller Kraft an den Laden gedrückt, den ganzen Leib von lautlosem, aber entsetzlich heftigem Weinen so durchschüttert, [85] daß mir das Wort im Munde erstarb und ich nicht wagte, sie zu berühren. Ich erfaßte endlich eine ihrer Hände, die wie leblos herabhingen, und mit den eindringlichsten [86] Worten, die mir der Augenblick eingab, gelang es mir nach langem, sie soweit zu besänftigen, [87]

[71] **rauhen**  harsh
[72] **um . . . Haus**  for your sake to a house of ill-repute
[73] **jede . . . wäre**  would have agreed to any condition
[74] **Straßendirne**  streetwalker
[75] **verächtlicheres**  more contemptuous
[76] **aufzuzucken . . . zurückzuweichen**  to flinch and cringe away from her
[77] **erbärmliche**  wretched
[78] **sanften und feierlichen**  gentle and solemn

[79] **elenden**  miserable
[80] **lebenhauchenden**  breathing life
[81] **Beteuerung**  assurance
[82] **gespannter**  tense
[83] **trübte sich**  clouded
[84] **Wimpern . . . zu**  eyelashes opened and closed
[85] **durchschüttert**  shaken
[86] **eindringlichsten**  most insistent
[87] **besänftigen**  sooth

daß sie mir ihr von Tränen überströmtes Gesicht wieder zukehrte, bis
plötzlich ein Lächeln, wie ein Licht zugleich aus den Augen und rings um[88]
die Lippen hervorbrechend, in einem Moment alle Spuren des Weinens 175
wegzehrte[89] und das ganze Gesicht mit Glanz überschwemmte.[90] Nun war
es das reizendste Spiel, wie sie wieder mit mir zu reden anfing, indem sie
sich mit dem Satz: „Du willst mich noch einmal sehen? So will ich dich bei
meiner Tante einlassen!" endlos herumspielte, die erste Hälfte zehnfach
aussprach, bald mit süßer Zudringlichkeit, bald[91] mit kindischem gespiel- 180
tem Mißtrauen, dann die zweite mir als das größte Geheimnis zuerst ins
Ohr flüsterte, dann Achselzucken und spitzem Mund,[92] wie die selbstver-
ständlichste Verabredung von der Welt, über die Schulter hinwarf und
endlich, an mir hängend, mir ins Gesicht lachend und schmeichelnd[93]
wiederholte. Sie beschrieb mir das Haus aufs genaueste, wie man einem 185
Kind den Weg beschreibt, wenn es zum erstenmal allein über die Straße
zum Bäcker gehen soll. Dann richtete sie sich auf, wurde ernst—und die
ganze Gewalt ihrer strahlenden Augen heftete sich auf mich mit einer
solchen Stärke, daß es war, als müßten sie auch ein totes Geschöpf an sich
zu reißen vermögend sein[94] und fuhr fort: „Ich will dich von zehn Uhr bis 190
Mitternacht erwarten und auch noch später und immerfort, und die Tür
unten wird offen sein. Erst findest du einen kleinen Gang,[95] in dem halte
dich nicht auf, denn da geht die Tür meiner Tante heraus. Dann stößt dir
eine Treppe entgegen,[96] die führt dich in den ersten Stock, und dort bin
ich!" Und indem sie die Augen schloß, als ob ihr schwindelte,[97] warf sie den 195
Kopf zurück, breitete die Arme aus und umfing mich, und war gleich wieder
aus meinen Armen und in die Kleider eingehüllt,[98] fremd und ernst, und
aus dem Zimmer; denn nun war völlig Tag.
   Ich machte meine Einrichtung,[99] schickte einen Teil meiner Leute mit
meinen Sachen voraus und empfand schon am Abend des nächsten Tages 200
eine so heftige Ungeduld, daß ich bald nach dem Abendläuten[100] mit
meinem Diener Wilhelm, den ich aber kein Licht mitnehmen hieß,[101] über
die kleine Brücke ging, um meine Freundin wenigstens in ihrem Laden

[88] rings um   around
[89] Spuren . . . wegzehrte   erased all traces of her crying
[90] mit . . . überschwemmte   bathing her whole face in brightness
[91] bald . . . bald   now with sweet importunity, now
[92] Achzelzucken . . . Mund   shrugging of her shoulder and puckered lips
[93] schmeichelnd   caressingly
[94] totes . . . sein   capable of clasping a dead creature to her heart
[95] Gang   hallway
[96] stößt [. . .] entgegen   you come to
[97] schwindelte   felt dizzy
[98] eingehüllt   wrapped
[99] Einrichtung   arrangements
[100] Abendläuten   vesper bells
[101] hieß   ordered

oder in der daranstoßenden[102] Wohnung zu sehen und ihr allenfalls[103] ein Zeichen meiner Gegenwart zu geben, wenn ich mir auch schon keine 205 Hoffnung auf mehr machte, als etwa einige Worte mit ihr wechseln zu können.

Um nicht aufzufallen,[104] blieb ich an der Brücke stehen und schickte den Diener voraus, um die Gelegenheit auszukundschaften.[105] Er blieb längere Zeit aus und hatte beim Zurückkommen die niedergeschlagene und grü- 210 belnde Miene,[106] die ich an diesem braven Menschen immer kannte, wenn er einen meinigen Befehl[107] nicht hatte erfolgreich ausführen können. „Der Laden ist versperrt,"[108] sagte er, „und scheint auch niemand darinnen. Überhaupt läßt sich in den Zimmern, die nach der Gasse zu liegen,[109] niemand sehen und hören. In den Hof könnte man nur über eine hohe 215 Mauer, zudem knurrt[110] dort ein großer Hund. Von den vorderen Zimmern ist aber eines erleuchtet, und man kann durch einen Spalt im Laden hin-einsehen, nur ist es leider leer."

Mißmutig[111] wollte ich schon umkehren, strich aber doch noch einmal langsam an dem Haus vorbei,[112] und mein Diener in seiner Beflissenheit[113] 220 legte nochmals sein Auge an den Spalt, durch den ein Lichtschimmer drang, und flüsterte mir zu, daß zwar nicht die Frau, wohl aber der Mann nun in dem Zimmer sei. Neugierig, diesen Krämer zu sehen, den ich mich nicht erinnern konnte, auch nur ein einziges Mal in seinem Laden erblickt zu haben, und den ich mir abwechselnd[114] als einen unförmlichen dicken 225 Menschen oder als einen dürren gebrechlichen[115] Alten vorstellte, trat ich ans Fenster und war überaus[116] erstaunt, in dem gut eingerichteten ver-täfelten[117] Zimmer einen ungewöhnlich großen und sehr gut gebauten Mann umhergehen zu sehen, der mich gewiß um einen Kopf überragte[118] und, als er sich umdrehte, mir ein sehr schönes tiefernstes Gesicht zu- 230 wandte, mit einem braunen Bart, darin einige wenige silberne Fäden[119] waren, und mit einer Stirn von fast seltsamer Erhabenheit,[120] so daß die

[102]**daranstoßenden** adjoining
[103]**allenfalls** at least
[104]**aufzufallen** to attract attention
[105]**auszukundschaften** to reconnoiter
[106]**niedergeschlagene . . . Miene** downcast and brooding look
[107]**meinigen Befehl [meiner Befehle]** of my orders
[108]**versperrt** locked up
[109]**nach . . . liegen** face the street
[110]**zudem knurrt** moreover . . . is growling

[111]**Mißmutig** Disgruntled
[112]**strich . . . vorbei** slowly prowled past the house once more
[113]**Beflissenheit** eagerness
[114]**abwechselnd** alternately
[115]**dürren gebrechlichen** scrawny sickly
[116]**überaus** extremely
[117]**gut . . . vertäfelten** well-furnished paneled
[118]**um . . . überragte** a head taller than I
[119]**Fäden** threads
[120]**seltsamer Erhabenheit** strange loftiness

Schläfen eine größere Fläche bildeten,[121] als ich noch je bei einem Menschen gesehen hatte. Obwohl er ganz allein im Zimmer war, so wechselte doch sein Blick, seine Lippen bewegten sich, und indem er unter dem Auf- 235 und Abgehen[122] hie und da stehenblieb, schien er sich in der Einbildung mit einer anderen Person zu unterhalten: einmal bewegte er den Arm, wie um eine Gegenrede mit halb nachsichtiger Überlegenheit wegzuweisen.[123] Jede seiner Gebärden[124] war von großer Lässigkeit[125] und fast verachtungsvollem Stolz,[126] und ich konnte nicht umhin,[127] mich bei seinem einsamen 240 Umhergehen lebhaft des Bildes eines sehr erhabenen[128] Gefangenen zu erinnern, den ich im Dienst des Königs während seiner Haft[129] in einem Turmgemach[130] des Schlosses zu Blois zu bewachen hatte. Diese Ähnlichkeit schien mir noch vollkommener zu werden, als der Mann seine rechte Hand emporhob und auf die emporgekrümmten[131] Finger mit Aufmerk- 245 samkeit, ja mit finsterer Strenge[132] hinabsah.

Denn fast mit der gleichen Gebärde hatte ich jenen erhabenen Gefangenen öfter einen Ring betrachten sehen, den er am Zeigefinger der rechten Hand trug und von welchem er sich niemals trennte. Der Mann im Zimmer trat dann an den Tisch, schob die Wasserkugel[133] vor das Wachslicht und 250 brachte seine beiden Hände in den Lichtkreis, mit ausgestreckten Fingern: er schien seine Nägel zu betrachten. Dann blies er das Licht aus und ging aus dem Zimmer und ließ mich nicht ohne eine dumpfe zornige Eifersucht[134] zurück, da das Verlangen nach seiner Frau in mir fortwährend wuchs und wie ein um sich greifendes[135] Feuer sich von allem nährte, was 255 mir begegnete, und so durch diese unerwartete Erscheinung in verworrener Weise gesteigert wurde, wie durch jede Schneeflocke, die ein feuchtkalter Wind jetzt zertrieb und die mir einzeln an Augenbrauen und Wangen hängenblieben und schmolzen.

Den nächsten Tag verbrachte ich in der nutzlosesten Weise, hatte zu 260 keinem Geschäft die richtige Aufmerksamkeit, kaufte ein Pferd, das mir eigentlich nicht gefiel, wartete nach Tisch dem Herzog von Nemours auf[136]

---

[121]**Schläfen . . . bildeten** temples were broader
[122]**unter . . . Abgehen** while walking back and forth
[123]**wie . . . wegzuweisen** as if brushing aside an objection with half indulgent authority
[124]**Gebärden** gestures, movements
[125]**Lässigkeit** ease
[126]**verachtungsvollem Stolz** contemptuous pride
[127]**konnte nicht umhin** could not help but
[128]**erhabenen** illustrious

[129]**Haft** incarceration
[130]**Turmgemach** tower room
[131]**emporgekrümmten** bent upward
[132]**finsterer Strenge** grim severity
[133]**Wasserkugel** water globe (vessel filled with water which is used as a lens)
[134]**dumpfe . . . Eifersucht** dull angry jealousy
[135]**um sich greifendes** spreading
[136]**wartete [. . .] auf** called on

und verbrachte dort einige Zeit mit Spiel und mit den albernsten und widerwärtigsten[137] Gesprächen. Es war nämlich von nichts anderem die Rede als von der in der Stadt immer heftiger um sich greifenden Pest, und 265 aus allen diesen Edelleuten brachte man kein anderes Wort heraus als dergleichen[138] Erzählungen von dem schnellen Verscharren der Leichen,[139] von dem Strohfeuer, das man in den Totenzimmern brennen müsse, um die giftigen Dünste zu verzehren,[140] und so fort; der Albernste aber erschien mir der Kanonikus von Chandieu, der, obwohl dick und 270 gesund wie immer, sich nicht enthalten konnte,[141] unausgesetzt nach seinen Fingernägeln hinabzuschielen,[142] ob sich an ihnen schon das verdächtige[143] Blauwerden zeige, womit sich die Krankheit anzukündigen pflegt.[144]

Mich widerte das alles an,[145] ich ging früh nach Hause und legte mich zu Bette, fand aber den Schlaf nicht, kleidete mich vor Ungeduld wieder an 275 und wollte, koste es, was es wolle,[146] dorthin, meine Freundin zu sehen, und müßte ich mit meinen Leuten gewaltsam eindringen. Ich ging ans Fenster, meine Leute zu wecken, die eisige Nachtluft brachte mich zur Vernunft,[147] und ich sah ein, daß dies der sichere Weg war, alles zu verderben.[148] Angekleidet warf ich mich aufs Bett und schlief endlich ein. 280

Ähnlich verbrachte ich den Sonntag bis zum Abend, war viel zu früh in der bezeichneten[149] Straße, zwang mich aber, in einer Nebengasse auf und nieder zu gehen, bis es zehn Uhr schlug. Dann fand ich sogleich das Haus und die Tür, die sie mir beschrieben hatte, und die Tür auch offen, und dahinter den Gang und die Treppe. Oben aber die zweite Tür, zu der die 285 Treppe führte, war verschlossen, doch ließ sie unten einen feinen Lichtstreif durch. So war sie drinnen und wartete und stand vielleicht horchend[150] drinnen an der Tür, wie ich draußen. Ich kratzte[151] mit dem Nagel an der Tür, da hörte ich drinnen Schritte: es schienen mir zögernd[152] unsichere Schritte eines nackten Fußes. Eine Zeit stand ich ohne Atem, und 290

[137] **albernsten und widerwärtigsten** most stupid and disgusting
[138] **dergleichen** such
[139] **Verscharren der Leichen** hasty burying of the corpses
[140] **giftigen ... verzehren** to consume the poisonous fumes
[141] **sich ... konnte** could not refrain from
[142] **unausgesetzt ... hinabzuschielen** to look down continually at his fingernails from the corner of his eye
[143] **verdächtige** suspicious
[144] **sich [...] pflegt** customarily announces itself
[145] **Mich ... an** All this made me feel sick
[146] **koste ... wolle** no matter what the price
[147] **brachte ... Vernunft** brought me to my senses
[148] **verderben** to spoil
[149] **bezeichneten** designated
[150] **horchend** listening
[151] **kratzte** scratched
[152] **zögernd** hesitatingly

dann fing ich an zu klopfen: aber ich hörte eine Mannesstimme, die mich
fragte, wer draußen sei. Ich drückte mich ans Dunkel des Türpfostens und
gab keinen Laut von mir:[153] die Tür blieb zu, und ich klomm mit der
äußersten Stille, Stufe für Stufe, die Stiege hinab,[154] schlich den Gang
hinaus ins Freie[155] und ging mit pochenden[156] Schläfen und zusammenge- 295
bissenen Zähnen, glühend vor Ungeduld, einige Straßen auf und ab. Endlich zog es mich wieder vor[157] das Haus: ich wollte noch nicht hinein; ich
fühlte, ich wußte, sie würde den Mann entfernen,[158] es müßte gelingen,
gleich würde ich zu ihr können. Die Gasse war eng; auf der anderen Seite
war kein Haus, sondern die Mauer eines Klostergartens: an der drückte ich 300
mich hin und suchte von gegenüber das Fenster zu erraten. Da loderte in
einem, das offen stand, im oberen Stockwerk, ein Schein auf[159] und sank
wieder ab, wie von einer Flamme. Nun glaubte ich alles vor mir zu sehen:
sie hatte ein großes Scheit in den Kamin geworfen wie damals, wie damals
stand sie jetzt mitten im Zimmer, die Glieder funkelnd von der Flamme, 305
oder saß auf dem Bette und horchte und wartete. Von der Tür würde ich
sie sehen und den Schatten ihres Nackens, ihrer Schultern, den die durchsichtige[160] Welle an der Wand hob und senkte. Schon war ich im Gang,
schon auf der Treppe; nun war auch die Tür nicht mehr verschlossen:
angelehnt, ließ sie auch seitwärts den schwankenden[161] Schein durch. 310
Schon streckte ich die Hand nach der Klinke[162] aus, da glaubte ich drinnen
Schritte und Stimmen von mehreren zu hören. Ich wollte es aber nicht
glauben: ich nahm es für das Arbeiten meines Blutes in den Schläfen, am
Halse, und für das Lodern des Feuers drinnen. Auch damals hatte es laut
gelodert. Nun hatte ich die Klinke gefaßt, da mußte ich begreifen, daß 315
Menschen drinnen waren, mehrere Menschen. Aber nun war es mir gleich:
denn ich fühlte, ich wußte, sie war auch drinnen, und sobald ich die Türe
aufstieß, konnte ich sie sehen, sie ergreifen und, wäre es auch aus den
Händen anderer, mit einem Arm sie an mich reißen, müßte ich gleich[163]
den Raum für sie und mich mit meinem Degen,[164] mit meinem Dolch[165] 320
aus einem Gewühl[166] schreiender Menschen herausschneiden! Das einzige,
was mir ganz unerträglich schien, war, noch länger zu warten.

---

[153] **gab ... mir**   made no sound
[154] **klomm [...] hinab**   climbed down the stairs
[155] **schlich ... Freie**   stole out of the hallway into the open
[156] **pochenden**   throbbing
[157] **zog ... vor**   I felt impelled to return to
[158] **entfernen**   get rid of

[159] **loderte [...] auf**   a glow flared up
[160] **durchsichtige**   transparent
[161] **schwankenden**   swaying
[162] **Klinke**   doorknob
[163] **müßte ich gleich**   even if I had to
[164] **Degen**   rapier
[165] **Dolch**   dagger
[166] **Gewühl**   throng

Ich stieß die Tür auf und sah: In der Mitte des leeren Zimmers ein paar
Leute, welche Bettstroh verbrannten, und bei der Flamme, die das ganze
Zimmer erleuchtete, abgekratzte[167] Wände, deren Schutt[168] auf dem Boden    325
lag, und an einer Wand einen Tisch, auf dem zwei nackte Körper ausgestreckt lagen, der eine sehr groß, mit zugedecktem Kopf, der andere kleiner,
gerade an der Wand hingestreckt, und daneben der schwarze Schatten
seiner Formen, der emporspielte[169] und wieder sank.

Ich taumelte die Stiege hinab[170] und stieß vor dem Haus auf zwei    330
Totengräber: der eine hielt mir seine kleine Laterne ins Gesicht und fragte
mich, was ich suche, der andere schob seinen ächzenden, knirschenden
Karren gegen die Haustür. Ich zog den Degen, um sie mir vom Leibe zu
halten,[171] und kam nach Hause. Ich trank sogleich drei oder vier große
Gläser schweren Weins und trat, nachdem ich mich ausgeruht hatte, den    335
anderen Tag die Reise nach Lothringen an.[172]

Alle Mühe, die ich mir nach meiner Rückkunft gegeben,[173] irgend etwas
von dieser Frau zu erfahren, war vergeblich.[174] Ich ging sogar nach dem
Laden mit den zwei Engeln; allein, die Leute, die ihn jetzt innehatten,[175]
wußten nicht, wer vor ihnen darin gesessen hatte.[176]    340

---

[167] abgekratzte   scraped off
[168] Schutt   debris
[169] emporspielte   rose playfully
[170] taumelte [...] hinab   staggered down
[171] sie ... halten   to keep them away from me
[172] trat [...] an   began the trip to Lorraine
(part of northeastern France)

[173] Mühe [...] gegeben [hatte]   pains I had
taken
[174] vergeblich   in vain
[175] innehatten   owned
[176] gesessen hatte   had occupied

# RAINER
# MARIA RILKE
## Die Turnstunde

*Rainer Maria Rilke (1875–1926) ist einer der größten Lyriker der deutschen Sprache, und sein Roman „Die Aufzeichnungen des Malte Lauritz Brigge" gehört zu den wichtigsten deutschsprachigen Romanen des 20. Jahrhunderts. Rilke wurde in Prag geboren und wuchs dort auf. Sein Vater wollte, daß er Offizier wird und ließ den Sohn in Militärakademien erziehen.[1]*

*In der „Turnstunde"[2] behandelt Rilke ein wichtiges literarisches Thema um 1900, nämlich das der Militärerziehung. Rilke hat in Briefen wiederholt von dem Trauma der fünf Jahre gesprochen, die er in zwei Militärakademien verbrachte. Er fühlte sich dort wie hinter „Gefängnismauern". Die Erinnerung an diese Zeit bezeichnete er einmal als „Fibel des Entsetzens".[3]*

*Achten Sie beim Lesen auf die Atmosphäre in der Turnstunde. Mit welchen sprachlichen Mitteln wird sie erzeugt?[4] Warum wohl ändert sich die Sprache in der Schilderung von Karls außergewöhnlicher Leistung?[5] Wie faßt er den Befehl „Freiübungen" auf?[6] Was motiviert sein Handeln Ihrer Meinung nach? Wie verstehen Sie seinen Tod?*

[1] A career in the military was viewed by many in the middle class as a substitute for participation in the political life of the Austro-Hungarian state from which the middle class was largely excluded.

[2] **Turnstunde**  Gym Class

[3] **Fibel des Entsetzens**  primer of terror

[4] **erzeugt**  created

[5] **außergewöhnlicher Leistung**  feat

[6] **faßt . . . auf**  interpret the command "exercises"

*Was lernt man aus den Reaktionen von Karls Mitschülern und Lehrern auf das Unglück[7] über die Rolle von Gefühlen in diesen Schulen? Wie erklären Sie sich Krix' Lachen am Ende? Was für Schlüsse lassen sich über eine Gesellschaft ziehen,[8] deren Erziehungsmethoden Menschen wie Pombert und Krix hervorbringt?*

---

[7]**Unglück** tragedy
[8]**Schlüsse** [. . .] **ziehen** conclusions can be drawn

# RAINER MARIA RILKE

## Die Turnstunde

In der Militärschule zu Sankt Severin. Turn-saal.[1] Der Jahrgang[2] steht in den hellen Zwillichblusen,[3] in zwei Reihen geordnet, unter den großen Gaskronen.[4] Der Turn-lehrer, ein junger Offizier mit hartem [5] braunen Gesicht und höhnischen[5] Augen, hat Freiübungen kommandiert und verteilt nun die Riegen.[6] „Erste Riege Reck,[7] zweite Riege Barren,[8] dritte Riege Bock,[9] vierte Riege Klettern! Abtreten!"[10] Und rasch, auf [10] den leichten, mit Kolophonium isolierten[11] Schuhen, zerstreuen sich[12] die Knaben. Einige bleiben mitten im Saale stehen, zögernd, gleichsam[13] unwillig. Es ist die vierte Riege, die schlechten Turner, die keine Freude haben an der Bewegung bei den Geräten[14] und schon müde sind von den zwanzig Kniebeugen und ein wenig verwirrt und [15] atemlos.

Nur Einer, der sonst der Allerletzte blieb bei solchen Anlässen, Karl Gruber, steht schon an den Kletterstangen,[15] die in einer etwas däm-merigen[16] Ecke des Saales, hart[17] vor den Nischen, in denen die abgelegten

[1] **Turnsaal** gym
[2] **der Jahrgang** the class
[3] **Zwillichblusen** cotton twill shirts
[4] **Gaskronen** gas lights
[5] **höhnischen** contemptuous
[6] **Riegen** squads
[7] **Reck** horizontal bars
[8] **Barren** parallel bars
[9] **Bock** horse

[10] **Abtreten!** Dismissed!
[11] **Kolophonium isolierten** treated with resin
[12] **zerstreuen sich** disperse
[13] **gleichsam** as if
[14] **an ... Geräten** exercising on the equip-ment
[15] **Kletterstangen** climbing poles
[16] **dämmerigen** shadowy
[17] **hart** right

17

Uniformröcke hängen, angebracht[18] sind. Er hat die nächste Stange erfaßt    20
und zieht sie mit ungewöhnlicher Kraft nach vorn, so daß sie frei an dem
zur Übung geeigneten Platz schwankt.[19] Gruber läßt nicht einmal die
Hände von[20] ihr, er springt auf und bleibt, ziemlich hoch, die Beine ganz
unwillkürlich im Kletterschluß verschränkt,[21] den er sonst niemals begreifen konnte, an der Stange hängen. So erwartet er die Riege und betrach-    25
tet—wie es scheint—mit besonderem Vergnügen den erstaunten Ärger des
kleinen polnischen Unteroffiziers, der ihm zuruft, abzuspringen. Aber
Gruber ist diesmal sogar ungehorsam und Jastersky, der blonde Unteroffizier, schreit endlich: „Also, entweder Sie kommen herunter oder Sie
klettern hinauf, Gruber! Sonst melde ich dem Herrn Oberleutnant …" Und    30
da beginnt Gruber zu klettern, erst heftig mit Überstürzung,[22] die Beine
wenig aufziehend und die Blicke aufwärts gerichtet, mit einer gewissen
Angst das unermeßliche Stück Stange abschätzend, das noch bevorsteht.[23]
Dann verlangsamt sich seine Bewegung; und als ob er jeden Griff genösse,
wie etwas Neues, Angenehmes, zieht er sich höher, als man gewöhnlich zu    35
klettern pflegt.[24] Er beachtet nicht die Aufregung des ohnehin gereizten[25]
Unteroffiziers, klettert und klettert, die Blicke immerfort aufwärts gerichtet,
als hätte er einen Ausweg in der Decke[26] des Saales entdeckt und strebte
danach, ihn zu erreichen. Die ganze Riege folgt ihm mit den Augen. Und
auch aus den anderen Riegen richtet man schon da und dort die Aufmerk-    40
samkeit auf den Kletterer, der sonst kaum das erste Drittel der Stange
keuchend,[27] mit rotem Gesicht und bösen Augen erklomm.[28] „Bravo,
Gruber!" ruft jemand aus der ersten Riege herüber. Da wenden viele ihre
Blicke aufwärts, und es wird eine Weile still im Saal,—aber gerade in
diesem Augenblick, da alle Blicke an der Gestalt Grubers hängen,[29] macht    45
er hoch oben unter der Decke eine Bewegung, als wollte er sie abschütteln;
und da ihm das offenbar nicht gelingt, bindet er alle diese Blicke oben an
den nackten eisernen Haken und saust die glatte Stange herunter,[30] so daß
alle immer noch hinaufsehen, als er schon längst, schwindelnd[31] und heiß,
unten steht und mit seltsam glanzlosen[32] Augen in seine glühenden Hand-    50

---

[18] **angebracht**  set up
[19] **schwankt**  is swaying
[20] **läßt … von**  doesn't even let go of
[21] **unwillkürlich … verschränkt**  spontaneously crossed in the climbing position
[22] **heftig mit Überstürzung**  fiercely with too
much haste
[23] **das unermeßliche … bevorsteht**  estimating the immense section of the pole that re-
mains to be climbed

[24] **pflegt**  is in the habit of
[25] **ohnehin gereizten**  already irritated
[26] **Decke**  ceiling
[27] **keuchend**  gasping
[28] **erklomm**  climbed up
[29] **Blicke […] hängen**  all eyes are fixed
on
[30] **saust […] herunter**  shoots down
[31] **schwindelnd**  dizzy
[32] **glanzlosen**  lusterless

flächen schaut. Da fragt ihn der eine oder der andere der ihm zunächst
stehenden Kameraden, was denn heute in ihn gefahren[33] sei. „Willst wohl
in die erste Riege kommen?" Gruber lacht und scheint etwas antworten
zu wollen, aber er überlegt es sich und senkt schnell die Augen. Und
dann, als das Geräusch und Getöse wieder seinen Fortgang hat,[34] zieht          55
er sich leise in die Nische zurück, setzt sich nieder, schaut ängstlich um
sich und holt Atem,[35] zweimal rasch, und lacht wieder und will was
sagen . . . aber schon achtet niemand mehr seiner.[36] Nur Jerome, der auch
in der vierten Riege ist, sieht, daß er wieder seine Hände betrachtet, ganz
darüber gebückt wie einer, der bei wenig Licht einen Brief entziffern will.     60
Und er tritt nach einer Weile zu ihm hin und fragt: „Hast du dir weh
getan?" Gruber erschrickt. „Was?" macht er mit seiner gewöhnlichen, in
Speichel watenden[37] Stimme. „Zeig mal!" Jerome nimmt die eine Hand
Grubers und neigt[38] sie gegen das Licht. Sie ist am Ballen ein wenig
abgeschürft.[39] „Weißt du, ich habe etwas dafür", sagt Jerome, der immer     65
Englisches Pflaster[40] von zu Hause geschickt bekommt, „komm dann
nachher zu mir." Aber es ist, als hätte Gruber nicht gehört; er schaut
geradeaus in den Saal hinein, aber so, als sähe er etwas Unbestimmtes,
vielleicht nicht im Saal, draußen vielleicht, vor den Fenstern, obwohl es
dunkel ist, spät und Herbst.                                                     70
    In diesem Augenblick schreit der Unteroffizier in seiner hochfahrenden
Art:[41] „Gruber!" Gruber bleibt unverändert, nur seine Füße, die vor ihm
ausgestreckt sind, gleiten, steif und ungeschickt, ein wenig auf dem glatten Parkett vorwärts. „Gruber!" brüllt der Unteroffizier und die Stimme
schlägt ihm über.[42] Dann wartet er eine Weile und sagt rasch und heiser,    75
ohne den Gerufenen anzusehen: „Sie melden sich nach der Stunde. Ich
werde Ihnen schon . . ."[43] Und die Stunde geht weiter. „Gruber," sagt
Jerome und neigt sich zu dem Kameraden, der sich immer tiefer in die
Nische zurücklehnt, „es war schon wieder an dir,[44] zu klettern, auf dem
Strick,[45] geh mal, versuchs, sonst macht dir der Jasterky irgend eine       80
Geschichte,[46] weißt du . . ." Gruber nickt. Aber statt aufzustehen, schließt

[33]**gefahren** got
[34]**Getöse . . . hat** din picks up again
[35]**holt Atem** catches his breath
[36]**achtet . . . seiner** nobody is paying attention to him anymore
[37]**in Speichel watende** wading in saliva
[38]**neigt** bends
[39]**am . . . abgeschürft** a little skin is scraped
from the left side of his palm
[40]**Englisches Pflaster** adhesive bandages

[41]**hochfahrenden Art** haughty and explosive
way
[42]**die . . . über** his voice breaks
[43]**Ich . . . schon [helfen]** I'll teach you not
to
[44]**es . . . dir** it was your turn again
[45]**Strick** rope
[46]**macht [. . .] Geschichte** will give you a
tough time

er plötzlich die Augen und gleitet unter den Worten Jeromes durch, als
ob eine Welle ihn trüge, fort, gleitet langsam und lautlos tiefer, tiefer,
gleitet vom Sitz, und Jerome weiß erst, was geschieht, als er hört, wie
der Kopf Grubers hart an das Holz des Sitzes prallt[47] und dann vornüber-
fällt . . . „Gruber!" ruft er heiser. Erst merkt es niemand. Und Jerome steht
ratlos mit hängenden Händen und ruft: „Gruber, Gruber!" Es fällt ihm
nicht ein, den anderen aufzurichten. Da erhält er einen Stoß, jemand sagt
ihm: „Schaf",[48] ein anderer schiebt ihn fort, und er sieht, wie sie den
Reglosen[49] aufheben.

Sie tragen ihn vorbei, irgend wohin, wahrscheinlich in die Kammer
nebenan. Der Oberleutnant springt herzu. Er gibt mit harter, lauter Stimme
sehr kurze Befehle. Sein Kommando schneidet das Summen[50] der vielen
schwatzenden Knaben scharf ab. Stille. Man sieht nur da und dort noch
Bewegungen, ein Ausschwingen am Gerät,[51] einen leisen Absprung, ein
verspätetes Lachen von einem, der nicht weiß, um was es sich handelt.[52]
Dann hastige Fragen: „Was? Was? Wer? Der Gruber? Wo?" Und immer
mehr Fragen. Dann sagt jemand laut: „Ohnmächtig."[53] Und der Zugführer
Jastersky läuft mit rotem Kopf hinter dem Oberleutnant her und schreit mit
seiner boshaften Stimme, zitternd vor Wut:[54] „Ein Simulant, Herr Oberleutnant, ein Simulant!" Der Oberleutnant beachtet ihn gar nicht. Er sieht
geradeaus, nagt an seinem Schnurrbart,[55] wodurch das harte Kinn noch
eckiger und energischer vortritt, und gibt von Zeit zu Zeit eine knappe
Weisung.[56] Vier Zöglinge,[57] die Gruber tragen, und der Oberleutnant
verschwinden in der Kammer. Gleich darauf kommen die vier Zöglinge
zurück. Ein Diener läuft durch den Saal. Die vier werden groß angeschaut
und mit Fragen bedrängt:[58] „Wie sieht er aus? Was ist mit ihm? Ist er schon
zu sich gekommen?" Keiner von ihnen weiß eigentlich was.[59] Und da ruft
auch schon der Oberleutnant herein, das Turnen möge[60] weitergehen, und
übergibt dem Feldwebel[61] Goldstein das Kommando. Also wird wieder
geturnt, beim Barren, beim Reck, und die kleinen dicken Leute der dritten
Riege kriechen mit weitgekretschten[62] Beinen über den hohen Bock. Aber

[47]**prallt** hits
[48]**Schaf** dumbbell
[49]**Reglosen** motionless boy
[50]**Summen** humming (of their voices)
[51]**ein . . . Gerät** a swinging on the bars that is
gradually coming to a halt
[52]**um . . . handelt** what is happening
[53]**Ohnmächtig** Fainted
[54]**zitternd vor Wut** trembling with rage
[55]**nagt . . . Schnurrbart** gnaws at his mustache
[56]**knappe Weisung** terse order
[57]**Zöglinge** students
[58]**bedrängt** badgered
[59]**was [etwas]**
[60]**möge** should
[61]**Feldwebel** sergeant major
[62]**weitgekretschten** spread wide apart

doch sind alle Bewegungen anders als vorher; als hätte ein Horchen sich
über sie gelegt.[63] Die Schwingungen am Reck brechen so plötzlich ab und
am Barren werden nur lauter kleine Übungen gemacht. Die Stimmen sind    115
weniger verworren und ihre Summe summt feiner, als ob alle immer nur
ein Wort sagten: „Ess, Ess, Ess . . ." Der kleine schlaue Erich horcht
inzwischen an der Kammertür. Der Unteroffizier der zweiten Riege jagt ihn
davon, indem er zu einem Schlage auf seinen Hintern ausholt.[64] Erich
springt zurück, katzenhaft, mit hinterlistig blitzenden[65] Augen. Er weiß    120
schon genug. Und nach einer Weile, als ihn niemand betrachtet, gibt er dem
Pawlowitsch weiter: „Der Regimentarzt ist gekommen." Nun, man kennt ja
den Pawlowitsch; mit seiner ganzen Frechheit[66] geht er, als hätte ihm
irgendwer einen Befehl gegeben, quer[67] durch den Saal von Riege zu Riege
und sagt ziemlich laut: „Der Regimentarzt ist drin." Und es scheint, auch    125
die Unteroffiziere interessieren sich für diese Nachricht.

Immer häufiger wenden sich die Blicke nach der Tür, immer langsamer
werden die Übungen; und ein Kleiner mit schwarzen Augen ist oben auf
dem Bock hocken geblieben und starrt mit offenem Mund nach der Kammer. Etwas Lähmendes[68] scheint in der Luft zu liegen. Die Stärksten bei der    130
ersten Riege machen zwar noch einige Anstrengungen, gehen dagegen an,
kreisen mit den Beinen; und Pombert, der kräftige Tiroler, biegt seinen
Arm und betrachtet seine Muskeln, die sich durch den Zwillich hindurch
breit und straff ausprägen.[69] Ja, der kleine, gelenkige[70] Baum schlägt sogar
noch einige Armwellen,[71]—und plötzlich ist diese heftige Bewegung die    135
einzige im ganzen Saal, ein großer flimmender[72] Kreis, der etwas Unheimliches[73] hat inmitten der allgemeinen Ruhe. Und mit einem Ruck[74] bringt
sich der kleine Mensch zum Stehen, läßt sich einfach unwillig in die Knie
fallen und macht ein Gesicht, als ob er alle verachtet.[75] Aber auch seine
kleinen stumpfen[76] Augen bleiben schließlich an der Kammertür hängen.    140

Jetzt hört man das Singen der Gasflammen und das Gehen der Wanduhr.
Und dann schnarrt[77] die Glocke, die das Stundenzeichen gibt. Fremd und

---

[63] als . . . gelegt   as though an attentive mood
(lit.: a listening) had settled over them
[64] zu . . . ausholt   lifting his hand to slap his
backside
[65] hinterlistig blitzenden   cunning bright
[66] Frechheit   audacity
[67] quer   straight
[68] Lähmendes   paralyzing
[69] die . . . ausprägen   which stand out through
the cotton twill, tensed and strong

[70] gelenkige   agile
[71] schlägt . . . Armwellen   even does a few
more cartwheels
[72] flimmender   shimmering
[73] Unheimliches   eerie
[74] Ruck   jerk
[75] verachtet   despises
[76] stumpfen   dull
[77] schnarrt   buzzes

eigentümlich ist heute ihr Ton; sie hört auch ganz unvermittelt[78] auf, unterbricht sich mitten im Wort. Feldwebel Goldstein aber kennt seine Pflicht. Er ruft: „Antreten!"[79] Kein Mensch hört ihn. Keiner kann sich erinnern, welchen Sinn dieses Wort besaß,—vorher. Wann vorher? „Antreten!" krächzt[80] der Feldwebel böse und gleich schreien jetzt die anderen Unteroffiziere ihm nach: „Antreten!" Und auch mancher von den Zöglingen sagt wie zu sich selbst, wie im Schlaf: „Antreten! Antreten!" Aber im Grunde wissen alle, daß sie noch etwas abwarten müssen. Und da geht auch schon die Kammertür auf; eine Weile nichts; dann tritt Oberleutnant Wehl heraus und seine Augen sind groß und zornig[81] und seine Schritte fest. Er marschiert wie beim Defilieren[82] und sagt heiser: „Antreten!" Mit unbeschreiblicher Geschwindigkeit findet sich alles in Reihe und Glied.[83] Keiner rührt sich.[84] Als wenn ein Feldzeugmeister[85] da wäre. Und jetzt das Kommando: „Achtung!" Pause und dann, trocken und hart: „Euer Kamerad Gruber ist soeben gestorben. Herzschlag. Abmarsch!" Pause.

Und erst nach einer Weile die Stimme des diensttuenden[86] Zöglings, klein und leise: „Links um! Marschieren: Compagnie, Marsch!" Ohne Schritt[87] und langsam wendet sich der Jahrgang zur Tür. Jerome als der letzte. Keiner sieht sich um. Die Luft aus dem Gang kommt, kalt und dumpfig,[88] den Knaben entgegen. Einer meint, es rieche nach Karbol. Pombert macht laut einen gemeinen Witz in Bezug auf[89] den Gestank. Niemand lacht. Jerome fühlt sich plötzlich am Arm gefaßt, so angesprungen. Krix hängt daran. Seine Augen glänzen und seine Zähne schimmern, als ob er beißen wollte. „Ich hab ihn gesehen", flüstert er atemlos und preßt Jeromes Arm und ein Lachen ist innen in ihm und rüttelt[90] ihn hin und her. Er kann kaum weiter: „Ganz nackt ist er und eingefallen und ganz lang. Und an den Fußsohlen ist er versiegelt[91] . . ."

Und dann kichert er, spitz und kitzlich,[92] kichert und beißt sich in den Ärmel Jeromes hinein.

145

150

155

160

165

170

---

[78] **unvermittelt** abruptly
[79] **Antreten!** Fall in!
[80] **krächzt** croaks
[81] **zornig** furious
[82] **wie beim Defilieren** as though he were on parade
[83] **findet . . . Glied** everyone lines up
[84] **rührt sich** moves
[85] **Feldzeugmeister** artillery commander
[86] **diensttuenden** in charge

[87] **Ohne Schritt** Not in step
[88] **dumpfig** musty
[89] **gemeinen . . . auf** a coarse joke with respect to
[90] **rüttelt** shakes
[91] **an . . . versiegelt** he's got a seal (a wax wafer bearing the identification number of the corpse) on the soles of his feet
[92] **kichert . . . kitzlich** giggles, shrilly and as if tickled

# THOMAS MANN

## Anekdote

*Thomas Mann (1875–1955), Träger des Nobelpreises, gilt als einer der größten deutschen Schriftsteller des zwanzigsten Jahrhunderts. Das Hauptthema seiner Romane und Erzählungen ist die Erforschung[1] der bürgerlichen Kultur. Sein erster Roman, „Die Buddenbrooks", erzählt den Verfall einer großbürger- lichen[2] Familie, und „Der Zauberberg" stellt den allgemeinen Zerfall der europäischen Werte dar. In dem Roman „Dr. Faustus" versucht Mann die Wurzeln[3] aufzudecken, aus denen die deutsche Tragödie erwachsen ist.*

*Auch in der allegorischen „Anekdote", die Mann als Skizze für einen geplanten, aber nie ausgeführten Gesellschaftsroman, betitelt „Maja", geschrieben hat, sind die Gestalten Vertreter des Bürgertums. Sie werden im Kontext eines für Manns Denken charakteristischen Dualismus gezeichnet. Es ist der Dualismus bürgerliches Leben und Kunst, den Mann hier im Rahmen[4] des Themas Sein und Schein[5] behandelt. Die bürgerlichen Gestalten sehnen sich nach[6] der absoluten Schönheit. In ihrem Verlangen,[7] Ideale wie das Gute und*

[1] **Erforschung**   exploration
[2] **großbürgerlichen**   upper-class
[3] **Wurzeln**   roots
[4] **Rahmen**   framework
[5] **Sein und Schein**   reality and illusion, appearance
[6] **sehnen sich nach**   long for
[7] **Verlangen**   desire

*Schöne in ihrem Leben zu verwirklichen, werden sie Opfer[8] des falschen Scheins. Die Idee des falschen Scheins, die sich als Leitmotiv durch sein ganzes Werk zieht,[9] hat Mann von Schopenhauer[10] übernommen.*

*Beim Lesen überlegen Sie sich, worin die allegorische Bedeutung von Angela und ihren Verehrern[11] besteht. Was bedeutet ihr Name? Warum wird sie von allen angebetet?[12] Was für eine Rolle spielt sie im Leben ihrer Verehrer?*

*Wie wird Beckers Enthüllung[13] ihres wahren Wesens[14] vorbereitet? Warum wechselt der Erzähler in die Gegenwart um, kurz bevor er Becker seine Geschichte erzählen läßt? Wie reagieren die Betrogenen[15] auf Beckers Entdeckung der Wahrheit? Wer oder was triumphiert letzten Endes Ihrer Meinung nach?*

*Wie wäre der Text in einer feministischen Lesart zu verstehen?*

[8]**Opfer** victims

[9]**sich [. . .] zieht** runs

[10]**Arthur Schopenhauer** (1788–1860), a German philosopher in the idealist tradition, states in his main work, *Die Welt als Wille und Vorstellung* (1819) (*The World as Will and Idea*), that the will is unfathomable and merely reflected in the world of appearances. He uses the metaphor of the veil, *Schleier der Maja*, found in Indian philosophy, to refer to the deceptive world of reality. According to Schopenhauer, humanity's quest for happiness only leads to disillusionment.

[11]**Verehrern** admirers

[12]**angebetet** adored

[13]**Enthüllung** revelation

[14]**Wesens** nature

[15]**die Betrogenen** the deceived

# THOMAS MANN

# Anekdote

Wir hatten, ein Kreis von Freunden, miteinander zu Abend gegessen und saßen noch spät in dem Arbeitszimmer des Gastgebers.[1] Wir rauchten, und unser Gespräch war beschaulich[2] und ein wenig gefühlvoll. Wir sprachen vom Schleier der Maja und seinem schillernden Blendwerk,[3] von dem, was Buddha „das Dürsten"[4] nennt, von der Süßigkeit der Sehnsucht[5] und von der Bitterkeit der Erkenntnis, von der großen Verführung[6] und dem großen Betrug.[7] Das Wort von der „Blamage[8] der Sehnsucht" war gefallen;[9] der philosophische Satz war aufgestellt, das Ziel aller Sehnsucht sei die Überwindung[10] der Welt. Und angeregt durch diese Betrachtungen,[11] erzählte jemand die folgende Anekdote, die sich nach seiner Versicherung buchstäblich so, wie er sie wiedergab, in der eleganten Gesellschaft seiner Vaterstadt ereignet haben sollte.[12]

„Hättet ihr Angela gekannt, Direktor Beckers Frau, die himmlische kleine Angela Becker,—hättet ihr ihre blauen, lächelnden Augen, ihren

[1] **Gastgebers** host
[2] **beschaulich** contemplative
[3] **schillernden Blendwerk** shimmering delusion
[4] **Dürsten** thirsting, craving
[5] **Sehnsucht** longing
[6] **Verführung** seduction
[7] **Betrug** fraud, deception

[8] **Blamage** embarrassment, disgrace
[9] **war gefallen** had been uttered
[10] **Überwindung** overcoming
[11] **angeregt ... Betrachtungen** prompted by these reflections
[12] **sich [...] sollte** was said to have taken place

25

süßen Mund, das köstliche Grübchen in ihrer Wange,[13] das blonde Gelock    20
an ihren Schläfen[14] gesehen, wäret ihr einmal der hinreißenden Lieblich-
keit ihres Wesens teilhaftig geworden,[15] ihr wäret vernarrt[16] in sie gewesen
wie ich und alle! Was ist ein Ideal? Ist es vor allem eine belebende Macht,
eine Glücksverheißung,[17] eine Quelle der Begeisterung[18] und der Kraft,
folglich—ein Stachel und Anreiz[19] aller seelischen Energien von seiten des   25
Lebens selbst? Dann war Angela Becker das Ideal unserer Gesellschaft, ihr
Stern, ihr Wunschbild. Wenigstens glaube ich, daß niemand, zu dessen
Welt sie gehörte, sie wegdenken, niemand sich ihren Verlust vorstellen
konnte, ohne zugleich eine Einbuße an Daseinslust[20] und Willen zum
Leben, eine unmittelbare dynamische Beeinträchtigung[21] zu empfinden.   30
Auf mein Wort, so war es!

Ernst Becker hatte sie von auswärts mitgebracht,—ein stiller, höflicher
und übrigens nicht bedeutender Mann mit braunem Vollbart. Gott wußte,
wie er Angela gewonnen hatte; kurzum, sie war die Seine.[22] Ursprünglich
Jurist und Staatsbeamter, war er mit dreißig Jahren ins Bankfach überge-   35
treten,—offenbar um dem Mädchen, das er heimzuführen[23] wünschte,
Wohlleben und reichen Hausstand[24] bieten zu können, denn gleich danach
hatte er geheiratet.

Als Mitdirektor der Hypothekenbank bezog er ein Einkommen von
dreißig- oder fünfunddreißigtausend Mark, und Beckers, die übrigens kin-   40
derlos waren, nahmen lebhaften Anteil an[25] dem gesellschaftlichen Leben
der Stadt. Angela war die Königin der Saison, die Siegerin der Kotillons, der
Mittelpunkt der Abendgesellschaften.[26] Ihre Theaterloge war in den
Pausen gefüllt von Aufwartenden,[27] Lächelnden, Entzückten.[28] Ihre Bude
bei den Wohltätigkeitsbasaren war umlagert[29] von Käufern, die sich dräng-   45
ten,[30] ihre Börsen zu erleichtern, um dafür Angelas kleine Hand küssen zu
dürfen, ein Lächeln ihrer holden[31] Lippen dafür zu gewinnen. Was hülfe

[13]**köstliche ... Wange** delicious dimple in her cheek
[14]**Schläfen** temples
[15]**wäret ... geworden** if you had once experienced the captivating loveliness of her nature
[16]**vernarrt** infatuated
[17]**Glücksverheißung** promise of happiness
[18]**Quelle der Begeisterung** source of inspiration, rapture
[19]**Stachel und Anreiz** spur and incentive
[20]**Einbuße an Daseinslust** loss of joy in life

[21]**unmittelbare ... Beeinträchtigung** immediate impairment
[22]**die Seine** his
[23]**heimzuführen** to take as wife
[24]**Hausstand** household
[25]**nahmen ... an** took an active part in
[26]**Abendgesellschaften** dinner parties
[27]**Aufwartenden** people paying their respects
[28]**Entzückten** enchanted admirers
[29]**umlagert** besieged
[30]**sich drängten** crowded around her
[31]**holden** sweet, fair, lovely

es,[32] sie glänzend und wonnevoll[33] zu nennen? Nur durch die Wirkungen, die er hervorbrachte, ist der süße Reiz[34] ihrer Person zu schildern. Sie hatte alt und jung in Liebesbande geschlagen.[35] Frauen und Mädchen beteten sie 50 an. Jünglinge schickten ihr Verse unter Blumen. Ein Leutnant schoß einen Regierungsrat im Duell durch die Schulter anläßlich[36] eines Streites, den die beiden auf einem Ballfest eines Walzers mit Angela wegen gehabt. Später wurden sie unzertrennliche Freunde, zusammengeschlossen durch die Verehrung für sie. Alte Herren umringten sie nach den Diners, um sich 55 an ihrem holdseligen Geplauder, ihrem göttlich schalkhaften Mienenspiel zu erlaben;[37] das Blut kehrte in die Wangen der Greise[38] zurück, sie hingen am Leben, sie waren glücklich. Einmal hatte ein General—natürlich im Scherz,[39] aber doch nicht ohne den vollen Ausdruck des Gefühls—im Salon vor ihr auf den Knien gelegen. 60

Dabei konnte eigentlich niemand, weder Mann noch Frau, sich rühmen,[40] ihr wirklich vertraut[41] oder befreundet zu sein, ausgenommen Ernst Becker natürlich, und der war zu still und bescheiden, zu ausdruckslos auch wohl, um von seinem Glücke ein Rühmens zu machen.[42] Zwischen uns und ihr blieb immer eine schöne Entfernung, wozu der Umstand beitragen 65 mochte, daß man ihrer außerhalb des Salons, des Ballsaales nur selten ansichtig wurde;[43] ja, besann man sich recht,[44] so fand man, daß man dies festliche Wesen[45] kaum jemals bei nüchternem Tage,[46] sondern immer erst abends zur Zeit des künstlichen Lichts und der geselligen Erwärmung[47] erblickt hatte. Sie hatte uns alle zu Anbetern, aber weder Freund noch 70 Freundin: und so war es recht, denn was wäre ein Ideal, mit dem man auf dem Duzfuß steht?[48]

Ihre Tage widmete Angela offenbar der Betreuung ihres Hausstandes[49] —dem wohligen Glanze[50] nach zu urteilen, der ihre eigenen Abendgesell-schaften auszeichnete.[51] Diese waren berühmt und in der Tat der Höhe- 75

[32]hülfe es   would be the use
[33]glänzend und wonnevoll   radiant and enchanting
[34]Reiz   appeal
[35]in . . . geschlagen   smitten
[36]anläßlich   because of
[37]um . . . erlaben   to feast on her sweet chatter, her divinely mischievous facial expressions
[38]Greise   old men
[39]im Scherz   in jest
[40]sich rühmen   boast
[41]vertraut   intimate
[42]von . . . machen   to boast about

[43]ihrer [. . .] wurde   caught sight of her only rarely
[44]besann . . . recht   if one stopped to think
[45]festliche Wesen   festive creature
[46]bei . . . Tage   in plain daylight
[47]geselligen Erwärmung   warmth of conviviality
[48]auf . . . steht   is on familiar terms (uses the Du-form)
[49]Ihre [. . .] Hausstandes   spent her days taking care of her household
[50]wohligen Glanze   luxurious glow
[51]auszeichnete   distinguished

punkt des Winters: ein Verdienst[52] der Wirtin, wie man hinzufügen muß, denn Becker war nur ein höflicher, kein unterhaltender Gastgeber. Angela übertraf[53] an diesen Abenden sich selbst. Nach dem Essen setzte sie sich an ihre Harfe und sang zum Rauschen der Saiten[54] mit ihrer Silberstimme. Man vergißt das nicht. Der Geschmack, die Anmut,[55] die lebendige Geistesgegenwart,[56] mit der sie den Abend gestaltete, waren bezaubernd; ihre gleichmäßige, überall hinstrahlende Liebenswürdigkeit gewann jedes Herz; und die innig[57] aufmerksame, auch wohl verstohlen zärtliche Art, mit der sie ihrem Gatten begegnete,[58] zeigte uns das Glück, die Möglichkeit des Glücks, erfüllte uns mit einem erquickenden[59] und sehnsüchtigen Glauben an das Gute, wie etwa die Vervollkommnung[60] des Lebens durch die Kunst ihn zu schenken vermag.

Das war Ernst Beckers Frau, und hoffentlich wußte er ihren Besitz zu würdigen.[61] Gab es[62] einen Menschen in der Stadt, der beneidet[63] wurde, so war es dieser, und man kann sich denken, daß er es oft zu hören bekam, was für ein begnadeter[64] Mann er sei. Jeder sagte es ihm, und er nahm alle diese Huldigungen des Neids mit freundlicher Zustimmung entgegen.[65] Zehn Jahre waren Beckers verheiratet; der Direktor war vierzig und Angela ungefähr dreißig Jahre alt. Da kam folgendes:

Beckers gaben Gesellschaft, einen ihrer vorbildlichen Abende, ein Souper zu etwa zwanzig Gedecken.[66] Das Menu ist vortrefflich, die Stimmung die angeregteste.[67] Als zum Gefrorenen der Champagner geschenkt[68] wird, erhebt sich ein Herr, ein Junggeselle gesetzten Alters,[69] und toastet. Er feiert die Wirte, feiert ihre Gastlichkeit, jene wahre und reiche Gastlichkeit, die aus einem Überfluß an Glück hervorgehe und aus dem Wunsche, viele daran teilnehmen zu lassen. Er spricht von Angela, er preist sie aus voller Brust. „Ja, liebe, herrliche, gnädige Frau", sagt er, mit dem Glas in der Hand zu ihr gewendet „wenn ich als Hagestolz[70] mein Leben verbringe, so geschieht es, weil ich die Frau nicht fand, die gewesen wäre

[52] **ein Verdienst** thanks to
[53] **übertraf** surpassed
[54] **zum ... Saiten** accompanied by the swelling sounds of the strings
[55] **Anmut** loveliness
[56] **Geistesgegenwart** presence of mind
[57] **innig** lovingly
[58] **wohl ... begegnete** concealed tender way in which she behaved toward her husband
[59] **erquickenden** refreshing
[60] **Vervollkommnung** perfection
[61] **würdigen** appreciate
[62] **Gab es** If there was
[63] **beneidet** envied
[64] **begnadeter** blessed
[65] **nahm ... entgegen** received all this envious homage with friendly assent
[66] **Souper ... Gedecken** dinner for about twenty
[67] **die ... angeregteste** the atmosphere most lively
[68] **geschenkt** poured
[69] **Junggeselle ... Alters** bachelor of mature years
[70] **Hagestolz** older bachelor

wie Sie, und wenn ich mich jemals verheiraten sollte,—das eine steht fest:[71]    105
meine Frau müßte aufs Haar Ihnen gleichen."[72] Dann wendet er sich zu
Ernst Becker und bittet um die Erlaubnis, ihm nochmals zu sagen, was er
so oft schon vernommen:[73] wie sehr wir alle ihn beneideten, beglück-
wünschten, seligpriesen.[74] Dann fordert er die Anwesenden auf, einzustimmen in sein Lebehoch auf[75] unsere gottgesegneten Gastgeber, Herrn und    110
Frau Becker.

Das Hoch erschallt, man verläßt die Sitze, man will sich zum Anstoßen[76]
mit dem gefeierten Paare drängen. Da plötzlich wird es still, denn Becker
steht auf, Direktor Becker, und er ist totenbleich.[77]

Er ist bleich, und nur seine Augen sind rot. Mit bebender Feierlichkeit[78]    115
beginnt er zu sprechen.

Einmal—stößt er aus ringender Brust hervor[79]—einmal müsse er es
sagen! Einmal sich von der Wahrheit entlasten, die er so lange allein
getragen! Einmal endlich uns Verblendeten, Betörten[80] die Augen öffnen
über das Idol, um dessen Besitz wir ihn so sehr beneideten! Und während    120
die Gäste, teils sitzend, teils stehend, erstarrt, gelähmt,[81] ohne ihren Ohren
zu trauen, mit erweiterten Augen die geschmückte Tafel[82] umgeben, entwirft dieser Mensch in furchtbarem Ausbruch das Bild[83] seiner Ehe,—
seiner *Hölle* von einer Ehe . . .

Diese Frau—*die* dort—, wie falsch, verlogen und tierisch grausam sie sei.    125
Wie liebeleer und widrig verödet.[84] Wie sie den ganzen Tag in verkom-
mener und liederlicher Schlaffheit verliege,[85] um erst abends, bei künstli-
chem Licht, zu einem gleisnerischen[86] Leben zu erwachen. Wie es tagsüber
ihre einzige Tätigkeit sei, ihre Katze auf greulich erfinderische Art zu
martern.[87] Wie bis aufs Blut[88] sie ihn selbst durch ihre boshaften Launen    130
quäle.[89] Wie sie ihn schamlos betrogen, ihn mit Dienern, mit Handwerks-
gehilfen, mit Bettlern, die an ihre Tür gekommen, zum Hahnrei gemacht

[71]**das . . . fest**  one thing is certain
[72]**aufs . . . gleichen**  be the spitting image of
you
[73]**vernommen [hatte]**  had heard
[74]**seligpriesen**  thought him blessed
[75]**einzustimmen . . . auf**  to join him in a toast
to
[76]**zum Anstoßen**  to touch glasses
[77]**totenbleich**  deathly pale
[78]**bebender Feierlichkeit**  trembling solem-
nity
[79]**stößt . . . hervor**  he bursts out with a heav-
ing chest
[80]**Verblendeten, Betörten**  blinded, deluded

[81]**erstarrt, gelähmt**  frozen, paralyzed
[82]**geschmückte Tafel**  festively laid table
[83]**entwirft [. . .] Bild**  draws a picture in a horrible outburst of emotions
[84]**widrig verödet**  repulsively stultified
[85]**den . . . verliege**  how she would waste the
whole day lying around in degenerate and slov-
enly lethargy
[86]**gleisnerischen**  deceptive
[87]**ihre . . . martern**  to torture her cat in horri-
bly inventive ways
[88]**bis aufs Blut**  bitterly
[89]**quäle**  tormented

habe.[90] Wie sie vordem ihn selbst in den Schlund ihrer Verderbtheit[91]
hinabgezogen, ihn erniedrigt, befleckt, vergiftet[92] habe. Wie er das alles
getragen, getragen habe um der Liebe willen, die er ehemals für die Gauk-    135
lerin gehegt,[93] und weil sie zuletzt nur elend und unendlich erbarmenswert[94] sei. Wie er aber endlich des Neides, der Beglückwünschungen, der
Lebehochs müde geworden sei und es einmal,—einmal habe sagen müssen.
    „Warum", ruft er, „sie wäscht sich ja nicht einmal! Sie ist zu träge[95] dazu!
Sie ist schmutzig unter ihrer Spitzenwäsche!"[96]    140
    Zwei Herren führten ihn hinaus. Die Gesellschaft zerstreute sich.[97]
    Einige Tage später begab sich[98] Becker, offenbar einer Vereinbarung mit
seiner Gattin gemäß,[99] in eine Nervenheilanstalt.[100] Er war aber vollkommen gesund und lediglich zum Äußersten gebracht.[101]
    Später verzogen Beckers in eine andere Stadt."    145

[90] zum . . . habe   made him a cuckold
[91] Schlund . . . Verderbtheit   jaws of her de-
pravity
[92] erniedrigt . . . vergiftet   humiliated, sullied,
poisoned
[93] für . . . gehegt   used to feel for the sorceress
[94] elend . . . erbarmenswert   miserable and
infinitely pitiable
[95] träge   lazy

[96] Spitzenwäsche   lace underwear
[97] Die . . . sich.   The party broke up.
[98] begab sich   betook himself
[99] einer . . . gemäß   in accordance with an
agreement he had made with his wife
[100] Nervenheilanstalt   mental hospital
[101] lediglich . . . gebracht   simply pushed to
his limits

# ROBERT
# MUSIL
## Das Fliegenpapier

Der Österreicher Robert Musil (1880–1942) wurde als Ingenieur ausgebildet, doch er entschied sich, sein Leben der Literatur zu widmen.[1] Sein großer Roman „Der Mann ohne Eigenschaften" ist eine scharfe Analyse des Zeitgeistes[2] seiner Generation. Musil sah sich als „Chirurg[3] der Seele", der innere Ereignisse in den konkreten und individuellen Situationen der Literatur darzustellen versuchte. Die Situation, die im „Fliegenpapier" dargestellt wird, veranschaulicht,[4] daß moderne Dichter keine Tabus in der Wahl ihres literarischen Stoffes kennen.

Achten Sie auf den Ton. Wie ist er im ersten Satz im Vergleich zum Rest des Textes? Warum ändert er sich wohl? Sind Sie der Meinung, daß die Perspektive, aus der erzählt wird, den Ton und Ihre Reaktion auf das Geschilderte[5] beeinflußt?

Über die 1913 geschriebene Skizze meinte Musil viele Jahre später, diese Schilderung sei „ein Vorausblick[6] gewesen, getan in ein Fliegenpapier" und daß

[1] **widmen**   dedicate
[2] **Zeitgeistes**   spirit of the times
[3] **Chirurg**   surgeon
[4] **veranschaulicht**   illustrates
[5] **Geschilderte**   described events
[6] **Vorausblick**   foresight

*jeder solche Weissagungen*[7] *machen könnte, „der an kleinen Zügen*[8] *... das menschliche Leben beobachtet." Welche späteren historischen Zustände scheinen Ihnen in diesem Text vorweggenommen*[9] *zu sein? Wo sehen Sie die prophetische Bedeutung des Dramas, das sich auf dem Fliegenpapier abspielt,*[10] *am deutlichsten?*

[7] **Weissagungen**  prophecies
[8] **an kleinen Zügen**  in small traits
[9] **vorweggenommen**  anticipated
[10] **sich [. . .] abspielt**  taking place

# ROBERT MUSIL

## Das Fliegenpapier

Das Fliegenpapier Tangle-Foot ist ungefähr sechsunddreißig Zentimeter lang und einundzwanzig Zentimeter breit; es ist mit einem gelben, vergifteten Leim bestrichen[1] und kommt aus Kanada. Wenn sich eine Fliege darauf niederläßt—nicht besonders gierig,[2] mehr aus Konvention, weil schon so viele andere da sind—klebt sie zuerst nur mit den äußersten, umgebogenen Gliedern aller ihrer Beinchen fest.[3] Eine ganz leise, befremdliche Empfindung, wie wenn wir im Dunkel gingen und mit nackten Sohlen auf etwas träten, das noch nichts ist als ein weicher, warmer, unübersichtlicher Widerstand[4] und schon etwas, in das allmählich das grauenhaft[5] Menschliche hineinflutet, das Erkanntwerden als eine Hand, die da irgenwie liegt und uns mit fünf immer deutlicher werdenden Fingern festhält.

Dann stehen sie alle forciert aufrecht, wie Tabiker,[6] die sich nichts anmerken lassen wollen,[7] oder wie klapprige[8] alte Militärs (und ein wenig o-beinig, wie wenn man auf einem scharfen Grat[9] steht). Sie geben sich

---

[1] **vergifteten ... bestrichen** coated with poisoned glue
[2] **gierig** greedily
[3] **klebt [. . .] fest** becomes stuck with the very tips of its bent joints
[4] **unübersichtlicher Widerstand** invisible resistance
[5] **grauenhaft** dreadfully

[6] **Tabiker** persons suffering from a disorder of the central nervous system which affects the muscles
[7] **sich ... wollen** don't want others to notice their condition
[8] **klapprige** shaky
[9] **Grat** ridge

Haltung[10] und sammeln Kraft und Überlegung. Nach wenigen Sekunden    20
sind sie entschlossen und beginnen, was sie vermögen,[11] zu schwirren[12] und
sich abzuheben. Sie führen diese wütende[13] Handlung so lange durch, bis
die Erschöpfung sie zum Einhalten zwingt.[14] Es folgt eine Atempause und
ein neuer Versuch. Aber die Intervalle werden immer länger. Sie stehen da,
und ich fühle, wie ratlos[15] sie sind. Von unten steigen verwirrende Dün-    25
ste[16] auf. Wie ein kleiner Hammer tastet ihre Zunge heraus.[17] Ihr Kopf ist
braun und haarig, wie aus einer Kokosnuß gemacht; wie menschenähnliche
Negeridole. Sie biegen sich vor und zurück auf ihren festgeschlungenen[18]
Beinchen, beugen sich in den Knien und stemmen sich empor, wie Menschen es machen, die auf alle Weise versuchen, eine zu schwere Last zu    30
bewegen; tragischer als Arbeiter es tun, wahrer im sportlichen Ausdruck der
äußersten Anstrengung[19] als Laokoon.[20] Und dann kommt der immer
gleich seltsame Augenblick, wo das Bedürfnis[21] einer gegenwärtigen Sekunde über alle mächtigen Dauergefühle des Daseins siegt.[22] Es ist der
Augenblick, wo ein Kletterer[23] wegen des Schmerzes in den Fingern frei-    35
willig den Griff der Hand öffnet, wo ein Verirrter[24] im Schnee sich hinlegt
wie ein Kind, wo ein Verfolgter mit brennenden Flanken stehen bleibt. Sie
halten sich nicht mehr mit aller Kraft ab[25] von unten, sie sinken ein wenig
ein und sind in diesem Augenblick ganz menschlich. Sofort werden sie an
einer neuen Stelle gefaßt, höher oben am Bein oder hinten am Leib[26] oder    40
am Ende des Flügels.

Wenn sie die seelische Erschöpfung überwunden[27] haben und nach einer
kleinen Weile den Kampf um ihr Leben wieder aufnehmen, sind sie bereits
in einer ungünstigen Lage fixiert, und ihre Bewegungen werden unnatürlich. Dann liegen sie mit gestreckten Hinterbeinen auf den Ellbogen ge-    45
stemmt und suchen sich zu heben. Oder sie sitzen auf der Erde, aufgebäumt,[28] mit ausgestreckten Armen, wie Frauen, die vergeblich ihre

---

[10]**geben sich Haltung** compose themselves
[11]**was sie vermögen** as best they can
[12]**schwirren** buzz
[13]**wütende** furious
[14]**Erschöpfung ... zwingt** exhaustion forces them to stop
[15]**ratlos** at a loss
[16]**Dünste** vapors
[17]**tastet ... heraus** their tongue feels its way out
[18]**festgeschlungenen** tied down
[19]**sportlichen ... Anstrengung** athletic manifestation of the most extreme effort

[20]**Laokoon** A priest of Apollo who incurred the wrath of Athena who, in retribution, caused two snakes to emerge from the sea and strangle Laokoon and both his sons.
[21]**Bedürfnis** need
[22]**Dauergefühle ... siegt** triumphs over the instinct to go on living
[23]**Kletterer** rock climber
[24]**Verirrter** someone who has lost his way
[25]**halten sich [...] ab** push themselves up
[26]**Leib** body
[27]**überwunden** overcome
[28]**aufgebäumt** reared up

Hände aus den Fäusten eines Mannes winden[29] wollen. Oder sie liegen auf dem Bauch, mit Kopf und Armen voraus,[30] wie im Lauf[31] gefallen, und halten nur noch das Gesicht hoch. Immer aber ist der Feind bloß passiv und gewinnt bloß von ihren verzweifelten,[32] verwirrten Augenblicken. Ein Nichts, ein Es[33] zieht sie hinein. So langsam, daß man dem kaum zu folgen vermag, und meist mit einer jähen Beschleunigung[34] am Ende, wenn der letzte innere Zusammenbruch über sie kommt. Sie lassen sich dann plötzlich fallen, nach vorne aufs Gesicht, über die Beine weg; oder seitlich, alle Beine von sich gestreckt; oft auch auf die Seite, mit den Beinen rückwärts rudernd. So liegen sie da. Wie gestürzte[35] Aeroplane, die mit einem Flügel in die Luft ragen.[36] Oder wie krepierte[37] Pferde. Oder mit unendlichen Gebärden[38] der Verzweiflung. Oder wie Schläfer. Noch am nächsten Tag wacht manchmal eine auf, tastet eine Weile mit einem Bein oder schwirrt mit dem Flügel. Manchmal geht solch eine Bewegung über das ganze Feld, dann sinken sie alle noch ein wenig tiefer in ihren Tod. Und nur an der Seite des Leibs, in der Gegend des Beinansatzes, haben sie irgend ein ganz kleines, flimmerndes[39] Organ, das lebt noch lange. Es geht auf und zu, man kann es ohne Vergrößerungsglas nicht bezeichnen, es sieht wie ein winziges[40] Menschenauge aus, das sich unaufhörlich öffnet und schließt.

[29]**winden**  wrest
[30]**voraus**  in front
[31]**im Lauf**  while running
[32]**verzweifelten**  desperate
[33]**Es**  The neuter pronoun is used here to connote an unknown force.
[34]**mit . . . Beschleunigung**  with abrupt acceleration

[35]**gestürzte**  crashed
[36]**ragen**  stick up
[37]**krepierte**  miserably perished
[38]**unendlichen Gebärden**  tremendous gestures
[39]**flimmerndes**  flickering
[40]**winziges**  tiny

# HERMANN HESSE

## Der Dichter

*Der Nobelpreisträger Hermann Hesse (1877–1962) ist einer der meistgelesenen deutschsprachigen Autoren in den USA. Seine Gedichte, Romane und Erzählungen basieren auf einem Weltbild, das sich an der Weltanschauung der klassisch-romantischen Dichter orientiert. Anders als in vielen literarischen Werken des 20. Jahrhunderts, spricht aus Hesses Dichtung eine harmonische Weltanschauung und die Überzeugung, daß hinter allen Einzelphänomenen und Gegensätzen des Lebens eine Einheit steht. Dieses Gefühl der Identität des einzelnen mit dem Makrokosmos will Hesse in seiner Dichtung sichtbar machen.*

*Schon sehr früh verspürte Hesse den Drang,[1] Dichter zu werden. „Von meinem dreizehnten Jahr an war mir das eine klar, daß ich entweder ein Dichter oder gar nichts werden wolle", schrieb er einmal über sich. Seine Gewißheit, zum Dichter berufen worden zu sein, war verbunden mit dem Gefühl des Ungenügens an[2] der Wirklichkeit. „Eine gewisse . . . Ablehnung[3] dieser Wirklichkeit war mir früh geläufig,[4] und der brennende Wunsch war, sie zu verzaubern, zu verwandeln, zu steigern."[5]*

*Die literarische Gattung[6] des Kunstmärchens, die Hesse für den „Dichter"*

---

[1] **verspürte [. . .] Drang**   felt the urge

[2] **Ungenügens an**   discontent with

[3] **Ablehnung**   rejection

[4] **geläufig**   familiar

[5] **zu . . . steigern**   to magically change and intensify

[6] **Gattung**   genre, form

*gewählt hat, ist besonders geeignet[7] für so eine Einstellung zur Wirklichkeit. Dieses Märchen enthält viele chinesische Elemente. Hesse war sehr belesen in der klassischen chinesischen Philosophie und Literatur, und er war der Überzeugung, daß sich ihm das Geheimnis des Lebens bei großen Dichtern verschiedener Kulturen im gleichen Maße offenbart.[8] Da Hesse seine Werke als „Bekenntnisse"[9] betrachtete, darf man annehmen, daß „Der Dichter" Hesses künstlerisches Selbstverständnis widerspiegelt.*

*Wie unterscheidet sich der Lebensweg des Dichters Han Fook von den Wegen der meisten seiner Mitmenschen? Welche Konflikte verspürt[10] er? Wie stellt er sich die ideale Dichtkunst vor? Was für eine Rolle spielt Musik in seiner Entwicklung zum Dichter?*

*Warum ist Han Fook das Vergessen so wichtig? Wie erlebt er die Zeit, als er zum Meister herangereift ist?*

*Was für märchenhafte Elemente fallen Ihnen auf? An welchen Stellen erscheint Ihnen die Sprache besonders lyrisch und musikalisch?*

[7]**geeignet**   suited

[8]**sich [. . .] offenbart**   the secret is revealed to him equally

[9]**Bekenntnisse**   confessions

[10]**verspürt**   experience

# HERMANN HESSE

## Der Dichter

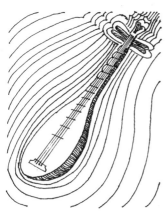

Es wird erzählt, daß der chinesische Dichter Han Fook in seiner Jugend von einem wunderbaren Drang beseelt[1] war, alles zu lernen und sich in allem zu vervollkommnen,[2] was zur Dichtkunst[3] irgend gehört. Er war damals, da er noch in seiner Heimat am Gelben Flusse lebte, auf[4] seinen Wunsch und mit Hilfe seiner Eltern, die ihn zärtlich[5] liebten, mit einem Fräulein aus gutem Hause verlobt worden, und die Hochzeit sollte nun bald auf einen glückverheißenden[6] Tag festgesetzt werden. Han Fook war damals etwa zwanzig Jahre alt und ein hübscher Jüngling, bescheiden und von angenehmen Umgangsformen,[7] in den Wissenschaften unterrichtet und trotz seiner Jugend schon durch manche vorzügliche[8] Gedichte unter[9] den Literaten seiner Heimat bekannt. Ohne gerade reich zu sein, hatte er doch ein auskömmliches Vermögen zu erwarten,[10] das durch die Mitgift[11] seiner Braut noch erhöht wurde, und da diese Braut außerdem sehr schön und tugendhaft[12] war, schien an dem Glücke des Jünglings durchaus nichts mehr zu fehlen. Dennoch war er nicht ganz

[1]**von ... beseelt** inspired by the wondrous urge
[2]**vervollkommnen** perfect
[3]**Dichtkunst** art of poetry
[4]**auf** according
[5]**zärtlich** tenderly
[6]**glückverheißenden** promising much happiness, favorable
[7]**bescheiden ... Umgangsformen** modest and of pleasant manners
[8]**vorzügliche** excellent
[9]**unter** among
[10]**hatte ... erwarten** he nevertheless could expect sufficient financial means
[11]**Mitgift** dowry
[12]**tugendhaft** virtuous

zufrieden, denn sein Herz war von dem Ehrgeiz[13] erfüllt, ein vollkom- 20
mener Dichter zu werden.

Da geschah es an einem Abend, da ein Lampenfest auf dem Flusse
begangen wurde,[14] daß Han Fook allein am jenseitigen Ufer des Flusses
wandelte.[15] Er lehnte sich an den Stamm eines Baumes, der sich über das
Wasser neigte,[16] und sah im Spiegel des Flusses tausend Lichter schwim- 25
men und zittern,[17] er sah auf den Booten und Flößen[18] Männer und Frauen
und junge Mädchen einander begrüßen und in festlichen Gewändern[19] wie
schöne Blumen glänzen, er hörte das schwache Gemurmel der beleuchteten
Wasser, den Gesang der Sängerinnen, das Schwirren[20] der Zither und die
süßen Töne der Flötenbläser,[21] und über dem allem sah er die bläuliche 30
Nacht wie das Gewölbe[22] eines Tempels schweben.[23] Dem Jüngling schlug
das Herz, da er als einsamer Zuschauer, seiner Laune folgend, alle diese
Schönheit betrachtete. Aber so sehr ihn verlangte,[24] hinüberzugehen und
dabei zu sein und in der Nähe seiner Braut und seiner Freunde das Fest zu
genießen, so begehrte er dennoch weit sehnlicher,[25] dies alles als ein feiner 35
Zuschauer aufzunehmen und in einem ganz vollkommenen Gedichte
widerzuspiegeln: die Bläue der Nacht und das Lichterspiel des Wassers
sowohl wie die Lust der Festgäste und die Sehnsucht des stillen Zuschauers,
der am Stamm des Baumes über dem Ufer lehnt. Er empfand, daß ihm bei
allen Festen und aller Lust dieser Erde doch niemals ganz und gar wohl und 40
heiter ums Herz sein könnte,[26] daß er auch inmitten des Lebens ein Einsamer und gewissermaßen ein Zuschauer und Fremdling bleiben würde,
und er empfand, daß seine Seele unter vielen anderen allein so beschaffen[27]
sei, daß er zugleich die Schönheit der Erde und das heimliche Verlangen
des Fremdlings fühlen mußte. Darüber wurde er traurig und sann dieser 45
Sache nach,[28] und das Ziel seiner Gedanken war dieses, daß ihm ein wahres
Glück und eine tiefe Sättigung nur dann zuteil werden könnte,[29] wenn es

[13]**Ehrgeiz** ambition
[14]**da ... wurde** when a festival of lights was
celebrated on the river
[15]**am ... wandelte** strolled on the opposite
bank of the river
[16]**neigte** bent
[17]**zittern** shimmering
[18]**Flößen** rafts
[19]**Gewändern** robes
[20]**Schwirren** humming
[21]**Flötenbläser** flutists
[22]**Gewölbe** vault

[23]**schweben** float
[24]**so ... verlangte** however much he longed
[25]**begehrte ... sehnlicher** he nevertheless
longed far more fervently
[26]**ihm ... könnte** he would never feel en-
tirely happy and light of heart despite all the
celebrations and pleasures of this world
[27]**beschaffen** made
[28]**sann ... nach** pondered this matter
[29]**Sättigung ... könnte** satisfaction would be
his only

ihm einmal gelänge, die Welt so vollkommen in Gedichten zu spiegeln, daß
er in diesen Spiegelbildern die Welt selbst geläutert und verewigt besäße.[30]

Kaum wußte Han Fook, ob er wache oder eingeschlummert[31] sei, als er ⁵⁰
ein leises Geräusch vernahm[32] und neben dem Baumstamm einen Un-
bekannten stehen sah, einen alten Mann in einem violetten Gewande und
mit ehrwürdigen Mienen.[33] Er richtete sich auf und begrüßte ihn mit dem
Gruß, der den Greisen und Vornehmen zukommt,[34] der Fremde aber
lächelte und sprach einige Verse, in denen war alles, was der junge Mann ⁵⁵
soeben empfunden hatte, so vollkommen und schön und nach den Regeln
der großen Dichter ausgedrückt, daß dem Jüngling vor Staunen das Herz
stillstand.

„Oh, wer bist du", rief er, indem er sich tief verneigte,[35] „der du in meine
Seele sehen kannst und schönere Verse sprichst, als ich je von allen meinen ⁶⁰
Lehrern vernommen habe?"

Der Fremde lächelte abermals mit dem Lächeln der Vollendeten[36] und
sagte: „Wenn du ein Dichter werden willst, so komm zu mir. Du findest
meine Hütte bei der Quelle[37] des großen Flusses in den nordwestlichen
Bergen. Mein Name ist Meister des vollkommenen Wortes." ⁶⁵

Damit trat der alte Mann in den schmalen Schatten des Baumes und war
alsbald verschwunden, und Han Fook, der ihn vergebens[38] suchte und
keine Spur von ihm mehr fand, glaubte nun fest, daß alles ein Traum der
Müdigkeit gewesen sei. Er eilte zu den Booten hinüber und wohnte dem
Feste bei,[39] aber zwischen Gespräch und Flötenklang vernahm er immerzu ⁷⁰
die geheimnisvolle Stimme des Fremden, und seine Seele schien mit jenem
dahingegangen, denn er saß fremd und mit träumenden Augen unter den
Fröhlichen, die ihn mit seiner Verliebtheit neckten.[40]

Wenige Tage später wollte Han Fooks Vater seine Freunde und Verwandten berufen, um den Tag der Vermählung[41] zu bestimmen. Da wider- ⁷⁵
setzte sich[42] der Bräutigam und sagte: „Verzeihe mir, wenn ich gegen den
Gehorsam zu verstoßen scheine, den der Sohn dem Vater schuldet.[43] Aber

---

[30]**die . . . besäße** would possess the world itself purified and immortalized
[31]**eingeschlummert** fallen asleep
[32]**vernahm** heard
[33]**mit . . . Mienen** with a dignified air
[34]**der . . . zukommt** which is due old and distinguished people
[35]**verneigte** bowed
[36]**Vollendeten** those who have reached perfection

[37]**Quelle** spring
[38]**vergebens** in vain
[39]**wohnte [. . .] bei** took part in
[40]**mit . . . neckten** teased him about being in
love
[41]**Vermählung** wedding
[42]**widersetzte sich** objected
[43]**wenn . . . schuldet** if I seem to violate a
son's duty to obey his father

du weißt, wie sehr es mein Verlangen ist, in der Kunst der Dichter mich auszuzeichnen,[44] und wenn auch einige meiner Freunde meine Gedichte loben,[45] so weiß ich doch wohl, daß ich noch ein Anfänger und noch auf den ersten Stufen des Weges bin. Darum bitte ich dich, laß mich noch eine Weile in die Einsamkeit gehen und meinen Studien nachhängen,[46] denn mir scheint, wenn ich erst[47] eine Frau und ein Haus zu regieren habe, wird dies mich von jenen Dingen abhalten. Jetzt aber bin ich noch jung und ohne andere Pflichten[48] und möchte noch eine Zeit allein für meine Dichtkunst leben, von der ich Freude und Ruhm erhoffe." 80 85

Die Rede setzte den Vater in Erstaunen,[49] und er sagte: „Diese Kunst muß dir wohl über alles lieb sein, da du ihretwegen sogar deine Hochzeit verschieben[50] willst. Oder ist etwas zwischen dich und deine Braut gekommen, so sage es mir, daß ich dir helfen kann, sie zu versöhnen[51] oder dir eine andere zu verschaffen."[52] 90

Der Sohn schwur aber, daß er seine Braut nicht weniger liebe als gestern und immer, und daß nicht der Schatten eines Streites zwischen sie gefallen sei. Und zugleich erzählte er seinem Vater, daß ihm durch einen Traum am Tage des Lampenfestes ein Meister kundgeworden[53] sei, dessen Schüler zu werden er sehnlicher wünsche als alles Glück der Welt. 95

„Wohl", sprach der Vater, „so gebe ich dir ein Jahr. In dieser Zeit magst du deinem Traum nachgehen, der vielleicht von einem Gott zu dir gesandt worden ist."

„Es mögen auch zwei Jahre werden", sagte Han Fook zögernd, „Wer will[54] das wissen?" 100

Da ließ ihn der Vater gehen und war betrübt,[55] der Jüngling aber schrieb seiner Braut einen Brief, verabschiedete sich und zog davon.[56]

Als er sehr lange gewandert war, erreichte er die Quelle des Flusses und fand in großer Einsamkeit eine Bambushütte stehen, und vor der Hütte saß auf einer geflochtenen[57] Matte der alte Mann, den er am Ufer bei dem Baumstamm gesehen hatte. Er saß und spielte die Laute, und als er den Gast sich mit Ehrfurcht[58] nähern sah, erhob er sich nicht, noch grüßte er ihn, sondern lächelte nur und ließ die zarten[59] Finger über die Saiten[60] 105

[44]**auszuzeichnen** to distinguish
[45]**loben** praise
[46]**meinen ... nachhängen** devote myself to my studies
[47]**wenn ich erst** once I
[48]**Pflichten** responsibilities
[49]**setzte [...] Erstaunen** astonished
[50]**verschieben** postpone
[51]**versöhnen** reconcile
[52]**verschaffen** get
[53]**kundgeworden** become known
[54]**will** can claim
[55]**betrübt** saddened
[56]**zog davon** went away
[57]**geflochtenen** braided
[58]**Ehrfurcht** deep respect
[59]**zarten** delicate
[60]**Saiten** strings

laufen, und eine zauberhafte Musik floß wie eine silberne Wolke durch   110
das Tal, daß der Jüngling stand und sich verwunderte und in süßem Erstaunen alles andere vergaß, bis der Meister des vollkommenen Wortes
seine kleine Laute beiseite legte und in die Hütte trat. Da folgte
ihm Han Fook mit Ehrfurcht und blieb bei ihm als sein Diener[61] und
Schüler.                                                                 115

   Ein Monat verging, da hatte er gelernt, alle Lieder, die er zuvor gedichtet
hatte, zu verachten,[62] und er tilgte[63] sie aus seinem Gedächtnisse. Und
wieder nach Monaten tilgte er auch die Lieder, die er daheim von seinen
Lehrern gelernt hatte, aus seinem Gedächtnis. Der Meister sprach kaum ein
Wort mit ihm, er lehrte ihn schweigend die Kunst des Lautenspieles, bis das   120
Wesen[64] des Schülers ganz von Musik durchflossen[65] war. Einst[66] machte
Han Fook ein kleines Gedicht, worin er den Flug zweier Vögel am herbstli-
chen Himmel beschrieb, und das ihm wohlgefiel. Er wagte nicht, es dem
Meister zu zeigen, aber er sang es eines Abends abseits[67] von der Hütte, und
der Meister hörte es wohl. Er sagte jedoch kein Wort. Er spielte nur leise   125
auf seiner Laute, und alsbald ward[68] die Luft kühl und die Dämmerung
beschleunigt,[69] ein scharfer Wind erhob sich, obwohl es mitten im Sommer
war, und über den grau gewordenen Himmel flogen zwei Reiher in mäch-
tiger Wandersehnsucht,[70] und alles dies war so viel schöner und vollkommener als des Schülers Verse, daß dieser traurig wurde und schwieg und   130
sich wertlos fühlte. Und so tat der Alte jedesmal, und als ein Jahr vergangen
war, da hatte Han Fook das Lautenspiel beinahe vollkommen erlernt, die
Kunst der Dichtung aber sah er immer schwerer und erhabener[71] stehen.

   Als zwei Jahre vergangen waren, spürte der Jüngling ein heftiges Heimweh nach den Seinigen,[72] nach der Heimat und nach seiner Braut, und er   135
bat den Meister, ihn reisen zu lassen.

   Der Meister lächelte und nickte. „Du bist frei", sagte er, „und kannst
gehen, wohin du willst. Du magst wiederkommen, du magst wegbleiben,
ganz wie es dir gefällt."

   Da machte sich der Schüler auf die Reise[73] und wanderte rastlos,[74] bis   140

---

[61]**Diener** servant
[62]**verachten** disdain
[63]**tilgte** erased
[64]**Wesen** being
[65]**durchflossen** permeated
[66]**Einst** Once
[67]**abseits** away from
[68]**ward** [wurde]
[69]**Dämmerung beschleunigt** dusk fell more
quickly

[70]**Reiher ... Wandersehnsucht** heron yearning greatly to fly away
[71]**erhabener** loftier
[72]**spürte ... Seinigen** the youth felt intense
homesickness for his family
[73]**machte [...] Reise** set out on his journey
[74]**rastlos** without a break

er eines Morgens in der Dämmerung [*dawn*] am heimatlichen Ufer stand und über die gewölbte[75] Brücke nach seiner Vaterstadt hinübersah. Er schlich verstohlen[76] in seines Vaters Garten und hörte durchs Fenster des Schlafzimmers seines Vaters Atem gehen, der noch schlief, und er stahl sich[77] in den Baumgarten beim Hause seiner Braut und sah vom Wipfel eines Birnbaumes,[78] den er erstieg, seine Braut in der Kammer stehen und ihre Haare kämmen. Und indem er dies alles, wie er es mit seinen Augen sah, mit dem Bilde verglich, das er in seinem Heimweh davon gemalt hatte, war es ihm deutlich, daß er doch zum Dichter bestimmt sei,[79] und er sah, daß in den Träumen der Dichter eine Schönheit und Anmut[80] wohnt, die man in den Dingen der Wirklichkeit vergeblich sucht. Und er stieg von dem Baum herab und floh aus dem Garten und über die Brücke aus seiner Vaterstadt und kehrte in das hohe Tal im Gebirge zurück. Da saß wie einstmals der alte Meister vor seiner Hütte auf der bescheidenen Matte und schlug[81] mit seinen Fingern die Laute, und statt der Begrüßung sprach er zwei Verse von den Beglückungen der Kunst, bei deren Tiefe und Wohllaut dem Jünger[82] die Augen voll Tränen wurden.

Wieder blieb Han Fook bei dem Meister des vollkommenen Wortes, der ihn nun, da er die Laute beherrschte,[83] auf der Zither unterrichtete, und die Monate schwanden hinweg wie Schnee im Westwinde. Noch zweimal geschah es, daß ihn das Heimweh übermannte.[84] Das eine Mal lief er heimlich in der Nacht davon, aber noch ehe er die letzte Krümmung[85] des Tales erreicht hatte, lief der Nachtwind über die Zither, die in der Hütte hing, und die Töne flohen ihm nach[86] und riefen ihn zurück, daß er nicht widerstehen[87] konnte. Das andere Mal aber träumte ihm, er pflanzte einen jungen Baum in seinen Garten, und sein Weib stünde dabei, und seine Kinder begössen[88] den Baum mit Wein und Milch. Als er erwachte, schien der Mond in seine Kammer, und er erhob sich verstört[89] und sah nebenan den Meister im Schlummer liegen und seinen greisen Bart sachte zittern;[90] da überfiel ihn ein bitterer Haß gegen diesen Menschen, der, wie ihm schien, sein Leben zerstört und ihn um seine Zukunft betrogen[91] habe. Er

[75] **gewölbte** arched
[76] **schlich verstohlen** sneaked unnoticed
[77] **stahl sich** stole
[78] **Wipfel ... Birnbaumes** top of a pear tree
[79] **doch ... sei** destined to be a poet after all
[80] **Anmut** loveliness
[81] **schlug** played
[82] **Jünger** disciple
[83] **beherrschte** mastered
[84] **übermannte** overpowered
[85] **Krümmung** bend
[86] **flohen ihm nach** fled after him
[87] **widerstehen** resist
[88] **begössen** were watering
[89] **verstört** distraught
[90] **greisen ... zittern** grey beard tremble faintly
[91] **um ... betrogen** robbed him of his future

wollte sich über ihn stürzen[92] und ihn ermorden, da schlug der Greis die Augen auf und begann alsbald mit einer feinen, traurigen Sanftmut[93] zu lächeln, die den Schüler entwaffnete.

„Erinnere dich, Han Fook", sagte der Alte leise, „du bist frei, zu tun, was dir beliebt.[94] Du magst in deine Heimat gehen und Bäume pflanzen, du magst mich hassen und erschlagen, es ist wenig daran gelegen."[95]

„Ach, wie könnte ich dich hassen", rief der Dichter in heftiger Bewegung.[96] „Das ist, als ob ich den Himmel selbst hassen wollte."

Und er blieb und lernte die Zither spielen, und danach die Flöte, und später begann er unter des Meisters Anweisung Gedichte zu machen, und er lernte langsam jene heimliche Kunst, scheinbar nur das Einfache und Schlichte[97] zu sagen, damit aber in des Zuhörers Seele zu wühlen,[98] wie der Wind in einem Wasserspiegel. Er beschrieb das Kommen der Sonne, wie sie am Rande des Gebirges zögert, und das lautlose Huschen[99] der Fische, wenn sie wie Schatten unter dem Wasser hinfliehen,[100] oder das Wiegen[101] einer jungen Weide[102] im Frühlingswind, und wenn man es hörte, so war es nicht die Sonne und das Spiel der Fische und das Flüstern der Weide allein, sondern es schien der Himmel und die Welt jedesmal für einen Augenblick in vollkommener Musik zusammenzuklingen,[103] und jeder Hörer dachte dabei mit Lust oder Schmerzen an das, was er liebte oder haßte, der Knabe ans Spiel, der Jüngling an die Geliebte und der Alte an den Tod.

Han Fook wußte nicht mehr, wie viele Jahre er bei dem Meister an der Quelle des großen Flusses verweilt[104] habe; oft schien es ihm, als sei er erst[105] gestern abend in dieses Tal getreten und vom Saitenspiel des Alten empfangen worden, oft auch war ihm, als seien hinter ihm alle Menschenalter und Zeiten hinabgefallen und wesenlos geworden.[106]

Da erwachte er eines Morgens allein in der Hütte, und wo er auch suchte und rief, der Meister war verschwunden. Über Nacht schien plötzlich der Herbst gekommen, ein rauher Wind rüttelte an[107] der alten Hütte, und

175

180

185

190

195

200

[92] sich . . . stürzen   attack him
[93] Sanftmut   gentleness
[94] was dir beliebt   as you please
[95] es . . . gelegen   it makes little difference
[96] heftiger Bewegung   great agitation
[97] Schlichte   plain
[98] wühlen   stir
[99] Huschen   flitting about
[100] hinfliehen   flit by
[101] Wiegen   swaying
[102] Weide   willow
[103] zusammenzuklingen   to harmonize
[104] verweilt   lingered
[105] erst   only
[106] hinabgefallen . . . geworden   had fallen away and become unreal
[107] rüttelte an   shook

über den Grat[108] des Gebirges flogen große Scharen von Zugvögeln,[109] obwohl es noch nicht ihre Zeit war.

Da nahm Han Fook die kleine Laute mit sich und stieg in das Land seiner Heimat hinab, und wo er zu Menschen kam, begrüßten sie ihn mit dem Gruß, der den Alten und Vornehmen zukommt, und als er in seine Vaterstadt kam, da war sein Vater und seine Braut und seine Verwandtschaft gestorben, und andere Menschen wohnten in ihren Häusern. Am Abend aber wurde das Lampenfest auf dem Flusse gefeiert, und der Dichter Han Fook stand jenseits auf dem dunkleren Ufer, an den Stamm eines alten Baumes gelehnt, und als er auf seiner kleinen Laute zu spielen begann, da seufzten die Frauen und blickten entzückt und beklommen[110] in die Nacht, und die jungen Männer riefen nach dem Lautenspieler, den sie nirgends finden konnten, und riefen laut, daß noch keiner von ihnen jemals solche Töne einer Laute gehört habe. Han Fook aber lächelte. Er schaute in den Fluß, und wie er die Spiegelbilder nicht mehr von den wirklichen zu unterscheiden wußte, so fand er in seiner Seele keinen Unterschied zwischen diesem Feste und jenem ersten, da er hier als ein Jüngling gestanden war und die Worte des fremden Meisters vernommen hatte.

[205] [210] [215]

[108] **Grat** ridge
[109] **Scharen von Zugvögeln** flocks of migratory birds
[110] **entzückt und beklommen** enchantedly and uneasily

# FRANZ KAFKA

## Der Schlag ans Hoftor
### und andere Kurzprosa

*Franz Kafka (1883–1924) ist der einflußreichste deutschsprachige Schriftsteller des 20. Jahrhunderts. In seinen Romanen, Erzählungen, Parabeln und Aphorismen bringt Kafka hauptsächlich eigene innere Konflikte zum Ausdruck. Er sprach von seinen Werken als der Darstellung seines „traumhaften inneren Lebens". Ihre Größe liegt darin, daß sie zugleich die Entfremdung,[1] Entwurzelung[2] und Angst der Menschen im 20. Jahrhundert widerspiegeln.*

*Was Entfremdung bedeutet, lernte Kafka früh kennen, als er in Prag als Jude aufwuchs. Von den Tschechen war er aufgrund der Sprache isoliert, von der privilegierten deutschen Minderheit[3] aufgrund seines Judentums.[4] Die Prager jüdische Gemeinde[5] war keine religiöse, sondern eine gesellschaftliche und kulturelle, so daß sich Kafka und andere jüdische Intellektuelle als „enterbte[6] Söhne" empfanden.*

*Zu seinem eigenen Vater, der herrisch,[7] unsensibel und materialistisch war, hatte er Zeit seines Lebens ein gestörtes[8] Verhältnis. Davon zeugen[9] Kafkas berühmter „Brief an den Vater" und die Vaterfiguren seiner Werke. Sein Gefühl*

[1] **Entfremdung**   alienation
[2] **Entwurzelung**   uprootedness
[3] **Minderheit**   minority
[4] **Judentums**   Jewishness
[5] **Gemeinde**   community
[6] **enterbte**   disinherited
[7] **herrisch**   overbearing
[8] **gestörtes**   problematic
[9] **zeugen**   attest

47

*der Ohnmacht¹⁰ dem Leben gegenüber führt Kafka auf seine mißglückte Beziehung zum Vater zurück.¹¹ Kafkas Vaterfiguren treten oft in der Rolle von Richtern oder Obrigkeitsfiguren¹² auf, die die Hauptgestalt zum Tode oder zu einem sinnlosen Leben verurteilen.*

*Was halten Sie für charakteristisch an dem Ton und der Sprache dieser Prosa? Befinden sich die Gestalten in vergleichbaren Lagen? Meinen Sie, man kann „Eine kaiserliche Botschaft" in Verbindung mit Nietzsches berühmtem Ausspruch „Gott ist tot" lesen? Inwiefern erinnern die Texte an Träume oder Alpträume?¹³ Was läßt sich aus den dargestellten Erlebnissen des Ich-Erzählers über Kafkas Auffassung von der Lage des Menschen im 20. Jahrhundert schließen?¹⁴ Welche gesellschaftlichen Zustände¹⁵ und historischen Ereignisse helfen Ihrer Meinung nach Kafkas Sicht des modernen Menschen zu erklären?*

¹⁰**Ohnmacht**  powerlessness
¹¹**führt [. . .] zurück**  attributes to his unsuccessful relationship
¹²**Richtern oder Obrigkeitsfiguren**  judges or figures of authority
¹³**Alpträume**  nightmares
¹⁴**läßt sich [. . .] schließen**  can be concluded from
¹⁵**Zustände**  conditions

# FRANZ KAFKA

## Der *Schlag ans* Hoftor[1]

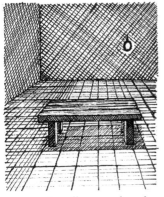

Es war im Sommer, ein heißer Tag. Ich kam auf dem Nachhauseweg mit meiner Schwester an einem Hoftor vorüber. Ich weiß nicht, schlug sie aus Mutwillen[2] ans Tor oder aus Zerstreutheit[3] oder drohte[4] 5 sie nur mit der Faust und schlug gar nicht. Hundert Schritte weiter an der nach links sich wendenden Landstraße begann das Dorf. Wir kannten es nicht, aber gleich nach dem ersten Haus kamen Leute hervor 10 und winkten uns, freundschaftlich oder warnend, selbst erschrocken, gebückt vor Schrecken. Sie zeigten nach dem Hof, an dem wir vorübergekommen waren, und erinnerten uns an den Schlag ans Tor. Die Hofbesitzer werden uns verklagen,[5] gleich werde die Untersuchung beginnen. Ich war sehr ruhig und beruhigte auch 15 meine Schwester. Sie hatte den Schlag wahrscheinlich gar nicht getan, und hätte sie ihn getan, so wird deswegen nirgends auf der Welt ein Beweis geführt.[6] Ich suchte[7] das auch den Leuten um uns begreiflich[8] zu machen, sie hörten mich an, enthielten sich aber eines Urteils.[9] Später sagten sie, nicht nur meine Schwester, auch ich, als Bruder werde ange- 20

[1] **Schlag ans Hoftor** knock (blow) against the farmyard gate
[2] **aus Mutwillen** out of mischief, malice
[3] **aus Zerstreutheit** out of absent-mindedness
[4] **drohte** made a threatening gesture
[5] **verklagen** sue
[6] **Wird . . . geführt** a case is made against you
[7] **suchte [versuchte]**
[8] **begreiflich** clear
[9] **enthielten . . . Urteils** but abstained from voicing an opinion (pronouncing a judgment)

klagt werden. Ich nickte lächelnd. Alle blickten wir zum Hofe zurück, wie man eine ferne Rauchwolke beobachtet und auf die Flamme wartet. Und wirklich, bald sahen wir Reiter ins weit offene Hoftor einreiten. Staub[10] erhob sich, verhüllte[11] alles, nur die Spitzen[12] der hohen Lanzen blinkten. Und kaum war die Truppe im Hof verschwunden, schien sie gleich die Pferde gewendet zu haben und war auf dem Wege zu uns. Ich drängte meine Schwester fort,[13] ich werde alles allein ins Reine bringen.[14] Sie weigerte sich, mich allein zu lassen. Ich sagte, sie solle sich aber wenigstens umkleiden, um in einem besseren Kleid vor die Herren zu treten. Endlich folgte[15] sie und machte sich auf den langen Weg nach Hause. Schon waren die Reiter bei uns, noch von den Pferden herab fragten sie nach meiner Schwester. Sie ist augenblicklich nicht hier, wurde ängstlich geantwortet, werde aber später kommen. Die Antwort wurde fast gleichgültig aufgenommen; wichtig schien vor allem, daß sie mich gefunden hatten. Es waren hauptsächlich zwei Herren, der Richter, ein junger, lebhafter Mann und sein stiller Gehilfe, der Aßmann genannt wurde. Ich wurde aufgefordert in die Bauernstube[16] einzutreten. Langsam, den Kopf wiegend,[17] an den Hosenträgern rückend,[18] setzte ich mich unter den scharfen Blicken der Herren in Gang.[19] Noch glaubte ich fast, ein Wort werde genügen, um mich, den Städter, sogar noch unter Ehren, aus diesem Bauernvolk zu befreien. Aber als ich die Schwelle[20] der Stube überschritten hatte, sagte der Richter, der vorgesprungen war und mich schon erwartete: „Dieser Mann tut mir leid." Es war aber über allem Zweifel, daß er damit nicht meinen gegenwärtigen Zustand meinte, sondern das, was mit mir geschehen würde. Die Stube sah einer Gefängniszelle ähnlicher als einer Bauernstube. Große Steinfliesen,[21] dunkel, ganz kahle[22] Wand, irgendwo eingemauert ein eiserner Ring, in der Mitte etwas, das halb Pritsche,[23] halb Operationstisch war.

Könnte ich noch andere Luft schmecken als die des Gefängnisses? Das ist die große Frage oder vielmehr,[24] sie wäre es, wenn ich noch Aussicht auf Entlassung[25] hätte.

[10]**Staub**  dust
[11]**verhüllte**  veiled
[12]**Spitzen**  points
[13]**drängte [. . .] fort**  pushed away
[14]**ins Reine bringen**  clear up
[15]**folgte**  obeyed
[16]**Bauernstube**  farmhouse parlor
[17]**wiegend**  slowly shaking
[18]**an . . . rückend**  pulling on my suspenders

[19]**setze ich mich [. . .] in Gang**  I got going
[20]**Schwelle**  threshold
[21]**Steinfliesen**  floor tiles
[22]**kahle**  bare
[23]**Pritsche**  cot
[24]**vielmehr**  rather
[25]**Aussicht . . . Entlassung**  a chance of being released

## Heimkehr

Ich bin zurückgekehrt, ich habe den Flur[26] durchschritten und blicke mich
um. Es ist meines Vaters alter Hof. Die Pfütze[27] in der Mitte. Altes,
unbrauchbares Gerät,[28] ineinanderverfahren,[29] verstellt[30] den Weg zur
Bodentreppe. Die Katze lauert auf dem Geländer.[31] Ein zerrissenes Tuch,[32]   *55*
einmal im Spiel um eine Stange[33] gewunden, hebt sich im Wind. Ich bin
angekommen. Wer wird mich empfangen? Wer wartet hinter der Tür der
Küche? Rauch kommt aus dem Schornstein,[34] der Kaffee zum Abendessen
wird gekocht. Ist dir heimlich,[35] fühlst du dich zu Hause? Ich weiß es nicht,
ich bin sehr unsicher. Meines Vaters Haus ist es, aber kalt steht Stück neben   *60*
Stück, als wäre jedes mit seinen eigenen Angelegenheiten beschäftigt, die
ich teils vergessen habe, teils niemals kannte. Was kann ich ihnen nützen,[36]
was bin ich ihnen und sei ich auch des Vaters, des alten Landwirts[37] Sohn.
Und ich wage nicht, an der Küchentür zu klopfen, nur von der Ferne
horche ich, nur von der Ferne horche ich stehend, nicht so, daß ich als   *65*
Horcher überrascht werden könnte. Und weil ich von der Ferne horche,
erhorche ich nichts, nur einen leichten Uhrenschlag höre ich oder glaube
ihn vielleicht nur zu hören, herüber aus den Kindertagen. Was sonst in der
Küche geschieht, ist das Geheimnis[38] der dort Sitzenden, das sie vor mir
wahren.[39] Je länger man vor der Tür zögert,[40] desto fremder wird man. Wie   *70*
wäre es, wenn jetzt jemand die Tür öffnete und mich etwas fragte. Wäre ich
dann nicht selbst wie einer, der sein Geheimnis wahren will.

## Der Aufbruch[41]

Ich befahl mein Pferd aus dem Stall zu holen. Der Diener verstand mich
nicht. Ich ging selbst in den Stall, sattelte mein Pferd und bestieg es. In der   *75*
Ferne hörte ich eine Trompete blasen, ich fragte ihn, was das bedeutete. Er

[26]**Flur** corridor
[27]**Pfütze** puddle
[28]**Gerät** implements
[29]**ineinanderverfahren** jammed into one another
[30]**verstellt** is blocking
[31]**lauert . . . Geländer** lurks on the banister
[32]**zerrissenes Tuch** torn piece of cloth
[33]**Stange** bar, pole
[34]**Schornstein** chimney

[35]**Ist dir heimlich [heimelig]** Do you feel at
home
[36]**Was . . . nützen** What good am I to them
[37]**Sei . . . Landwirts** Even though I am the
farmer's
[38]**Geheimnis** secret
[39]**vor mir wahren** keep from me
[40]**zögert** hesitates
[41]**Aufbruch** departure

wußte nichts und hatte nichts gehört. Beim Tore hielt er mich auf und fragte: „Wohin reitet der Herr?" „Ich weiß es nicht," sagte ich, „nur weg von hier, nur weg von hier. Immerfort weg von hier, nur so kann ich mein Ziel erreichen." „Du kennst also dein Ziel," fragte er. „Ja," antwortete ich, „ich sagte es doch. Weg von hier—das ist mein Ziel." 80

## Gibs auf!

Es war sehr früh am Morgen, die Straßen rein und leer, ich ging zum Bahnhof. Als ich eine Turmuhr mit meiner Uhr verglich, sah ich, daß es schon viel später war, als ich geglaubt hatte, ich mußte mich sehr beeilen, der Schrecken über diese Entdeckung ließ mich im Weg unsicher werden, ich kannte mich in dieser Stadt noch nicht sehr gut aus, glücklicherweise /85 war ein Schutzmann[42] in der Nähe, ich lief zu ihm und fragte ihn atemlos nach dem Weg. Er lächelte und sagte: „Von mir willst du den Weg erfahren?" „Ja," sagte ich, „da ich ihn selbst nicht finden kann." „Gibs auf, gibs auf," sagte er und wandte sich mit einem großen Schwunge ab,[43] so wie Leute, die mit ihrem Lachen allein sein wollen. 90

## Eine kaiserliche Botschaft[44]

Der Kaiser—so heißt es—hat dir, dem Einzelnen,[45] dem jämmerlichen Untertanen,[46] dem winzig vor der kaiserlichen Sonne in die fernste Ferne geflüchteten Schatten,[47] gerade dir hat der Kaiser von seinem Sterbebett aus eine Botschaft gesendet. Den Boten hat er beim Bett niederknien lassen und ihm die Botschaft ins Ohr zugeflüstert; so sehr war ihm an ihr gelegen,[48] daß er sich sie noch ins Ohr wieder sagen ließ. Durch Kopfnicken hat er die Richtigkeit des Gesagten bestätigt.[49] Und vor der ganzen Zuschauerschaft seines Todes—alle hindernden Wände werden niedergebrochen und auf den weit und hoch sich schwingenden Freitreppen[50] stehen 95

[42]**Schutzmann** policeman
[43]**wandte . . . ab** turned away with a flourish
[44]**kaiserliche Botschaft** imperial message
[45]**Einzelnen** individual
[46]**jämmerlichen Untertanen** wretched, pitiful subject
[47]**dem . . . Schatten** the tiny shadow which

fled from the imperial sun to the most distant distance
[48]**so . . . gelegen** it mattered so much to him
[49]**bestätigt** confirmed
[50]**sich . . . Freitreppen** sweeping flight of stairs

im Ring die Großen des Reichs—vor allen diesen hat er den Boten ab- 100
gefertigt.[51] Der Bote hat sich gleich auf den Weg gemacht;[52] ein kräftiger,
ein unermüdlicher Mann; einmal diesen, einmal den andern Arm vor-
streckend, schafft er sich Bahn[53] durch die Menge; findet er Widerstand,[54] zeigt er auf die Brust, wo das Zeichen der Sonne ist; er kommt
auch leicht vorwärts,[55] wie kein anderer. Aber die Menge ist so groß; ihre 105
Wohnstätten nehmen kein Ende.[56] Öffnete sich freies Feld, wie würde er
fliegen und bald wohl hörtest du das herrliche Schlagen seiner Fäuste an
deiner Tür. Aber statt dessen, wie nutzlos müht er sich ab;[57] immer noch
zwängt[58] er sich durch die Gemächer[59] des innersten Palastes; niemals
wird er sie überwinden; und gelänge ihm dies, nichts wäre gewonnen; die 110
Treppen hinab müßte er sich kämpfen; und gelänge ihm dies, nichts wäre
gewonnen; die Höfe wären zu durchmessen;[60] und nach den Höfen der
zweite umschließende[61] Palast; und wieder Treppen und Höfe; und
wieder ein Palast; und so weiter durch Jahrtausende; und stürzte[62] endlich aus dem äußersten Tor—aber niemals, niemals kann es geschehen—, 115
liegt erst die Residenzstadt vor ihm, die Mitte der Welt, hochgeschüttet
voll ihres Bodensatzes.[63] Niemand dringt hier durch[64] und gar[65] mit der
Botschaft eines Toten.—Du aber sitzt an deinem Fenster und erträumst
sie dir, wenn der Abend kommt.

## Der *Steuermann*[66]

„Bin ich nicht Steuermann?" rief ich. „Du?" fragte ein dunkler hoch-
gewachsener Mann und strich sich mit der Hand über die Augen,[67] als 121
verscheuche[68] er einen Traum. Ich war am Steuer gestanden in der
dunklen Nacht, die schwachbrennende Laterne über meinem Kopf, und

---

[51] **abgefertigt** dispatched
[52] **sich ... gemacht** set out at once
[53] **schafft ... Bahn** makes his way
[54] **findet er Widerstand** whenever he meets with resistance
[55] **kommt ... vorwärts** advances easily
[56] **Wohnstätten ... Ende** there is no end to their dwellings
[57] **wie ... ab** how he struggles in vain
[58] **zwängt** squeezes
[59] **Gemächer** chambers
[60] **die ... durchmessen** he would have to stride through the courtyards
[61] **umschließende** surrounding
[62] **stürzte** dashed
[63] **hochgeschüttet ... Bodensatzes** heaped up high with its (geological) debris
[64] **dringt hier durch** gets through here
[65] **gar** much less
[66] **Steuermann** helmsman
[67] **strich ... Augen** ran his hand over his eyes
[68] **als verscheuche** as if he were chasing away

nun war dieser Mann gekommen und wollte mich beiseiteschieben. Und da ich nicht wich,[69] setzte er mir den Fuß auf die Brust und trat mich lang- 125 sam nieder, während ich noch immer an den Naben[70] des Steuerrades hing und beim Niederfallen es ganz herumriß. Da aber faßte es der Mann, brachte es in Ordnung,[71] mich aber stieß er weg. Doch ich besann mich[72] bald, lief zu der Luke,[73] die in den Mannschaftsraum führte und rief: „Mannschaft! Kameraden! Kommt schnell! Ein Fremder hat mich 130 vom Steuer vertrieben!" Langsam kamen sie, stiegen auf aus der Schiffs-treppe, schwankende[74] müde mächtige Gestalten. „Bin ich der Steuer-mann?" fragte ich. Sie nickten, aber Blicke hatten sie nur für[75] den Frem-den, im Halbkreis standen sie um ihn herum und, als er befehlend sagte: „Stört mich nicht," sammelten sie sich, nickten mir zu und zogen wieder 135 die Schiffstreppe hinab. Was ist das für Volk! Denken sie auch oder schlurfen[76] sie nur sinnlos über die Erde?

---

[69]**wich**   moved
[70]**Naben**   hubs
[71]**brachte ... Ordnung**   righted it
[72]**besann mich**   collected myself

[73]**Luke**   hatch
[74]**schwankende**   staggering
[75]**Blicke ... für**   they had eyes only for
[76]**schlurfen**   shuffle

# BERTOLT BRECHT

## Geschichten von Herrn Keuner

### Sieben Auszüge

*Bertolt Brecht (1898–1956), einer der einflußreichsten literarischen Gestalten des 20. Jahrhunderts, ist hauptsächlich als Dramatiker und Literaturtheoretiker bekannt. Doch er hat auch Lyrik und Kurzprosa geschrieben, wie zum Beispiel die „Geschichten von Herrn Keuner", aus denen folgende Anekdoten stammen. Sie sind in den dreißiger und vierziger Jahren entstanden und gehören zur Exilliteratur.[1] Sofort nach Hitlers Machtübernahme im Jahre 1933 verließ Brecht Deutschland, weil er Marxist war. Im Exil lebte er in Dänemark, Schweden, Finnland und von 1941–47 in den USA. 1949 kehrte er nach Ostberlin zurück, wo er das Berliner Ensemble, eine berühmte Theatergruppe, gründete.*

*Brecht hält den Menschen für veränderbar. In seinen Werken will er den Lesern und Zuschauern richtiges Verhalten[2] demonstrieren, damit sie aus ihrer Passivität heraustreten und ihr Leben selbst bestimmen[3] können. In den Geschichten von Herrn Keuner, der Brechts Sprachrohr[4] ist, bietet er seinen Lesern Verhaltensregeln an, die einen zunächst verwundern. Brecht will die*

---

[1] **Exilliteratur**   literature produced by German and Austrian emigrant writers who fled their homeland or were exiled for political reasons

[2] **Verhalten**   conduct

[3] **bestimmen**   to determine

[4] **Sprachrohr**   mouthpiece

*Leser befremden,[5] damit sie ihr Verhalten hinterfragen[6] und erkennen, daß sie selbstentfremdet[7] sind, weil sie ihr Leben nicht selbst bestimmen.*

*Welche Anekdoten befremden Sie zunächst? Wie erklären Sie sich Ihre Reaktionen? Können Sie Herrn Keuners Schreck über die Worte des Bekannten in „Das Wiedersehen" und seinen Ärger über die Worte des Begleiters in „Erfolg" verstehen?*

*Was für eine Verbindung sehen Sie zwischen den Anekdoten „Wenn Herr K. einen Menschen liebte" und „Der hilflose Knabe"? Inwiefern ist die scheinbar lieblose Behandlung des hilflosen Jungen in den Augen von Herrn Keuner eine Art Liebesdienst?[8] Was für ein Idealbild hat er von dem Kind, und wie sorgt er dafür, daß der Junge diesem Bild ähnlicher wird?*

*Warum nennt Brecht den Städtebauer den „Freundlichen" und läßt ihn den Preis für gutes Bauen bekommen? Wie rechtfertigt Herr Keuner seine veränderte Einstellung der Gewalt[9] gegenüber, und was will er mit der Geschichte von Herrn Egge illustrieren?*

---

[5] **befremden** disconcert

[6] **hinterfragen** analyze, call into question

[7] **selbstentfremdet** estranged from themselves

[8] **Liebesdienst** favor

[9] **Gewalt** power, force, violence

# BERTOLT BRECHT

## Geschichten von Herrn Keuner

### Der Städtebauer

Als sie nun die Stadt gebaut hatten, kamen sie zusammen und führten einander vor[1] ihre Häuser und zeigten einander die Werke ihrer Hände.—Und der Freundliche ging mit ihnen, von Haus zu Haus, den ganzen Tag über, und lobte sie alle. 5

Aber er selber sprach nicht vom Werk seiner Hände und zeigte keinem ein Haus.—
Und es ging gegen Abend, da, auf dem Marktplatz, trafen sie sich wieder alle, und auf einem erhöhten Brettergerüst[2] trat jeder hervor und erstattete Bericht[3] über die Art und Größe seines Hauses und die Baudauer, damit man ausfinden konnte, welcher von ihnen das größte Haus gebaut hatte, oder das schönste und in wieviel Zeit.—Und nach seiner Stelle im Alphabet wurde auch der Freundliche aufgerufen.—Er erschien unten, vor dem Podium, und einen großen Türstock schleppend.[4]—Er erstattete seinen Bericht.—Dies hier, der Türstock, war, was er von seinem Haus gebaut hatte.—Es entstand ein Schweigen.—Dann stand der Versammlungsleiter auf.—„Ich bin erstaunt", sagte er, und ein Gelächter wollte sich erheben.[5] Aber der Versammlungsleiter fuhr fort: „Ich bin erstaunt, daß erst jetzt die Rede darauf kommt.[6] Dieser da war 20

---

[1] **führten [...] vor** presented
[2] **Brettergerüst** wooden scaffolding
[3] **erstattete Bericht** gave a report
[4] **Türstock schleppend** dragging a door frame
[5] **ein . . . erheben** laughter was about to arise
[6] **erst . . . kommt** the subject should come up only now

während der ganzen Zeit des Bauens überall, über dem ganzen Grund und half überall mit. Für das Haus dort baute er den Giebel, dort setzte er ein Fenster ein, ich weiß nicht mehr, welches; für das Haus gegenüber zeichnete er den Grundplan. Kein Wunder weiter, daß er hier mit einem Türstock erscheint, der übrigens schön ist, daß er aber selber kein Haus besitzt. 25

In Anbetracht[7] der vielen Zeit, die er für den Bau unserer Häuser aufgewendet hat, ist der Bau dieses schönen Türstocks ein wahres Wunderwerk, und so schlage ich vor, den Preis für gutes Bauen ihm zuzuteilen."[8]

## Das Wiedersehen

Ein Mann, der Herrn K. lange nicht gesehen hatte, begrüßte ihn mit den Worten: „Sie haben sich gar nicht verändert." „Oh!" sagte Herr Keuner und 31 erbleichte.[9]

## Erfolg

Herr K. sah eine Schauspielerin vorbeigehen und sagte: „Sie ist schön." Sein Begleiter sagte: „Sie hat neulich Erfolg gehabt, weil sie schön ist." Herr K. ärgerte sich und sagte: „Sie ist schön, weil sie Erfolg gehabt hat." 35

## Wenn Herr K. einen Menschen liebte

„Was tun Sie", wurde Herr K. gefragt, „wenn Sie einen Menschen lieben?" „Ich mache einen Entwurf[10] von ihm" sagte Herr K., „und sorge,[11] daß er ihm ähnlich[12] wird." „Wer? Der Entwurf?" „Nein", sagte Herr K., „der Mensch."

## Herr Keuner und die Flut

Herr Keuner ging durch ein Tal,[13] als er plötzlich bemerkte, daß seine Füße in Wasser gingen. Da erkannte er, daß sein Tal in Wirklichkeit ein 41 Meeresarm war und daß die Zeit der Flut herannahte. Er blieb sofort

[7]**In Anbetracht** In view of the fact
[8]**zuzuteilen** to award
[9]**erbleichte** grew pale
[10]**Entwurf** blueprint
[11]**sorge** see to it
[12]**ähnlich** resemble
[13]**Tal** valley

stehen, um sich nach einem Kahn[14] umzusehen, und solange er auf einen Kahn hoffte, blieb er stehen. Als aber kein Kahn in Sicht kam, gab er diese Hoffnung auf und hoffte, daß das Wasser nicht mehr steigen möchte. Erst   45 als ihm das Wasser bis ans Kinn ging, gab er auch diese Hoffnung auf und schwamm. Er hatte erkannt, daß er selber ein Kahn war.

## Der hilflose Knabe

Herr K. sprach über die Unart,[15] erlittenes Unrecht stillschweigend in sich hineinzufressen,[16] und erzählte folgende Geschichte: „Einen vor sich hin weinenden Jungen fragte ein Vorübergehender nach dem Grund seines   50 Kummers.[17] ‚Ich hatte zwei Groschen[18] für das Kino beisammen‘,[19] sagte der Knabe, ‚da kam ein Junge und riß mir einen aus der Hand‘, und er zeigte auf einen Jungen, der in einiger Entfernung zu sehen war. ‚Hast du denn nicht um[20] Hilfe geschrien?‘ fragte der Mann. ‚Doch‘, sagte der Junge und schluchzte[21] ein wenig stärker. ‚Hat dich niemand gehört?‘ fragte ihn der   55 Mann weiter, ihn liebevoll streichelnd.[22] ‚Nein‘, schluchzte der Junge. ‚Kannst du denn nicht lauter schreien?‘ fragte der Mann. ‚Nein‘, sagte der Junge und blickte ihn mit neuer Hoffnung an. Denn der Mann lächelte. ‚Dann gib auch den her‘, sagte er, nahm ihm den letzten Groschen aus der Hand und ging unbekümmert[23] weiter.“   60

## Maßnahmen gegen die Gewalt

Als Herr Keuner, der Denkende, sich in einem Saale[24] vor vielen gegen die Gewalt aussprach, merkte er, wie die Leute vor ihm zurückwichen und weggingen. Er blickte sich um und sah hinter sich stehen—die Gewalt.

„Was sagtest du?“ fragte ihn die Gewalt.

„Ich sprach mich für die Gewalt aus“, antwortete Herr Keuner.   65

Als Herr Keuner weggegangen war, fragten ihn seine Schüler nach seinem Rückgrat.[25] Herr Keuner antwortete: „Ich habe kein Rückgrat zum Zerschlagen. Gerade ich muß länger leben als die Gewalt.“

[14]**Kahn**  small boat
[15]**Unart**  bad habit
[16]**erlittenes . . . hineinzufressen**  to swallow an (lit.: a suffered) injustice silently
[17]**Kummers**  sorrow
[18]**Groschen**  ten-*pfennig* pieces
[19]**hatte [. . .] beisammen**  had gotten together

[20]**um**  for
[21]**schluchzte**  sobbed
[22]**streichelnd**  stroking
[23]**unbekümmert**  unconcernedly
[24]**Saale**  auditorium, hall
[25]**Rückgrat**  backbone

Und Herr Keuner erzählte folgende Geschichte:

In die Wohnung des Herrn Egge, der gelernt hatte, nein zu sagen, kam eines Tages in der Zeit der Illegalität ein Agent, der zeigte einen Schein[26] vor, welcher ausgestellt[27] war im Namen derer,[28] die die Stadt beherrschten, und auf dem stand, daß ihm gehören solle jede Wohnung, in die er seinen Fuß setzte; ebenso sollte ihm auch jedes Essen gehören, das er verlange; ebenso sollte ihm auch jeder Mann dienen, den er sähe.

Der Agent setzte sich in einen Stuhl, verlangte Essen, wusch sich, legte sich nieder und fragte mit dem Gesicht zur Wand vor dem Einschlafen: „Wirst du mir dienen?"

Herr Egge deckte ihn mit einer Decke zu, vertrieb die Fliegen, bewachte seinen Schlaf, und wie an diesem Tage gehorchte er ihm sieben Jahre lang. Aber was immer er für ihn tat, eines zu tun hütete er sich wohl:[29] das war, ein Wort zu sagen. Als nun die sieben Jahre herum waren und der Agent dick geworden war vom vielen Essen, Schlafen und Befehlen, starb der Agent. Da wickelte[30] ihn Herr Egge in die verdorbene[31] Decke, schleifte[32] ihn aus dem Haus, wusch das Lager,[33] tünchte[34] die Wände, atmete auf[35] und antwortete: „Nein."

---

[26] **Schein** certificate
[27] **ausgestellt** issued
[28] **derer** of those
[29] **eines . . . wohl** he took care not to do one thing
[30] **wickelte** wrapped

[31] **verdorbene** rotten
[32] **schleifte** dragged
[33] **Lager** bed
[34] **tünchte** whitewashed
[35] **atmete auf** breathed a sigh of relief

# ILSE AICHINGER
## Das Plakat

*Das Werk der Österreicherin Ilse Aichinger (1921–), für das sie viele Ehrungen erhalten hat, besteht aus Lyrik, einem Roman, Kurzprosa, Essays und Hörspielen. Die Dichterin verwendet oft surreale Elemente, damit die Leser von der gewohnten Art, die Dinge zu sehen, loslassen und zu einer neuen, authentischeren Einstellung zum Leben gelangen.[1] Bevor Sie „Das Plakat"[2] zu interpretieren beginnen, sollten Sie sich im klaren sein, welches die realistischen Ereignisse sind, die dem phantastischen Geschehen zugrunde liegen.*

*Wie ist die Atmosphäre am Anfang der Geschichte, und worauf deutet sie hin? An wen wohl sind die Worte des Plakatklebers[3] im ersten Satz gerichtet? Wie reagiert der Himmel darauf? Was weist darauf hin, daß der Mann an einer tödlichen Krankheit leidet? Sind Sie der Meinung, daß das Feuermal[4] in seinem Gesicht eine symbolische Bedeutung hat? Warum spricht der Plakatkleber immer nur von der Hitze, und warum unterhalten sich die Leute, die ihm bei der Arbeit zuschauen, ebenfalls gerne über dieses Thema? Was verdrängen[5] sie?*

[1] **zum [. . .] gelangen**   attain
[2] **Das Plakat**   "The Advertising Poster"
[3] **Plakatklebers**   man pasting up advertising posters
[4] **Feuermal**   strawberry mark, birthmark
[5] **verdrängen**   repress

*Was haben der Junge und die anderen Plakatfiguren gemeinsam, und worin unterscheiden sie sich? Was wird über die Frauen in den Plakaten gesagt, die für ein Tanzlokal werben?[6] Welche Bedeutung hat der Wunsch des Mädchens, mit dem Jungen zu tanzen und der Wunsch des Jungen, zu „sterben"? Wofür steht die Metapher des Plakats Ihrer Meinung nach? Was für eine Einstellung zum Leben legt die Geschichte ihren Lesern nahe?[7]*

[6] **werben**   advertise
[7] **legt [. . .] nahe**   suggest

# ILSE AICHINGER

## Das Plakat

„Du wirst nicht sterben!" sagte der Mann, der die Plakate klebte, und erschrak über seine Stimme, als wäre ihm in der flirrenden[1] Hitze sein eigener Geist erschienen. Dann wandte er den Kopf vorsichtig nach links und rechts, aber da war niemand, der ihn für verrückt halten konnte, niemand stand unter seiner Leiter. Der Stadtbahnzug war eben weggefahren und hatte die Schienen wieder ihrem eigenen Glanz überlassen. Auf der anderen Seite der Station stand eine Frau und hielt ein Kind an der Hand. Das Kind sang vor sich hin.[2] Und das war alles. Die Stille des Mittags lag wie eine schwere Hand über der Station, und das Licht schien von seinem eigenen Übermaß überwältigt zu sein.[3] Der Himmel über den Schutzdächern war blau und gewalttätig,[4] im gleichen Maß[5] bereit, zu schützen und einzustürzen,[6] und die Telegraphendrähte hatten längst zu singen aufgehört. Die Ferne hatte die Nähe verschlungen[7] und die Nähe die Ferne. Es war kein Wunder, daß nur wenige Leute um diese Zeit mit der Stadtbahn fuhren, vielleicht hatten sie Angst, zu Gespenstern[8] zu werden und sich selbst zu erscheinen.

„Du wirst nicht sterben!" wiederholte der Mann verbittert und spuckte

---

[1] flirrenden shimmering
[2] vor sich hin to herself
[3] von . . . sein to be overpowered by its own excess
[4] gewalttätig violent
[5] im gleichen Maß equally
[6] einzustürzen to cave in
[7] verschlungen devoured
[8] Gespenstern ghosts

von der Leiter. Ein Flecken Blut blieb auf den hellen Steinen. Der Himmel darüber schien plötzlich vor Schreck erstarrt.[9] Es war fast, als hätte ihm einer erklärt: Du wirst nie Abend werden, als wäre der Himmel selbst zum Plakat geworden und stünde nun grell[10] und groß wie die Werbung für ein Seebad[11] über der Station. Der Mann warf den Pinsel[12] in den Eimer zurück und stieg von der Leiter. Er fiel mit dem Rücken gegen die Mauer, hatte aber gleich darauf den Schwindel überwunden,[13] nahm die Leiter über die Schulter und ging.

Der Junge auf dem Plakat lachte schreckerfüllt mit weißen Zähnen und starrte geradeaus. Er wollte dem Mann nachschauen, hatte aber keine Möglichkeit, den Blick zu senken. Seine Augen waren aufgerissen. Halbnackt, die Arme hochgeworfen, im Lauf festgehalten wie zur Strafe[14] für Sünden, von denen er nichts wußte, stand er im weißen Gischt,[15] über sich den Himmel, der zu blau, und hinter sich den Strand, der zu gelb war, und lachte verzweifelt[16] auf die andere Seite der Station, wo das Kind vor sich hinsang und die Frau verloren und sehnsüchtig[17] nach ihm hinübersah. Er hätte ihr gerne erklärt, daß es eine Täuschung[18] war, daß er nicht die See vor sich hatte, wie das Plakat glauben machen wollte, sondern ebenso wie sie nur den Staub[19] und die Stille der Station und die Tafel mit der Aufschrift: „Das Betreten der Schienen ist verboten!" Und er hätte ihr sein eigenes Lachen geklagt, das ihn zur Verzweiflung brachte,[20] wie der Gischt, der ihn umsprang, ohne zu kühlen.

Der Junge auf dem Plakat hätte niemals auf solche Ideen kommen dürfen. Weder das Mädchen links von ihm, das einen Blumenstrauß aus einem ganz bestimmten Blumenladen an die Brust gepreßt hielt, noch der Herr rechts von ihm, der eben gebückt aus einem blitzblauen Auto stieg, fanden irgend etwas daran.[21] Es fiel ihnen nicht ein, sich aufzulehnen.[22] Das Mädchen hatte kein Verlangen,[23] den Strauß, den es kaum halten konnte, aus seinen rosigen Armen zu lassen, und die Blumen hatten kein Verlangen nach Wasser. Und der Herr mit dem Auto schien seine gebückte Haltung

[9]**vor ... erstarrt** petrified with fear
[10]**grell** glaring, garish
[11]**Seebad** beach resort
[12]**Pinsel** brush
[13]**hätte ... überwunden** but quickly got over his dizziness
[14]**im ... Strafe** his running frozen as if in punishment
[15]**Gischt** spray
[16]**verzweifelt** in desperation
[17]**sehnsüchtig** longingly
[18]**Täuschung** deception
[19]**Staub** dust
[20]**hätte ... brachte** he would have poured out his feelings to her about his own laughter which drove him to despair
[21]**fanden ... daran** thought anything of it
[22]**aufzulehnen** to rebel
[23]**Verlangen** desire

für die einzig mögliche zu halten, denn er lächelte vergnügt und dachte
nicht daran, sich aufzurichten, das Auto abzusperren[24] und den hellen
Wolken ein Stück nachzugehen. Sogar die hellen Wolken standen reglos,[25]
von silbernen Linien wie von Ketten umgeben, die sie nicht wandern       55
ließen. Der Junge im Gischt war der einzige, dem die Auflehnung hinter
dem erstarrten Lachen saß[26] wie das unsichtbare Land hinter der gelben
Küste.

   Schuld daran war der Mann mit der Leiter, der gesagt hatte: „Du wirst
nicht sterben!" Der Junge hatte keine Ahnung, was sterben hieß. Wie sollte   60
er auch? Über seinem Kopf stand in heller Schrift, schräg[27] wie eine verges-
sene Rauchwolke über den Himmel geworfen, das Wort „Jugend" und zu
seinen Füßen in dem täuschenden Streifen giftgrüner See konnte man
lesen: „Komm mit uns!" Es war eine der vielen Werbungen für ein Ferienlager.[28]                                                                    65
   Der Mann mit der Leiter war inzwischen oben angelangt. Er lehnte die
Leiter an die schmutzige Mauer des Stationsgebäudes, wechselte mit dem
lahmen Bettler einige Worte über die Hitze und überquerte zuletzt die
Fahrbahn, um sich an dem Stand auf der Brücke ein Glas Bier zu kaufen.
Dort wechselte er wieder einige Worte über die Hitze und keines über das   70
Sterben und ging dann zurück, um seine Leiter zu holen. Über allem war
ein Schleier[29] von Staub, in den das Licht sich vergeblich zu hüllen ver-
suchte.[30] Der Mann packte die Leiter, den Eimer und die Rolle mit den
Plakaten und stieg auf der anderen Seite der Stadtbahn die Stiegen[31]
wieder hinunter. Der nächste Zug war noch immer nicht gekommen. Sie      75
verkehrten[32] um diese Zeit manchmal so selten, als verwechselten sie
Mittag mit Mitternacht.

   Der Junge auf dem Plakat, der nichts anderes konnte als lachend geradeaus starren, sah, wie der Mann genau gegenüber seine Leiter wieder
aufstellte und von neuem über die Wände zu streichen[33] begann, über die   80
Wände, an welchen Frauen in kostbaren Kleidern und in dem frevelhaften[34] Wunsch, festzuhalten, was nicht festzuhalten war, erstarrt waren. Der
Wunsch, das Ende der Nacht nicht zu erleben, war ihnen in Erfüllung

---

[24] **abzusperren**  to lock
[25] **reglos**  motionless
[26] **dem ... saß**  behind whose frozen laughter
rebellion lay concealed
[27] **schräg**  diagonally
[28] **Ferienlager**  summer camp
[29] **Schleier**  veil

[30] **sich ... versuchte**  tried in vain to wrap
itself
[31] **Stiegen**  stairs
[32] **verkehrten**  ran
[33] **von [. . .] streichen**  to spread glue again
[34] **frevelhaften**  wanton

gegangen.[35] Ihre Angst vor dem Morgengrauen[36] war so groß gewesen, daß sie von nun ab nichts anderes mehr konnten, als für den Spiegelsaal eines Tanzlokals werben, starr und leicht zurückgeneigt in den Armen ihrer Herren. Der Mann auf der Leiter schüttelte seinen Pinsel aus. Sie waren an der Reihe,[37] überklebt zu werden. Der Junge gegenüber konnte es deutlich sehen. Und er sah, wie sie freundlich und wehrlos[38] das Furchtbare mit sich geschehen ließen.

Er wollte schreien, doch er schrie nicht. Er wollte die Arme ausstrecken, um ihnen zu helfen, aber seine Arme waren hochgeworfen. Er war jung und schön und strahlend.[39] Er hatte das Spiel gewonnen, doch den Preis hatte er zu bezahlen. Er war festgehalten in der Mitte des Tages wie die Tänzer gegenüber in der Mitte der Nacht. Und wie sie würde er wehrlos alles mit sich geschehen lassen, wie sie würde er den Mann nicht von der Leiter stoßen können. Vielleicht hing alles damit zusammen, daß er nicht sterben konnte.

Komm mit uns—komm mit uns—komm mit uns! Er hatte nichts anderes im Kopf zu haben als[40] die Worte zu seinen Füßen. Es war der Reim eines Liedes. Das sangen sie, wenn sie auf Ferien fuhren, das sangen sie, wenn ihnen die Haare flogen. Das sangen sie noch immer, wenn der Zug auf der Strecke[41] hielt, das sangen sie, wenn ihnen die Haare im Fliegen erstarrten.[42] Komm mit uns—komm mit uns—komm mit uns! Und keiner wußte weiter.[43]

Hinter der Stirne des Jungen begann es zu rasen.[44] Weiße Segler[45] landeten ungesehen in der unsichtbaren Bucht.[46] Der Reim sprang um:[47] Du wirst nicht sterben—du wirst nicht sterben—du wirst nicht sterben! Es war wie eine Warnung. Der Junge hatte keine Ahnung, was Sterben war, aber es brannte plötzlich wie ein Wunsch in ihm. Sterben, das hieß vielleicht, die Bälle fliegen lassen und die Arme ausbreiten, sterben, das hieß vielleicht tauchen[48] oder fragen, sterben hieß, von dem Plakat springen, sterben—jetzt wußte er es—sterben mußte man, um nicht überklebt zu werden.

Der Mann auf der Leiter hatte seine Worte längst vergessen. Und wenn

[35]**war ... gegangen** had been granted them
[36]**Morgengrauen** dawn
[37]**Sie ... Reihe** It was their turn
[38]**wehrlos** defenselessly
[39]**strahlend** radiant
[40]**hatte ... als** was not to have anything in his mind other than
[41]**auf der Strecke** on the open track
[42]**ihnen ... erstarrten** their flying hair froze
[43]**wußte weiter** knew how it went on
[44]**begann ... rasen** thoughts began racing madly
[45]**Segler** sailboats
[46]**Bucht** bay
[47]**sprang um** changed
[48]**tauchen** dive

es einer Fliege auf dem Rücken seiner Hand eingefallen wäre,[49] ihn daran zu erinnern, so hätte er sie abgeleugnet.[50] Er hatte es in einem Anfall[51] von Verbitterung gesagt, einer Verbitterung, die in ihm gewachsen war, seit er Plakate klebte. Er haßte diese glatten, jungen Gesichter, denn er selbst hatte ein Feuermal auf der Wange.[52] Außerdem mußte er achtgeben,[53] daß ihn 120 der Husten nicht von Zeit zu Zeit von der Leiter warf. Aber schließlich lebte er davon, Plakate zu kleben. Die Hitze war ihm eben in den Kopf gestiegen,[54] vielleicht hatte er im Traum gesprochen. Schluß damit.[55]

Die Frau mit dem Kind war näher gekommen. Drei Mädchen in hellen Kleidern klapperten die Stiegen hinunter. Zuletzt standen alle um seine 125 Leiter und sahen ihm zu. Das schmeichelte[56] ihm, und es blieb ihm nichts übrig, als[57] zum drittenmal ein Gespräch über die Hitze zu beginnen. Sie stimmten alle eifrig ein,[58] als wüßten sie endlich den Grund für ihre Freude und für ihre Traurigkeit.

Das Kind hatte sich von der Hand der Mutter losgerissen und drehte sich 130 im Kreis.[59] Es wollte schwindlig werden. Aber bevor es schwindlig wurde, fiel sein Blick auf das Plakat gegenüber. Der Junge lachte beschwörend.[60] „Da!" rief das Kind und zeigte mit der Hand hinüber, als gefiele ihm der weiße Schaum[61] und die See, die zu grün war.

Der Junge hatte keine Macht, den Kopf zu schütteln, er hatte keine 135 Macht, zu sagen: „Nein, das ist es nicht!" Aber das Rasen hinter seiner Stirne war unerträglich geworden: Sterben—sterben—sterben! Ist das Sterben, wenn die See endlich naß wird? Ist das Sterben, wenn der Wind endlich weht? Was ist das: Sterben?

Das Kind auf der anderen Seite faltete die Stirne. Es war nicht sicher, ob 140 es die Verzweiflung in dem Lachen erkannt hatte oder ob es nur das Spiel mit den Gesichtern spielen wollte. Doch der Junge konnte nicht einmal die Stirne falten, um dem Kind die Freude zu machen.[62] Sterben—dachte er—sterben, daß ich nicht mehr lachen muß! Ist das Sterben, wenn man seine Stirne falten darf? Ist das Sterben? fragte er stumm.[63] Das Kind 145 streckte seinen Fuß ein wenig vor, als wollte es tanzen. Es warf einen Blick zurück. Die Erwachsenen waren in ihr Gespräch vertieft und beachteten es

[49] **eingefallen wäre** had occurred to
[50] **abgeleugnet** denied
[51] **Anfall** fit
[52] **Wange** cheek
[53] **achtgeben** watch out
[54] **gestiegen** gone
[55] **Schluß damit.** And that's the end of it.
[56] **schmeichelte** flattered

[57] **blieb . . . als** he had no other choice but
[58] **stimmten . . . ein** all joined in eagerly
[59] **drehte . . . Kreis** turned around and around
[60] **beschwörend** beseechingly
[61] **Schaum** foam
[62] **dem . . . machen** to make the child happy
[63] **stumm** silently

nicht. Sie redeten jetzt alle auf einmal,[64] um gegen die Stille der Station aufzukommen.[65] Das Kind ging an den Rand, betrachtete die Schienen und lächelte hinunter, ohne die Tiefe zu messen. Es hob den Fuß ein Stück über den Rand und zog ihn wieder zurück. Dann lachte es wieder zu dem Jungen hinüber, um ihm das Spiel zu erleichtern.

„Was meinst du?" fragte sein Lachen zurück. Das kleine Mädchen hob die Schürze[66] ein wenig. Es wollte mit ihm tanzen. Aber wie sollte er tanzen,[67] wenn er nicht sterben konnte, wenn er immer so bleiben mußte, jung und schön, die Arme erhoben, halbnackt im weißen Gischt? Wenn er sich niemals in die See werfen konnte, um auf die andere Seite zu tauchen, wenn er niemals zurück an Land gehen durfte, um seine Kleider zu holen, die im gelben Sand versteckt lagen? Wenn das Wort Jugend immer über seinem Kopf hing wie ein Schwert, das nicht fallen wollte? Wie sollte er mit dem kleinen Mädchen tanzen, wenn das Betreten der Schienen verboten war?

Aus der Ferne hörte man das Anrollen des nächsten Zuges, vielmehr[68] hörte man es nicht, es war nur, als hätte sich die Stille verstärkt, als hätte sich die Helligkeit an ihrem hellsten Punkt in einen Schwarm dunkler Vögel verwandelt,[69] die brausend[70] näher kamen.

Das Kind faßte den Saum[71] seines Kleides mit beiden Händen. „So—", sang es, „und so—", und es hüpfte wie ein Vogel am Rand. Aber der Junge bewegte sich nicht. Das Kind lächelte ungeduldig. Wieder hob es den Fuß über den Rand, den einen—den anderen—den einen—den anderen—, aber der Junge konnte nicht tanzen.

„Komm!" rief das Kind. Niemand hörte es. „So!" lächelte es noch einmal. Der Zug raste um die Kurve. Die Frau neben der Leiter bemerkte ihre freie Hand, ihre freie Hand warf sie herum. Sie griff nach dem Saum eines Kleides, als wollte sie den Himmel greifen. „So!" rief das Kind zornig[72] und sprang auf die Schienen, bevor der Zug das Bild des Jungen verdecken konnte. Niemand war imstande,[73] es zurückzureißen. Es wollte tanzen.

In diesem Augenblick begann die See die Füße des Jungen zu netzen.[74] Wunderbare Kühle stieg in seine Glieder.[75] Spitze Kiesel stachen[76] in seine

---

[64] **auf einmal**  at once
[65] **aufzukommen**  to prevail
[66] **Schürze**  apron
[67] **wie . . . tanzen**  how could he dance
[68] **vielmehr**  rather
[69] **verwandelt**  changed, turned
[70] **brausend**  roaring

[71] **Saum**  hem
[72] **zornig**  angrily
[73] **imstande**  able
[74] **netzen**  wet
[75] **Glieder**  limbs
[76] **spitze . . . stachen**  sharp pebbles pricked

Sohlen. Der Schmerz jagte ihm Entzücken in die Wangen.[77] Zugleich 180
fühlte er die Müdigkeit in seinen Armen, breitete sie aus und ließ sie sinken.
Gedanken falteten seine Stirne und schlossen seinen Mund. Der Wind
begann zu wehen und trieb[78] ihm Sand und Wasser in die Augen. Das Grün
der See vertiefte sich und wurde undurchsichtig. Und mit dem nächsten
Windstoß verschwand das Wort Jugend vom blauen Himmel und löste sich 185
auf[79] wie Rauch. Der Junge hob die Augen, doch er sah nicht, wie der Mann
von der Leiter sprang, als stieße ihn jemand zurück. Er legte die Hände
hinter die Ohren und lauschte,[80] doch er hörte nicht das Schreien der
Menschen und das grelle Hupen[81] des Rettungswagens. Die See begann zu
fluten. 190
    „Ich sterbe", dachte der Junge, „ich kann sterben!" Er atmete tief, zum
ersten Male atmete er. Eine Handvoll Sand flog ihm ins Haar und ließ es
weiß erscheinen. Er bewegte die Finger und versuchte, einen Schritt vorwärts zu machen, wie das Kind es ihm gezeigt hatte. Er wandte den Kopf
zurück und überlegte, ob er seine Kleider holen sollte. Er schloß die 195
Augen und öffnete sie wieder. Da fiel sein Blick noch einmal auf die Tafel
gegenüber: „Das Betreten der Schienen ist verboten." Und plötzlich überfiel ihn die Angst,[82] sie könnten ihn noch einmal erstarren lassen, lachend,
mit weißen Zähnen und einem gleißenden Fleck[83] in jedem seiner
Augen, sie könnten ihm den Sand wieder aus dem Haar und den Atem 200
wieder aus dem Mund nehmen, sie könnten die See noch einmal zu
einem täuschenden Streifen unter seinen Füßen machen, worin keiner
ertrinken konnte, und das Land zu einem hellen Flecken in seinem
Rücken, worauf keiner stehen konnte. Nein, er würde seine Kleider nicht
holen. Mußte die See nicht zur See werden, damit das Land Land sein 205
konnte? Wie hatte das Kind gesagt? So! Er versuchte zu springen. Er stieß
sich ab, kam wieder zurück und stieß sich wieder ab. Und gerade, als er
dachte, es würde ihm nie gelingen, kam ein Windstoß von der Brücke.
Die See stürzte auf[84] die Schienen und riß den Jungen mit sich. Der
Junge sprang und riß die Küste mit sich. „Ich sterbe", rief er, „ich sterbe! 210
Wer will mit mir tanzen?"
    Niemand beachtete es, daß eines der Plakate schlecht geklebt worden
war, niemand beachtete es, daß eines davon sich losgerissen hatte, auf die

---

[77]**jagte ... Wangen**  sent a rapturous glow to
his cheeks
[78]**trieb**  blew
[79]**löste sich auf**  dissolved
[80]**lauschte**  listened

[81]**grelle Hupen**  shrill honking
[82]**überfiel ... Angst**  he was overcome with
fear
[83]**gleißenden Fleck**  glistening spot
[84]**stürzte auf**  overflowed onto

Schienen wehte und von dem einfahrenden Gegenzug zerfetzt[85] wurde.
Nach einer halben Stunde lag die Station wieder leer und still. Schräg 215
gegenüber war zwischen den Schienen ein heller Flecken Sand, als hätte es
ihn vom Meer herübergeweht. Der Mann mit der Leiter war verschwunden. Kein Mensch war zu sehen.

Schuld an dem ganzen Unglück waren die Züge, die um diese Zeit so
selten fuhren, als verwechselten sie Mittag mit Mitternacht. Sie machten 220
die Kinder ungeduldig. Aber nun senkte sich der Nachmittag wie ein
leichter Schatten über die Station.

[85]**zerfetzt**   torn to pieces

# HEINRICH BÖLL

## Es wird etwas geschehen
### Eine handlungsstarke[1] Geschichte

*Der Nobelpreisträger Heinrich Böll (1917–1985) war das prominenteste Mitglied der Gruppe 47[2] und wurde zur Symbolfigur des engagierten[3] westdeutschen Autors. In seinen Erzählungen, Romanen und Essays hat er die Ereignisse in der Bundesrepublik aus einer kritischen Sicht reflektiert.*

*Böll war ein Meister der Kurzprosa, besonders der Satire, wie „Es wird etwas geschehen" beweist. Dieser Text ist vor dem Hintergrund des Wirtschaftswunders[4] geschrieben worden. Kritiker dieser Zeit sind der Meinung, die Deutschen hätten sich so fieberhaft in die Arbeit des Wiederaufbaus gestürzt,[5] um Gedanken an die Vergangenheit zu verdrängen,[6] anstatt sich mit ihrer Schuld auseinanderzusetzen.[7]*

[1]**handlungsstarke**   action-packed, strong on action

[2]**Gruppe 47**   A loosely knit association of writers, editors, and publicists led by Hans Werner Richter from 1947 to 1968. Other authors represented in this anthology who were associated with the group are Aichinger, Andersch, Bachmann, and Johnson. They voiced opposition to the conservative establishment of the Adenauer era. Konrad Adenauer, first chancellor of the Federal Republic, presided over Germany's reconstruction after World War II from 1949–1963. His critics attacked Germany's provincialism, materialism, and forgetfulness of the past.

[3]**engagierten**   socially and politically committed

[4]**Wirtschaftswunder**   miracle of economic recovery (With the help of funds from the Marshall Plan, the Federal Republic experienced a period of rapid economic expansion in the 50s. In the years 1950–54, the economy grew by an average of 8.8%. Counter to criticism coming from the liberal left, conservative historians point out that the Germans also benefited psychologically, in that they gained new self-respect for their ability to create rather than destroy.)

[5]**gestürzt**   thrown

[6]**verdrängen**   repress

[7]**auseinanderzusetzen**   to confront, deal with

71

*Beim Lesen der Satire achten Sie darauf, wie sich Bölls Kritik äußert. Was meint der Erzähler wohl, wenn er von den Angestellten[8] in Wunsiedels Fabrik[9] sagt: „Ihr Lebenslauf ist ihnen wichtiger als ihr Leben . . .‟? Warum sind die Angestellten so übertrieben arbeitsfreudig? Was für einen Glauben will Wunsiedel nicht aufgeben?*

*Finden Sie es ironisch, daß die Sekretärin Heimatkunde[10] und Psychologie studiert hat und daß in der Fabrik Seife produziert wird?*

*Warum wohl wechselt der Erzähler den Beruf nach Wunsiedels Tod? Sind Sie der Meinung, daß sich Böll mit dem Erzähler identifiziert? Trifft die Kritik, die in dieser Satire zum Ausdruck gebracht wird, Ihrer Ansicht nach teilweise auch auf unsere Gesellschaft zu?[11]*

[8]**Angestellten** employees

[9]**Fabrik** factory

[10]**Heimatkunde** history of one's native region

[11]**Trifft** [. . .] **zu** apply

# HEINRICH BÖLL

## Es wird etwas geschehen

### Eine handlungsstarke Geschichte

Zu den merkwürdigsten Abschnitten[1] meines Lebens gehört wohl der, den ich als Angestellter in Alfred Wunsiedels Fabrik zubrachte.[2] Von Natur bin ich mehr dem Nachdenken und dem Nichtstun zugeneigt[3] als der Arbeit, doch hin und wieder[4] zwingen mich anhaltende[5] finanzielle Schwierigkeiten—denn Nachdenken bringt sowenig ein wie Nichtstun—, eine sogenannte Stelle anzunehmen. Wieder einmal auf einem solchen Tiefpunkt angekommen, vertraute ich mich der Arbeitsvermittlung an und wurde mit sieben anderen Leidensgenossen[6] in Wunsiedels Fabrik geschickt, wo wir einer Eignungsprüfung unterzogen werden[7] sollten.

Schon der Anblick der Fabrik machte mich mißtrauisch: die Fabrik war ganz aus Glasziegeln[8] gebaut, und meine Abneigung[9] gegen helle Gebäude und helle Räume ist so stark wie meine Abneigung gegen die Arbeit. Noch mißtrauischer wurde ich, als uns in der hellen, fröhlich ausgemalten Kantine[10] gleich ein Frühstück serviert wurde: hübsche Kellnerinnen brachten uns Eier, Kaffee und Toaste, in geschmackvollen Karaffen stand Orangensaft; Goldfische drückten ihre blasierten[11] Gesichter gegen die Wände

---

[1] **Abschnitten** periods
[2] **zubrachte** spent
[3] **zugeneigt** inclined
[4] **hin und wieder** every once in a while
[5] **anhaltende** continuous
[6] **Leidensgenossen** fellow sufferers

[7] **Eignungsprüfung ... werden** to be subjected to an aptitude test
[8] **Glasziegeln** glass bricks
[9] **Abneigung** aversion
[10] **Kantine** cafeteria
[11] **blasierten** blasé

hellgrüner Aquarien. Die Kellnerinnen waren so fröhlich, daß sie vor Fröhlichkeit fast zu platzen[12] schienen. Nur starke Willensanstrengung—so schien mir—hielt sie davon zurück, dauernd zu trällern.[13] Sie waren mit ungesungenen Liedern so angefüllt wie Hühner mit ungelegten Eiern. Ich ahnte gleich, was meine Leidensgenossen nicht zu ahnen schienen: daß auch dieses Frühstück zur Prüfung gehöre; und so kaute ich hingebungsvoll,[14] mit dem vollen Bewußtsein eines Menschen, der genau weiß, daß er seinem Körper wertvolle Stoffe zuführt. Ich tat etwas, wozu mich normalerweise keine Macht dieser Welt bringen würde: ich trank auf den nüchternen Magen[15] Orangensaft, ließ den Kaffee und ein Ei stehen, den größten Teil des Toasts liegen, stand auf und marschierte handlungsschwanger[16] in der Kantine auf und ab.

So wurde ich als erster in den Prüfungsraum geführt, wo auf reizenden Tischen die Fragebogen bereitlagen. Die Wände waren in einem Grün getönt, das Einrichtungsfanatikern[17] das Wort „entzückend"[18] auf die Lippen gezaubert hätte.[19] Niemand war zu sehen, und doch war ich so sicher, beobachtet zu werden, daß ich mich benahm, wie ein Handlungsschwangerer sich benimmt, wenn er sich unbeobachtet glaubt: ungeduldig riß ich meinen Füllfederhalter aus der Tasche, schraubte ihn auf, setzte mich an den nächstbesten Tisch und zog den Fragebogen an mich heran, wie Choleriker Wirtshausrechnungen zu sich hinziehen.

*Erste Frage: Halten Sie es für richtig, daß der Mensch nur zwei Arme, zwei Beine, Augen und Ohren hat?*

Hier erntete ich zum ersten Male die Früchte meiner Nachdenklichkeit und schrieb ohne Zögern hin: „Selbst vier Arme, Beine, Ohren würden meinem Tatendrang[20] nicht genügen. Die Ausstattung[21] des Menschen ist kümmerlich."[22]

*Zweite Frage: Wieviele Telefone können Sie gleichzeitig bedienen?*

Auch hier war die Antwort so leicht wie die Lösung einer Gleichung ersten Grades.[23] „Wenn es nur sieben Telefone sind", schrieb ich, „werde ich ungeduldig, erst bei neun fühle ich mich vollkommen ausgelastet."[24]

---

[12]**platzen**  burst
[13]**trällern**  bursting into song
[14]**kaute ich hingebungsvoll**  I chewed with abandon
[15]**nüchternen Magen**  empty stomach
[16]**handlungsschwanger**  pregnant with action
[17]**Einrichtungsfanatikern**  people fanatic about interior decorating
[18]**entzückend**  charming
[19]**gezaubert**  conjured
[20]**Tatendrang**  thirst for action
[21]**Ausstattung**  equipment
[22]**kümmerlich**  pitiful
[23]**Gleichung ersten Grades**  simple equation
[24]**ausgelastet**  occupied

*Dritte Frage: Was machen Sie nach Feierabend?*[25]                                    55

Meine Antwort: „Ich kenne das Wort Feierabend nicht mehr—an meinem fünfzehnten Geburtstag strich ich es aus meinem Vokabular, denn am Anfang war die Tat."

Ich bekam die Stelle. Tatsächlich fühlte ich mich sogar mit den neun Telefonen nicht ganz ausgelastet. Ich rief in die Muscheln der Hörer:[26]    60
„Handeln Sie sofort!" oder: „Tun Sie etwas!—Es muß etwas geschehen— Es wird etwas geschehen—Es ist etwas geschehen—Es sollte etwas geschehen." Doch meistens—denn das schien mir der Atmosphäre gemäß[27]—bediente ich mich[28] des Imperativs.                    65

Interessant waren die Mittagspausen, wo wir in der Kantine, von lautloser Fröhlichkeit umgeben, vitaminreiche Speisen aßen. Es wimmelte in Wunsiedels Fabrik von[29] Leuten, die verrückt darauf waren, ihren Lebenslauf zu erzählen, wie eben handlungsstarke Persönlichkeiten es gern tun. Ihr Lebenslauf ist ihnen wichtiger als ihr Leben, man braucht nur auf einen    70
Knopf zu drücken, und schon erbrechen sie ihn in Ehren.[30]

Wunsiedels Stellvertreter war ein Mann mit Namen Broschek, der seinerseits einen Ruhm erworben hatte,[31] weil er als Student sieben Kinder und eine gelähmte[32] Frau durch Nachtarbeit ernährt, zugleich vier Handelsvertretungen erfolgreich ausgeübt[33] und dennoch innerhalb von zwei    75
Jahren zwei Staatsprüfungen mit Auszeichnung bestanden hatte.[34] Als ihn Reporter gefragt hatten: „Wann schlafen Sie denn, Broschek?", hatte er geantwortet: „Schlafen ist Sünde!"

Wunsiedels Sekretärin hatte einen gelähmten Mann und vier Kinder durch Stricken ernährt, hatte gleichzeitig in Psychologie und Heimatkunde    80
promoviert,[35] Schäferhunde gezüchtet[36] und war als Barsängerin unter dem Namen *Vamp 7* berühmt geworden.

Wunsiedel selbst war einer von den Leuten, die morgens, kaum erwacht, schon entschlossen sind, zu handeln. „Ich muß handeln", denken sie, während sie energisch den Gürtel des Bademantels zuschnüren. „Ich muß    85
handeln", denken sie, während sie sich rasieren, und sie blicken triumphierend auf die Barthaare, die sie mit dem Seifenschaum von ihrem

---

[25]**nach Feierabend** after work
[26]**Muscheln der Hörer** mouthpieces of the receivers
[27]**gemäß** in keeping with
[28]**bediente ich mich** I availed myself of
[29]**Es wimmelte . . . von** W.'s factory was teeming with
[30]**erbrechen . . . Ehren** they vomit it all up with honor

[31]**der . . . hatte** who for his part had acquired fame
[32]**gelähmte** paralyzed
[33]**vier . . . ausgeübt** had been a successful sales representative for four companies
[34]**Staatsprüfungen . . . hatte** had passed two state examinations with honors
[35]**promoviert** received her doctorate
[36]**gezüchtet** bred

Rasierapparat abspülen: Diese Reste der Behaarung sind die ersten Opfer ihres Tatendranges. Auch die intimeren Verrichtungen lösen Befriedigung bei diesen Leuten aus:[37] Wasser rauscht,[38] Papier wird verbraucht. Es ist etwas geschehen. Brot wird gegessen, dem Ei wird der Kopf abgeschlagen.

Die belangloseste[39] Tätigkeit sah bei Wunsiedel wie eine Handlung aus: wie er den Hut aufsetzte, wie er—bebend[40] vor Energie—den Mantel zuknöpfte, der Kuß, den er seiner Frau gab, alles war Tat.

Wenn er sein Büro betrat, rief er seiner Sekretärin als Gruß zu: „Es muß etwas geschehen!" Und diese rief frohen Mutes:[41] „Es wird etwas geschehen!" Wunsiedel ging dann von Abteilung zu Abteilung, rief sein fröhliches: „Es muß etwas geschehen!" Alle antworteten: „Es wird etwas geschehen!" Und auch ich rief ihm, wenn er mein Zimmer betrat, strahlend[42] zu: „Es wird etwas geschehen!"

Innerhalb der ersten Woche steigerte ich die Zahl der bedienten Telefone auf elf, innerhalb der zweiten Woche auf dreizehn, und es machte mir Spaß, morgens in der Straßenbahn neue Imperative zu erfinden oder das Verbum *geschehen* durch die verschiedenen Tempora, durch die verschiedenen Genera, durch Konjunktiv und Indikativ zu hetzen;[43] zwei Tage lang sagte ich nur den einen Satz, weil ich ihn so schön fand: „Es hätte etwas geschehen müssen", zwei weitere Tage lang einen anderen: „Das hätte nicht geschehen dürfen."

So fing ich an, mich tatsächlich ausgelastet zu fühlen, als wirklich etwas geschah. An einem Dienstagmorgen—ich hatte mich noch gar nicht richtig zurechtgesetzt—stürzte[44] Wunsiedel in mein Zimmer und rief sein: „Es muß etwas geschehen!" Doch etwas Unerklärliches auf seinem Gesicht ließ mich zögern,[45] fröhlich und munter,[46] wie es vorgeschrieben[47] war, zu antworten: „Es wird etwas geschehen!" Ich zögerte wohl zu lange, denn Wunsiedel, der sonst selten schrie, brüllte mich an:[48] „Antworten Sie! Antworten Sie, wie es vorgeschrieben ist!" Und ich antwortete leise und widerstrebend[49] wie ein Kind, das man zu sagen zwingt: ich bin ein böses Kind. Nur mit großer Anstrengung brachte ich den Satz heraus: „Es wird

[37] **Verrichtungen** [. . .] **aus** routine actions result in a feeling of satisfaction
[38] **rauscht** is swooshing
[39] **belangloseste** most trivial
[40] **bebend** trembling
[41] **frohen Mutes** with great cheer
[42] **strahlend** beaming
[43] **durch** [. . .] **hetzen** to chase through the various tenses, . . . voices

[44] **stürzte** burst
[45] **ließ . . . zögern** made me hesitate
[46] **munter** sprightly
[47] **vorgeschrieben** prescribed
[48] **brüllte . . . an** shouted at me
[49] **widerstrebend** reluctantly

etwas geschehen",—und kaum hatte ich ihn ausgesprochen, da geschah
tatsächlich etwas: Wunsiedel stürzte zu Boden, rollte im Stürzen auf die   120
Seite und lag quer vor der offenen Tür. Ich wußte gleich, was sich mir
bestätigte,[50] als ich langsam um meinen Tisch herum auf den Liegenden
zuging: daß er tot war.

Kopfschüttelnd stieg ich über Wunsiedel hinweg, ging langsam durch
den Flur zu Broscheks Zimmer und trat dort ohne anzuklopfen ein. Bro-   125
schek saß an seinem Schreibtisch, hatte in jeder Hand einen Telefonhörer,
im Mund einen Kugelschreiber, mit dem er Notizen auf einen Block
schrieb, während er mit den bloßen[51] Füßen eine Strickmaschine bediente,[52] die unter dem Schreibtisch stand. Auf diese Weise trägt er dazu bei,
die Bekleidung seiner Familie zu vervollständigen. „Es ist etwas geschehen",   130
sagte ich leise. Broschek spuckte den Kugelstift aus, legte die beiden Hörer
hin, löste zögernd seine Zehen von der Strickmaschine.

„Was ist denn geschehen?" fragte er.

„Herr Wunsiedel ist tot", sagte ich.

„Nein", sagte Broschek.   135

„Doch", sagte ich, „kommen Sie!"

„Nein", sagte Broschek, „das ist unmöglich", aber er schlüpfte in seine
Pantoffeln und folgte mir über den Flur.

„Nein", sagte er, als wir an Wunsiedels Leiche standen, „nein, nein!" Ich
widersprach ihm nicht. Vorsichtig drehte ich Wunsiedel auf den Rücken,   140
drückte ihm die Augen zu und betrachtete ihn—nachdenklich.

Ich empfand fast Zärtlichkeit[53] für ihn, und zum ersten Male wurde mir
klar, daß ich ihn nie gehaßt hatte. Auf seinem Gesicht war etwas, wie es auf
den Gesichtern der Kinder ist, die sich hartnäckig[54] weigern, ihren
Glauben an den Weihnachtsmann aufzugeben, obwohl die Argumente der   145
Spielkameraden so überzeugend klingen.

„Nein", sagte Broschek, „nein".

„Es muß etwas geschehen", sagte ich leise zu Broschek.

„Ja", sagte Broschek, „es muß etwas geschehen."

Es geschah etwas: Wunsiedel wurde beerdigt, und ich wurde auser-   150
sehen,[55] einen Kranz künstlicher Rosen hinter seinem Sarg[56] herzutragen,
denn ich bin nicht nur mit einem Hang zur[57] Nachdenklichkeit und zum

---

[50] **was . . . bestätigte**   what was confirmed to
me
[51] **bloßen**   bare
[52] **Strickmaschine bediente**   operated a knitting machine

[53] **Zärtlichkeit**   tenderness
[54] **hartnäckig**   stubbornly
[55] **ausersehen**   chosen
[56] **Sarg**   coffin
[57] **Hang zur**   predisposition to

Nichtstun ausgestattet, sondern auch mit einer Gestalt und einem Gesicht, die sich vorzüglich für schwarze Anzüge eignen.[58] Offenbar habe ich—mit dem Kranz künstlicher Rosen in der Hand hinter Wunsiedels Sarg her- 155 gehend—großartig ausgesehen. Ich erhielt das Angebot eines eleganten Beerdigungsinstitutes,[59] dort als berufsmäßiger Trauernder[60] einzutreten. „Sie sind der geborene Trauernde", sagte der Leiter des Instituts, „die Garderobe bekommen Sie gestellt.[61] Ihr Gesicht—einfach großartig!"

Ich kündigte[62] Broschek mit der Begründung, daß ich mich dort nicht 160 richtig ausgelastet fühle, daß Teile meiner Fähigkeiten trotz der dreizehn Telefone brachlägen.[63] Gleich nach meinem ersten berufsmäßigen Trauergang wußte ich: Hierhin gehörst du, das ist der Platz, der für dich bestimmt ist.

Nachdenklich stehe ich hinter dem Sarg in der Trauerkapelle, mit einem 165 schlichten Blumenstrauß in der Hand, während Händels *Largo* gespielt wird, ein Musikstück, das viel zu wenig geachtet ist. Das Friedhofscafé ist mein Stammlokal, dort verbringe ich die Zeit zwischen meinen beruflichen Auftritten,[64] doch manchmal gehe ich auch hinter Särgen her, zu denen ich nicht beordert bin, kaufe aus meiner Tasche einen Blumenstrauß und 170 geselle mich zu dem Wohlfahrtsbeamten,[65] der hinter dem Sarg eines Heimatlosen hergeht. Hin und wieder auch besuche ich Wunsiedels Grab, denn schließlich verdanke[66] ich es ihm, daß ich meinen eigentlichen Beruf entdeckte, einen Beruf, bei dem Nachdenklichkeit geradezu[67] erwünscht und Nichtstun meine Pflicht ist. 175

Später erst fiel mir ein, daß ich mich nie für den Artikel interessiert habe, der in Wunsiedels Fabrik hergestellt wurde. Es wird wohl Seife gewesen sein.

---

[58] **sich ... eignen** are particularly suited for black suits
[59] **Beerdigungsinstitutes** funeral home
[60] **berufsmäßiger Trauernder** professional mourner
[61] **Garderobe ... gestellt** you will be provided the attire

[62] **kündigte** gave notice
[63] **brachlägen** were untapped
[64] **Auftritten** appearances
[65] **geselle ... Wohlfahrtsbeamten** I join the official from the social welfare office
[66] **verdanke** owe
[67] **geradezu** actually

# ALFRED
# ANDERSCH

## Die Letzten vom
## ‚Schwarzen Mann'

*Alfred Andersch (1914–1980) schrieb Geschichten, Romane, Hörspiele,[1] Essays und Reiseberichte. In der Wahl seiner Stoffe ging er immer wieder in die deutsche Vergangenheit zurück aus der Besorgnis heraus, die deutsche Geschichte könne sich wiederholen. Im zweiten Weltkrieg war er Soldat in der Wehrmacht. Nachdem er in Italien desertiert war, kam er als Kriegsgefangener in die USA. Andersch spielte eine wichtige Rolle im Neuanfang des kulturellen Lebens in Westdeutschland.*

*Der Text „Die Letzten vom ‚Schwarzen Mann' ", der aus der Geschichtensammlung „Geister und Leute" stammt, behandelt ein wichtiges Thema der deutschen Nachkriegsliteratur. Es geht um das Vergessen der jüngsten Geschichte Deutschlands, bzw.[2] die Notwendigkeit, sich daran zu erinnern. Andersch hat diese Erzählung in ein Hörspiel umgearbeitet, das 1954 zum Volkstrauertag[3] gesendet wurde.*

*Achten Sie beim Lesen darauf, wie die Dorfbewohner, Lisa und der Pfarrer[4] auf Karl reagieren. Wie erklären Sie sich ihre Reaktionen? Wie verstehen Sie Karls Bitte an den Pfarrer, er möge sie erlösen?[5] Denken Sie daran, daß Karl und Mike als Gefallene unbekannte Soldaten sind und deshalb noch nicht*

[1] **Hörspiele**   radio play

[2] **bzw.**   or rather

[3] **Volkstrauertag**   national day of mourning in memory of the dead of the two world wars and the victims of National Socialism

[4] **Pfarrer**   parish priest

[5] **möge sie erlösen**   should set them free

*begraben und betrauert[6] worden sind. Warum wohl weigert sich[7] der Pfarrer,
auf Karls Bitte einzugehen,[8] und was sind die Implikationen seiner
Verweigerung?*

*Wie benutzt Andersch die Metapher des Grenzgängers?[9] Was für Grenzen
überquert[10] Karl? Wie verstehen Sie seine Vorliebe[11] für Grenzen?*

*Karl studierte einst Philosophie in Königsberg.[12] Der Name dieser Stadt, der
in der Erzählung als Leitmotiv fungiert, ist mit dem berühmten Philosophen
Kant[13] verbunden. Worauf will Andersch Ihrer Meinung nach durch die
Anspielung auf Kant und die Wahl der Ardennen[14] als Schauplatz der
Handlung hinweisen?*

*Inwiefern greift Andersch in der Gestalt Lisas ein traditionelles Bild der
Frau in der Literatur auf? Denken Sie an die Vorstellung[15] von der Frau als
Wesen,[16] von der sich der Mann Hilfe verspricht.[17]*

[6] **begraben und betrauert**   buried and mourned

[7] **weigert sich**   refuse

[8] **auf [. . .] einzugehen**   to agree to

[9] **Grenzgängers**   someone who regularly crosses a border

[10] **überquert**   cross

[11] **Vorliebe**   predilection

[12] **Königsberg**   a town formerly in East Prussia. Today it is called Kaliningrad and is part of the Soviet Union.

[13] **Kant**   The great philosopher of the Enlightenment, Immanuel Kant (1724–1804), lived in Königsberg all his life and taught at the University. In the context of this story, one is reminded of his essay *Zum ewigen Frieden* (1795) in which he pleads for enlightened republicanism as a means of ensuring perpetual peace among nations.

[14] **Ardennen**   Ardennes, the wooded hills in northeastern France and southern Belgium (The area has been the scene of many battles in the past two hundred years.)

[15] **Vorstellung**   idea

[16] **Wesen**   human being

[17] **sich [. . .] verspricht**   expects

# ALFRED ANDERSCH

## Die Letzten vom ‚Schwarzen Mann'

Der Schmuggler Karl Roland, ursprünglich Student der Philosophie an der Universität Königsberg in Ostpreußen, bis er 1939 zur Infanterie eingezogen[1] wurde, stapfte den zerfurchten Karrenweg von dem Dorfe Brandscheid zum Wald hinauf,[2] über die Ginsterhänge hinweg.[3] Er wußte, daß Lisa ihm nachblickte, von ihres Onkels Haus aus, wo sie zu Besuch war, aber er drehte sich nicht um.

„Da geh' ich nicht mit hinauf", hatte sie zu ihm gesagt, als er sie aufgefordert hatte, ihn zu begleiten. „Es ist mir zu unheimlich dort oben."

Es ging auf acht Uhr, an einem Abend im Juli, und hinter der belgischen Grenze war der Himmel ein riesiger Goldschild. Roland schnürte[4] wie ein Fuchs über die Straße, die von Bleialf nach Prüm führte. Auf der anderen Seite strich er eine schmale Straße entlang,[5] an deren Beginn merkwürdigerweise kein Wegweiser angebracht war.[6]

Er hatte noch den Geschmack des hundsgemeinen Tresterschnapses[7] auf der Zunge, den ihm der Wirt in Brandscheid eingeschenkt[8] hatte, bei dem

[1] **eingezogen** drafted
[2] **stapfte [. . .] hinauf** trudged up the furrowed dirt road
[3] **über . . . hinweg** across the hillside covered with sweet broom (a shrub)
[4] **schnürte** streaked
[5] **strich [. . .] entlang** slipped along
[6] **kein . . . war** no signpost had been put up
[7] **hundsgemeinen Tresterschnapses** horrible tasting liquor
[8] **eingeschenkt** poured

er den Kaffee losgeworden war. Eine dreckige, düstere Eifelwirtschaft,[9] und
sie betrogen ihn natürlich, so nah an der Grenze. Wenn er weiter landein
ginge, bekäme er sicher mehr für den Kaffee.

„Was tun Sie denn immer da oben" hatte der Wirt mißtrauisch gefragt
und mit dem Daumen eine Bewegung zur Decke[10] des Schankraums ge-          25
macht, als meinte er die und nicht die Wälder auf dem Kamm der Schnee-
Eifel.[11] „Schauerliche[12] Gegend, puh!" Und er verschwappte[13] etwas von
dem Schnaps, den er Roland eingoß.

„Da oben bin ich am sichersten", hatte Roland geantwortet und den Wirt
angesehen. Er wußte, daß sie seinen Blick nicht mochten, daß sie ihn nicht          30
ertragen konnten und Roland zum Teufel wünschten, wenn er seine Ge-
schäfte erledigt hatte. Sein Blick, das wußte er, kam aus einer Ferne, die sie
nicht einmal ahnten.[14]

„Was tust du überhaupt immer in diesem furchtbaren Wald?" wollte
auch Lisa wissen. Sie hatte ein helles Sommerkleid an, auf das große          35
Blumen gedruckt waren, und schob den Wagen, in dem sich ihr Kind
befand, durch das Dorf. Sie war wirklich ein elegantes Mädchen, mit einem
prachtvollen[15] Damengesicht unter dunklen Haaren, und eine wahre Erholung,[16] wenn man gezwungen war, in der Eifel zu leben.

„Ich wohne da", pflegte Roland ganz wahrheitsgemäß zu antworten,          40
wenn er mit ihr auf den Ginsterhängen oder Feldwegen spazierenging. „Ich
wohne in einem Bunker", erklärte er ihr. „Sie sind zwar alle gesprengt,[17]
aber es gibt da immer noch Kasematten,[18] in denen man ganz gut wohnen
kann. Ich habe ein Feldbett drin und einen Tisch und Borde, auf denen
meine Sachen stehen. An der Wand hängen sogar zwei Bilder—eine An-          45
sicht von Königsberg und ein Foto von Rita Hayworth,[19] das ich in einer
alten Nummer von ‚Life' gefunden habe. Es ist wirklich ganz gemütlich.
Und dort findet mich niemand."

Das Sträßchen trat aus einer Schonung heraus,[20] und dann begann der
Wald. Die Fichten[21] standen dunkel um den Horizont, und davor breitete          50

[9]**düstere Eifelwirtschaft**  gloomy inn in the
Eifel, a plateau region of Germany west of the
Rhein. Part of it lies on the German-Belgian
border.
[10]**Decke**  ceiling
[11]**Kamm der Schnee-Eifel**  ridge of the *Schnee-
Eifel* (name of a region of the *Eifelgebirge*.)
[12]**schauerlich**  eerie, awful
[13]**verschwappte**  spilled
[14]**die . . . ahnten**  of which they did not even
have an inkling

[15]**prachtvollen**  splendid
[16]**eine wahre Erholung**  truly refreshing
[17]**gesprengt**  blown-up
[18]**Kasematten**  casemates (shellproof vaults of
stone)
[19]**Rita Hayworth**  Hollywood movie star and
popular World War II "pin-up" girl
[20]**trat . . . heraus**  led out from a reforested
area
[21]**Fichten**  spruce trees

sich die Fläche[22] mit den Stümpfen der abgeschossenen Bäume. Jedesmal, wenn Roland sie wiedersah, erinnerte er sich an den rauschenden Aufschlag[23] der Granaten, unter dem sie geknickt[24] waren. Die Straße führte oben auf den Kamm hinauf, und von dort aus hatte man einen endlosen Blick über einen Ozean von flachen Tälern[25] und Wäldern, die aus dem     55
Westen herandrängten,[26] von St. Vith und Malmedy. Ein ziemlich geographisches Gefühl. Roland liebte Grenzen, weil an ihnen die Länder unsicher wurden. Sie verloren sich in Wäldern, zerfransten sich[27] in Karrenwegen, die plötzlich aufhörten, in Radspuren, in Fußpfaden, unterm hohen gelben Gras, das niemand schnitt, in Sümpfen, Ödhängen, Wacholder, verrufenen     60
Gehöften, Einsamkeit, Verrat[28] und Bussardschrei. Schnee-Eifel hieß das, Ardennen, Hohes Venn[29] . . .

Es wurde dunkler, aber man konnte noch gut sehen. Überall die Felder aus toten Baumstümpfen und an der Straße die in die Luft ragenden Betonplatten[30] der gesprengten Bunker, beinbleich, knochenbleich[31] . . . es     65
war wirklich kein Revier[32] für Lisa, überlegte Roland, sie würde sich fürchten. Übrigens ging sie mit ihm nur am Tage spazieren. Sowie sich die erste Dunkelheit in das Licht mischte, trennte sie sich unter irgendeinem Vorwand[33] von ihm. Sie hatte Angst, er spürte es. Alle hatten Angst vor ihm. Sogar der Herr Pfarrer von Brandscheid hatte Angst, obwohl Roland ihm     70
die Wahrheit gesagt hatte.

Heute nacht hatte er nichts vor.[34] Überhaupt begann der Schmuggel ihn zu langweilen. Er kannte den Weg über Ormont zu dem Wirtshaus in Losheim schon auswendig. In Losheim, auf der belgischen Seite, packte er den Rucksack mit Kaffee voll und schob los, nach Brandscheid oder Hall-     75
schlag, Winterspelt oder Kronenburg, wo er für die Ware so viel einhandelte,[35] daß er sich wieder vierzehn Tage auf die faule Haut legen[36] konnte. Er aß noch immer gerne und hatte sich angewöhnt, ein wenig zu trinken. So kaufte er feine Delikatessen in Büchsen[37] und ließ sich von dem Händler in Kronenburg, auch in Hinblick auf Mike,[38] Whisky und Gin besorgen.     80

---

[22] **breitete . . . Fläche** lay the terrain
[23] **rauschenden Aufschlag** booming detonation
[24] **geknickt** snapped
[25] **Tälern** valleys
[26] **herandrängten** crowded in
[27] **zerfransten sich** frayed
[28] **Sümpfen . . . Verrat** marshland, barren hillsides, juniper trees, disreputable farms, solitude, betrayal
[29] **Hohes Venn** one of the sections of the *Eifel*

[30] **in . . . Betonplatten** slabs of concrete towering into the air
[31] **beinbleich, knochenbleich** like bleached bones
[32] **Revier** territory
[33] **Vorwand** pretext
[34] **hatte . . . vor** he had nothing planned
[35] **einhandelte** got
[36] **auf . . . legen** sit back and do nothing
[37] **Büchsen** cans
[38] **in . . . Mike** with Mike in mind

Der Herr Pfarrer von Brandscheid bestellte für ihn Bücher, meistens
Neuerscheinungen, von denen Roland aus der Zeitung erfuhr.

Aber im Grunde hing ihm alles zum Halse heraus.[39] Es war langweilig,
weil er dabei nicht die geringste Gefahr lief.[40] Er tauchte in den Dörfern
auf[41] wie ein Schatten. Die Grenzer hatten es längst aufgegeben, ihn
schnappen[42] zu wollen. Sie wußten auch, daß er irgendwo auf der Schnee-
Eifel verschwand, aber das Gebiet war so groß, und eigentlich war es kein
Schmugglerstützpunkt. Man wußte nicht, wo noch vermint[43] war. Und
auch den Polizisten war es einfach zu unheimlich dort oben.

Wenn Lisa wüßte, daß es gar keine Gefahr mit ihm hatte, dachte Roland.
Er würde direkt in Verlegenheit geraten,[44] wenn sie seinen Flirt einmal
ernst nähme. Seinetwegen brauchte sie keine Angst um ihre Ehe zu haben.
Er hatte nur gehofft, sie würde ihn einmal nach dort oben begleiten und
dann versuchen, ihm zu helfen. In jenen alten Sagen, die Fälle wie den
seinen behandelten, wurde ja behauptet, daß die reine Liebe eines Mädchens einen Geist, der nicht zur Ruhe kommen konnte, zu erlösen vermochte.[45] Romantische Idee! Jungfrau war sie sowieso nicht. Na, sie reiste
ja bald wieder ab. Schade. Ob er es ihr vorher sagte, was mit ihm los war?
Unsinn. Nicht einmal der Herr Pfarrer von Brandscheid glaubte es ja.

Die Straße näherte sich dem Waldstück, das „Schwarzer Mann" hieß.
Von hier waren es zwei Stunden bis nach Brandscheid im Süden und
wieder zwei Stunden bis zum Forsthaus Schneifel im Norden. Dazwischen
gab es keine menschliche Behausung. Die Bunker wurden immer mäch-
tiger, und zwischen den Baumstümpfen standen jetzt auch hohe Skelette
von Bäumen bleich in der Dunkelheit. Das letzte Licht spiegelte sich in den
tiefen Pfützen[46] auf der Straße. Auf einem Kreuz hing ein Stahlhelm, und
darunter stand: „Unbekannter Soldat". Roland wußte, daß das nur einer aus
seiner Einheit sein konnte, und ging im Geiste jedesmal die Liste durch,
wenn er an dem Kreuz vorbeikam.

Er hörte Schritte und sah, wie sich Mike aus der Dämmerung löste[47] und
auf ihn zukam.

„Hello, Charlie!" sagte Mike nachlässig[48] und fragte: „Hast du alles?"

---

[39] **im ... heraus** he was basically sick and tired of it all
[40] **nicht ... lief** it didn't involve the slightest danger
[41] **tauchte [...] auf** appeared
[42] **schnappen** catch
[43] **vermint** mined

[44] **würde ... geraten** would get downright embarrassed
[45] **Geist ... vermochte** was able to set free a spirit that could not find peace
[46] **Pfützen** puddles
[47] **aus ... löste** appeared out of the half-light
[48] **nachlässig** casually

„Mhm", sagte Roland. „Hab' auch Whisky mitgebracht."

Eigentlich ging er nur noch Mike zuliebe[49] los. Mike hatte in den fünf Jahren seit dem Februar 1945 ganz gut Deutsch gelernt, aber mit seinem [115] amerikanischen Akzent wäre er doch aufgefallen, wenn er sich in die Dörfer gewagt hätte. Er hatte zu jenem Combat-Team von Bradleys[50] Armee gehört, das den „Schwarzen Mann" die ganze Rundstedt-Offensive[51] hindurch gehalten hatte. „Fein!" sagte Mike. „Hast du sonst was erreicht?"[52] Roland schüttelte den Kopf. Er dachte an sein Gespräch mit dem Herrn [120] Pfarrer von Brandscheid.

„Erlösen Sie uns, Herr Pfarrer!" hatte er zu dem geistlichen Herrn gesagt, wie stets, wenn er ihn besuchte. Aber der wurde immer wütend,[53] wenn Roland nur davon anfing. „Sie sind ja verrückt", sagte er. „Lassen Sie mich mit Ihren Halluzinationen zufrieden![54]—Alle, die zu lange da oben sind, [125] schnappen einfach über",[55] setzte er brummend[56] hinzu. „Warum melden Sie die Sache nicht nach oben?"[57] Roland trieb ihn in die Enge.[58] „Fragen Sie doch einmal beim Erzbischöflichen Ordinariat[59] in Trier an!" Der geistliche Herr hatte, wie stets, abgewinkt.[60] „Das ist nicht meine Sache. Ich bete nach jeder Messe für Sie drei Vater-unser.[61] Das ist das einzige, was [130] ich für Sie tun kann."

So zog sich der Herr Pfarrer von Brandscheid aus der Affäre.[62] Er war schon ein alter Herr, und er vermutete nicht zu Unrecht,[63] daß man ihn sofort pensionieren würde, wenn er mit Rolands Geschichte nach Trier ging. Aber er hatte auch Angst gehabt. Roland hatte die flackernde[64] Angst [135] in seinen Augen gesehen.

Er spürte Mikes Hoffnungslosigkeit. Sie verließen zusammen die Straße und schritten über das sumpfige Gelände.[65] In den Bombentrichtern[66] stand das Wasser. An den Rändern der Trichter wuchs das Wollgras; es

---

[49]**Mike zuliebe** to please Mike

[50]**Bradleys** General Omar Nelson Bradley commanded the 12th Army Group that helped ensure final victory over Germany at the end of World War II.

[51]**Rundstedt-Offensive** Field Marshal Rundstedt launched the Germans' Ardennes counter-offensive in December 1944.

[52]**Hast . . . erreicht?** Did you manage to get something else?

[53]**wütend** angry

[54]**Lassen [. . .] zufrieden** Don't bother me with

[55]**schnappen . . . über** simply crack up

[56]**brummend** grumblingly

[57]**melden . . . oben** don't you report the matter to higher authorities

[58]**trieb . . . Enge** cornered him

[59]**Erzbischöflichen Ordinariat** Archbishop's palace

[60]**abgewinkt** turned him down

[61]**Vater-unser** Lord's Prayer

[62]**zog [. . .] Affäre** avoided becoming involved

[63]**nicht zu Unrecht** not without reason

[64]**flackernde** flickering

[65]**sumpfige Gelände** swampy terrain

[66]**Bombentrichtern** bomb craters

schimmerte phosphoreszierend in der Dunkelheit. Das Schild mit der Auf- 140
schrift „Vorsicht, Minen!" und dem französischen Wort „Danger" war
längst umgesunken und verging im fauligen Grund.[67] Über das tote Baumfeld gingen sie auf die schwarze Mauer des Waldes zu. Der Nachthimmel
über ihnen war bleigrau, denn von Belgien her hatte sich Gewölk vor den
Mond geschoben. 145

Unter den Fichten am Waldrand stießen sie auf das erste Skelett. Der
Schädel schimmerte aus dem Moosgrund zu ihnen empor.[68] Die Uniform
war ganz zerfallen. Roland kniete nieder und befühlte das Eiserne Kreuz,[69]
das längst verrostet war. Unter dem Schädel fand er das in Wachstuch
geschlagene Soldbuch[70] und blätterte darin. Er hatte es selbst in das Tuch 150
eingefaltet, damit man den Gefallenen identifizieren konnte, wenn man ihn
fand. Er ließ die Taschenlampe aufblinken und besah zum tausendsten
Male sein eigenes Gesicht. So hatte er vor zwölf Jahren ausgesehen, als man
ihn eingezogen hatte. „Karl Roland" stand darunter und in der Spalte[71]
Zivilberuf: „Student". 155

Er löschte[72] die Lampe und erhob sich. Schweigend und düster stand
Mike neben ihm und starrte in das Fichtendunkel hinein. Dort drinnen lag
Mike.

„Er will uns also nicht begraben lassen?" fragte Mike aus seinem finstern
Brüten[73] heraus zu Roland. Roland zuckte mit den Achseln.[74] „Er hält uns 160
wohl für harmlose Irre", antwortete er. „Und vielleicht hat er Angst. Sicherlich hat er Angst."

Als sie den Bunker erreichten, sagte er zu Mike: „Sie glauben alle nicht
mehr an Geister."

Wie in beinahe jeder Nacht spielten sie auch in dieser ein paar Stunden 165
Siebzehn und Vier[75] und tranken Whisky in kleinen Schlucken,[76] ehe sie
zu Bett gingen.

---

[67]verging...Grund   was decaying in the rotten ground
[68]Schädel...empor   the skull on the mossy
ground gleamed up at them
[69]Eiserne Kreuz   Iron Cross (a military deco-
ration)
[70]in...Soldbuch   military passbook covered
with oilcloth

[71]Spalte   column
[72]löschte   turned off
[73]finsteren Brüten   dark brooding
[74]zuckte...Achseln   shrugged his shoulders
[75]Siebzehn und Vier   a card game
[76]Schlucken   sips

# INGEBORG BACHMANN

## Jugend in einer österreichischen Stadt

*Die österreichische Dichterin Ingeborg Bachmann (1926–1973) zählt zu den modernen Klassikern der deutschsprachigen Literatur. Sie wurde in Klagenfurt geboren, dem Ort der Handlung der autobiographischen Erzählung „Jugend in einer österreichischen Stadt". Sie studierte Philosophie und promovierte[1] mit einer Dissertation über den Philosophen Martin Heidegger. Ihre literarische Laufbahn begann Bachmann mit dem Schreiben von Lyrik. Später schrieb sie Erzählungen und zuletzt zwei Romane.*

*Die Ich-Erzählerin dieser Geschichte, die als Erwachsene ihre Heimatstadt besucht, schildert Erinnerungen an ihre Kindheit und Jugend. Der dichte[2] poetische Text erfordert ein genaues Lesen, damit die Fülle der Andeutungen und Beziehungen ersichtlich wird.*

*Woran ist zu erkennen, daß Bachmann diese Kindheit für typisch hält für den Reifeprozeß aller Kinder, die unter ähnlichen gesellschaftlichen und politischen Bedingungen in den Dreißiger- und Kriegsjahren aufgewachsen sind? Was für Erinnerungen hat die Erzählerin an Elternhaus, Nachbarschaft und Schule?*

*Wie wird der Anschluß[3] dargestellt, und was sind die ersten Anzeichen des heraufdrohenden[4] Krieges? Wie erleben die Kinder die verschiedenen Phasen des Krieges, und was für eine Krise machen sie durch? Wie verstehen Sie das Bild*

---

[1] **promovierte** received a Ph.D.

[2] **dichte** dense

[3] **Anschluß** the annexation of Austria by Nazi Germany in 1938

[4] **heraufdrohenden** threatening

der „frühen Dunkelhaft",[5] mit der die Erzählerin die erinnerte Kindheit zusammenfaßt?

Wie benutzt Bachmann die Bilder Welle und Erdung,[6] um die Beziehung des Kindes bzw.[7] der Erwachsenen zur äußeren Realität darzustellen? Warum sagt die Erzählerin in der Beschreibung ihrer Kindheit „Du meine Welle", das heißt, die Welle, die ich übermittle,[8] und später, „Ich deine Welle"? Wie bringt diese sprachliche Änderung das neu gewonnene Verhältnis der Erzählerin zur Wirklichkeit zum Ausdruck? Woran ist zu erkennen, daß sie gelernt hat, die Signale ihrer Umgebung in sich zu integrieren?

Zu welchem Schluß[9] kommt die Erzählerin vor ihrer Abreise, und wie wird er modifiziert durch das Erlebnis des Baumes? Was für eine Bedeutung hat der Baum für sie?

---

[5] **Dunkelhaft**   confinement in the dark

[6] **Welle und Erdung**   wave (signal, vibration) and grounding (ground connection)

[7] **bzw.**   or rather

[8] **übermittle**   transmit

[9] **Schluß**   conclusion

# INGEBORG BACHMANN

## Jugend in einer österreichischen Stadt

An schönen Oktobertagen kann man, von der Radetzkystraße kommend, neben dem Stadttheater eine Baumgruppe in der Sonne sehen. Der erste Baum, der vor jenen dunkelroten Kirschbäumen steht, die keine Früchte bringen, ist so entflammt vom Herbst, ein so unmäßiger goldner Fleck,[1] daß er aussieht, als wäre er eine Fackel,[2] die ein Engel fallen gelassen hat. Und nun brennt er, und Herbstwind und Frost können ihn nicht zum Erlöschen bringen.[3]

Wer möchte drum[4] zu mir reden von Blätterfall und vom weißen Tod, angesichts dieses Baums, wer mich hindern, ihn mit Augen zu halten und zu glauben, daß er mir immer leuchten wird wie in dieser Stunde und daß das Gesetz der Welt nicht auf ihm liegt?

In seinem Licht ist jetzt auch die Stadt wieder zu erkennen, mit blassen genesenden[5] Häusern und dunklen Ziegelschöpfen[6] und der Kanal, der vom See hin und wieder[7] ein Boot hineinträgt, das in ihrem Herzen anlegt. Wohl ist der Hafen[8] tot, seit die Frachten schneller von Zügen und auf Lastwagen in die Stadt gebracht werden, aber von dem hohen Kai fallen noch Blüten und Obst hinunter aufs vertümpelte[9] Wasser, der Schnee stürzt ab von den Ästen,[10] das Tauwasser läuft lärmend hinunter, und dann

---

[1] **unmäßiger ... Fleck** immense golden patch
[2] **Fackel** torch
[3] **zum Erlöschen bringen** put it out
[4] **drum [darum]** therefore
[5] **blassen genesenden** pale convalescent

[6] **Ziegelschöpfen** shelter of their tiled roofs
[7] **hin und wieder** now and again
[8] **Wohl ... Hafen** It is true that the harbor
[9] **vertümpelte** stagnant
[10] **stürzt ... Ästen** lurches from the tree limbs

schwillt er gern noch einmal an und hebt eine Welle und mit der Welle ein Schiff, dessen buntes Segel bei unserer Ankunft gesetzt[11] wurde.

In diese Stadt ist man selten aus einer anderen Stadt gezogen, weil ihre Verlockungen zu gering waren;[12] man ist aus den Dörfern gekommen, weil die Höfe zu klein wurden, und hat am Stadtrand eine Unterkunft[13] gesucht, wo sie am billigsten war. Dort waren auch noch Felder und Schottergruben,[14] die großen Gärtnereien und die Bauplätze, auf denen jahrelang Rüben,[15] Kraut und Bohnen, das Brot der ärmsten Siedler,[16] geerntet wurden. Diese Siedler hoben ihre Keller selbst aus. Sie standen im Grundwasser. Sie zimmerten ihre Dachbalken[17] selbst an den kurzen Abenden zwischen Frühling und Herbst und weiß Gott, ob sie ein Richtfest[18] gesehen haben vor ihrem Absterben.

Ihren Kindern kam es darauf nicht an,[19] denn die wurden schon eingeweiht in die unbeständigen Gerüche der Ferne,[20] wenn die Kartoffelfeuer[21] brannten und die Zigeuner[22] sich, flüchtig und fremdsprachig, niederließen[23] im Niemandsland zwischen Friedhof[24] und Flugplatz.

In dem Mietshaus[25] in der Durchlaßstraße müssen die Kinder die Schuhe ausziehen und in Strümpfen spielen, weil sie über dem Hausherrn wohnen. Sie dürfen nur flüstern und werden sich das Flüstern nicht mehr abgewöhnen[26] in diesem Leben. In der Schule sagen die Lehrer zu ihnen: Schlagen sollte man euch, bis ihr den Mund auftut.[27] Schlagen ... Zwischen dem Vorwurf,[28] zu laut zu sein, und dem Vorwurf, zu leise zu sein, richten sie sich schweigend ein.[29]

Die Durchlaßstraße hat ihren Namen nicht von dem Spiel, in dem die Räuber durchmarschieren, aber die Kinder dachten lange, das wäre so. Erst später, als die Beine sie weiter trugen, haben sie den Durchlaß gesehen, die kleine Unterführung,[30] über die der Zug nach Wien fährt. Hier mußten die

---

[11]**gesetzt** hoisted
[12]**Verlockungen ... waren** attractions were too poor
[13]**Unterkunft** housing
[14]**Schottergruben** gravel pits
[15]**Rüben** turnips
[16]**Siedler** settlers
[17]**zimmerten ... Dachbalken** constructed their rafters
[18]**Richtfest** ceremony taking place when the roof truss has been erected
[19]**kam ... an** this did not matter
[20]**eingeweiht ... Ferne** initiated into the ever-changing smells from afar

[21]**Kartoffelfeuer** fire made from dried potato leaves as part of the celebration following the potato harvest
[22]**Zigeuner** gypsies
[23]**sich [...] niederließen** settled down briefly
[24]**Friedhof** cemetery
[25]**Mietshaus** apartment house
[26]**sich ... abgewöhnen** not lose the habit of whispering
[27]**den ... auftut** speak up
[28]**Vorwurf** reproach
[29]**richten ... ein** they settle down silently
[30]**Unterführung** underpass

Neugierigen[31] hindurch, die zum Flugfeld wollten, über die Felder, quer 50
durch die Herbststickereien.[32] Jemand ist auf die Idee gekommen, den
Flugplatz neben den Friedhof zu legen, und die Leute in K. meinten, es sei
günstig für die Beerdigung[33] der Piloten, die eine Zeitlang Übungsflüge
machten. Die Piloten taten niemand den Gefallen, abzustürzen.[34] Die
Kinder brüllten immer: Ein Flieger! Ein Flieger! Sie hoben ihnen die Arme 55
entgegen, als wollten sie sie einfangen, und starrten in den Wolkenzoo, in
dem sich die Flieger zwischen Tierköpfen und Larven[35] bewegten.

Die Kinder lösen von den Schokoladetafeln das Silberpapier und flöten
darauf „Das Maria Saaler G'läut".[36] Die Kinder lassen sich in der Schule
von einer Ärztin den Kopf nach Läusen absuchen. Die Kinder wissen nicht, 60
wieviel es geschlagen hat,[37] denn die Uhr auf der Stadtpfarrkirche ist
stehengeblieben. Sie kommen immer zu spät von der Schule heim. Die
Kinder! (Sie wissen zur Not,[38] wie sie heißen, aber sie horchen nur auf,
wenn man sie „Kinder" ruft.) Aufgaben: Unter- und Oberlängen, steilschrif-
tig, Übungen im Horizontgewinn und Traumverlust, auswendig Gelerntes 65
auf Gedächtnisstützen.[39] In der Ausdünstung von Ölböden,[40] von ein paar
Hundert Kinderleben, Zwergenmänteln, verbranntem Radiergummi,
zwischen Tränen und Tadel,[41] Eckenstehen, Knien und unstillbarem
Schwätzen sind zu leisten:[42] ein Alphabet und das Einmaleins, eine Rechtschreibung und zehn Gebote.[43] 70
Die Kinder legen alte Worte ab und neue an. Sie hören vom Berg Sinai
und sie sehen den Ulrichsberg mit seinen Rübenfeldern, Lärchen und
Fichten,[44] von Zeder und Dornbusch verwirrt,[45] und sie essen Sauerampf-
fer[46] und nagen die Maiskolben ab,[47] eh sie hart und reif werden, oder
tragen sie nach Hause, um sie auf der Holzglut[48] zu rösten. Die nackten 75
Kolben verschwinden in der Holzkiste und werden zum Unterzünden

[31]**Neugierigen** curious ones
[32]**quer ... Herbststickereien** right through the embroideries of autumn
[33]**Beerdigung** burial
[34]**abzustürzen** of crashing
[35]**Larven** larvae; masks
[36]**Das ... G'läut** name of a song
[37]**wieviel ... hat** what time the clock has struck
[38]**zur Not** if put to it
[39]**Unter- und Oberlängen ... Gedächtnis-stützen** Upper and lower strokes, upright let-ters, exercises in gaining horizons and losing dreams, learning things by heart through mem-ory aids

[40]**In ... Ölböden** Amid the vapors from oiled floorboards
[41]**Tadel** scoldings
[42]**sind zu leisten** they are supposed to master
[43]**Gebote** commandments
[44]**Lärchen und Fichten** larch and spruce trees
[45]**von ... verwirrt** confused by cedar and thornbush (an allusion to the burning bush in which God appeared to Moses, Exodus iii,2)
[46]**Sauerampfer** sorrel (a leafy green edible plant)
[47]**nagen ... ab** gnaw the corn cobs
[48]**Holzglut** embers

verwendet,[49] und Zeder und Ölbaum wurden nachgelegt, schwelten darauf,[50] wärmten aus der Ferne und warfen Schatten auf die Wand.

Zeit der Trophäen, Zeit der Weihnachten, ohne Blick voraus, ohne Blick zurück, Zeit der Kürbisnächte,[51] der Geister und Schrecken ohne Ende. Im Guten, im Bösen: hoffnungslos.                                                    80

Die Kinder haben keine Zukunft. Sie fürchten sich vor der ganzen Welt. Sie machen sich kein Bild von ihr, nur von dem Hüben und Drüben, denn es läßt sich mit Kreidestrichen begrenzen.[52] Sie hüpfen auf einem Bein in die Hölle und springen mit beiden Beinen in den Himmel.                   85

Eines Tages ziehen die Kinder um in die Henselstraße. In ein Haus ohne Hausherr, in eine Siedlung, die unter Hypotheken zahm und engherzig ausgekrochen ist.[53] Sie wohnen zwei Straßen weit[54] von der Beethovenstraße, in der alle Häuser geräumig und zentralgeheizt sind, und eine Straße weit von der Radetzkystraße, durch die, elektrischrot und großmaulig, die Straßenbahn fährt. Sie sind Besitzer eines Gartens geworden, in dem   90 vorne Rosen gepflanzt werden und hinten kleine Apfelbäume und Ribiselsträucher.[55] Die Bäume sind nicht größer als sie selber, und sie sollen miteinander groß werden. Sie haben links eine Nachbarschaft mit Boxerhund und rechts Kinder, die Bananen essen, Reck und Ringe im Garten   95 aufgemacht haben[56] und schwingend den Tag verbringen. Sie freunden sich mit dem Hund Ali an und rivalisieren mit den Nachbarskindern, die alles besser können und besser wissen.

Noch lieber sind sie unter[57] sich, nisten sich auf dem Dachboden ein[58] und schreien manchmal laut im Versteck, um ihre verkrüppelten Stimmen   100 auszuprobieren. Sie stoßen leise kleine Rebellenschreie vor Spinnennetzen[59] aus.

Der Keller ist ihnen verleidet von[60] Mäusen und vom Äpfelgeruch. Jeden Tag hinuntergehen, die faulen Bluter heraussuchen, ausschneiden und essen! Weil der Tag nie kommt, an dem alle faulen Äpfel gegessen sind,   105

[49] **werden . . . verwendet** are used as kindling
[50] **Zeder . . . darauf** cedar and olive wood were laid on top, smouldering
[51] **Kürbisnächte** pumpkin nights
[52] **Sie . . . begrenzen.** They don't picture it, only the here and there, for it can be drawn with chalk. (The "here and there" refers to the squares in the game of hopscotch which is called *Himmel und Hölle*.)
[53] **Siedlung . . . ist** tract development, which burdened with mortgages, has crawled out tame and small-minded

[54] **weit** away
[55] **Ribiselsträucher** red currant bushes
[56] **Reck [. . .] aufgemacht haben** have put up parallel bars
[57] **unter** among
[58] **nisten . . . ein** make a hideaway in the attic
[59] **Spinnennetzen** spider webs
[60] **Der Keller . . . von** The basement is spoiled for them by

weil immer Äpfel nachfaulen und nichts weggeworfen werden darf, hungert sie nach einer fremden verbotenen Frucht. Sie mögen die Äpfel nicht, die Verwandten und die Sonntage, an denen sie auf dem Kreuzberg über dem Haus spazierengehen müssen, Blumen bestimmend, Vögel bestimmend.                                                                              110

Im Sommer blinzeln[61] die Kinder durch grüne Läden[62] in die Sonne, im Winter bauen sie einen Schneemann und stecken ihm Kohlenstücke an Augenstatt.[63] Sie lernen Französisch. Madeleine est une petite fille. Elle est à la fenêtre. Elle regarde la rue. Sie spielen Klavier. Das Champagnerlied. Des Sommers letzte Rose. Frühlingsrauschen.                                                115

Sie buchstabieren nicht mehr. Sie lesen Zeitungen, aus denen der Lustmörder entspringt. Er wird zum Schatten, den die Bäume in der Dämmerung[64] werfen, wenn man von der Religionsstunde heimkommt, und er ruft das Geräusch des bewegten Flieders längs der Vorgärten hervor;[65] die Schneeballbüsche und der Phlox teilen sich und geben einen Augenblick   120 lang seine Gestalt preis.[66] Sie fühlen den Griff des Würgers,[67] das Geheimnis, das sich im Wort Lust verbirgt und das mehr zu fürchten ist als der Mörder.

Die Kinder lesen sich die Augen wund.[68] Sie sind übernächtig,[69] weil sie abends zu lang im wilden Kurdistan waren oder bei den Goldgräbern in   125 Alaska. Sie liegen auf der Lauer bei einem Liebesdialog[70] und möchten ein Wörterbuch haben für die unverständliche Sprache. Sie zerbrechen sich den Kopf[71] über ihre Körper und einen nächtlichen Streit im Elternzimmer. Sie lachen bei jeder Gelegenheit, sie können sich kaum halten[72] und fallen von der Bank vor Lachen, stehen auf und lachen weiter, bis sie   130 Krämpfe bekommen.

Der Lustmörder wird aber bald in einem Dorf gefunden, im Rosental, in einem Schuppen, mit Heufransen[73] und dem grauen Fotonebel[74] im Gesicht, der ihn für immer unerkennbar macht, nicht nur in der Morgenzeitung.                                                                              135

---

[61]**blinzeln** blink
[62]**Läden** shutters
[63]**an Augenstatt** in place of eyes
[64]**Dämmerung** dusk
[65]**ruft ... hervor** causes the sound of the swaying lilac along the front yards
[66]**geben [. . .] preis** reveal his form
[67]**Würgers** strangler
[68]**lesen ... wund** have sore eyes from reading too much

[69]**übernächtig** bleary-eyed
[70]**liegen . . . Liebesdialog** they eavesdrop on a conversation between two lovers
[71]**zerbrechen . . . Kopf** rack their brains
[72]**sie . . . halten** they can scarcely contain themselves
[73]**Schuppen, mit Heufransen** shed, with tufts of hay
[74]**Fotonebel** photo mist (the fuzzy grey of the newspaper photograph)

Es ist kein Geld im Haus. Keine Münze[75] fällt mehr ins Sparschwein. Vor Kindern spricht man nur in Andeutungen.[76] Sie können nicht erraten,[77] daß das Land im Begriff ist, sich zu verkaufen[78] und den Himmel dazu, an dem alle ziehen, bis er zerreißt und ein schwarzes Loch freigibt.

Bei Tisch sitzen die Kinder still da, kauen lang an einem Bissen, während es im Radio gewittert[79] und die Stimme des Nachrichtensprechers wie ein Kugelblitz in der Küche herumfährt[80] und verendet, wo der Kochdeckel sich erschrocken über den zerplatzten[81] Kartoffeln hebt. Die Lichtleitung[82] wird unterbrochen. Auf den Straßen ziehen Kolonnen von Marschierenden. Die Fahnen schlagen über den Köpfen zusammen.[83] „. . . bis alles in Scherben fällt",[84] so wird gesungen draußen. Das Zeitzeichen ertönt, und die Kinder gehen dazu über, sich mit geübten Fingern stumme[85] Nachrichten zu geben.

Die Kinder sind verliebt und wissen nicht in wen. Sie kauderwelschen,[86] spintisieren sich in eine unbestimmbare Blässe,[87] und wenn sie nicht mehr weiterwissen,[88] erfinden sie eine Sprache, die sie toll macht.[89] Mein Fisch. Meine Angel. Mein Fuchs. Meine Falle. Mein Feuer. Du mein Wasser. Du meine Welle. Meine Erdung. Du mein Wenn. Und du mein Aber. Entweder. Oder. Mein Alles . . . mein Alles . . . Sie stoßen einander, gehen mit Fäusten aufeinander los und balgen sich um ein Gegenwort,[90] das es nicht gibt.

Es ist nichts. Diese Kinder!

Sie fiebern, sie erbrechen sich, haben Schüttelfrost, Angina, Keuchhusten, Masern, Scharlach,[91] sie sind in der Krise, sind aufgegeben, sie hängen zwischen Tod und Leben, und eines Tages liegen sie fühllos und morsch[92] da, mit neuen Gedanken über Alles. Man sagt ihnen, daß der Krieg ausgebrochen ist.

---

[75]**Münze** coin
[76]**Andeutungen** veiled hints
[77]**erraten** guess
[78]**Land . . . verkaufen** that the country is about to sell itself (an allusion to the *Anschluß*)
[79]**während . . . gewittert** while there is thunder and lightning on the radio
[80]**wie . . . herumfährt** bounces around the kitchen like a ball of lightning
[81]**zerplatzten** burst
[82]**Lichtleitung** electrical wiring
[83]**Fahnen . . . zusammen** flags close over their heads
[84]**bis . . . fällt** till everything crashes in ruins

(a line from the most popular song of the Nazi youth organizations)
[85]**stumme** silent
[86]**kauderwelschen** talk gibberish
[87]**spintisieren . . . Blässe** daydream themselves into an indefinable pallor
[88]**sie . . . weiterwissen** they don't know how to go on
[89]**toll macht** excites and overpowers
[90]**balgen . . . Gegenwort** scuffle for a counter-word
[91]**erbrechen . . . Scharlach** vomit, have fever chills, angina, whooping cough, measles, scarlet fever
[92]**fühllos und morsch** numb and frail

Noch einige Winter lang, bis die Bomben sein Eis hochjagen, kann man auf dem Teich[93] unter dem Kreuzberg schlittschuhlaufen. Der feine Glasboden in der Mitte ist den Mädchen in den Glockenröcken vorbehalten,[94] die Innenbogen, Außenbogen und Achter fahren;[95] der Streifen rundherum gehört den Schnelläufern. In der Wärmestube ziehen die größeren Burschen den größeren Mädchen die Schlittschuhe an und berühren mit den Ohrenschützern das schwanenhalsige Leder über mageren[96] Beinen. Man muß angeschraubte Kufen[97] haben, um für voll zu gelten,[98] und wer, wie die Kinder, nur einen Holzschlittschuh mit Riemen[99] hat, weicht in die verwehten Teichecken aus[100] oder schaut zu.

Am Abend, wenn die Läufer und Läuferinnen aus den Schuhen geschlüpft sind, sie über die Schultern hängen haben und abschiednehmend auf die Holztribüne treten, wenn alle Gesichter, frisch und jungen Monden gleich,[101] durch die Dämmerung scheinen, gehen die Lichter an unter den Schneeschirmen. Die Lautsprecher werden aufgedreht, und die sechzehnjährigen Zwillinge,[102] die stadtbekannt sind, kommen die Holzstiege[103] hinunter, er in blauen Hosen und weißem Pullover und sie in einem blauen Nichts über dem fleischfarbenen Trikot.[104] Sie warten gelassen den Auftakt[105] ab, eh sie von der vorletzten Stufe—sie mit einem Flügelschlag und er mit dem Sprung eines herrlichen Schwimmers—auf das Eis hinausstürzen[106] und mit ein paar tiefen, kraftvollen Zügen[107] die Mitte erreichen. Dort setzt sie zur ersten Figur an, und er hält ihr einen Reifen[108] aus Licht, durch den sie, umnebelt,[109] springt, während die Grammophonnadel zu kratzen beginnt und die Musik zerscharrt.[110] Die alten Herren weiten unter bereiften[111] Brauen die Augen, und der Mann mit der Schneeschaufel, der die Langlaufbahn um den Teich kehrt,[112] mit seinen von Lumpen umwickelten[113] Füßen, stützt sein Kinn auf den Schaufelstiel und folgt den Schritten des Mädchens, als führten sie in die Ewigkeit.

[93]**Teich**  pond
[94]**vorbehalten**  reserved
[95]**Innenbogen ... fahren**  do inner edges, outer edges and figure-eights
[96]**mageren**  skinny
[97]**angeschraubte Kufen**  blades that screw on
[98]**um ... gelten**  in order to count as a real skater
[99]**Riemen**  straps
[100]**weicht ... aus**  retreats to the snow-covered corners of the pond
[101]**gleich**  like
[102]**Zwillinge**  twins

[103]**Holzstiege**  wooden stairs
[104]**Trikot**  leotard
[105]**gelassen den Auftakt**  calmly for the upbeat
[106]**hinausstürzen**  leap out
[107]**Zügen**  thrusts
[108]**Reifen**  hoop
[109]**umnebelt**  surrounded with smoke
[110]**zu ... zerscharrt**  begins to scratch turning the music into a jumble of grating noises
[111]**bereiften**  frosty
[112]**kehrt**  clearing (of snow)
[113]**von ... umwickelten**  wrapped with rags

Die Kinder kommen noch einmal ins Staunen:[114] die nächsten Christ-
bäume fallen wirklich vom Himmel. Feurig. Und das Geschenk, das sie
dazu nicht erwartet haben, ist für die Kinder mehr freie Zeit.

Sie dürfen bei Alarm die Hefte liegen lassen und in den Bunker gehen.  195
Später dürfen sie Süßigkeiten für die Verwundeten sparen oder Socken
stricken und Bastkörbe flechten[115] für die Soldaten, für die auf der Erde, in
der Luft und im Wasser. Und derer gedenken,[116] in einem Aufsatz, unter
der Erde und auf dem Grund.[117] Und noch später dürfen sie Laufgräben[118]
ausheben zwischen dem Friedhof und dem Flugfeld, das dem Friedhof  200
schon Ehre macht.[119] Sie dürfen ihr Latein vergessen und die Motoren-
geräusche am Himmel unterscheiden lernen. Sie müssen sich nicht mehr so
oft waschen; um die Fingernägel kümmert sich niemand mehr. Die Kinder
flicken ihre Sprungseile,[120] weil es keine neuen mehr gibt, und unterhalten
sich über Zeitzünder[121] und Tellerbomben. Die Kinder spielen „Laßt  205
die Räuber durchmarschieren" in den Ruinen, aber manchmal hocken
sie nur da,[122] starren vor sich hin und hören nicht mehr drauf,[123]
wenn man sie „Kinder" ruft. Es gibt genug Scherben[124] für Himmel
und Hölle, aber die Kinder schlottern,[125] weil sie durchnäßt sind und
frieren.                                                                                              210

Kinder sterben, und die Kinder lernen die Jahreszahlen von den Sieben-
jährigen und Dreißigjährigen Kriegen, und es wäre ihnen gleich, wenn sie
alle Feindschaften durcheinanderbrächten,[126] den Anlaß und die Ursache,
für deren genaue Unterscheidung man in der Geschichtsstunde eine gute
Note bekommen kann.                                                                      215

Sie begraben den Hund Ali und dann seine Herrschaft.[127] Die Zeit
der Andeutungen ist zu Ende. Man spricht vor ihnen von Genick-
schüssen, vom Hängen, Liquidieren, Sprengen,[128] und was sie nicht
hören und sehen, riechen sie, wie sie die Toten von St. Ruprecht riechen, die man nicht ausgraben kann, weil das Kino darübergefallen ist,  220
in das sie heimlich gegangen sind, um die „Romanze in Moll"[129] zu

---

[114]kommen ... Staunen are amazed once
more
[115]Bastkörbe flechten weave raffia baskets
[116]derer gedenken remembering those
[117]Grund [Meeresgrund] bottom of the sea
[118]Laufgräben trenches
[119]das ... macht which is already paying
tribute to the cemetery
[120]flicken ... Sprungseile mend their
jumping ropes

[121]Zeitzünder time fuses (of time bombs)
[122]hocken ... da they only sit around
[123]drauf [darauf]
[124]Scherben shards (used for playing the
game)
[125]schlottern shiver
[126]durcheinanderbrächten confused
[127]Herrschaft owners
[128]Sprengen dynamiting
[129]Moll minor key

sehen. Jugendliche waren nicht zugelassen,[130] aber dann waren sie es doch, zu dem großen Sterben und Morden ein paar Tage später und alle Tage danach.

Es ist nie mehr Licht im Haus. Kein Glas im Fenster. Keine Tür in der 225 Angel.[131] Niemand rührt sich und niemand erhebt sich.[132]

Die Glan[133] fließt nicht aufwärts und abwärts. Der kleine Fluß steht, und das Schloß Zigulln steht und erhebt sich nicht.

Der heilige Georg[134] steht auf dem Neuen Platz, steht mit der Keule,[135] und erschlägt den Lindwurm[136] nicht. Daneben die Kaiserin steht und 230 erhebt sich nicht.

O Stadt. Stadt. Ligusterstadt,[137] aus der alle Wurzeln[138] hängen. Kein Licht und kein Brot sind im Haus. Zu den Kindern gesagt: Still, seid still vor allem.

In diesen Mauern, zwischen den Ringstraßen, wieviel Mauern sind da 235 noch? Der Vogel Wunderbar, lebt er noch? Er hat geschwiegen sieben Jahr. Sieben Jahr sind um.[139] Du mein Ort, du kein Ort, über Wolken, unter Karst,[140] unter Nacht, über Tag, meine Stadt und mein Fluß. Ich deine Welle, du meine Erdung.

Stadt mit dem Viktringerring und St. Veiterring . . . Alle Ringstraßen 240 sollen genannt sein mit ihren Namen wie die großen Sternstraßen, die auch nicht größer waren für Kinder, und alle Gassen,[141] die Burggasse und die Getreidegasse, ja, so hießen sie, die Paradeisergasse, die Plätze nicht zu vergessen, der Heuplatz und der Heilige-Geist-Platz, damit hier alles genannt ist, ein für allemal,[142] damit alle Plätze genannt sind. Welle und 245 Erdung.

Und eines Tages stellt den Kindern niemand mehr ein Zeugnis aus,[143] und sie können gehen. Sie werden aufgefordert,[144] ins Leben zu treten. Der Frühling kommt nieder[145] mit klaren wütenden[146] Wassern und gebiert

---

[130]**zugelassen** admitted
[131]**Angel** hinges
[132]**rührt . . . erhebt sich** stirs and no one rises up (in revolt)
[133]**Die Glan** name of the river
[134]**heilige Georg** a monument of St. George who is said to have rescued a maiden from a dragon
[135]**Keule** club
[136]**Lindwurm** dragon (Hitler and his army)
[137]**Ligusterstadt** town of the privet hedges

[138]**Wurzeln** roots
[139]**sind um** have gone by (1938—45)
[140]**Karst** karst topography (barren rocky ground)
[141]**Gassen** streets (Austrian)
[142]**ein für allemal** once and for all
[143]**stellt . . . aus** no one gives the children report cards any more
[144]**aufgefordert** called upon
[145]**kommt nieder** descends
[146]**wütenden** raging

einen Halm.[147] Man braucht den Kindern nicht mehr zu sagen, daß Frieden 250
ist. Sie gehen fort, die Hände in ausgefransten[148] Taschen und mit einem
Pfiff,[149] der sie selber warnen soll.

Weil ich, in jener Zeit, an jenem Ort, unter Kindern war und wir
neuen Platz gemacht haben, gebe ich die Henselstraße preis,[150] auch den
Blick auf den Kreuzberg, und nehme zu Zeugen all die Fichten, die 255
Häher und das beredte Laub.[151] Und weil mir zum Bewußtsein kam,[152]
daß der Wirt[153] keinen Groschen[154] mehr für eine leere Siphonflasche
gibt und für mich auch keine Limonade mehr ausschenkt, überlasse ich
anderen den Weg durch die Durchlaßstraße und ziehe den Mantelkragen
höher, wenn ich sie blicklos überquere, um hinaus zu den Gräbern zu 260
kommen, ein Durchreisender, dem niemand seine Herkunft ansieht.[155]
Wo die Stadt aufhört, wo die Gruben[156] sind, wo die Siebe voll Geröllre-
sten[157] stehen und der Sand zu singen aufgehört hat, kann man sich niederlassen[158] einen Augenblick und das Gesicht in die Hände geben.[159]
Man weiß dann, daß alles war, wie es war, daß alles ist, wie es ist, und 265
verzichtet,[160] einen Grund zu suchen für alles. Denn da ist kein Stab,[161]
der dich berührt, keine Verwandlung. Die Linden und der Holunderstrauch . . . ?[162] Nichts rührt dir ans Herz.[163] Kein Gefälle[164] früher Zeit,
kein erstandenes[165] Haus. Und nicht der Turm von Zigulln, die zwei
gefangenen Bären, die Teiche, die Rosen, die Gärten voll Goldregen.[166] 270
Im bewegungslosen Erinnern, vor der Abreise, vor allen Abreisen, was
soll uns aufgehen?[167] Das Wenigste ist da, um uns einzuleuchten,[168] und
die Jugend gehört nicht dazu, auch die Stadt nicht, in der sie statt-

[147] **gebiert einen Halm** brings forth a blade of grass
[148] **ausgefransten** frayed
[149] **Pfiff** whistle
[150] **gebe [. . .] preis** offer up
[151] **zu . . . Laub** as my witnesses all the spruce trees, jays, and eloquent foliage
[152] **mir . . . kam** I have come to realize
[153] **Wirt** innkeeper
[154] **Groschen** Austrian coin
[155] **dem . . . ansieht** whose origins no one can tell
[156] **Gruben** gravel pits
[157] **Siebe voll Geröllreste** sieves full of rock debris
[158] **sich niederlassen** sit down
[159] **geben** put
[160] **verzichtet** gives up
[161] **Stab** wand
[162] **Holunderstrauch** elder bush
[163] **rührt . . . Herz** touches your heart
[164] **Gefälle** slope
[165] **erstandenes** risen, acquired, resurrected
[166] **Goldregen** laburnum (a shrub with drooping clusters of yellow flowers)
[167] **was . . . aufgehen** what (meaning) is there to dawn on us
[168] **Das . . . einzuleuchten** There are very few things that make sense to us

gehabt[169] hat. Nur wenn der Baum vor dem Theater das Wunder tut,[170] wenn die Fackel brennt, gelingt es mir, wie im Meer die Wasser, alles   275 sich mischen zu sehen: die frühe Dunkelhaft mit den Flügen über Wolken in Weißglut;[171] den Neuen Platz und seine törichten Denkmäler[172] mit einem Blick auf Utopia; die Sirenen von damals mit dem Liftgeräusch in einem Hochhaus; die trockenen Marmeladebrote mit einem Stein, auf den ich gebissen habe am Atlantikstrand.   280

---

[169] **stattgehabt**   took place
[170] **das . . . tut**   works the miracle

[171] **Wolken in Weißglut**   incandescent clouds
[172] **törichten Denkmäler**   foolish monuments

# FRANZ FÜHMANN

## Das Judenauto

*Franz Fühmann (1922–1984), einer der meistgelesenen Autoren in der ehemaligen DDR, schrieb Gedichte, Erzählungen und Romane. Das Hauptthema seines Werkes ist die Auseinandersetzung[1] mit der Vergangenheit, denn er war bestrebt, die Ursachen des Mitmachens[2] aufzudecken. Fühmann wuchs wie die Hauptgestalt dieser autobiographischen Geschichte im Sudetenland[3] auf, das 1938 von Hitler „heim ins Reich" geholt wurde. Als Sechzehnjähriger trat er in die Jugendorganisation der Sudetenfaschisten und 1938 in die SA[4] ein.*

*Im „Judenauto", Fühmanns bekanntester Geschichte, geht der Ich-Erzähler seinen frühesten Erinnerungen nach, um sich klar darüber zu werden, wie sein Haß auf die Juden entstanden ist. Überlegen Sie sich beim Lesen, wie seine frühesten Kindheitserinnerungen mit seinen späteren Vorurteilen[5] gegen die Juden zusammenhängen. Was für Erinnerungen hat er an die Schule, und wie wird der Lehrer gezeichnet? Was erfahren wir über seine Eltern?*

*Warum möchte der Junge als Held gelten?[6] Welche Rolle spielen Scham- und*

---

[1] **Auseinandersetzung**   dealing

[2] **Ursachen des Mitmachens**   the reasons for going along with Nazism

[3] **Sudetenland**   Sections of northern Bohemia and Moravia. At the end of World War I, their predominantly German population was incorporated into Czechoslovakia. Hitler annexed the Sudetenland in 1938.

[4] **SA [Sturmabteilung]**   storm troopers (members of a paramilitary organization that played a major role in the rise of the Nazi Party in the early 1930s)

[5] **Vorurteilen**   prejudices

[6] **als Held gelten**   to be regarded as a hero

*Schuldgefühle in seinem Bedürfnis,[7] die Juden zum Sündenbock[8] zu machen? Beachten Sie dabei, wie er die Natur und sich selbst erlebt. Wie verrät[9] der Erzähler seine Einstellung zum weiblichen Geschlecht?[10]*

*Wie werden die Schulkinder geschildert, und wie unterscheidet sich das braunäugige Mädchen von den anderen Kindern? Was sagt die Erzählung über die Anfälligkeit[11] dieser Menschen für den Nazismus aus?*

---

[7] **Bedürfnis**   need

[8] **Sündenbock**   scapegoat (The tendency to treat Jews as scapegoats in times of crises goes back to the middle ages when Jews preferred to live in closed communities. Their exclusivity aroused superstitious fears in Christians. For example, many believed that ritual murder was part of Jewish religious practices.)

[9] **verrät**   show

[10] **weiblichen Geschlecht**   female sex

[11] **Anfälligkeit**   susceptibility

# FRANZ FÜHMANN

## Das Judenauto

Wie tief hinab[1] reicht das Erinnern? Ein
warmes Grün, das ist in meinem Gedächtnis
wohl das früheste Bild: das Grün eines Kachelofens, um dessen oberes Bord sich das
Relief eines Zigeunerlagers gezogen haben    5
soll;[2] doch das weiß ich nur noch aus den
Erzählungen meiner Mutter, keine Anstrengung des Hirns[3] bringt mir dies Bild zurück.
Das Grün aber habe ich behalten: ein warmes
Weinflaschengrün mit stumpfem Glanz.[4]    10
Immer, wenn ich mir dieses Grün vor Augen
führe,[5] fühle ich mich leicht über den Dielen in Lüften schweben:[6] Ich
konnte, wie Mutter erzählte, die Zigeuner nur sehen, wenn Vater mich
zweijährigen Knirps in die Höhe[7] hob.

Dann folgt in meinem Gedächtnis etwas Weiches und Weißes, auf dem    15
ich unendlich lange Zeit stillsitzen und dabei in ein sich auf- und abwärts
krümmendes[8] Schwarz starren mußte, und dann eine Höhle Holunder[9] mit
einer Bank und einem Mann drauf, der nach Abenteuern roch[10] und mich
auf seinem Knie reiten ließ und mir ein Stück wunderbar süßer Wurst in

---

[1] **tief hinab**  far into the past (lit.: deep down)
[2] **Kachelofens . . . soll**  of a tiled stove whose upper rim was decorated, as I was told, with the relief of a gypsy camp (lit.: along whose upper rim the relief of a gypsy camp was supposed to have run)
[3] **keine . . . Hirns**  no mental effort
[4] **stumpfem Glanz**  soft shimmer

[5] **vor . . . führe**  picture
[6] **leicht . . . schweben**  floating lightly in the air above the floorboards
[7] **Knirps . . . Höhe**  little fellow up into the air
[8] **auf- . . . krümmendes**  undulating
[9] **Höhle Holunder**  hollow under an elderberry bush
[10] **nach . . . roch**  smelled of adventures

den Mund schob, die ich gierig kaute,[11] und diese Erinnerung ist verbun-   20
den mit einem Schrei und einem Sturm, der plötzlich Mann und Laube[12]
von mir fortriß, um sie jählings ins Nichts zu wirbeln.[13] Es war natürlich
keine Sturmbö, es war der Arm der Mutter, der mich aus der grünen Höhle
gerissen hatte, und auch der Schrei war der Schrei ihres Entsetzens[14]
gewesen: Der Mann, dessen Knie mich gewiegt[15] hatte, war eine der Spott-   25
figuren[16] des Dorfs: ein heruntergekommener Großbauer, der, auf säbel-
krummen Beinen einherschwankend,[17] die Dörfer nach Brot und Schnaps
zu durchbetteln pflegte,[18] und der Geruch wilder Abenteuer war sein Atem
von Brennspiritus und die Wurst ein Abfall der Roßschlächterei.[19] Jedenfalls muß es herrlich gewesen sein, auf seinen Knien zu reiten: Es ist dies   30
das erste Bild, das ich heute noch ganz deutlich vor mir sehe, und ich war
damals drei Jahre alt.

    Von da an folgen die Bilder dichter und dichter: die Berge, der Wald, der
Brunnen, das Haus, der Bach und die Wiese; der Steinbruch,[20] in dessen
Grotten die Geister,[21] die ich mir ausdachte, hausten; Kröte, Hornisse, der   35
Käuzchenruf, die Vogelbeerenallee vor der grauen Fabrik,[22] der Jahrmarkt
mit seinem Duft[23] von türkischem Honig und dem Drehorgelgeschrei der
Schaubudenausrufer[24] und schließlich die Schule mit ihrem kalkgetünch-
ten,[25] trotz der hohen Fenster stets düstren[26] Korridor, durch den aus allen
Klassenräumen heraus die Menschenangst wie eine Nebelschwade kroch.[27]   40
Die Gesichter der Lehrer habe ich vergessen; ich sehe nur noch zwei
verkniffene[28] graue Augen über einer langgezogenen messerscharfen Nase
und einen von Ringen gekerbten[29] Bambusstock, und auch die Gesichter
der Mitschüler sind blaß und unscharf geworden bis auf[30] ein braunäugiges
Mädchengesicht mit schmalem, kaum geschwungenem Mund und kurzem   45
hellem Haar über der hohen Stirn: Das Gesicht, vor dessen Augen man die

[11]**gierig kaute**   chewed greedily
[12]**Laube**   arbor
[13]**um . . . wirbeln**   and whirl them headlong into the void
[14]**Entsetzens**   horror
[15]**gewiegt**   rocked
[16]**Spottfiguren**   objects of ridicule
[17]**auf . . . einherschwankend**   staggering along on legs as crooked as sabers
[18]**die Dörfer [. . .] pflegte**   would go through the villages begging for
[19]**Abfall der Roßschlächterei**   scraps from the horse butcher shop
[20]**Steinbruch**   quarry

[21]**Geister**   spirits, ghosts
[22]**Kröte . . . Fabrik**   toad, hornet, call of the screech owl, the street lined with mountain ash trees in front of the gray factory
[23]**Jahrmarkt . . . Duft**   fair with its fragrance
[24]**Drehorgelgeschrei der Schaubudenausrufer**   barrel-organ shouts of the barkers at the booths
[25]**kalkgetünchten**   white-washed
[26]**düstren**   gloomy
[27]**wie . . . kroch**   crept like a cloud of fog
[28]**verkniffene**   pinched
[29]**gekerbten**   notched
[30]**bis auf**   except for

seinen, zum erstenmal durch eine rätselhafte Macht verwirrt, niedergeschlagen[31] hat, man vergißt es nicht, auch wenn danach Bitteres geschehen
ist . . .

Eines Morgens, es war im Sommer 1931 und ich war damals neun Jahre
alt, kam, wie immer wenige Minuten vor dem Läuten, das Klatschmaul[32]
der Klasse, die schwarzgezopfte, wie ein Froschteich plappernde[33] Gudrun
K. wieder einmal mit ihrem Schrei: „Ihr Leute, ihr Leute, habt ihr's schon
gehört!" in die Klasse gestürmt. Sie keuchte,[34] da sie das schrie, und fuchtelte[35] wild mit den Armen; ihr Atem flog, doch sie schrie dennoch: „Ihr Leute,
ihr Leute!" und rang im Schreien schnaufend nach Luft.[36] Die Mädchen
stürzten ihr, wie immer, entgegen und umdrängten sie jäh[37] wie ein Bienenschwarm seine Königin; wir Jungen jedoch achteten kaum auf ihr Getue,[38] zu oft schon hatte das Klatschmaul etwas als Sensation ausgeschrien,
was sich dann als Belanglosigkeit entpuppte.[39] So ließen wir uns in unserm
Tun nicht stören: Wir diskutierten gerade die neuesten Abenteuer unsres
Idols Tom Shark,[40] und Karli, unser Anführer, machte uns vor, wie man
nach dessen Manier den gefährlichsten Wolfshund im Nu erledigt:[41] ein
fester Griff in den Rachen,[42] dorthin, wo die Zähne am spitzesten stehen,
den Oberkiefer[43] festgehalten, den Unterkiefer hinuntergerissen, den Schädel im Wirbel gedreht[44] und dem Tier einen Tritt in den Kehlkopf[45]—da
hörten wir aus dem Schwarm der Mädchen einen schrillen Schrei. „Iii wie
gräsig!"[46] hatte eines der Mädchen geschrien, ein ganz spitzes quiekendes
Iii des panischen Schreckens; wir fuhren herum[47] und sahen das Mädchen
stehen, die Hand vor dem weit offenen Mund und in den Augen das blanke
Entsetzen,[48] und die Gruppe der Mädchen stand vor Schauder gekrümmt.[49] „Und dann rühren sie das Blut mit Nullermehl an[50] und backen

---

[31]**vor [. . .] niedergeschlagen** whose eyes caused one to avert one's glance, bewildered by a mysterious power
[32]**Klatschmaul** gossip
[33]**schwarzgezopfte . . . plappernde** with her black braids, babbling like a pond full of frogs
[34]**keuchte** panted
[35]**fuchtelte** waved
[36]**rang . . . Luft** screaming and gasping for air
[37]**stürzten [. . .] jäh** dashed towards her, rushing to crowd around her
[38]**achteten [. . .] Getue** paid attention to her carrying on
[39]**als . . . entpuppte** turned out to be something trivial

[40]**Tom Shark** hero of a popular detective series
[41]**im Nu erledigt** finishes off in no time at all
[42]**fester . . . Rachen** taking a firm hold of the throat
[43]**Oberkiefer** upper jaw
[44]**Schädel . . . gedreht** forcing his head around by twisting a vertebra
[45]**Tritt . . . Kehlkopf** kick in the throat
[46]**gräsig** horrible
[47]**fuhren herum** spun around
[48]**blanke Entsetzen** sheer terror
[49]**vor . . . gekrümmt** doubled over with dread
[50]**rühren . . . an** mix the blood with the finest of flours

draus Brot!" hörten wir Gudrun hastig berichten, und wir sahen, wie die Mädchen sich schüttelten. „Was erzählst du da für'n Quatsch!" rief Karli laut. Die Mädchen hörten nicht. Zögernd traten wir zu ihnen. „Und das essen sie dann?" fragte eine mit heiserer[51] Stimme. „Das essen sie dann zu ihrem Feiertag, da kommen sie zu Mitternacht alle zusammen und zünden Kerzen an,[52] und dann sagen sie einen Zauber,[53] und dann essen sie das!" bestätigte Gudrun mit keuchendem Eifer.[54] Ihre Augen brannten. „Was für ein Zauber?" fragte Karli und lachte, aber das Lachen klang nicht echt. Plötzlich fühlte ich eine seltsame Angst. „So red schon!" schrie ich Gudrun an, und auch die anderen Jungen schrien, und wir drängten uns um die Mädchen, die Gudrun umdrängten, und Gudrun wiederholte in hastigen, fast schreienden Sätzen ihren Bericht: Ein Judenauto sei, so sprudelte sie heraus,[55] in den Bergen aufgetaucht[56] und fahre abends die wenig begangenen Wege ab, um Mädchen einzufangen und zu schlachten[57] und aus ihrem Blut ein Zauberbrot zu backen; es sei ein gelbes, ganz gelbes Auto, so redete sie, und Mund und Augen waren vor Entsetzen verzerrt:[58] ein gelbes, ganz gelbes Auto mit vier Juden drin, vier schwarzen mörderischen Juden mit langen Messern, und alle Messer seien blutig gewesen, und vom Trittbrett[59] habe auch Blut getropft, das hätten die Leute deutlich gesehen, und vier Mädchen hätten sie bisher geschlachtet, zwei aus Witkowitz und zwei aus Böhmisch-Krumma; sie hätten sie an den Füßen aufgehängt und ihnen den Kopf abgeschnitten und das Blut in Pfannen auslaufen lassen, und wir lagen übereinandergedrängt, ein Klumpen Entsetzen, der kreischte und bebte,[60] und Gudrun überschrie unser Grauen[61] mit schriller Käuzchenstimme und beteuerte,[62] obwohl niemand ihre Erzählung anzweifelte, gierig, das sei alles wirklich wahr. Wenn sie gestern nach Böhmisch-Krumma gegangen wäre, um Heimarbeit auszutragen, hätte sie das Judenauto mit eigenen Augen sehen können: gelb, ganz gelb, und vom Trittbrett das tropfende Blut, und ich starrte Gudrun ins Gesicht, das rot war, und dachte bewundernd, daß sie ein tolles Glück gehabt habe, nicht abgeschlachtet worden zu sein, denn daß das Judenauto durch die Felder fuhr und Mädchen einfing, daran zweifelte ich keinen Augenblick.

[51] **heiserer**   hoarse
[52] **zünden Kerzen an**   light candles
[53] **sagen ... Zauber**   they say magic words
[54] **bestätigte ... Eifer**   asserted G. excitedly and breathlessly
[55] **sprudelte sie heraus**   she burst out
[56] **aufgetaucht**   appeared
[57] **schlachten**   slaughter

[58] **vor ... verzerrt**   grimacing with horror
[59] **Trittbrett**   running board
[60] **Klumpen ... bebte**   amorphous mass of horror that screamed and shivered
[61] **überschrie ... Grauen**   outshouted our horror
[62] **beteuerte**   swore

Ich hatte zwar noch keinen Juden gesehen, doch ich hatte aus den   105
Gesprächen der Erwachsenen schon viel über sie erfahren: Die Juden
hatten alle eine krumme[63] Nase und schwarzes Haar und waren schuld an[64]
allem Schlechten in der Welt. Sie zogen den ehrlichen Leuten mit gemeinen Tricks das Geld aus der Tasche und hatten die Krise gemacht, die
meines Vaters Drogenhandlung abzuwürgen drohte;[65] sie ließen den Bau-   110
ern das Vieh[66] und das Korn wegholen und kauften von überallher Getreide[67] zusammen, gossen Brennspiritus drüber und schütteten[68] es dann
ins Meer, damit die Deutschen verhungern sollten, denn sie haßten uns
Deutsche über alle Maßen[69] und wollten uns alle vernichten[70]—warum
sollten sie dann nicht in einem gelben Auto auf den Feldwegen lauern,[71]   115
um deutsche Mädchen zu fangen und abzuschlachten? Nein, ich zweifelte
keinen Augenblick daran, daß das Judenauto existierte, und auch die Worte
des Lehrers, der unterdessen die Klasse betreten und die Nachricht vom
Judenauto, die alle Münder ihm zugeschrien, für wenig glaubwürdig erklärt
hatte, änderten nichts. Ich glaubte an das Judenauto; ich sah es gelb, ganz   120
gelb zwischen Kornfeld und Kornfeld fahren, vier schwarze Juden mit
langen, spitzigen Messern, und plötzlich sah ich das Auto halten und zwei
der Juden zum Kornfeld springen, an dessen Rand ein braunäugiges Mädchen saß und einen Kranz blauer Kornraden flocht,[72] und die Juden, Messer
zwischen den Zähnen, packten das Mädchen und schleppten es zum Auto,   125
und das Mädchen schrie, und ich hörte ihren Schrei, und ich war selig,[73]
denn es war mein Name, den sie schrie. Laut und verzweifelt[74] schrie sie
meinen Namen; ich suchte nach meinem Colt, doch ich fand ihn nicht, und
so stürmte ich mit bloßen Händen aus meinem Geheimgang[75] hinaus und
sprang die Juden an. Den ersten schmetterte ich mit einem Schlag gegen das   130
Kinn zu Boden,[76] dem zweiten, der das Mädchen schon hochgehoben hatte,
um es in den Wagen zu wälzen,[77] schlug ich mit der Handkante ins Genick,
so daß auch er zusammensank; der Jude am Steuer gab Gas,[78] und der

[63]**krumme**  hooked
[64]**waren schuld an**  were to blame for
[65]**hatten . . . drohte**  were responsible for the (world economic) crisis which threatened to ruin my father's drugstore
[66]**Vieh**  cattle
[67]**Getreide**  grain
[68]**schütteten**  dumped
[69]**über alle Maßen**  with a vengeance
[70]**vernichten**  destroy
[71]**lauern**  lay in wait

[72]**einen . . . flocht**  was making a wreath out of blue chicory (a common wildflower)
[73]**selig**  blissfully happy
[74]**verzweifelt**  desperately
[75]**Geheimgang**  secret path
[76]**schmetterte [. . .] zu Boden**  slammed to the ground
[77]**wälzen**  shove
[78]**am . . . Gas**  behind the steering wheel accelerated

Wagen schoß auf mich zu. Doch darauf war ich natürlich gefaßt[79] gewesen
und schnellte[80] zur Seite; das Auto schoß vorbei, ich sprang auf sein Heck, 135
zertrümmerte[81] mit einem Faustschlag die Wagendecke, drehte dem Juden
auf dem Beifahrersitz das Messer aus der zustoßenden Hand, warf ihn aus
dem Wagen, überwältigte[82] den Juden am Steuer, bremste, sprang ab und
sah im Gras vorm Kornfeld ohnmächtig[83] das Mädchen liegen, und ich sah
ihr Gesicht, das vor mir reglos[84] im Gras lag, und plötzlich sah ich nur ihr 140
Gesicht: braune Augen, ein schmaler, kaum geschwungener Mund und
kurzes, helles Haar über der hohen Stirn. Ich sah Wangen und Augen und
Lippen und Stirn und Haar, und mir war, als sei dies Gesicht immer
verhüllt[85] gewesen und ich sähe es das erste Mal nackt. Scheu befing
mich;[86] ich wollte wegsehen und konnte es doch nicht und beugte mich 145
über das Mädchen, das reglos im Gras lag und berührte, ein Hauch,[87] mit
meiner Hand ihre Wange,[88] und mir wurde flammend heiß, und plötzlich
brannte meine Hand: ein jäher[89] Schmerz; mein Name dröhnte[90] in mein
Ohr; ich fuhr auf[91] und der Lehrer hieb mir ein zweites Mal das Lineal[92]
über den Handrücken. „Zwei Stunden Nachsitzen“, schnaubte er,[93] ich 150
werd dir das Schlafen im Unterricht schon austreiben![94] Die Klasse lachte.
Der Lehrer schlug ein drittes Mal zu; die Hand schwoll auf, doch ich biß
die Zähne zusammen:[95] Zwei Bänke vor mir saß das Mädchen, dessen
Gesicht ich im Gras gesehen hatte, und ich dachte, daß sie jetzt als einzige
nicht über mich lachen würde. „Im Unterricht schlafen—glaubt der Kerl, 155
die Bank sei ein Bett!“ Der Lehrer hatte das als Witzwort gesprochen, und
die Klasse brüllte[96] vor Lachen. Ich wußte, daß sie niemals über mich
lachen würde. „Ruhe“, schrie der Lehrer. Das Lachen verebbte. Die Striemen[97] auf meiner Hand wurden blau.

Nach dem Nachsitzen traute ich mich nicht nach Hause;[98] ich grübelte, 160
als ich langsam die Dorfstraße hinaufging, nach[99] einer glaubwürdigen

[79]**darauf [. . .] gefaßt** I was prepared for that
[80]**schnellte** jumped
[81]**zertrümmerte** smashed
[82]**überwältigte** overpowered
[83]**ohnmächtig** unconscious
[84]**reglos** motionless
[85]**verhüllt** veiled
[86]**Scheu . . . mich** I was overcome with shy-
ness
[87]**berührte . . . Hauch** touched ever so
lightly
[88]**Wange** cheek
[89]**jäher** sudden sharp
[90]**dröhnte** boomed
[91]**fuhr auf** started
[92]**hieb [. . .] Lineal** whacked the ruler
[93]**Zwei . . . er** Two hours detention, he raged
[94]**ich . . . austreiben** I'll teach you not to
sleep in class
[95]**biß . . . zusammen** gritted my teeth
[96]**brüllte** roared
[97]**Striemen** welts
[98]**traute . . . Hause** did not dare go home
[99]**grübelte [. . .] nach** thought hard to come
up with

Ausrede[100] und kam schließlich auf den Gedanken, zu Haus zu erzählen,
ich hätte dem Judenauto nachgeforscht,[101] und so bog ich, um nicht von der
Hauptstraße, sondern von den Feldern aus nach Haus zu kommen, von der
Straße ab, und ging einen Feldweg hinauf, den Bergen zu: Kornfelder rechts    165
und Wiesen links, und Korn und Gras wogten mir übers Haupt.[102] Ich
dachte nicht mehr ans Nachsitzen und nicht mehr an das Judenauto; ich sah
das Gesicht des Mädchens in den Wellen der Gräser, und im Korn sah ich
ihr helles Haar. Die Wiesen dufteten sinnverwirrend, das pralle[103] Fleisch
der Glockenblumen schwang blau in der Höhe meiner Brust; der Thymian    170
sandte wilde Wellen betäubenden Duftes,[104] Wespenschwärme brausten
bös,[105] und der Mohn[106] neben den blauen Raden glühte, ein sengendes
Gift,[107] in hitzigstem Rot. Die Wespen schwirrten[108] wild um mein Gesicht, die Sonne dünstete;[109] die Grillen[110] schrien mir eine irre Botschaft[111] zu, große Vögel schossen jäh aus dem Korn auf; der Mohn neben    175
den Raden lohte drohend,[112] und ich war verwirrt. Ich war bisher arglos[113]
in der Natur gestanden wie eins ihrer Geschöpfe,[114] eine Libelle[115] oder ein
wandernder Halm,[116] doch nun war mir, als ob sie mich von sich stieße und
ein Riß[117] aufbräche zwischen meiner Umwelt und mir. Ich war nicht mehr
Erde und nicht mehr Gras und Baum und Tier; die Grillen schrien, und ich    180
mußte daran denken, daß sie beim Zirpen die Flügel aneinanderrieben,[118]
und plötzlich kam mir das schamlos vor, und plötzlich war alles verändert
und wie zum erstenmal gesehen: Die Kornähren klirrten[119] im Wind, das
Gras schmiegte sich weich aneinander,[120] der Mohn glühte, ein Mund,
tausend Münder der Erde, der Thymian brodelte bitteren Dunst,[121] und ich    185
fühlte meinen Leib[122] wie etwas Fremdes, wie etwas, das nicht Ich war; ich
zitterte und fuhr mit den Fingernägeln über die Haut meiner Brust und

[100] **Ausrede** excuse
[101] **nachgeforscht** investigated
[102] **wogten . . . Haupt** swayed above my head
[103] **pralle** swelling
[104] **betäubenden Duftes** of an overpowering fragrance
[105] **brausten bös** were buzzing angrily
[106] **Mohn** (red) poppy (a literary motif associated with erotic love)
[107] **ein sengendes Gift** a singeing poison
[108] **schwirrten** buzzed
[109] **die Sonne dünstete** the sun steamed
[110] **Grillen** crickets
[111] **irre Botschaft** crazy message
[112] **lohte drohend** blazed menacingly

[113] **arglos** innocently
[114] **Geschöpfe** creatures
[115] **Libelle** dragonfly
[116] **Halm** blade of grass
[117] **Riß** gulf
[118] **beim . . . aneinanderrieben** made chirping sounds by rubbing their wings against one another
[119] **Kornähren klirrten** ears of grain jangled
[120] **schmiegte . . . aneinander** softly nestled together
[121] **brodelte . . . Dunst** seethed with bitter vapors
[122] **Leib** body

zerrte an ihr;[123] ich wollte schreien und konnte doch nur stöhnen;[124] ich
wußte nicht mehr, was mir geschah, da kam, Korn und Gras zur Seite
drängend, ein braunes Auto langsam den Feldweg herunter.                    190

Da ich es wahrnahm, schrak ich zusammen,[125] als sei ich bei einem
Verbrechen ertappt worden;[126] ich riß die Hände von meiner Brust, und das
Blut schoß mir jäh in den Kopf. Mühsam[127] sammelte ich meine Gedanken.
Ein Auto? Wie kommt ein Auto hierher, dachte ich stammelnd; da begriff
ich plötzlich: das Judenauto! Ein Schauer überrann mich;[128] ich stand ge-  195
lähmt.[129] Im ersten Augenblick hatte ich zu sehen vermeint, daß das Auto
braun war; nun, da ich, entsetzt und von einer schaurigen Neugier angestachelt,[130] ein zweites Mal hinblickte, sah ich, daß es mehr gelb als braun war,
eigentlich gelb, ganz gelb, grellgelb. Hatte ich anfangs nur drei Personen
drin gesehen, so hatte ich mich sicher getäuscht,[131] oder vielleicht hatte sich  200
einer geduckt, sicher hatte sich einer geduckt, es waren ihrer vier[132] im
Wagen, und einer hatte sich geduckt, um mich anzuspringen, und da fühlte
ich Todesangst. Es war Todesangst; das Herz schlug nicht mehr; ich hatte
sein Schlagen nie wahrgenommen,[133] doch jetzt, da es nicht mehr schlug,
fühlte ich es: ein toter Schmerz im Fleisch, eine leere Stelle, die, sich  205
verkrampfend, mein Leben aussog.[134] Ich stand gelähmt und starrte auf das
Auto, und das Auto kam langsam den Feldweg herunter, ein gelbes Auto,
ganz gelb, und es kam auf mich zu, und da, als habe jemand einen Me-
chanismus in Gang gesetzt,[135] schlug mein Herz plötzlich wieder, und nun
schlug es rasend[136] schnell, und rasend überschlugen sich meine Gedan-  210
ken:[137] schreien, davonlaufen, im Korn verstecken, ins Gras springen, doch
da fiel mir in der letzten Sekunde noch ein, daß ich keinen Verdacht
erregen durfte.[138] Ich durfte nicht merken lassen, daß ich wußte: Das war
das Judenauto, und so ging ich, von Grauen geschüttelt,[139] mäßigen Schrittes[140] den Feldweg hinunter, mäßigen Schrittes vor dem Auto, das Schritt  215

---

[123]zitterte . . . ihr  trembled and ran my fingernails over the skin on my chest, and tore at
it
[124]stöhnen  moan
[125]Da . . . zusammen  When I caught sight of
it, it gave me a jolt
[126]bei . . . worden  had been caught in the act
of committing a crime
[127]Mühsam  With difficulty
[128]Ein . . . mich  I shuddered
[129]gelähmt  paralyzed
[130]von . . . angestachelt  spurred on by a mor-
bid curiosity

[131]hatte . . . getäuscht  I must have been
wrong
[132]es . . . vier  there were four of them
[133]wahrgenommen  been aware of
[134]aussog  was sucking out
[135]in . . . gesetzt  set in motion
[136]rasend  extremely
[137]rasend . . . Gedanken  my thoughts were
racing
[138]keinen . . . durfte  I must not arouse any
suspicion
[139]von . . . geschüttelt  shaking with terror
[140]mäßigen Schrittes  with measured steps

fuhr,[141] und mir troff der Schweiß[142] von der Stirn, und ich fror zugleich,
und so ging ich fast eine Stunde, obwohl es zum Dorf nur ein paar Schritte
waren. Meine Knie zitterten; ich dachte schon, daß ich umfallen würde, da
hörte ich, wie einen Peitschenschlag knallen,[143] eine Stimme aus dem
Wagen: ein Anruf vielleicht oder ein Befehl, und da wurde mir schwarz vor          220
den Augen; ich spürte nur noch, wie meine Beine liefen und mich mit sich
nahmen; ich sah und hörte nichts mehr und lief und schrie, und erst, als ich
mitten auf der Dorfstraße stand, zwischen Häusern und unter[144] Menschen,
wagte ich keuchend, mich umzuschauen, und da sah ich, daß das Judenauto
spurlos[145] verschwunden war.                                                      225

Natürlich erzählte ich am nächsten Morgen in der Klasse, daß mich das
Judenauto stundenlang gejagt und fast erreicht habe und daß ich nur durch
ganz tolles Hakenschlagen entkommen sei,[146] und ich schilderte das
Judenauto: gelb, ganz gelb und mit vier Juden besetzt, die blutige Messer
geschwungen hatten, und ich log nicht, ich hatte alles ja selbst erlebt. Die       230
Klasse lauschte[147] atemlos; man hatte mich umdrängt und sah mich bewundernd und auch neidvoll[148] an; ich war ein Held und hätte jetzt an Karlis
Stelle[149] der Anführer werden können, doch das wollte ich nicht, ich wollte
nur einen Blick und wagte doch nicht, ihn zu suchen.

Dann kam der Lehrer; wir schrien ihm die ungeheure[150] Nachricht ins          235
Gesicht. Fieberend schilderte ich meine Erlebnisse, und der Lehrer fragte
nach Ort und Zeit und Umständen, und ich konnte alles genauestens
angeben, da waren keine Mogeleien und Widersprüche,[151] da gab es nichts
als unwiderlegliche[152] Tatsachen: das gelbe, ganz gelbe Auto, die vier
schwarzen Insassen, die Messer, das Blut am Trittbrett, der Feldweg, der         240
Befehl, mich zu fangen, die Flucht, die Verfolgung; und die Klasse lauschte
atemlos.

Da sah das Mädchen mit dem kurzen, hellen Haar auf, und nun wagte
ich, ihr ins Gesicht zu sehen, und sie wandte sich halb in ihrer Bank um und
sah mich an und lächelte, und mein Herz schwamm fort. Das war die            245
Seligkeit; ich hörte die Grillen schreien und sah den Mohn glühen und roch
den Thymianduft, doch nun verwirrte mich das alles nicht mehr, die Welt

---

[141] **Schritt fuhr**   drove at walking speed
[142] **troff der Schweiß**   sweat was pouring
[143] **wie . . . knallen**   like the crack of a whip
[144] **unter**   among
[145] **spurlos**   without a trace
[146] **durch . . . sei**   had escaped only by running like mad, doubling and dodging

[147] **lauschte**   listened
[148] **neidvoll**   enviously
[149] **an [. . .] Stelle**   instead of
[150] **ungeheure**   monstrous
[151] **Mogeleien und Widersprüche**   cheating and contradictions
[152] **unwiderlegliche**   irrefutable

war wieder heil, und ich war ein Held, dem Judenauto entronnen,[153] und
das Mädchen sah mich an und lächelte und sagte mit ihrer ruhigen, fast
bedächtigen[154] Stimme, daß gestern ihr Onkel mit zwei Freunden zu Besuch gekommen sei; sie seien im Auto gekommen, sagte sie langsam, und
das Wort „Auto" fuhr mir wie ein Pfeil ins Hirn;[155] in einem braunen Auto
seien sie gekommen, sagte sie, und sie sagte auf[156] die hastige Frage des
Lehrers: Sie seien zur gleichen Zeit, da ich das Judenauto gesehen haben
wollte,[157] den gleichen Feldweg hinabgefahren, und ihr Onkel habe einen
Jungen, der am Wiesenrand gestanden habe, nach dem Weg gefragt, und
der Junge sei schreiend davongelaufen, und sie strich die Zunge[158] über
ihre dünnen Lippen und sagte, ganz langsam, der Junge am Weg habe
genau solche grünen Lederhosen getragen wie ich, und dabei sah sie mich
freundlich lächelnd an, und alle, so fühlte ich, sahen mich an, und ich fühlte
ihre Blicke bös wie Wespen schwirren, Wespenschwärme über Thymian-
büschen, und das Mädchen lächelte mit jener ruhigen Grausamkeit, deren
nur Kinder fähig sind.[159] Als dann eine Stimme aus mir herausbrüllte, die
blöde Gans spinne ja,[160] es sei das Judenauto gewesen: gelb, ganz gelb und
vier schwarze Juden drin mit blutigen Messern, da hörte ich wie aus einer
anderen Welt durch mein Brüllen ihre ruhige Stimme sagen, sie habe mich
ja selbst vor dem Auto davonlaufen sehen. Sie sagte es ganz ruhig, und ich
hörte, wie mein Brüllen jählings[161] abbrach; ich schloß die Augen, es war
totenstill, da plötzlich hörte ich ein Lachen, ein spitzes, kicherndes[162]
Mädchenlachen wie Grillengezirp schrill, und dann toste eine brüllende
Woge durch den Raum und spülte mich fort.[163] Ich stürzte aus der Klasse
hinaus und rannte aufs Klosett[164] und schloß hinter mir zu; Tränen
schossen mir aus den Augen, ich stand eine Weile betäubt im beizenden
Chlorgeruch[165] und hatte keine Gedanken und starrte die schwarzgeteerte,[166] stinkende Wand an, und plötzlich wußte ich: Sie waren dran schuld!
Sie waren dran schuld, sie, nur sie: Sie hatten alles Schlechte gemacht, das
es auf der Welt gibt, sie hatten meinem Vater das Geschäft ruiniert, sie

---

[153] **entronnen**  escaped from
[154] **bedächtigen**  pensive
[155] **fuhr . . . Hirn**  pierced into my brain like an arrow
[156] **auf**  in response to
[157] **da [. . .] wollte**  at which I claimed to have seen
[158] **strich die Zunge**  ran her tongue
[159] **deren . . . sind**  of which only children are capable

[160] **blöde . . . ja**  stupid goose was nuts
[161] **jählings**  abruptly
[162] **kicherndes**  giggling
[163] **toste . . . fort**  a screaming wave of laughter roared through the room and swept me away
[164] **Klosett**  toilet
[165] **betäubt . . . Chlorgeruch**  dazed in the acrid smell of chlorine
[166] **schwarzgeteerte**  black tarred

hatten die Krise gemacht und den Weizen ins Meer geschüttet,[167] sie zogen
mit ihren gemeinen Tricks den ehrlichen Leuten das Geld aus der Tasche,
und auch mit mir hatten sie einen ihrer hundsgemeinen Tricks gemacht,            280
um mich vor der Klasse zu blamieren.[168] Sie waren schuld an allem; sie,
kein anderer, nur sie! Ich knirschte[169] mit den Zähnen: Sie waren schuld!
Heulend[170] sprach ich ihren Namen aus; ich schlug die Fäuste vor die
Augen und stand im schwarzgeteerten, chlordünstenden[171] Knabenklosett
und schrie ihren Namen: „Juden!" schrie ich und wieder „Juden!", wie das     285
nur klang: „Juden, Juden!", und ich stand heulend in der Klosettzelle und
schrie, und dann erbrach ich mich.[172] Juden. Sie waren schuld. Juden. Ich
würgte und ballte[173] die Fäuste. Juden. Judenjudenjuden. Sie waren dran
schuld. Ich haßte sie.

---

[167] **Weizen** [. . .] **geschüttet** dumped the
wheat
[168] **blamieren** make me look like a fool
[169] **knirschte** gnashed

[170] **heulend** crying
[171] **chlordünstenden** exuding chlorine fumes
[172] **erbrach ich mich** I vomited
[173] **würgte . . . ballte** retched and clenched

# JOHANNES BOBROWSKI

## Mäusefest

*Johannes Bobrowski (1917–1965) stammte aus Ostpreußen und lebte nach dem Krieg in der DDR. Das Hauptthema seiner Lyrik und Prosa ist das Verhältnis der Deutschen zu ihren östlichen Nachbarn—den Polen, Litauern und Russen, und vor allem zu den Juden in diesen Gebieten. Die Einsicht, daß „eine lange Geschichte aus Unglück und Verschuldung"[1] diese Beziehungen kennzeichnet,[2] motiviert sein Schreiben.*

*Zu seinen schönsten Kurzprosatexten gehört „Mäusefest". Wie der junge Deutsche in der Geschichte, war Bobrowski als Soldat dabei, als in Polen der Krieg ausbrach.[3] Das Fest der Mäuse ist zugleich ein Fest für die Hauptgestalt, den Juden Moise, der in Harmonie mit seiner Umwelt lebt. Wie wird diese Harmonie zum Ausdruck gebracht? Denken Sie auch an die Alliterationen und den Satzrhythmus.*

*Wie wird der Soldat dargestellt? Was für eine Wende[4] nimmt das Fest durch sein Erscheinen? Worin unterscheiden sich die Reaktionen der Mäuse und des Mannes auf die Ankunft des Deutschen?*

*Was assoziieren Sie mit dem weißen Licht am Ende der Geschichte? Wie interpretieren Sie den letzten Satz? Inwiefern ist die Beschreibung des Festes zugleich Anklage?[5]*

[1] **Verschuldung** guilt

[2] **kennzeichnet** characterizes

[3] The Second World War began on September 1, 1939, when Hitler's troops invaded Poland.

[4] **Wende** turn

[5] **Anklage** accusation, indictment

# JOHANNES BOBROWSKI

## Mäusefest

Moise Trumpeter sitzt auf dem Stühlchen in der Ladenecke. Der Laden ist klein, und er ist leer. Wahrscheinlich weil die Sonne, die immer hereinkommt, Platz braucht und der Mond auch. Der kommt auch immer herein, wenn er vorbeigeht. Der Mond also auch. Er ist hereingekommen, der Mond, zur Tür herein, die Ladenklingel[1] hat sich nur einmal und ganz leise nur gerührt,[2] aber vielleicht gar nicht, weil der Mond hereinkam, sondern weil die Mäuschen so laufen und herumtanzen auf den dünnen Dielenbrettern.[3] Der Mond ist also gekommen, und Moise hat Guten Abend, Mond! gesagt, und nun sehen sie beide den Mäuschen zu.

Das ist aber auch jeden Tag anders mit den Mäusen, mal tanzen sie so und mal so, und alles mit vier Beinen, einem spitzen[4] Kopf und einem dünnen Schwänzchen.

Aber lieber Mond, sagt Moise, das ist längst nicht[5] alles, da haben sie noch so ein Körperchen, und was da alles drin ist! Aber das kannst du vielleicht nicht verstehen, und außerdem ist es gar nicht jeden Tag anders, sondern immer ganz genau dasselbe, und das, denk ich, ist gerade so sehr verwunderlich. Es wird schon eher so sein, daß du jeden Tag anders bist,

[1] **Ladenklingel** store bell
[2] **sich [...] gerührt** stirred
[3] **Dielenbrettern** floorboards
[4] **spitzen** pointed
[5] **längst nicht** not by any means

117

obwohl du doch immer durch die Tür kommst und es immer dunkel ist,
bevor du hier Platz genommen hast. Aber nun sei mal still und paß gut auf.

Siehst du, es ist immer dasselbe. 25
Moise hat eine Brotrinde vor seine Füße fallen lassen, da huschen[6] die
Mäuschen näher, ein Streckchen um das andere,[7] einige richten sich sogar
auf und schnuppern[8] ein bißchen in die Luft. Siehst du, so ist es. Immer
dasselbe.
Da sitzen die beiden Alten und freuen sich und hören zuerst gar nicht, 30
daß die Ladentür aufgegangen ist. Nur die Mäuschen haben es gleich
gehört und sind fort, ganz fort und so schnell, daß man nicht sagen kann,
wohin sie gelaufen sind.
In der Tür steht ein Soldat, ein Deutscher. Moise hat gute Augen, er
sieht: ein junger Mensch, so ein Schuljunge, der eigentlich gar nicht weiß, 35
was er hier wollte, jetzt, wo er in der Tür steht. Mal sehen, wie das
Judenvolk haust,[9] wird er sich draußen gedacht haben. Aber jetzt sitzt da
der alte Jude auf seinem Stühlchen, und der Laden ist hell vom Mondlicht.
Wenn Se mechten[10] hereintreten, Herr Leitnantleben,[11] sagt Moise.
Der Junge schließt die Tür. Er wundert sich gar nicht, daß der Jude 40
Deutsch kann, er steht so da, und als Moise sich erhebt und sagt: Kommen
Se man,[12] andern Stuhl hab ich nicht, sagt er: Danke, ich kann stehen, aber
er macht ein paar Schritte, bis in die Mitte des Ladens, und dann noch drei
Schritte auf den Stuhl zu.[13] Und da Moise noch einmal zum Sitzen auffor-
dert, setzt er sich auch. 45
Jetzt sind Se mal ganz still, sagt Moise und lehnt sich an die Wand.
Die Brotrinde liegt noch immer da, und, siehst du, da kommen auch die
Mäuse wieder. Wie vorher, gar nicht ein bißchen langsamer, genau wie
vorher, ein Stückchen, noch ein Stückchen, mit Aufrichten und Schnup-
pern und einem ganz winzigen Schnaufer,[14] den nur Moise hört und 50
vielleicht der Mond auch. Ganz genau wie vorher.
Und nun haben sie die Rinde wiedergefunden. Ein Mäusefest in kleinem
Rahmen, versteht sich,[15] nichts Besonderes, aber auch nicht ganz alltäg-
lich.[16]
Da sitzt man und sieht zu. Der Krieg ist schon ein paar Tage alt. Das 55

[6]**huschen**  scurry
[7]**ein ... andere**  inch by inch
[8]**schnuppern**  sniff
[9]**wie ... haust**  how those Jewish people live
[10]**Se mechten [Sie möchten]**
[11]**Leutnantleben**  lieutenant (-*leben* is a dialect suffix)

[12]**Kommen Se man**  Come along
[13]**auf ... zu**  towards the chair
[14]**winzigen Schnaufer**  tiny sigh
[15]**in ... sich**  on a small scale, to be sure
[16]**alltäglich**  ordinary

Land heißt Polen. Es ist ganz flach und sandig. Die Straßen sind schlecht, und es gibt viele Kinder hier. Was soll man da noch reden?[17] Die Deutschen sind gekommen, unzählig viele, einer sitzt hier im Judenladen, ein ganz junger, ein Milchbart.[18] Er hat eine Mutter in Deutschland und einen Vater, auch noch in Deutschland, und zwei kleine Schwestern. Nun kommt man also in der Welt herum, wird er denken, jetzt ist man in Polen, und später vielleicht ist man in England, und dieses Polen hier ist ganz polnisch.

Der alte Jude lehnt an der Wand. Die Mäuse sind noch immer um ihre Rinde versammelt.[19] Wenn sie noch kleiner geworden ist, wird eine ältere Mäusemutter sie mit nach Hause nehmen, und die andern Mäuschen werden hinterherlaufen.

Weißt du, sagt der Mond zu Moise, ich muß noch ein bißchen weiter.[20] Und Moise weiß schon, daß es dem Mond unbehaglich[21] ist, weil dieser Deutsche da herumsitzt. Was will er denn bloß? Also sagt Moise nur: Bleib du noch ein Weilchen.

Aber dafür[22] erhebt sich der Soldat jetzt. Die Mäuse laufen davon,[23] man weiß gar nicht, wohin sie alle so schnell verschwinden können. Er überlegt, ob er auf Wiedersehen sagen soll, bleibt also einen Augenblick noch im Laden stehen und geht dann einfach hinaus.

Moise sagt nichts, er wartet, daß der Mond zu sprechen anfängt. Die Mäuse sind fort, verschwunden. Mäuse können das.

Das war ein Deutscher, sagt der Mond, du weißt doch, was mit diesen Deutschen ist. Und weil Moise noch immer so wie vorher an der Wand lehnt und gar nichts sagt, fährt er dringlicher[24] fort: Weglaufen willst du nicht, verstecken willst du dich nicht, ach Moise. Das war ein Deutscher, das hast du doch gesehen. Sag mir bloß nicht, der Junge ist keiner, oder jedenfalls kein Schlimmer. Das macht jetzt keinen Unterschied mehr. Wenn sie über Polen gekommen sind, wie wird es mit deinen Leuten gehn?

Ich hab gehört, sagt Moise.

Es ist jetzt ganz weiß im Laden. Das Licht füllt den Raum bis an die Tür in der Rückwand. Wo Moise lehnt, ganz weiß, daß man denkt, er werde immer mehr eins mit der Wand. Mit jedem Wort, das er sagt.

Ich weiß, sagt Moise, da hast du ganz recht, ich werd Ärger kriegen[25] mit meinem Gott.

---

[17]**Was . . . reden?**  What more is there to say?
[18]**Milchbart**  mere boy
[19]**versammelt**  gathered
[20]**weiter [gehen]**  go on
[21]**unbehaglich**  uncomfortable

[22]**dafür**  instead
[23]**davon**  away
[24]**dringlicher**  more urgently
[25]**ich . . . kriegen**  I'll be in trouble

# UWE
# JOHNSON

## *Osterwasser*

*Uwe Johnson (1934–1984), der bis 1959 in der ehemaligen DDR lebte, hat sich
wie kaum ein anderer deutscher Schriftsteller bemüht, in seinen Romanen und
Geschichten darzustellen, wie die Deutschen den Alltag[1] während der Nazizeit
und anschließend in den beiden deutschen Ländern erlebt haben. Sein größtes
Werk ist die Tetralogie „Jahrestage—Aus dem Leben von Gesine Cresspahl".
Gesine ist auch eine der Hauptgestalten in dem Roman „Mutmaßungen über
Jakob". Sowohl Gesine als auch Jakob stehen im Mittelpunkt der Geschichte
„Osterwasser".*

    *Die subtil erzählte Geschichte spielt am Ostersamstag und -sonntag ein Jahr
nach Kriegsende in Mecklenburg[2] an der Ostseeküste.[3] Damals waren die
Lebensumstände schwierig,[4] was wiederholt angedeutet wird. Wie, zum Beispiel,
zeigt der Erzähler, daß Gesine und die anderen hungern? Wie wirkt sich die
Anwesenheit der Flüchtlinge,[5] die bei der Familie Cresspahl eine Bleibe[6]
gefunden haben, auf Gesines Leben aus?[7] Als Mädchen hat Gesine es besonders*

---

[1] **Alltag** everyday life

[2] **Mecklenburg** region located along the Baltic Sea coastal plain (At the end of the war, the
area was occupied by Russian soldiers. It became part of the former GDR.)

[3] **Ostseeküste** coast of the Baltic Sea

[4] **waren . . . schwierig** conditions made life difficult

[5] **Flüchtlinge** refugees (Toward the end of the war, millions of Germans fled from their homes
in East and West Prussia, Pomerania, and Silesia in order to escape from the advancing Russians.
These areas later became part of the Soviet Union and Poland.)

[6] **Bleibe** place to stay

[7] **wirkt sich [. . .] aus** affect

*schwer, weil viele Frauen und Mädchen von russischen Soldaten vergewaltigt[8]
wurden. Wo deutet der Erzähler diese Gefahr an? Wie kommt Gesines Angst
Zum Ausdruck?*

*Die zwei Spiegelszenen zeigen, daß das dreizehnjährige Mädchen viel an
ihr Aussehen denkt. Wie wird am Anfang der Geschichte angedeutet, daß ihr
Wunsch, Osterwasser[9] zu holen, mit ihrem Wunsch zusammenhängt, dem
anderen Geschlecht[10] zu gefallen? Warum vermutet man beim zweiten Lesen,
daß die langbeinige Gestalt, die Gesine am Anfang der Geschichte im Spiegel
sieht, Jakob ist? Was für Gefühle hat Gesine, als sie sich zum zweiten Mal
genau im Spiegel betrachtet?*

*Wie geht Jakob mit dem mutterlosen Mädchen um,[11] und was bedeutet er
für sie? Denken Sie daran, wie er auf ihren Wunsch, Osterwasser zu holen,
reagiert, wie er ihr dabei hilft und wie er sie beim Mittagessen anblickt.
Warum folgt er ihr heimlich? Wie unterstreicht[12] Inges mißlungener Versuch,
Osterwasser zu holen, Jakobs feinfühliges Wesen[13] und die besondere Beziehung
von Jakob und Gesine?*

*Was bedeutet das Osterwasser anfänglich für Gesine, und wie ändert sich
die ursprüngliche Bedeutung? Warum taucht sie völlig in das Wasser ein?[14]
Inwiefern bedeutet Gesines Erlebnis an diesem Ostersonntag eine Art
Auferstehung?[15]*

[8] **vergewaltigt**   raped

[9] **Osterwasser**   Easter water (An old tradition associated with Easter was to silently scoop water from a creek before sunrise without anyone watching. This water was considered to have curative powers.)

[10] **anderen Geschlecht**   opposite sex

[11] **geht [. . .] um**   interact

[12] **unterstreicht**   underscore

[13] **feinfühliges Wesen**   sensitive and tactful nature

[14] **taucht [. . .] ein**   immerse herself

[15] **Auferstehung**   resurrection

# UWE
# JOHNSON

## *Osterwasser*

Im Frühjahr nach dem Krieg sah Cresspahls Tochter in dem mannshohen Spiegel neben der Küchentür eine dürre[1] langbeinige Gestalt vorbeistaken.[2] Da fiel ihr das Osterwasser ein.[3]

Sie ging in den Spiegel hinein, bis sie den Rahmen mit beiden Händen halten konnte, und näherte ihren besorgten Blick dem Sattel Sommersprossen,[4] der auf ihrer Nase den Winter überstanden[5] hatte. Sie suchte mit dem einen Auge im andern zu lesen, ob man mit dreizehn Jahren zu erwachsen war für Osterwasser. Ihr Kopf rutschte schräg,[6] bis sie mit langer Zungenspitze deren Bild hinter dem Glas anstoßen konnte so behutsam[7] wie die Katze, die ihr eben durch den Sinn schlich.[8]

Mitten im Sprung durchs Fenster kam ihr Zweifel. Osterwasser mußte man holen am ersten Feiertag[9] vor Sonnenaufgang, aus einer Quelle,[10] und sprechen durfte man kein Sterbenswort,[11] sonst verlor es die Wirkung. Die Wirkung versprach Schönheit für die Haut, die damit gewaschen war.

[1] **dürre** skinny
[2] **vorbeistaken** stalk by
[3] **fiel ihr [...] ein** she remembered
[4] **näherte ... Sommersprossen** brought her worried glance close to the freckles on the bridge of her nose
[5] **überstanden** survived
[6] **rutschte schräg** slipped sideways
[7] **behutsam** gingerly
[8] **durch ... schlich** crept through her mind
[9] **ersten Feiertag** Easter Sunday (In Germany, the Easter holiday extends to the following Monday.)
[10] **Quelle** spring
[11] **sprechen ... Sterbenswort** one was not allowed to say a single word

Eine Quelle bei Jerichow[12] wußte sie aber nicht. Die schwächlichen ²⁰
Grabenflüsse kamen alle tief aus Mecklenburg. Sie zog ein Bein hoch und
überlegte mit den Zehen,[13] ob auch gehendes Wasser zu Ostern kräftig[14]
wurde. Zu ihrer Freundin Inge mochte sie deswegen nicht gehen, nachdem
sie neulich von Inges Großmutter ein Marmeladenbrot angenommen hatte
und beide ihr beim Essen so aufmerksam zusahen. Wenn Gesine stillsaß wie ²⁵
jetzt auf dem Fensterbrett, und die Gedanken blieben stehen und hielten
die baumelnden[15] Beine an, fühlte sie sich leer in der Mitte. Sie schluckte
eben, als sie Schritte hinterm Haus kommen hörte. Sie sprang hinaus. Ihr
Vater hielt mehr von Türen.

Aber wer heutzutage in Cresspahls Haus durch die Türen ging, konnte ³⁰
nicht in Ruhe überlegen, ob vielleicht die Ostsee auch eine Quelle war. Vor
den Türen mußte heutzutage angeklopft werden, weil hinter ihnen die
Flüchtlinge kochten, wuschen, halbnackt waren, schliefen, und noch beim
Durchqueren[16] der Küche mußte die Tochter des Hauses ein Wort ab-
geben, damit die Vertriebenen sich nicht angefeindet fühlten.[17] Sie mochte ³⁵
auch nicht angeredet werden oder fremde Hände auf dem Kopf, außer von
Jakobs Mutter, die das Mädchen aber nicht anrührte.[18] Die Tochter des
Hauses lief aufwärts durch den toten Garten hinter den Trockenschuppen
der Ziegelei[19] und kletterte nach oben auf die Stufen der halb abgetragenen[20] Mauer. Über den Spitzen des Holunders[21] sah sie den blassen ⁴⁰
Jungwuchs der Wiesen mit Altgras verfilzt.[22] Hinter den Koppelzäunen
wischte die Luft das kahle Bruch in eins.[23] Fingerschmal standen im Westen die Schloßwälder, durch die Gräben[24] gingen mit dem Wasser von den
Seen.

Am Sonnabend vor dem Fest[25] war Jakob von den Bauern zurückgekom- ⁴⁵
men und packte in der Küche aus der schwarzledernen Kastentasche langsam auf den Kacheltisch. Sie kam mit dem Holzkorb herein, warf ihn an den
Herd[26] und wartete gebückt halb umgewandten Kopfes,[27] weil er sechs

---

[12]**Jerichow** name of a town in Mecklenburg
[13]**Zehen** toes
[14]**kräftig [heilkräftig ]** curative
[15]**baumelnden** dangling
[16]**beim Durchqueren** while passing through
[17]**damit . . . fühlten** lest the displaced persons
(refugees) think her hostile toward them
[18]**anrührte** touched
[19]**Trockenschuppen der Ziegelei** drying shed
of the brickyard
[20]**halb abgetragenen** dilapidated

[21]**über . . . Holunders** beyond the tops of the
elder bushes
[22]**Wiesen [. . .] verfilzt** meadows matted
[23]**wischte . . . eins** the air dissolved the barren
marshland into one vast plain
[24]**Gräben** ditches
[25]**Fest [Osterfest]** Easter holiday
[26]**Herd** stove
[27]**gebückt . . . Kopfes** bent over with her
head halfway turned around

Jahre älter war und erwachsen. Er sagte na und du.[28] Sie packte ihre Beine
auf den Schemel[29] und schaukelte[30] in den Knien, stützte sich zum Tisch     50
hinüber.[31] Er hatte ein abgezogenes, ausgenommenes Kaninchen[32] mitgebracht, einen Klumpen Butter, einen ungleichmäßigen Kristall roten Viehzuckers,[33] Eier. Ein Ei rollte abseits zu ihrer Tischecke, fing sich in ihrer
rasch aufgestellten Hand, die es zurückschickte. Jakob drehte es mit dem
Finger wieder in Bewegung zu ihr und sagte: Mit Zucker, kennst du das?     55
Gesine setzte das Ei auf die Spitze, ließ es stehen, polkte mit fünf Fingern
am oberen Schalenende[34] und fragte Jakob, wie sie zu Hause Osterwasser
geholt hätten.

Jakob saß krumm da. Er war zwei Stunden zu Fuß gegangen. Er hatte
Staub[35] im Gesicht. Er war so alt, daß er für seine Mutter das Essen     60
verdienen konnte und für ein fremdes Mädchen noch ein Ei. Mit Zucker
hatte sie noch nie eins gegessen. Sie schloß die Augen, legte den Kopf
zurück und ließ sich das Ei in den Hals laufen, während Jakob erzählte, daß
das Osterwasser in Pommern[36] aus einer Quelle oder fließendem Wasser
geholt worden war. Man mußte es trinken oder sich damit gewaschen     65
haben, bevor der Osten heller war. Man durfte kein Wort sprechen, und es
hatte für Gesundheit und Schönheit gegolten.[37] —Soll ich dich wecken?
fragte er.

Sie hatte im vorigen Jahr verschlafen, schwenkte[38] aber leicht den Kopf,
der an dem schmutzfleckigen Ei sog,[39] und sah aus spaltoffenen[40] Augen zu     70
ihm hin. Er hatte den Blick gar nicht gewandt.[41] —Sprich ja nicht:[42] sagte
er. Er sah etwas neben ihren Augen. Dann kam die Lehrerin aus West-
preußen in die Küche und fragte nach Cresspahl, während sie öfter zu dem
blutstreifigen Kaninchenkörper und zu den Eiern hinblickte. Gesine
mochte nicht zusehen wie er der Frau nichts abgab und ging mit dem leeren     75
Korb zurück zum Holzplatz.

---

[28]**na [. . .] du**   well, how are things going
[29]**Schemel**   stool
[30]**schaukelte**   rocked back and forth
[31]**stützte . . . hinüber**   holding on to the table
[32]**abgezogenes . . . Kaninchen**   skinned, gut-
ted rabbit
[33]**Viehzuckers**   unrefined sugar made from
sugar beets
[34]**polkte [. . .] Schalenende**   picked at the top
of the shell
[35]**Staub**   dust
[36]**Pommern**   Pomerania (Province in north-

east Germany. The region to the west of the
Oder river became part of the GDR province of
Mecklenburg; the region to the east became
part of Poland.)
[37]**hatte . . . gegolten**   it was thought to benefit
one's health and beauty
[38]**schwenkte**   shook
[39]**sog**   was sucking
[40]**spaltoffenen**   open but a crack
[41]**hatte . . . gewandt**   hadn't taken his eyes off
her
[42]**Sprich ja nicht**   Be sure not to speak

In der schwarzen Nacht lag sie wach und zählte die Stundenschläge aus ihres Vaters Zimmer. Vom offenen Fenster kam es kalt. Einmal fuhr sie auf,[43] weil die Katze am Fußende des Bettes heftig den Kopf gehoben hatte.[44] Das einjährige Russenkind[45] der Lehrerin weinte im Schlaf, und die  80
Wände redeten unruhig. Nach Mitternacht fing der Wind an und rüttelte die Fensterhakenaugen in den Zapfen.[46] Eine Dachpfanne klirrte kurz an der Wand des Ziegeleischuppens herunter.[47] In Pommern war Osterwasser auch für Gesundheit. Wenn der Hunger wehtat, hörte er auf gesund zu sein.
Hoffentlich machte Jakobs Mutter die Eier nicht zum Verstecken, sondern  85
briet[48] sie richtig in der Pfanne, die so heiß und fettig war, daß der Rand die Schalen schnitt wie ein Messer. Als sie aufwachte, war es draußen grau.

Sie tat alles auf Zehenspitzen, weil Cresspahl ihr verboten hatte, in einem Kleid aus dem Haus zu gehen. Sie nahm das grünsamtene,[49] mit dem ihre Tante Papenbrock vor vierzig Jahren zum Konfirmandenunterricht[50] ge-  90
gangen war. Aus den Holzpantoffeln[51] stieg sie leise wieder aus. Vor dem Spiegel griff sie sich mit beiden Händen die Haare hoch und versuchte, am Gesicht entlang sich in den Nacken zu blicken. Das ins Sandgraue verschossene Kleid[52] hing in breiten Falten zu einer Glocke an ihr herunter, der Kragen flappte lumpig,[53] und mit dem schwer verschatteten Gesicht auf  95
dem mageren[54] Hals kam sie sich fremd vor wie ein Gespenst.[55] Schnell ließ sie das Haar fallen, behielt die Hände oben und gab sich mit beiden abgespreizten Daumen das Zeichen:[56] Nicht sprechen. Keine Angst.

Als sie unbemerkt zwischen Koppelzaun und Ziegelei auf den Feldweg gekommen war, fing sie an zu laufen mit dem bauchigen Eimer[57] in der  100
Hand. Neben der Karrenspur[58] hatten die Kühe sich einen Steig[59] getrampelt, der war so breit wie ihr Fuß lang, und sie konnte laufen wie die Kühe ein Bein vor das andere schwingen und die Füße setzen. Die Pfadränder

---

[43]**fuhr sie auf**  she awoke with a start
[44]**heftig . . . gehoben**  jerked up its head
[45]**Russenkind**  a child fathered by a Russian soldier
[46]**rüttelte . . . Zapfen**  rattled the eyebolts of the shutters in the pegs
[47]**Eine . . . herunter.**  A falling rooftile clattered briefly against the wall of the shed in the brickyard.
[48]**briet**  fried
[49]**grünsamtene**  green velvet one
[50]**Konfirmandenunterricht**  religious instruction in preparation for confirmation in the Lutheran Church

[51]**Holzpantoffeln**  clogs
[52]**Das . . . Kleid**  The dress which had faded to the color of gray sand
[53]**der . . . lumpig**  the collar hung down raggedly
[54]**mageren**  scrawny
[55]**kam . . . Gespenst**  she felt strange like a ghost
[56]**gab . . . Zeichen**  she signaled to herself with her thumbs spread out
[57]**bauchigen Eimer**  potbellied pail
[58]**Karrenspur**  cart track
[59]**Steig**  path

waren noch nicht abgetreten,[60] das dickbetaute[61] Gras wischte ihr die
Beine naß bis unter die Knie. 105

Nicht lange, und ihr Arm wurde den Eimer müde, fiel und schlug ihr die
scharfe Standkante[62] ans Bein. Sie hielt fast augenblicklich[63] an und sah
sich um. Sie war kaum vorangekommen. Die Stadt ließ sich noch nicht in
einem Blick umfassen,[64] Cresspahls Haus stand deutlich, von der Villa
dahinter kam Fensterlicht. Am Ziegeleischuppen bewegte sich etwas 110
Langes, das lebte, kroch auf den Koppelweg vor, glitt weg. Sehr langsam
wandte sie den Kopf wieder nach vorn. Das fahle[65] Licht schien immer
stärker, nahm den Wiesen, den Weiden, den fernen Wäldern, dem Himmel,
ihren Füßen im Gras, allem die Farbe. Osten war hinter ihr.

Die Sonne lief ihr nach, sie mußte schneller sein. Eine Zeit lang war es 115
lustig, den Eimer im vollen Lauf[66] von einem Arm zum andern zu schwingen. Nur über die Koppelschleete[67] kam sie langsam, und erst beim letzten
hatte sie begriffen, daß der Eimer zum Werfen war. Da war sie schon um
das Bruch[68] herum. Es gab einen Weg hindurch, aber im Bruch hatte sich
eine alte Frau mit drei Kindern ertränkt,[69] als die russischen Truppen für 120
den nächsten Tag angesagt[70] waren. Auch Neugeborene wurden dahin
gebracht. Kurz, sie hätte da jemanden treffen können, und sie durfte doch
nicht sprechen.

Nach einer Stunde war sie anderthalb Stunden von Jerichow entfernt
und stand mit halbnassem Kleid, sandbespritzten Beinen vor dem Eingang 125
zum Schloßwald. Sie ging auf Zehenspitzen hinein. Die Kiefern[71] standen
so starr.[72] Die Kronen verdunkelten den stillen Raum zwischen den Stämmen. Der Fußweg lag voller Nadeln, rostgelb und grün, Zapfen,[73] dünnem
Astbruch,[74] als sei da niemand gegangen. Die Schritte donnerten[75] in ihren
Ohren. Sie nahm den Eimer unter einen Arm und hielt mit der anderen 130
Hand den Henkel[76] fest, damit er nicht mehr klapperte.

Die Schneeschmelzen und Regen aller Jahre hatten tiefe Mulden in den
Weg gewühlt,[77] er ging auf und ab, Gebüsch wuchs ihn zu an den Seiten,

[60]**Die . . . abgetreten**  The edges of the path
weren't trampled down yet
[61]**dickbetaute**  heavy with dew
[62]**Standkante**  bottom edge
[63]**augenblicklich**  immediately
[64]**ließ . . . umfassen**  could not yet be seen
with one glance
[65]**fahle**  pale
[66]**im vollen Lauf**  while running full speed
[67]**Koppelschleete**  planks put over ditches running through the pasture

[68]**Bruch**  marshland
[69]**ertränkt**  drowned
[70]**angesagt**  announced
[71]**Kiefern**  pine trees
[72]**starr**  rigidly
[73]**Zapfen**  pine cones
[74]**Astbruch**  twigs fallen to the ground
[75]**donnerten**  thundered
[76]**Henkel**  handle
[77]**hatten . . . gewühlt**  had washed deep de-
pressions into the path

und der Stern schien ihr wieder dunkel wie die Nacht. Der Stern war eine
Kreuzung von drei Fahrwegen und zwei Fußwegen. Der Försterweg stieg 135
so steil an,[78] daß er auf den freien Himmel führte. Sie nahm den schrägen
Steig zum Wehr,[79] überhängende Äste schlugen zu, Büsche jagten sie.
Später wußte sie nicht mehr, ob sie den Rauch eher gesehen oder eher
gerochen hatte. Er war so plötzlich vor ihr, als sei sie in die Russen
hineingelaufen. Hohe kantige Tarnzelte standen vor ihr, verstellt durch 140
blattloses Unterholz.[80] Atemlos steif setzte sie einen Fuß hinter den andern
rückwärts. Die Wache saß über ihr auf dem Hochstand.[81] Es war ein Soldat
allein. Er legte den Karabiner quer, damit er sich vorbeugen konnte über
das Mädchen mit dem riesigen Eimer, das sich jetzt langsam in den Hüften
wegdrehte, das Biwak im Blick hielt,[82] die nackten Füße mit den Zehen 145
zuerst aufsetzte, Astzeug umtrat,[83] endlich völlig umgewandt starrstand,
Atem holte,[84] lief. Der Soldat fingerte den Zigarettenstummel aus der
hohlen[85] Hand, führte ihn zum Mund, sog so schwer als seufzte er.[86] Jetzt
hätte man unter ihm durchgehen können, ohne daß die verkniffenen[87]
Augen unter den verkniffenen Brauen sich gerührt[88] hätten. 150
  Das brachte ihr den Umweg über die Försterei ein,[89] der bog fast ganz
um die Hügelkuppe,[90] und im Tal des Gräfinnenwalds zwischen den Bu-
chen erwischte sie einen Blaubeerensteig,[91] der am dritten Graben auf-
hörte. Über die ersten beiden hatte sie springen können. Hier war noch der
Abdruck des Rundholzes zu erkennen, das quergelegen hatte. Das Wasser 155
roch faulig, stand still. Sie schleuderte[92] den Eimer in die lichteste[93] Stelle
des Gesträuchs[94] auf der anderen Seite, lief ein paar Schritte zurück und
sprang. Ein Fuß sackte ihr sehr lange weg in den morastigen Grabenrand,
und als sie sich hochgerobbt hatte,[95] wäre sie am liebsten so liegen geblieben. Und sie hatte so viel Zeit verloren. Sie dachte ein Schimpfwort 160

[78]**stieg ... an** ascended so steeply
[79]**schrägen ... Wehr** sloping path to the dam
[80]**kantige [...] Unterholz** angular camouflaged tents disguised with leafless undergrowth
[81]**Hochstand** look-out
[82]**im Blick hielt** keeping her gaze fixed on
[83]**Astzeug umtrat** stepping on twigs
[84]**starrstand ... holte** stood as if paralyzed,
catching her breath
[85]**hohlen** cupped
[86]**sog ... er** took such a deep puff as if he
were sighing
[87]**verkniffenen** pinched
[88]**gerührt** moved

[89]**Das ... ein** That made her take the long
way past the forest ranger's lodge
[90]**bog [...] Hügelkuppe** curved around the
hilltop
[91]**zwischen ... Blaubeerensteig** among the
beech trees she came upon a trail leading
through blueberry patches
[92]**schleuderte** hurled
[93]**lichteste** sparsest
[94]**Gesträuchs** bushes
[95]**Ein ... hatte** With one foot she sank deeply
into the boggy bank of the ditch and when she
had inched herself out of it

so herzlich,[96] daß sie einen Augenblick lang fürchtete gesprochen zu haben.

Sie saß eben halb[97] und hatte einen Arm zum Eimer hingestreckt, als sie den Mann sah. Seine große hängende Hand zuckte.[98] Die schweren Sol-datenhosen standen dicht bei ihren Händen, an ihrer Schulter, über dem grasfleckigen[99] Hemd sah sie harte Bartstoppeln einzeln. Das Gesicht war sanft,[100] unbewegt, nicht einmal ihr zugeneigt.[101] Krumm gebogene Finger strichen Haar aus der Stirn, kreideweiche Stimme[102] sagte etwas.

Sie schüttelte nicht einmal den Kopf, wirbelte[103] auf den Rücken, stand, ging rückwärts, die Lippen fest verschlossen. Als ihre Fersen[104] den Gra-benrand spürten, war sie versucht[105] hinter sich zu sehen. Der Mann hatte seinen Stand nicht gerührt,[106] hielt sie mit den Augen fest, sein Mund hing verzogen.[107]

Er stand im Weg. Die Wegmündung,[108] sechs Schritt breiter Gras-flecken, ließ ihr nicht Platz für einen Anlauf[109] nach drüben. Das Erlen-holz[110] stand zu dicht und würde sie abprellen,[111] wenn sie ausbrach. Sie trat einen halben Schritt seitwärts. Der Mann trat einen halben Schritt seitwärts.

Sie warf sich mit dem Rücken gegen seine Knie, als er ansetzte, aber im Fallen griff er sie, zog sie über sich, legte sich behaglich zurecht[112] unter ihr und fing an, ihr an den Ohren entlang zu streichen, als spürte er ihre stoßenden Knie nicht.—Mädchen: sagte er,—Mädchen, wie ein Über-raschter, staunend. Sie merkte Jakob schon auf der anderen Seite aus den Büschen treten, als sie den Kopf halb aus dem breithändigen Griff zwän-gen[113] und zubeißen konnte. Sie kam nicht frei. Der Sprung drückte Jakob neben ihnen in die Knie, er federte hoch,[114] stieß den Liegenden mit steifem Fuß gegen den Hals, riß sie hoch und warf sie mit einer Hand rücklings[115] in die Erlen.

---

[96]**herzlich**   vehemently
[97]**saß eben halb**   had barely gotten herself half-way into a sitting position
[98]**zuckte**   was twitching
[99]**grasfleckigen**   covered with grass spots
[100]**sanft**   gentle
[101]**nicht . . . zugeneigt**   not even turned to-wards her
[102]**kreideweiche Stimme**   a voice soft as chalk
[103]**wirbelte**   whirled
[104]**Fersen**   heels
[105]**versucht**   tempted
[106]**hatte . . . gerührt**   hadn't budged

[107]**verzogen**   twisted
[108]**Wegmündung**   end of the path
[109]**Anlauf**   running start
[110]**Erlenholz**   alder grove
[111]**abprellen**   bounce her back
[112]**legte . . . zurecht**   got into a comfortable position
[113]**den Kopf . . . zwängen**   to force her head halfway out of the grip of his large hands
[114]**Der Sprung . . . hoch**   Jakob jumped and landed on his knees next to them, he bounced up
[115]**rücklings**   backwards

Vorgebeugt mit hängenden Armen sagte er etwas. Sie verstand nicht. Der andere lag, blickte starr,[116] stemmte die Ellenbogen auf, stieß im Aufsprung Jakob von den Füßen, bückte sich über ihn, bekam Jakobs Knie ans Kinn, riß ihn im Fallen über sich, würgte[117] Jakobs Hals, stöhnte[118] unter ihrem Fußtritt, hatte losgelassen. Jakob stand wieder. Der andere griff sich mühsam hoch an den dünnen Stämmen,[119] richtete sich krumm auf. Diesmal schlug Jakob zuerst, gegen Kinn, Hals, Schläfe,[120] Augen, bis die torkelnden Bewegungen des anderen zusammenfielen.[121] Jakob zog ihm die Hände unter dem Körper hervor, band sie zusammen mit Peitschenriemen[122] aus der Hosentasche, riß den Eimer aus dem Gebüsch und hielt eben die Fingergabel vor die Lippen,[123] als Gesine den Mund aufmachen wollte. 190 195 200

Er ging voran. Nach ein paar Metern wandte er den Kopf und winkte sie vorwärts um die Wegbiegung. Sie kamen an eine tote Feuerstelle,[124] neben der eine Aktentasche lag, ein Kochgeschirr,[125] offene Konservendosen,[126] Decken der Luftwaffe.[127] Jakob ging einmal um die schwarzgraue Asche herum, nahm eine Dose in die Hand, stellte sie zurück. Er atmete schwer. Dann sah er die Maschinenpistole, griff sie am zerkerbten Schaft hoch,[128] schwenkte fragend das Gesicht. Gesine fing an zu gehen. 205

Als sie anfing zu weinen, nahm er sie an der Hand und zwang sie zum Laufen. Der gleichmäßige Trab brachte ihren Atem in Ordnung,[129] im Vorholz[130] hat sie (glaubt sie) nicht mehr geweint. Dann kamen sie auf die Schilfwiese, sahen über Knickstufen,[131] Zäune, ausgebleichte[132] Wiesen die graue See und grau den großen Graben darauf zukriechen. Jakob blieb stehen. 210

Vom Wehr aus sah sie ihn auf einem Koppelpfahl hocken,[133] mit ausgestreckten Beinen, das Gesicht gekehrt gegen das Vorholz, hinter dem Jerichow war. Die Kälte des rostigen Eisenstegs[134] brannte ihre Sohlen. 215

[116]**blickte starr** stared
[117]**würgte** choked
[118]**stöhnte** moaned
[119]**griff ... Stämmen** pulled himself up with difficulty holding on to the thin stems
[120]**Schläfe** temple
[121]**torkelnden ... zusammenfielen** staggering motions of the other man collapsed
[122]**Peitschenriemen** thongs
[123]**hielt ... Lippen** had just put his index and middle finger in front of his lips
[124]**Feuerstelle** campfire site
[125]**Kochgeschirr** pots from a mess kit

[126]**Konservendosen** food cans
[127]**Luftwaffe** Nazi airforce
[128]**griff ... hoch** picked it up by the notched stock
[129]**Der ... Ordnung** The even pace got her breathing back to normal
[130]**Vorholz** smaller woods
[131]**über Knickstufen** beyond the uneven hedgerows
[132]**ausgebleichte** faded
[133]**auf ... hocken** perched on a meadow fencepost
[134]**Eisenstegs** iron catwalk

Über die Wiesen kam harter Wind herangefegt.[135] Sie zog sich das Kleid über den Kopf und hangelte sich am Steggeländer[136] in das schwarzklare Wasser bis an die Schultern. An einem Arm hängend wischte sie sich eine Handvoll Wasser ins Gesicht, stemmte sich zitternd hoch mit den Beinen, 220 kroch keuchend[137] zurück ins Kleid, dem rasch dunkelgrüne Flecken durchschlugen.[138] Als sie mit dem leeren Eimer an der Hand neben Jakob ankam, wurde das verwischte[139] Meerende haarbreit kantig,[140] scharf, hell. Als sie um das Vorholz herumgelaufen waren, zitterte der Bischofsmützen- turm[141] schon im Tageslicht. 225

Sie waren vor dem Frühstück am Haus. Sie lag schon im Bett, als Cresspahl durch die Tür sagte, wach, mürrisch:[142] Zieh dir ja Hosen an, du. Er ließ sie aber schlafen, bis Inge kam.

Inge kam, mit der sie vor Zeiten einmal befreundet gewesen war, und erzählte vom Kirchgang. Sie hatte auch Osterwasser holen wollen, aus dem 230 Bruch, aber schon vor dem Haus hatte ihr Heini Lang aufgelauert[143] und Fratzen geschnitten,[144] bis sie gelacht hatte. Lachen bedeutet ja noch nichts, aber Reden bedeutet,[145] und sie hatte Heini Lang ja angeschrien, den.[146] 235

In der Woche nach Ostern wurde in die sowjetische Kommandantur[147] gegenüber Cresspahls Haus ein deutscher Soldat gefahren, den die Russen westlich vom Gräfinnenwald aufgegriffen[148] hatten. In der Stadt wurde erzählt, er sei aus der Gefangenschaft gelaufen. Er war so kaputt vom Krieg, daß er sich nicht in sein Dorf traute[149] und Wochen lang im Wald davor 240 kampiert hatte. Der war durcheinander,[150] den haben sie weggebracht, hat wirr geredet.[151]

Den vergaß sie. Aber lange später noch trieb das Datum von Ostern, ein geöffnetes Fenster, davor rasch ins Frühjahr laufende Luft ihr Herz[152] so

---

[135] **herangefegt** sweeping
[136] **hangelte ... Steggeländer** holding onto the railing of the catwalk she lowered herself
[137] **keuchend** gasping
[138] **dem ... durchschlugen** which quickly showed dark green spots
[139] **verwischte** hazy
[140] **haarbreit kantig** thinly edged
[141] **zitterte der Bischofsmützenturm** the mitre-shaped church steeple was shimmering (lit.: trembling)
[142] **mürrisch** grumpily
[143] **aufgelauert** waylaid

[144] **Fratzen geschnitten** made faces
[145] **bedeutet** counts (takes away the special powers of Easter water)
[146] **den** that jerk
[147] **Kommandantur** headquarters
[148] **aufgegriffen** picked up
[149] **er ... traute** he did not dare return to his village
[150] **durcheinander** confused
[151] **hat wirr geredet** talked in a bewildered way
[152] **trieb [...] ihr Herz** made her heart beat

schnell wie das des Mädchens, das bei Cresspahl am Tisch saß, mit einer  245
Hand im wassersträhnigen Haar den Widerschein des Blicks in Jakobs
Gesicht las[153] und sich gesagt sein ließ,[154] daß Weinen gegen Osterwasser
nicht bedeutet, damit du schön wirst, gut zu sehen.[155]

    Es hatte Spiegeleier gegeben mit Speck und Bratkartoffeln. Sie war so
satt, die Augen fielen ihr zu.  250

---

[153] den [. . .] las  read the answer to her quizzi-
cal look (lit.: the reflection of her glance)

[154] sich . . . ließ  took his word for it

[155] zu sehen [anzusehen]  to look at

# GÜNTER KUNERT

## Alltägliche Geschichte einer Berliner Straße

*Günter Kunert (1929– ) wurde in Berlin geboren, lebte in Ostberlin bis zu seiner Übersiedlung in den Westen im Jahre 1979. Er schreibt hauptsächlich Lyrik, Kurzprosa und Essays.*

*Kunert verwendet oft surreale Elemente. Er hält seine Texte dennoch für realistisch. Über seine Auffassung von Realismus in seiner Kunst sagt Kunert: „Realismus heißt aber, daß die Außenwelt auf mich wirkt,[1] und ich sie auf erkennbare Weise, wenn auch[2] auf ganz andere, aber erkennbare Weise reflektiere." Die groteske politische Realität des Alltags[3] in Hitlers Deutschland spiegelt er in der grotesken „Alltäglichen Geschichte einer Berliner Straße" wider.[4]*

*Welche Bilder im ersten Satz haben eine prophetische Bedeutung hinsichtlich des Schicksals[5] der Juden? Wo finden Sie Anspielungen auf Wörter, die aus dem nazistischen Vokabular stammen, zum Beispiel „Herrenmensch",[6] „Untermensch",[7] „Endlösung"[8] und „Heil"?*

*Warum nimmt Platzker die Straße mit, und was bedeutet sie ihm in der*

[1] **auf mich wirkt**   has an effect on me
[2] **wenn auch**   even though
[3] **Alltags**   everyday life
[4] **spiegelt [. . .] wider**   reflects
[5] **Schicksals**   fate
[6] **Herrenmensch**   member of the master race
[7] **Untermensch**   subhuman creature
[8] **Endlösung**   final solution (refers to the genocide of the Jews)

*Fremde?*[9] *Wie erklären Sie es sich, daß die Straße nicht mehr paßt, als er sie zurücklegen will? Was für eine Wahrheit entdeckt Platzker am Ende der Geschichte? Wie deuten Sie das Bild der Kanne, aus der Blut fließt? Beachten Sie dabei, wie das Bild früher im Text eingeführt wird.*

*Warum wohl hat Kunert einen Technologen als Hauptgestalt gewählt? Wie verstehen Sie den Titel?*

[9]**in der Fremde**  away from home

# GÜNTER KUNERT

## Alltägliche Geschichte einer Berliner Straße

Fertiggebaut ist sie im Oktober neunzehnhundertundzwei: Da fängt ihr Leben an, bedächtig[1] und fast farblos, unter dem Schein fauchender Gaslaternen,[2] unter dem Patronat[3] einer noch wenig verhangenen[4] Sonne; erst später nimmt der Rauch mehr und mehr zu. Ihre eigentliche Geschichte aber setzt ruckhaft[5] ein: Im Januar neunzehnhundertdreiunddreißig[6] mit Herrn D. Platzker, der kein Herr ist, eher ein Mensch und durch seinen Namen keineswegs charakterisiert und keineswegs durch seinen Beruf, den er mit „Technologe" angibt.

Alles weitere[7] wird dadurch bestimmt, daß D. Platzker nicht auf das Ende wartet; auf das einer Ansprache, die ein anderer hält,[8] Volksbesitzer von Beruf, ein Anti-Mensch eher, der im Gegensatz zu Platzker durch seinen Namen hinlänglich gekennzeichnet[9] wird. Man weiß, wer gemeint ist.

In dieser Ansprache ist lautstark doch sehr indirekt auch von D. Platzker

---

[1] **bedächtig** unhurriedly
[2] **fauchender Gaslaternen** hissing gas lights
[3] **Patronat** patronage
[4] **verhangenen** veiled
[5] **setzt ... ein** begins with a jolt
[6] **Januar 1933** On January 30, the president of the Weimar Republic, General Hindenburg,

appointed Hitler chancellor of Germany.
[7] **Alles weitere** Everything else
[8] **Ansprache ... hält** speech which another person gives
[9] **hinlänglich gekennzeichnet** sufficiently characterized

135

die Rede und zwar drohender Art.[10] Und während noch die gigantischen 20
blutrünstigen[11] Worte aus dem schnurrbartgeschmückten[12] Mund hervorkollern,[13] steckt indes[14] daheim Platzker seine Zahnbürste zu sich, etwas
kleine Münze aus Mangel an[15] großer, und zuletzt des Menschen wich-
tigstes irdisches Teil: den Paß.

Den Hut ins Gesicht gezogen, tritt er auf die Straße, fertiggebaut im 25
Oktober Nullzwo.[16] Er sieht, wie sie so daliegt: arm, aber erfüllt von reichen
Versprechungen, hundert anderen ähnlich und ganz einmalig,[17] und er
bringt es nicht über sich,[18] sie einer Zukunft zu überlassen, dunkel wie das
Innere eines Sarges.[19] Er nimmt sie mit einem, mit dem erwähnten Ruck[20]
einfach auf. Rollt sie zusammen, als hätte er einen dünnen Läufer vor sich, 30
knickt die Rolle in der Mitte zusammen[21] und verbirgt[22] sie unter dem
Mantel. Immerhin:[23] Er ist Technologe. Leider gehen ihm einige Einwohner dabei verloren, unter[24] ihnen die Greisin[25] aus dem Tabakwarenladen, spurlos,[26] und alle Vögel über den Dächern, mitten in Flug und
Gekreisch.[27] 35

Als er über die Grenze fährt, ruht die Straße unter seinem Sitz; bei der
Grenzkontrolle beachtet man sie nicht weiter,[28] sucht nach Wertvollerem,
zieht Platzker den Mantel aus und lugt[29] ihm unter den Hut und entlarvt[30]
vor seinem Namen das D Punkt als David und Ausreisegrund.[31] Man
hindert ihn jedoch nicht, sein Heil vor dem Unheil in der Flucht zu 40
suchen.[32] Außerdem: Jeder Goliath ist am mächtigsten allein.

Hinter der Grenze verlangsamt sich das Tempo der Reise; sie streckt sich
und dehnt sich,[33] reicht bald über Europa hinaus, um fern irgendwo zu
verklingen.[34] So fern, daß genaue Kenntnis der äußeren Umstände von

[10]**ist [. . .] Art** there is mention of D.P., in fact in a threatening manner
[11]**blutrünstigen** bloodthirsty
[12]**schnurrbartgeschmückten** adorned with a mustache
[13]**hervorkollern** come rolling out
[14]**indes** already
[15]**kleine . . . an** small change for lack of
[16]**Nullzwo** 1902
[17]**ganz einmalig** altogether unique
[18]**bringt . . . sich** can't bring himself
[19]**Sarges** coffin
[20]**erwähnten Ruck** afore-mentioned jolt
[21]**knickt [. . .] zusammen** folds
[22]**verbirgt** hides

[23]**Immerhin** After all
[24]**unter** among
[25]**Greisin** old woman
[26]**spurlos** without a trace
[27]**Gekreisch** screeching
[28]**beachtet . . . weiter** one doesn't really pay attention to it
[29]**lugt** peeks
[30]**entlarvt** unmasks
[31]**Ausreisegrund** reason for leaving the country
[32]**sein . . . suchen** to escape doom by fleeing for his life
[33]**streckt . . . sich** stretches and spreads
[34]**verklingen** gradually ceasing to be

Platzkers dortiger Existenz überhaupt nicht gewonnen werden kann.[35]       45
Nicht einmal[36] ihm selber wird je ganz klar werden, wohin er geraten ist[37]
und was ihn wirklich umgibt. Das rührt daher,[38] daß man ihn rasch inter-
niert, als deutschen Spion oder als antideutschen oder als beides zusammen,
wodurch er den Kontakt zu den ihn umgebenden ethnologischen Besonderheiten[39] verliert, bevor er ihn geschlossen haben kann.[40]       50
     Zum anderen[41] rührt seine Umweltsfremdheit[42] natürlich von der
Straße her, die er gleich nach seiner Ankunft im Lager[43] hervorholt, eines
eisigen Tages, um sich zusätzlich zum Mantel in sie einzuhüllen,[44] was ihm
nur zu gut gelingt. Er entdeckt ihre präventive Wirkung gegen Unbill[45]
unangenehmster Sorte; das macht ihre absonderliche Schönheit,[46] diese       55
unerklärliche anziehende gefährliche Schönheit des Häßlichen. Von ihr ist
David Platzker vollauf in Anspruch genommen.[47] Nichts erreicht ihn, wenn
er sich in den Zierat der Häuserfronten vertieft,[48] in die scheinbar gleichgültigen[49] Mienen der falschen Amoretten,[50] der zementenen Karyatiden,[51] in den Ausdruck der gipsernen Fratzen,[52] die von Tag zu Tag       60
vieldeutiger[53] werden und immer ähnlicher den grauen Gesichtern der
Straßenbewohner. Bei trübem[54] Wetter verschließen sich die Züge[55] der
Lebenden und der Stuckgeformten,[56] als dächten sie darüber nach, was sie
so weit fortgeführt aus der heimatlichen Stadt. Bricht aber die Sonne durch
und streift ein wandernder Lichtfinger über sie alle hin,[57] leuchten sie auf       65
wie die Hoffnung selber. Dann werden in den Fenstern Gardinen beiseite
gezogen,[58] lassen sich vollbusige[59] Gestalten sehen, die die Betten auf-

---

[35] **Kenntnis . . . kann**  knowledge of the exter-
nal circumstances of P.'s life there cannot be
had at all
[36] **Nicht einmal**  Not even
[37] **geraten ist**  landed
[38] **rührt daher**  stems from the fact
[39] **ethnologischen Besonderheiten**  ethnolog-
ical peculiarities (the people living there)
[40] **geschlossen . . . kann**  can have made
[41] **Zum anderen**  Secondly
[42] **Umweltsfremdheit**  environmental alienation
[43] **Lager**  camp
[44] **einzuhüllen**  to wrap
[45] **Unbill**  hardship, inclemency
[46] **das . . . Schönheit**  the reason is its peculiar
beauty
[47] **vollauf . . . genommen**  completely occupied

[48] **sich [. . .] vertieft**  becomes engrossed in the
embellishment
[49] **gleichgültigen**  indifferent
[50] **Amoretten**  infant cupids
[51] **zementenen Karyatiden**  caryatids (sculpt-
ed female figures) made of cement
[52] **gipsernen Fratzen**  grotesque faces made of
plaster
[53] **vieldeutiger**  more ambiguous
[54] **trübem**  overcast
[55] **verschließen . . . Züge**  the features close
up
[56] **Stuckgeformten**  stucco ones
[57] **streift [. . .] hin**  moves fleetingly across
them all
[58] **Gardinen . . . gezogen**  curtains are pulled
aside
[59] **vollbusige**  bosomy

schütteln;[60] oder in halbdunklen Zimmern, deren weinrote Tapeten ahnbar
sind,[61] deuten sich Bewegungen nackter Leiber an.[62]

Unverändert verkünden die Plakate an den Litfaßsäulen[63] Jahr um[64]
Jahr das gleiche; unverändert die Männer, die immerwährende blau-emaillierte Blechkanne[65] in der Hand, auf dem Weg zur Arbeit oder von ihr her.
Unverändert die Brüste der Mädchen, die unentwegt[66] Mädchen bleiben.
Pünktlich erhellen sich abends die verhangenen Scheiben.[67] Mit sausendem[68] Geräusch springen zu ihrer Stunde[69] die Lampen auf dem Bürgersteig an, um ein mäßiges Licht zu verstreuen.[70]

In solchen Augenblicken wirft Platzker sich selber auf seinen Strohsack
und die Straße unter die Pritsche,[71] von wo er sie immer wieder vorholt.

Nur so ist zu verstehen, daß er nicht genau weiß, wieviel Zeit er in dem
Lager verbracht hat, als ihm das Ende jenes Mannes mitgeteilt wird, dessentwegen[72] er fortging; dazu das Ende des Krieges und damit vor allem das
seiner Internierung. Er sitzt bereits im Schiff, beziehungsweise[73] Zug,
beziehungsweise in der Vorortbahn als ihm überhaupt erst bewußt wird,[74]
er sei gleich daheim.

In den Resten seiner Stadt wandert er umher, und es dauert und dauert,[75]
bis er den Bezirk[76] findet, in dem er gewohnt hat. Er beabsichtigt,[77] die
Straße dort wieder hinzulegen, woher er sie einst[78] genommen: Schließlich
gehört sie ihm nicht. Außerdem mangelt es der Stadt an unzerstörten
Straßen, und man würde diese zurückgebrachte gut gebrauchen können.

An gewissen Überbleibseln[79] in der Nähe der Frankfurter Allee, an
denen er sich orientiert, erkennt er exakt die Stelle, wo die Straße hin-
gehört. Als ihn niemand beobachtet, nimmt er sie hervor, rollt sie vorsichtig
auf und breitet sie zwischen dem brandigen Ziegelwerk[80] der Umgebung

[60]**die Betten [Federbetten] aufschütteln** shake the featherbeds
[61]**Tapeten ... sind** wallpaper can be imagined
[62]**deuten sich [...] an** suggest themselves
[63]**verkünden ... Litfaßsäulen** the posters on the billboard columns announce
[64]**um** after
[65]**immerwährende ... Blechkanne** everlasting blue-enameled tin pail (containing stew or coffee to be heated up at work)
[66]**unentwegt** always
[67]**verhangenen Scheiben** covered window panes
[68]**sausendem** buzzing
[69]**zu ... Stunde** at their usual time
[70]**mäßiges ... verstreuen** diffuse moderate light
[71]**Pritsche** cot
[72]**dessentwegen** on whose account
[73]**beziehungsweise** then
[74]**überhaupt ... wird** it finally dawns on him
[75]**dauert und dauert** it takes forever
[76]**Bezirk** district
[77]**beabsichtigt** intends
[78]**einst** once
[79]**Überbleibseln** remnants
[80]**brandigen Ziegelwerk** burnt bricks

aus. Sie will sich aber nicht einfügen,[81] wie er sie auch zurechtrückt[82] und hinpreßt. Sie paßt nicht mehr. 95

Platzker hat keine Ahnung, was er mit der Straße anfangen[83] soll; er war doch nur zeitweilig eine Art Kustos[84] für sie gewesen. Er fühlt sich nicht berechtigt, sie zu behalten. Und weil er ein Mensch und als solcher in Unglaublichkeiten befangen ist, glaubt er, gäbe er sie nun unbeschadet und gerettet zurück, leiste er möglicherweise einen Beitrag[85] zu dem, was so 100 schön nebelhaft und verschwommen[86] „Verständigung" genannt wird; vielleicht dankt man ihm, Platzker, einmal dafür.

Schweren Herzens läßt er die Straße liegen, wo sie liegt, und läuft in sein Hotel zurück. Nachts kann er nicht schlafen. Leere umfängt ihn, eintönige Dunkelheit. Einsamkeit. Die Straße fehlt ihm. 105

Am nächsten Morgen, nachdem er nachts einen schwerwiegenden Entschluß gefaßt hat,[87] geht er ganz früh zur Frankfurter Allee und trifft wieder auf die Überbleibsel, die die Stelle markieren. Vom zerlöcherten Putz[88] schreien Kreideschriften: WO IST ERNA? WIR LEBEN NOCH! DIE KINDER SIND . . . 110

Trümmerschutt wölbt sich auf,[89] Eisenträger[90] stechen daraus hervor, unkenntliches Gestänge,[91] daran farblose Fetzen[92] flattern. Platzker hält nach seiner Straße Umschau,[93] bis er merkt, daß er längst in ihr steht. Die Fensterrahmen sind leer, keine nackten, keine vollbusigen, sondern gar keine Gestalten regen sich[94] dahinter. Einzig und allein[95] der gestaltlose 115 Himmel steht reglos hinter den offenen Rechtecken.[96]

David Platzker bewegt sich sacht[97] aus der Straße zurück, die er oder die ihn einstmals besessen. Genau ist das nicht mehr festzustellen. Beim Weggehen stößt sein Fuß gegen eine blau-emaillierte Kanne, die fortrollt, während aus ihr eine Flüssigkeit rinnt,[98] die wie frisches Blut aussieht. 120

---

[81] **Sie . . . einfügen** But it refuses to fit in
[82] **wie . . . zurechtrückt** no matter how he adjusts it
[83] **anfangen** do
[84] **Kustos** custodian
[85] **leiste [. . .] Beitrag** was making a contribution
[86] **nebelhaft und verschwommen** nebulously and vaguely
[87] **einen . . . hat** made a serious decision
[88] **zerlöcherten Putz** plaster shot through with holes

[89] **Trümmerschutt . . . auf** rubble is piled high
[90] **Eisenträger** iron girders
[91] **unkenntliches Gestänge** unidentifiable rods
[92] **Fetzen** rags
[93] **hält [. . .] Umschau** looks around for
[94] **regen sich** move
[95] **Einzig und allein** Solely
[96] **Rechtecken** rectangles
[97] **sacht** softly
[98] **Flüssigkeit rinnt** liquid is running

# SARAH
# KIRSCH

## Der Schmied
## von Kosewalk

*Sarah Kirsch (1936–) ist die wichtigste zeitgenössische Lyrikerin im deutschen Sprachgebiet. Bis 1977 lebte die Dichterin in der DDR. Als Schülerin war sie Mitglied der FDJ,[1] und später arbeitete sie in den Semesterferien im Kollektiv, wie es vom Staat verlangt wurde. Ihr frühes Werk wurde in der DDR durch Literaturpreise ausgezeichnet, doch gegen Ende der sechziger Jahre wurde es zunehmend als zu subjektiv und ideologisch falsch kritisiert. Im Jahre 1977 siedelte Kirsch in die Bundesrepublik über.[2]*

*Wie alle DDR-Schriftsteller, so war auch Kirsch Opfer der Zensur.[3] Um ihr zu entgehen,[4] versucht die Autorin in der Geschichte „Der Schmied von Kosewalk“ sie auf satirische Art zu überlisten,[5] indem sie sich scheinbar den Forderungen der Kunstdoktrin des sozialistischen Realismus[6] anpaßt.[7] Dabei geht sie aber so weit, daß ihre satirischen Absichten[8] ersichtlich werden. Beim*

[1]**FDJ [Freie Deutsche Jugend]**   Youth organization in the GDR

[2]**siedelte [. . .] über**   moved to

[3]**Opfer der Zensur**   victim of censorship

[4]**entgehen**   elude

[5]**überlisten**   outwit

[6]**sozialistischen Realismus**   Socialist Realism (theory and method of literary composition, which began in the Soviet Union and was adopted in the GDR. This type of literature is characterized by heroes who disregard personal desires and feelings for the higher good of the collective.)

[7]**sich [. . .] anpaßt**   adapts

[8]**Absichten**   intentions

*Lesen achten Sie darauf, wie übertrieben positiv der Schmied[9] und seine Tochter im zweiten Teil der Erzählung dargestellt werden. Wo erscheint Ihnen ihr Verhalten psychologisch unglaubwürdig?*

*Das eigentliche Thema der Erzählung ist die Möglichkeit von Selbstverwirklichung in einer kollektivistischen Gesellschaft. Die Frage nach dem Verhältnis des Individuums zum Kollektiv wurde von DDR-Autoren seit dem Ende der sechziger Jahre immer häufiger gestellt. Wie werden der Schmied und seine Tochter als Mitglieder des Kollektivs gezeichnet? Was deutet darauf hin, daß beide Gestalten sich nicht nur innerhalb des Kollektivs verwirklichen? Denken Sie dabei auch an die Bedeutung, die das Schreiben der Briefe für Hanna hat. Wie hilft es, ihre merkwürdigen Reaktionen auf das Unerwartete zu erklären? Was scheint ihr am wichtigsten zu sein in ihrem Wunsch, sich zu verwirklichen?*

*Kirsch spielt auf das Sprichwort „Jeder ist seines Glückes Schmied"[10] an. Wie schmieden[11] sich Vater und Tochter ihr Glück, um sich dadurch nicht von den äußeren Umständen[12] ihres Lebens in Ketten schmieden[13] zu lassen? Wie verstehen Sie Hannas symbolische Geste am Ende, als sie das Kunststück ausführt?[14]*

*Was sagt diese Erzählung über die Stellung der Frau in der dargestellten Gesellschaft aus? Wen halten Sie für die Hauptgestalt?*

[9]**Schmied**   blacksmith
[10]**Jeder . . . Schmied.**   Everyone must create her or his own happiness.
[11]**schmieden**   create (lit.: forge)
[12]**Umständen**   circumstances
[13]**in Ketten schmieden**   be bound in chains
[14]**Kunststück ausführt**   performs the feat, trick

# SARAH KIRSCH

## Der *Schmied* von *Kosewalk*

In Kosewalk, einem abgelegenen[1] Ort an der Küste, hatte sich eine Schmiede erhalten.[2] Von außen erweckte sie den Anschein,[3] sie habe mit dem Tempo der Entwicklung dieses Dorfes nicht Schritt gehalten:[4] ein offenes Schmiedefeuer leuchtete durch die enggefaßten rußigen Scheiben.[5] Setzte man jedoch den Fuß über die Schwelle,[6] so fielen moderne Maschinen ins Auge,[7] deren eine sogar von solcher Höhe war, daß die Decke[8] des Raumes durchstoßen und ihr Oberteil im Obergeschoß[9] des nahezu dreihundertjährigen Hauses untergebracht[10] worden war. Denn der Schmied war nicht nur ein kräftiger, sondern auch ein kluger Mann. Er hatte sich der Genossenschaft des Dorfes angeschlossen.[11] Unter seinen geschickten Händen entstanden die gefragtesten Ersatzteile für die Erntemaschinen, er verstand es, unverwüstliche[12] Achsen zu schmieden, hin und wieder beschlug[13] er ein Pferd. Seine Größe war durchschnittlich, im Sitzen war er ein Riese, und wie man es sich bei einem

[1]**abgelegenen** remote
[2]**hatte...erhalten** a smithy was still in operation
[3]**erweckte ... Anschein** it appeared
[4]**Schritt gehalten** kept pace
[5]**enggefaßten ... Scheiben** narrow sooty windowpanes
[6]**Schwelle** threshold
[7]**fielen [...] Auge** one was struck by

[8]**Decke** ceiling
[9]**Obergeschoß** upper floor
[10]**untergebracht** placed
[11]**sich ... angeschlossen** joined the cooperative of the village
[12]**unverwüstliche** indestructible
[13]**hin und wieder beschlug** every so often he shod

Schmied wünscht, bog er manchmal an Festtagen zur Freude der Einwohner ein Hufeisen[14] zu einem Stab.[15] Noch lieber aber sahen es die    20
Leute, wenn er im guten Anzug sich zu ihnen gesellte[16] und sich bereit
fand, ihre Tänze und Gesänge auf dem Akkordeon zu begleiten. Er hatte
einen sanften Bariton und sang nach einigen Klaren[17] seltsame Lieder. Sie
behandelten das Partisanenleben, den Mut eines fremdländischen Mädchens sowie ihre Schönheit, und Texte und Melodien waren von einer für    25
diesen Landstrich[18] auffallenden Fremdheit, daß jedermann annahm, der
Schmied habe die Lieder selber verfaßt.[19]

Dieser Schmied nun hatte eine Tochter, ein braunhaariges Mädchen mit
großen Augen, die ihrem Vater die Akten führte[20] und wegen ihrer Kennt-
nisse in der Stenographie mitunter vom Vorsitzenden der Genossenschaft[21]   30
gebeten wurde, ein Protokoll aufzunehmen.[22] Vornehmlich[23] im Frühjahr,
am Tag der Bereitschaft,[24] geschah dies, und auch im letzten Jahr hatte er
ihr den Bericht für die Kreisstadt diktiert: alle Maschinen seien repariert
und einsatzfähig,[25] und den Satz zugefügt, er wolle sie heiraten. Hanna (so
hieß sie) hätte das beinahe mit aufgeschrieben, so wenig achtete sie auf den   35
Sprecher. Das kann doch dein Ernst nicht sein, sagte sie, sie sei zwar über
fünfundzwanzig, doch eile es sie nicht.[26] Der Schmied schüttelte nicht
einmal den Kopf, als er davon hörte, geschweige denn er hätte ihr Vorhal-
tungen gemacht.[27] Er sang eines seiner Lieder und sagte, das verstehst du
nicht, da war die Tochter aber schon durch die Tür, und die Worte waren   40
wohl auch nicht an sie gerichtet gewesen.

Im Sommer fiel ihm auf,[28] daß Hanna seine Lieder niederschrieb. Wozu,
fragte er und erfuhr, sie habe im „Magazin"[29] eine Adresse gefunden von
einem Freiwilligen auf Zeit[30] bei der Armee, der eine Briefpartnerin
suchte, und diesem mehr aus Langeweile denn aus Neugier[31] geschrieben.   45

[14]**Hufeisen**  horseshoe
[15]**Stab**  rod
[16]**sich . . . gesellte**  joined them
[17]**Klaren**  drinks
[18]**Landstrich**  region
[19]**verfaßt**  written
[20]**Akten führte**  kept his books
[21]**mitunter . . . Genossenschaft**  from time to
time by the chairman of the cooperative
[22]**ein . . . aufzunehmen**  to record the minutes
of a meeting
[23]**Vornehmlich**  Especially
[24]**Tag der Bereitschaft**  Day of Readiness (A

day in early spring when farm machinery is
inspected to make sure it is in good condition.)
[25]**einsatzfähig**  fit for use
[26]**eile . . . nicht**  she was in no hurry
[27]**geschweige . . . gemacht**  let alone reproach her
[28]**fiel ihm auf**  he noticed
[29]**Magazin**  name of a widely read magazine
in the GDR
[30]**Freiwilligen auf Zeit**  soldier who volun-
teers to enlist for longer than the required time
[31]**Neugier**  curiosity

Mehrere Briefe seien gewechselt worden, nun hielte sie die Lieder fest,[32] weil er im Ensemble sänge und schrieb, es gäbe nicht genügend Lieder. Er könne sogar Noten[33] lesen, versicherte sie und fügte hinzu: Im nächsten Jahr, wenn der Dienst vorüber sei, wolle er sie hier besuchen. Noten sind etwas Gutes, sagte der Schmied, sonst nichts weiter.

Der Sommer ging hin, und der Herbst war da, da stand der Schmied auch am Sonntag früh auf, um allen Anforderungen in der Genossenschaft gerecht zu werden.[34] Er fälschte[35] alle Ersatzteile und baute einen alten Bulldozer um, damit die Melkanlage, wenn der Strom ausfiel, zu betreiben sei.[36] Die Leute im Dorf wunderten sich längst nicht mehr über seine Geschicklichkeit,[37] sie hatten sich daran gewöhnt, daß ihm alles, was er anfaßte, gelang. Hanna führte die Bücher, forderte Material an und half weiter beim Vorsitzenden aus. Einmal, als der Buchhalter nach einem Jagdausflug[38] gefährlich erkrankte, übernahm sie die Lohnabrechnung und verrichtete[39] die Arbeit zu aller[40] Zufriedenheit. Der Vorsitzende hatte nie wieder einen Versuch unternommen, um Hanna zu werben.[41] Weil der Briefträger die Post für das ganze Dorf in der Genossenschaft abzugeben pflegte,[42] konnte ihm nicht verborgen[43] bleiben, daß Hanna wöchentlich einen Brief von einem Angehörigen der Volksarmee[44] erhielt, und er sagte sich, daß sie ihm vermutlich genauso oft schriebe. So verhielt es sich auch,[45] nur fuhr das Mädchen vier Kilometer mit dem Fahrrade, um ihre Briefe direkt der Post anzuvertrauen. Sie einfach ins Genossenschaftsbüro zu bringen widersprach[46] ihrer Natur, zumal[47] die Post dort nicht regelmäßig abgeholt wurde, sondern jeweils,[48] wenn der Briefträger mit neuen Schreiben kam. Sie hätte ihren Brief dann, wenn sie ein Protokoll aufnahm, liegen sehen können, und wahrscheinlich hätte sie seine Absendung verzögert,[49] wenn nicht gar[50] verhindert. Denn sie hatte zwiespältige[51] Gefüh-

50

55

60

65

70

[32] **hielte [...] fest**  wrote down
[33] **Noten**  music
[34] **Anforderungen [...] werden**  to meet the demands
[35] **fälschte**  produced
[36] **Melkanlage ... sei**  that the milking equipment could be run when the electricity went out
[37] **Geschicklichkeit**  skill
[38] **Jagdausflug**  hunting trip
[39] **Lohnabrechnung und verrichtete**  pay roll and did
[40] **aller**  everyone's
[41] **Versuch ... werben**  attempted to court Hanna

[42] **abzugeben pflegte**  was in the habit of delivering
[43] **verborgen**  hidden
[44] **Angehörigen der Volksarmee**  member of the People's Army
[45] **So ... auch**  That was the way it was
[46] **widersprach**  went against
[47] **zumal**  especially since
[48] **jeweils**  only
[49] **verzögert**  delayed
[50] **gar [sogar]**  even
[51] **zwiespältige**  conflicting

le bei ihren Briefen und denen, die sie erhielt. Obwohl sie ein aufge-
schlossener Mensch war, fast vertrauensselig,[52] kamen ihr oftmals Zweifel
an der Richtigkeit ihres Handelns. Wie denn, wenn das Bild, das sie aus den    75
Briefen des jungen Soldaten gewann, das sie sich selbst mit aufbaute, gar
nicht der Wirklichkeit entsprach?[53] Sie hatte bemerkt, daß Briefe eigentümliche, selbständige Wesen[54] sein können. Sie schrieb Dinge, die sie
mündlich wahrscheinlich niemals geäußert hätte.[55] Und wenn sie nur heiter[56] von ihrer Arbeit, dem Stand der Ernte[57] und ihren Mädchenspazier-    80
gängen berichtete, so war sie sich im klaren darüber, daß sie mit den Briefen
sich preisgab.[58] Aber wie hätte sie nun ohne zu schreiben leben sollen?[59]
Der Sommer schien schöner gewesen zu sein als die vorangegangenen.
Indem sie von Bäumen schrieb oder einem schweren Gewitter,[60] dem eine
Scheune zum Opfer fiel,[61] wenn sie das Erntefest wiedergab und die         85
Gespräche der Bauern, hatte sie den Eindruck, dies vorher nie so genau
gesehen und intensiv erlebt zu haben.

Während das Jahr abnahm, gewannen die Briefe des Soldaten an Freundlichkeit und zerstreuten ihre Bedenken.[62] Neben Berichten von der Ausbildung[63] und Auftritten[64] mit dem Kulturensemble fanden Sätze Platz, die     90
von ihm selbst sprachen. Er schilderte ihr sein Zuhause, erklärte seinen
zivilen Beruf und fragte nach ihrer Meinung, wie er seine Umstände einrichten[65] solle, wenn er nach seiner Entlassung ein technisches Studium
aufnähme. Mitunter verlor er sich in Kindheitserinnerungen und versah[66]
seine Briefe mit Zeichnungen. Da war auch das Mädchen zu sehen, wie es       95
auf dem Fahrrade durch den Regen fuhr, die Sachen klebten an[67] ihr.
Danach fand Hanna es an der Zeit,[68] ihm eine fotografische Aufnahme zu
senden. Es war ein Porträt, wie es der Fotograf in der Kreisstadt herstellte.
Die Augen gingen ein wenig ins Leere,[69] der Mund hatte lächeln sollen,
zeigte nun einen trotzigen[70] Ausdruck. Die Haare lagen wie eh nach Jun-    100

---

[52] **vertrauensselig** too trusting
[53] **entsprach** correspond to
[54] **eigentümliche ... Wesen** peculiar, inde-
pendent things
[55] **mündlich [...] hätte** would have never
said aloud
[56] **heiter** cheerfully
[57] **Stand der Ernte** condition of the crops
[58] **so ... preisgab** she was aware that she revealed herself in these letters
[59] **hätte [...] leben sollen** could she have
lived
[60] **Gewitter** thunderstorm

[61] **eine ... fiel** a barn fell victim to
[62] **zerstreuten ihre Bedenken** allayed her misgivings
[63] **Ausbildung** training
[64] **Auftritten** performances
[65] **Umstände einrichten** arrange his life
[66] **versah** decorated
[67] **die ... an** her clothes were clinging to
[68] **fand ... Zeit** Hanna thought it was about
time
[69] **gingen ... Leere** looked somewhat vacant
[70] **trotzigen** defiant

genart dem Kopf an, waren dick und sträubten sich an den Schläfen.[71] Das
Bild gefiel dem Soldaten sehr, er setzte sie in Gedanken auf sein Motorrad,
zog seine Jeans an, und los ging es über den Kammweg des Thüringer
Gebirges.[72] Oder eine Straße an der Küste entlang. Das Bild fand die
Anerkennung[73] seiner Kameraden, woran ihm nichts lag.[74] Er betrachtete    105
es oft, verlor es einmal und fand es wieder, bot Hanna im nächsten Brief das
Du an,[75] dachte sich zärtliche Anreden für den übernächsten aus, und
Hanna stieg ein.[76] Immer war sie jetzt fröhlich, sie lief, als die Regenzeit
einsetzte und an ein Vorwärtskommen mit dem Fahrrade nicht mehr zu
denken war,[77] zu Fuß durch den Schlamm,[78] um ihren Brief abzusenden.    110
Die Rückfahrt auf einem Lastwagen, der Zuckerrüben[79] in die Fabrik
gebracht hatte, schlug sie aus.[80] Sie sah den Schlamm frieren, war unterwegs, als es schneite, und einmal schrieb sie die Anfangsbuchstaben seines
Namens in den Schnee. Sie zögerte, ob sie die ihren dazusetzen und das
Ganze mit einem Herzen umrahmen sollte. Sie tat es nicht, wollte wohl    115
nichts berufen,[81] wußte nun aber, daß sie verliebt war. Sie dachte sich
Weihnachtsüberraschungen für ihn aus, sein Geschenk zu diesem Fest
übertraf noch das ihre:[82] er schickte eingeschrieben[83] einen Verlobungsring. Der Schmied sagte, als er den an ihrem Finger sah, das sei ja ein
Ding![84] und warf Kohlen ins Feuer. Er hieß Hannas Tun weder gut noch    120
schlecht, er sang bei der Arbeit, wenn sie am lautesten war, und das hatte
er von jeher[85] getan. Beim Genossenschaftsfest war er in einer seltsamen
Lage. Als die Bauern ihn fragten, was der Schwiegersohn für ein Mensch
sei, sagte der Schmied: Ein schöner Mensch, obwohl er nicht mal ein Bild
gesehen hatte; denn der junge Soldat hatte Hanna nicht mit gleicher Münze    125
gezahlt.[86] Der Vorsitzende trank zwei Wodka mit ihm auf den Schwiegersohn, der Briefträger ebenfalls, er behauptete, Hanna hätte einen Intellek-

---

[71]**Die Haare ... Schläfen.** As always her
boyish-looking thick hair lay flat against her
head, sticking out at the temples.
[72]**Kammweg ... Gebirges** ridge road of the
Thuringian mountains (located in central Germany)
[73]**fand die Anerkennung** met with the ap-
proval
[74]**woran ... lag** which was not important to
him
[75]**bot [...] an** suggested to Hanna they use
the familiar *Du*
[76]**stieg ein** followed suit
[77]**an [...] zu denken war** was out of the
question

[78]**Schlamm** mud
[79]**Zuckerrüben** sugar beets
[80]**schlug sie aus** she declined
[81]**wollte ... berufen** probably did not want
to tempt fate
[82]**übertraf ... ihre** even surpassed hers
[83]**eingeschrieben** by registered mail
[84]**das sei ja ein Ding** that was quite something
[85]**von jeher** always
[86]**nicht ... gezahlt** had not sent a picture in
return

tuellen, da trank der Schmied schon mit dem halben Dorf. Seine besten Kunden, die Traktoristen, tanzten mit Hanna zum Akkordeon, dem sich noch eine Baßgeige zugesellt hatte.[87] Sie wollten von ihr die Farbe seiner Augen erfahren, und ob er ein feuriger Liebhaber[88] sei, aber das hätte sie selbst gern gewußt, sie gab keine Auskunft.[89]

Das Jahr war gut. Silvester[90] blickte Hanna auf einen Stapel von zweiundvierzig Briefen zurück. Bald transportierte sie ihren letzten Brief; da trugen die Bäume an der Chaussee[91] frisches Laub,[92] da hatte der Schmied die Schmiede geweißt, da war der Termin[93] für die Hochzeit perfekt. Ihr Soldat stand schon mit einem Bein im zivilen Sektor,[94] würde aber noch uniformiert eintreffen,[95] vierzehn Tage bleiben, am zehnten Tag in die Kreisstadt zum Standesamt.[96] Wo konnten sie wohnen? Später in der Stadt des Mannes, jetzt über der Schmiede, wo der Kopf der Maschine ihnen in die Möbel ragte,[97] wo man ohne intime Beleuchtung auskam,[98] das offene Feuer aus dem Erdgeschoß[99] sollte beleuchten, was sehenswert war.

Nun war es soweit,[100] und der Schmied atmete auf.[101] Er hatte schon Befürchtungen gehegt,[102] die beiden bekämen ein Kind und hätten sich nicht gesehen. Er bestieg ein Fahrzeug,[103] um den Soldaten vom Bahnhof abzuholen. Hanna hatte im letzten Augenblick ein Protokoll vorgeschützt[104] und war in die Genossenschaft gegangen. In der Tat, der Soldat war ein schöner Mensch, der Schmied hatte nicht geprahlt,[105] und ein großer Soldat außerdem, wenigstens ein Meter fünfundneunzig. Sie fuhren dem Dorf zu und unterhielten sich über die Lieder des Schmiedes. Einem von ihnen hatte der Soldat zur Verbreitung durch das Kulturensemble verholfen,[106] aber die Soldaten sangen es in Dur,[107] während Hanna die Moll-Tonart[108] notiert und geschickt hatte. Der Schmied erhob keinen Einspruch.[109] Er meinte vielmehr,[110] fast jedes Lied hätte beide Tonarten

[87] **dem . . . hatte** which had been joined by a double bass
[88] **Liebhaber** lover
[89] **gab keine Auskunft** gave no answer
[90] **Silvester** New Year's Eve
[91] **Chaussee** highway
[92] **frisches Laub** new leaves
[93] **Termin** date
[94] **Sektor** life
[95] **eintreffen** arrive
[96] **Standesamt** county courthouse (for the civil ceremony)
[97] **ihnen . . . ragte** towered up into their furniture

[98] **auskam** got along
[99] **Erdgeschoß** first floor
[100] **Nun . . . soweit** The time had come
[101] **atmete auf** breathed a sigh of relief
[102] **hatte . . . gehegt** had begun to fear
[103] **Fahrzeug** vehicle
[104] **vorgeschützt** pleaded as excuse
[105] **geprahlt** boasted
[106] **einem [. . .] verholfen** had brought one of them into wider circulation
[107] **in Dur** in a major key
[108] **Moll-Tonart** in a minor key
[109] **erhob keinen Einspruch** did not object
[110] **vielmehr** even

in sich, die Menschen müßten die ihnen gemäße[111] jeweils auswählen; was 155
sich heute als Moll anböte,[112] könne morgen schon Dur sein und umgekehrt. So redend und sich Beispiele vorsingend, erreichten sie Kosewalk
und die Schmiede, wo Hanna ihnen entgegentrat. Die erste Begegnung
hatte nichts Peinliches[113] und Aufregendes an sich. Sie nannten sich beim
Vornamen, und Hanna wies ihn auf allerlei Gegenstände und Bäume hin, 160
die er aus ihren Briefen schon kannte. Er gefiel ihr. Die Uniform unterstrich
seinen kräftigen, geraden Wuchs, er hatte ein offenes Gesicht, schöne lange
Wimpern,[114] die sich nicht aufwärts bogen, so daß er durch frisch vorge-
schossenes Gras zu blicken schien. Hanna glaubte den Geruch von Regen
zu spüren, und ihr war, als ob das Herz sich von der linken Seite auf die 165
rechte begäbe.[115] Er ist es, sagte sie sich und fühlte das Bedürfnis,[116] einen
Brief zu schreiben. Der Soldat bezog den Raum über der Schmiede. Von
Anfang an fühlte er sich wohl in Kosewalk, in der Schmiede, in Hannas
Nähe. Morgens stieg er die Treppe hinab. Der Lärm nahm zu, er unterschied die Maschinen, die Stimmen des Schmiedes und seiner Kunden. Er 170
half, wenn es galt,[117] erhitzte Metallteile im Wasserbad zu härten, und stand
in einer Wolke, daß Hanna ihn nicht fand. Sie gingen spazieren oder fuhren
mit Fahrrädern an den Strand. Dort lagen sie in einer Mulde[118] und sahen
in den Himmel, wenn sie nicht schwammen oder bei Seewind sich von der
Brandung[119] aufheben ließen. Zu großen Zärtlichkeiten kam es vorerst 175
nicht zwischen ihnen.[120] Wir haben Zeit, dachte Hanna, und ihm schien sie
anders zu sein als die Mädchen, die er vor ihr kannte. Er glaubte, ihr stehe
eine besondere Behandlung zu,[121] und war es zufrieden, wenn er mit ihr
durch die Dünen ging und seinen rechten Arm um sie legte.

So verstrichen[122] die ersten fünf Tage, und die restlichen bis zum Tage 180
der Hochzeit wären heiter gefolgt, wenn nicht eine völlig neue Person zur
Unzeit,[123] nach der Hälfte des Stückes, aufgetreten wäre. Sie hieß Christine
und wollte sehen, wie eine Heirat zustande käme.[124] Das sagte sie, als sie
das Paar am Strand traf, als Hanna sich freute, daß sie ihrer Einladung
gefolgt war, als der Soldat lieber mit seiner Verlobten allein geblieben wäre. 185

---

[111]**die . . . gemäße** the one that suited them
[112]**was . . . anböte** what might be sung in minor today
[113]**Peinliches** embarrassing
[114]**Wimpern** eyelashes
[115]**sich [. . .] begäbe** was moving
[116]**Bedürfnis** need
[117]**wenn es galt** when it was time to
[118]**Mulde** hollow
[119]**Brandung** surf
[120]**Zu . . . ihnen.** For the time being there was no great display of affection between them.
[121]**stehe . . . zu** entitled to special treatment
[122]**verstrichen** passed
[123]**zur Unzeit** at an inopportune time
[124]**zustande käme** came about

Sie gingen versteinerte Seeigel[125] suchen. Christine fand sofort einen, der gut erhalten[126] war. Achtlos[127] gab sie ihn dem Soldaten und erklärte, sie habe eine ganze Sammlung zu Hause. Er steckte ihn in seine Brusttasche und hätte ihn vergessen, wenn das Fossil sich bei ihm nicht schmerzhaft bemerkbar gemacht hätte, als er am Abend auf der Treppe zum Oberge- 190 schoß Hanna an sich zog. Er spürte den Druck, er fühlte sich müde und sagte das, er schlief dennoch nicht ein. Der Schein des Feuers lief die Decke entlang, war wie ein roter Wald. Zwischen den Flammenbäumen sah er Christinens rotes Kleid flattern, das war doch das Mädchen aus den Liedern des Schmieds. Er schalt sich wankelmütig[128] und zwang sich, an Hanna zu 195 denken. Am anderen Tag verweilte[129] er lange in der Schmiede, begleitete den Schmied zur Genossenschaft und ging zärtlicher als zuvor mit Hanna um. Bei allem litt er unter merkwürdigen Gedanken.

Bei seiner Ankunft im Dorf hatte er kaum wahrgenommen,[130] daß Hannas Körper unterhalb der Schultern, die ihm von der Porträtaufnahme 200 bekannt waren, sich etwas derb fortsetzte.[131] Nun wollte er Gewißheit haben, ob er sie liebte und lange würde lieben können; Hanna verbrachte die Nacht mit ihm über der Schmiede. Der Widerschein des Feuers ging sanft mit ihr um. Er zauberte[132] eine freundliche Landschaft ohne Schroff- heiten,[133] dahinein ragte das Oberteil der Maschine, die ein schwaches 205 Vibrieren des Fußbodens auslöste.[134] Die Schwingungen übertrugen sich[135] bis auf ihre Fußsohlen und trieben sie zu immer größerer Eile.[136] Hanna wußte nicht, ob sie lachte oder weinte, und auch dem Soldaten war wohl zumute.[137] Doch als das Feuer unter ihnen in der Schmiede erlosch,[138] sah er keinen Grund, es neu zu entfachen.[139] Er war ratlos[140] wie zuvor. 210

Am anderen Tage konnte man ihn erst allein an der Küste auf einem großen Stein sitzen sehen, dann erschien Christine. Sie war in melan- cholischer Stimmung und sprach von Abreise. Sie drehte sich um, um zu gehen, trat hinter ihn und legte die Arme um seinen Hals, ihre Knie

---

[125]**versteinerte Seeigel** fossilized sea urchins
[126]**gut erhalten** in good shape
[127]**Achtlos** Casually
[128]**schalt sich wankelmütig** rebuked himself for his fickleness
[129]**verweilte** lingered
[130]**wahrgenommen** noticed
[131]**unterhalb . . . fortsetzte** below the shoulders, which he knew from the photo, continued somewhat robust
[132]**zauberte** magically created

[133]**Schroffheiten** without any rough places
[134]**auslöste** caused
[135]**Schwingungen . . . sich** vibrations were transmitted
[136]**trieben . . . Eile** made them hurry more and more
[137]**wahr wohl zumute** felt good
[138]**erlosch** went out
[139]**neu zu entfachen** rekindle
[140]**ratlos** at a loss

schürften sich Haut an dem Steine ab.[141] Der Soldat schrie und sah, daß es  215
an der Zeit war, sich dem Schmied zu entdecken.[142] Der Schmied sang
seine Lieder in Moll, die Arbeit wuchs ihm über den Kopf,[143] die Fut-
ternte hatte begonnen.

Er schliff[144] die Messer einer Schneidemaschine und fuchtelte dem Soldaten damit vor den Augen herum.[145] Zum Teufel, sagte der Schmied, eine  220
Hochzeit ist eine Hochzeit. Er werde sie nun für ihn und Hannas Freundin
Christine ausrichten;[146] es läge an ihnen,[147] sich die notwendigen Papiere
in der Kreisstadt zu besorgen.

Der Soldat war überrascht und handelte nach den Worten des
Schmiedes. Es fand eine sehr schöne Hochzeit statt. Fast schien es, als  225
wundere sich niemand in Kosewalk darüber, daß der Soldat sich mit
Hanna verlobte und Christine heiratete. Die Leute ließen sich aus Re-
spekt vor dem Schmied dergleichen nicht anmerken.[148] Im Fischerkrug[149]
wurde eine große Tafel gedeckt,[150] die durch die geöffneten Türen ins
Freie[151] reichte. Die Zweige der Linden berührten das Tischtuch und  230
schlugen an die Schüsseln,[152] die Köstliches[153] enthielten und einen
Wildschweinbraten, vom Buchhalter beigesteuert.[154] Man brachte den
besten Appetit dazu mit, und eine Weile hörte man nichts als das Klappern der Messer und Gabeln. Aber bald begannen die Gäste, angeregt[155]
von den Getränken, zu reden, zu lachen und sogar zu johlen.[156] Die Ge-  235
sundheit der Braut wurde ausgebracht,[157] der Vorsitzende der Genossenschaft trank Hanna und ihrem Vater zu, der Schmied sang mit dem Soldaten ein zweistimmiges Lied, und der Tanz begann. Hanna war eine
gefragte Tänzerin. Konnte man ihrer Gestalt auch die Ähnlichkeit mit
der des Schmiedes nicht absprechen,[158] so verfügte sie doch über ge-  240
schmeidige Bewegungen[159] und leichte Füße. Als der Schmied einmal das
Akkordeon absetzte, verließ sie die Gesellschaft und ging geradenwegs

[141] **Knie [. . .] ab**  skinning her knees
[142] **sich [. . .] entdecken**  reveal himself
[143] **die Arbeit . . . Kopf**  he was up to his ears in work
[144] **schliff**  sharpened
[145] **fuchtelte . . . herum**  waved them around before the soldier's eyes
[146] **ausrichten**  arrange
[147] **es . . . ihnen**  it was up to them
[148] **ließen [. . .] anmerken**  did not show such feelings
[149] **Fischerkrug**  Fishermen's Inn
[150] **wurde . . . gedeckt**  a long table was set

[151] **Freie**  open
[152] **Schüsseln**  bowls
[153] **Köstliches**  delicious food
[154] **beigesteuert**  contributed
[155] **angeregt**  animated
[156] **johlen**  yell
[157] **Die Gesundheit . . . ausgebracht**  They drank a toast to the bride's health
[158] **Konnte . . . absprechen**  Although there was no denying the similarity between her figure and that of the smith
[159] **so . . . Bewegungen**  she nevertheless moved with a supple grace

über das Kopfsteinpflaster[160] durch den Schulhof an der Kirche vorbei in
die Schmiede. Sie schaltete das elektrische Licht ein und sah in den was-
serfleckigen Spiegel, der über einem so kleinen Waschbecken hing, daß      245
der Schmied die Gewohnheit angenommen hatte, sich die Hände einzeln
zu waschen. Sie setzte die Maschine, einen Fallbär, in Betrieb[161] und
legte ihre linke Hand auf die Arbeitsbühne.[162] Die Ventile ächzten,[163] das
Gewicht stieg bis in das Obergeschoß auf, verhielt[164] dort einen Augenblick, um pfeifend herabzusausen.[165] Der Schmied, der Hanna gefolgt      250
war, rührte sich nicht.[166] Mit Genugtuung[167] sah er, daß sie mit der
Rechten die Maschine blockierte, als das Gewicht um Haaresbreite über
ihrer linken Hand lag, ein Kunststück, das er früher oft zur Belustigung[168]
seiner Frau mit seiner goldenen Taschenuhr ausgeführt hatte. Er trat zu
seiner Tochter, lobte sie und betrachtete ihre Hand. Sie trug den Ver-     255
lobungsring, der jetzt eine winzige Abplattung aufwies,[169] niemand anders
als der Schmied hätte es bemerkt. Sie kehrten zu ihren Gästen zurück.
Unterwegs ging der Mond auf. Der Himmel war klar. Vom Boden aber
stieg weißer Dampf[170] auf, der an der Erde hinkroch und sie wie mit
weißen Tüchern[171] bedeckte.                                              260

---

[160] **Kopfsteinpflaster** cobble stones
[161] **setzte . . . in Betrieb** started the machine,
a drop hammer (machine for pounding metal
into shape, with a heavy weight that is raised
and then dropped on the metal)
[162] **Arbeitsbühne** work surface
[163] **die Ventile ächzten** the valves groaned
[164] **verhielt** hung
[165] **um . . . herabzusausen** and came flying
down with a whistling sound

[166] **rührte sich nicht** did not stir
[167] **Mit Genugtuung** With great satisfaction
[168] **zur Belustigung** for the amusement
[169] **winzige . . . aufwies** showed a tiny flat-
tened spot
[170] **Dampf** mist
[171] **Tüchern** sheets

# PETER BICHSEL

## Der Mann mit dem Gedächtnis

*Der Schweizer Peter Bichsel (1935–) ist vor allem dank seiner Geschichtenbücher bekannt geworden, denn er ist ein Meister der Kurzprosa. „Der Mann mit dem Gedächtnis"[1] stammt aus seinem bisher erfolgreichsten Buch, den „Kindergeschichten". Obwohl diese Texte sprachlich sehr einfach sind, sind sie weniger für Kinder als für Erwachsene gedacht. Mit dem Titel will der Autor darauf hinweisen, daß Erwachsene die Wirklichkeit in Frage stellen[2] sollten, anstatt sie einfach zu akzeptieren. „Kinder können in Fragen leben. Erwachsene leben in Antworten.", schrieb Bichsel einmal.*

*Der Erzähler der vorliegenden Geschichte kommentiert das merkwürdige Verhalten der Hauptgestalt nicht. Dadurch werden wir herausgefordert,[3] über diesen seltsamen Menschen nachzudenken. Überlegen Sie sich, warum der Mann mit dem Gedächtnis nie bei Namen genannt wird. Wie erklären Sie sich seine Besessenheit,[4] etwas zu wissen, was niemand sonst weiß? Was sind die Folgen[5] seines einseitigen Interesses? Warum kann er nicht verstehen, daß die Leute dennoch[6] mit dem Zug fahren, obwohl er ihnen alle Tatsachen über die Züge mitteilt?*

*Finden Sie, daß der Ton und die Sprache dem Inhalt angepaßt[7] sind? Was will Bichsel Ihrer Meinung nach mit dieser Geschichte sagen?*

[1] **Gedächtnis**  memory

[2] **stellen**  call

[3] **herausgefordert**  challenged

[4] **Besessenheit**  obsession

[5] **Folgen**  consequences

[6] **dennoch**  nonetheless

[7] **dem Inhalt angepaßt**  suit the content

# PETER BICHSEL

## Der Mann mit dem Gedächtnis

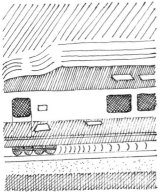

Ich kannte einen Mann, der wußte den ganzen Fahrplan auswendig,[1] denn das einzige, was ihm Freude machte,[2] waren Eisenbahnen, und er verbrachte seine Zeit auf dem Bahnhof, schaute, wie die Züge ankamen 5 und wie sie wegfuhren. Er bestaunte die Wagen, die Kraft der Lokomotiven, die Größe der Räder, bestaunte die aufspringenden Kondukteure und den Bahnhofsvorstand. 10

Er kannte jeden Zug, wußte, woher er kam, wohin er ging, wann er irgendwo ankommen wird und welche Züge von da wieder abfahren und wann diese ankommen werden.

Er wußte die Nummern der Züge, er wußte, an welchen Tagen sie fahren, ob sie einen Speisewagen haben, ob sie die Anschlüsse abwarten[3] 15 oder nicht. Er wußte, welche Züge Postwagen führen[4] und wieviel eine Fahrkarte nach Frauenfeld, nach Olten, nach Niederbipp oder irgendwohin kostet.

Er ging in keine Wirtschaft,[5] ging nicht ins Kino, nicht spazieren, er besaß kein Fahrrad, keinen Radio, kein Fernsehen, las keine Zeitungen, 20 keine Bücher, und wenn er Briefe bekommen hätte, hätte er auch diese nicht gelesen. Dazu fehlte ihm die Zeit, denn er verbrachte seine Tage im

[1] **auswendig** by heart
[2] **was . . . machte** that gave him pleasure
[3] **Anschlüsse abwarten** wait for the connections
[4] **führen** had
[5] **Wirtschaft** restaurant

Bahnhof, und nur wenn der Fahrplan wechselte, im Mai und im Oktober, sah man ihn einige Wochen nicht mehr.

Dann saß er zu Hause an seinem Tisch und lernte auswendig, las den [25] neuen Fahrplan von der ersten bis zur letzten Seite, merkte sich[6] die Änderungen und freute sich über sie.

Es kam auch vor, daß ihn jemand nach einer Abfahrtszeit fragte. Dann strahlte er übers ganze Gesicht[7] und wollte genau wissen, wohin die Reise gehe,[8] und wer ihn fragte, verpaßte die Abfahrtszeit bestimmt, denn er ließ [30] den Frager nicht mehr los, gab sich nicht damit zufrieden,[9] die Zeit zu nennen, er nannte gleich die Nummer des Zuges, die Anzahl der Wagen, die möglichen Anschlüsse, die Fahrzeiten; erklärte, daß man mit diesem Zug nach Paris fahren könne, wo man umsteigen müsse und wann man ankäme, und er begriff nicht, daß das die Leute nicht interessierte. Wenn [35] ihn aber jemand stehenließ und weiterging, bevor er sein ganzes Wissen erzählt hatte, wurde er böse, beschimpfte[10] die Leute und rief ihnen nach: „Sie haben keine Ahnung von[11] Eisenbahnen!"

Er selbst bestieg nie einen Zug.

Das hätte auch keinen Sinn, sagte er, denn er wisse ja zum voraus,[12] wann [40] der Zug ankomme.

„Nur Leute mit schlechtem Gedächtnis fahren Eisenbahn", sagte er, „denn wenn sie ein gutes Gedächtnis hätten, könnten sie sich doch wie ich die Abfahrts- und die Ankunftszeit merken, und sie müßten nicht fahren, um die Zeit zu erleben." [45]

Ich versuchte es ihm zu erklären, ich sagte: „Es gibt aber Leute, die freuen sich über die Fahrt, die fahren gern Eisenbahn und schauen zum Fenster hinaus und schauen, wo sie vorbeikommen."

Da wurde er böse, denn er glaubte, ich wolle ihn auslachen, und er sagte: „Auch das steht im Fahrplan, sie kommen an Luterbach vorbei und an [50] Deitigen, an Wangen, Niederbipp, Önsingen, Oberbuchsiten, Egerkingen und Hägendorf."

„Vielleicht müssen die Leute mit der Bahn fahren, weil sie irgendwohin wollen", sagte ich.

„Auch das kann nicht wahr sein", sagte er, „denn fast alle kommen irgend [55] einmal[13] zurück, und es gibt sogar Leute, die steigen jeden Morgen hier ein

[6]**merkte sich** memorized
[7]**strahlte . . . Gesicht** his whole face beamed
[8]**wohin . . . gehe** where that person was traveling to
[9]**gab . . . zufrieden** was not content

[10]**beschimpfte** abused
[11]**haben . . . von** don't know a thing about
[12]**zum voraus** in advance
[13]**irgend einmal** sooner or later

und kommen jeden Abend zurück—so ein schlechtes Gedächtnis haben sie."

Und er begann die Leute auf dem Bahnhof zu beschimpfen. Er rief ihnen nach: „Ihr Idioten, ihr habt kein Gedächtnis." Er rief ihnen nach: „An Hägendorf werdet ihr vorbeikommen", und er glaubte, er verderbe[14] ihnen damit den Spaß. 60

Er rief: „Sie Dummkopf, Sie sind schon gestern gefahren." Und als die Leute nur lachten, begann er sie von den Trittbrettern[15] zu reißen und beschwor[16] sie, ja nicht mit dem Zug zu fahren. 65

„Ich kann Ihnen alles erklären", schrie er, „Sie kommen um 14 Uhr 27 an Hägendorf vorbei, ich weiß es genau, und Sie werden es sehen, sie verbrauchen Ihr Geld für nichts, im Fahrplan steht alles."

Bereits versuchte er die Leute zu verprügeln.[17]

„Wer nicht hören will, muß fühlen",[18] rief er. 70

Da blieb dem Bahnhofsvorstand nichts anderes übrig, als[19] dem Mann zu sagen, daß er ihm den Bahnhof verbieten müsse, wenn er sich nicht anständig aufführe.[20] Und der Mann erschrak, weil er ohne Bahnhof nicht leben konnte, und er sagte kein Wort mehr, saß den ganzen Tag auf der Bank, sah die Züge ankommen und die Züge wegfahren, und nur hie und da[21] 75 flüsterte er einige Zahlen vor sich hin, und er schaute den Leuten nach und konnte sie nicht begreifen.

Hier wäre die Geschichte eigentlich zu Ende.

Aber viele Jahre später wurde im Bahnhof ein Auskunftsbüro eröffnet. Dort saß ein Beamter in Uniform hinter dem Schalter, und er wußte auf alle 80 Fragen über die Bahn eine Antwort. Das glaubte der Mann mit dem Gedächtnis nicht, und er ging jeden Tag ins neue Auskunftsbüro und fragte etwas sehr Kompliziertes, um den Beamten zu prüfen.

Er fragte: „Welche Zugnummer hat der Zug, der um 16 Uhr 2 an den Sonntagen im Sommer in Lübeck ankommt?" Der Beamte schlug ein Buch 85 auf und nannte die Zahl.

Er fragte: „Wann bin ich in Moskau, wenn ich hier mit dem Zug um 6 Uhr 59 abfahre?", und der Beamte sagte es ihm. Da ging der Mann mit dem Gedächtnis nach Hause, verbrannte seine Fahrpläne und vergaß alles, was er wußte. 90

[14]**verderbe** was spoiling
[15]**Trittbrettern** train steps
[16]**beschwor** begged
[17]**verprügeln** beat up
[18]**Wer . . . fühlen** If you won't listen, you'll have to learn the hard way

[19]**blieb [. . .] als** had no choice but
[20]**sich . . . aufführe** would not behave himself
[21]**hie und da** every once in a while

Am andern Tag aber fragte er den Beamten: „Wie viele Stufen hat die Treppe vor dem Bahnhof?", und der Beamte sagte: „Ich weiß es nicht."

Jetzt rannte der Mann durch den ganzen Bahnhof, machte Luftsprünge vor Freude[22] und rief: „Er weiß es nicht, er weiß es nicht."

Und er ging hin und zählte die Stufen der Bahnhoftreppe und prägte sich die Zahl in sein Gedächtnis ein,[23] in dem jetzt keine Abfahrtszeiten mehr waren. Dann sah man ihn nie mehr im Bahnhof. 95

Er ging jetzt in der Stadt von Haus zu Haus und zählte die Treppenstufen und merkte sie sich, und er wußte jetzt Zahlen, die in keinem Buch der Welt stehen.

Als er aber die Zahl der Treppenstufen in der ganzen Stadt kannte, kam 100 er auf den Bahnhof, ging an den Bahnschalter, kaufte sich eine Fahrkarte und stieg zum ersten Mal in seinem Leben in einen Zug, um in eine andere Stadt zu fahren und auch dort die Treppenstufen zu zählen, und dann weiter zu fahren, um die Treppenstufen in der ganzen Welt zu zählen, um 105 etwas zu wissen, was niemand weiß und was kein Beamter in Büchern nachlesen kann.

[22]**machte ... Freude** jumped up into the air with joy   [23]**prägte ... ein** committed the number to memory

# ALFRED
# ANDERSCH
## Jesuskingdutschke

*Alfred Andersch (1914–1980) schrieb Kurzprosa, Romane, Hörspiele, Essays und
Reiseberichte. Ein großer Teil seines Werkes läßt sich als engagierte[1] Literatur
bezeichnen. Weil Andersch in der kommunistischen Jugendorganisation Bayerns
aktiv gewesen war, saß er einige Monate im Konzentrationslager Dachau. Als
Linksintellektueller sympathisierte er viele Jahre später mit der
Studentenbewegung,[2] wie „Jesuskingdutschke"[3] beweist.*

*Diese Geschichte spielt im April 1968 in Berlin an einem Tag, an dem eine
große Anti-Springer[4] Demonstration stattfand. Damals erreichte die*

[1] **engagierte** socially and politically committed

[2] **Studentenbewegung** The student movement began in the early 60s; its participants were
mostly middle class students with Marxist leanings who were disillusioned with the materialism
and historical "amnesia" of their parents. Its core was the *Sozialistische Deutsche Studentenbund*
(SDS). The Social Democratic Party in West Germany expelled the SDS in 1961 because its
members had become too radical. The SDS in Berlin called for a democratization of the
university and demanded the establishment of an *Außerparlamentarische Opposition* (APO). Its
members felt that parliamentary democracy as it was practiced in the FRG amounted to
government by manipulation. After the Berlin police charged demonstrators protesting the visit
of the Shah of Iran on June 2, 1967 and killed one person, the movement was taken over by
extremists most of whom advocated the use of force. The student movement radically changed
West German society; whereas avoidance of conflict, a value firmly rooted in German history,
had been the ideal, the student movement made dissent a powerful social force.

[3] **Jesuskingdutschke** The title refers to the names Jesus Christ, Dr. Martin Luther King, and Rudi
Dutschke. The American civil rights leader was assassinated on April 4, 1968. Dutschke, one of the
leaders of the student movement, was seriously wounded in an assassination attempt April 11, 1968.

[4] **Springer** The powerful conservative press, Axel Springer Verlag, sharply criticized student
protest and violence whereas the liberal media largely condoned or sympathized with the
students' cause. The leaders of the student revolution blamed the inflammatory Springer
*Bild-Zeitung* for creating a climate of hatred towards the protesters. With the slogan *enteignet*
(expropriate) *Springer*, the students tried in vain to win the workers over to their cause.

159

*Studentenbewegung ihren Höhepunkt, und die Frage der Gewalt[5] bzw.[6] der Gewaltlosigkeit als Instrument des sozialen Wandels[7] wurde viel diskutiert. Sie beschäftigt[8] auch die drei Hauptgestalten dieser Geschichte. Nach eigenen Angaben[9] hat Andersch versucht, diese Frage möglichst objektiv zu behandeln, was bedeutet, daß er sie offen läßt.*

*In was für einer Konfliktsituation befindet sich Leo? Warum kommt er immer wieder auf sein Verhalten während der Demonstration zurück, und wie versucht er es zu rechtfertigen?[10] Wie verstehen Sie Leos Entschluß am Ende der Geschichte?*

*Wie reagieren Leo, Carla und Marcel auf die Mauerinschrift? Sehen Sie eine Verbindung zwischen Carlas Erwähnung von Bucharins Verhalten kurz vor seiner Hinrichtung[11] und ihrer Reaktion auf die Mauerinschrift? Meinen Sie, Carlas Reaktion ist dadurch bedingt,[12] daß Sie Frau und Medizinerin ist?*

*Was für einen Einfluß auf Carla und Leo haben ihre Väter? Wie unterscheiden sich diese Männer von den meisten deutschen Bürgern hinsichtlich der revolutionären Studenten? Denken Sie an das Verhalten des Taxifahrers und des Polizisten. Was will Marcel mit seinen sprachsoziologischen Untersuchungen beweisen?*

*Was in der Geschichte spricht Ihrer Meinung nach für die Anwendung[13] von Gewalt, und was spricht dagegen?*

[5] **Gewalt**  force, violence
[6] **bzw.**  or rather
[7] **Wandels**  change
[8] **beschäftigt**  preoccupies
[9] **Nach . . . Angaben**  According to his own statement
[10] **rechtfertigen**  justify
[11] **Hinrichtung**  execution
[12] **dadurch bedingt**  conditioned by the fact
[13] **Anwendung**  use

# ALFRED
ANDERSCH

## Jesuskingdutschke

Für Walter Heist[1]
„Das ist nur eine Platzwunde", sagte Carla, während sie Marcels Schädeldecke[2] untersuchte. „Nur oberflächlich."

Sie schob seine schwarzen Haare auseinander und prüfte den Verlauf der Wunde, so   5
gut es im Licht der Laterne ging. Marcel stand an den Lampenpfahl gelehnt, Blut rann ihm in zwei Bahnen über das Gesicht, er wischte es vorsichtig weg, wenn es ihm in die Augen drang.[3]   10

„Er muß verbunden werden", sagte Carla zu Leo. „Am besten bei mir in der Klinik. Ob wir hier irgendwo ein Taxi auftreiben?"[4]

Carla war Medizinstudentin. Sie diente gerade ein Praktikum ab,[5] im Moabiter Krankenhaus.

„Du solltest erst einmal nach Hause, dich umziehen", sagte Leo. „Du   15
mußt ja bis auf die Haut naß sein."

Sie schüttelte den Kopf. „Nicht nötig", sagte sie, „der Mantel hat das meiste abgehalten. Ich hab in der Klinik Sachen zum Wechseln."

Ihre Haare, die genauso schwarz waren wie die von Marcel, klebten ihr am Kopf.[6] Sie trug einen hellen Regenmantel, der mit einem Gürtel ge-   20
schlossen war.

---

[1] **Walter Heist**  Journalist and cultural critic who admired Andersch' political commitment
[2] **Schädeldecke**  top of the skull
[3] **drang**  got

[4] **Ob [. . .] auftreiben**  I wonder whether we can get hold of
[5] **diente . . . ab**  was just doing an internship
[6] **klebten . . . Kopf**  was plastered to her head

Während sich Leo zwang, das Blut zu betrachten, wie es in Marcels Bart sickerte,[7] hörte er hinter sich die Schritte der Demonstranten, die durch die Kochstraße[8] abzogen. Sie liefen nicht mehr, weil die Polizei nur bis zur Ecke Charlottenstraße angegriffen hatte. Der Wasserwerfer dort war noch immer in Tätigkeit,[9] obwohl die Straße schon leer war. Leo, sich von Marcel und Carla abwendend, sah dem Strahl zu, wie er von den Scheinwerfern jenseits der Mauer illuminiert wurde. Plötzlich wurde er abgedreht. Sekundenlang herrschte nichts als[10] Schweigen und der schwarze Glanz[11] der nassen Fahrbahn. Dann erst wurden die Polizisten im Hintergrund der Straße sichtbar, es wimmelte von ihnen,[12] nichts wie[13] Helme und Mäntel um das Pressehaus, hinter dessen Fenstern alle Lichter brannten. Ungefähr hundert Meter vor dem Wasserwerfer, fast schon an der Ecke zum Checkpoint Charlie, lag ein Mann auf dem Bürgersteig, mit dem Gesicht nach unten. Ein Zivilist, anscheinend ein Arzt, den die Polizisten durchgelassen hatten, die in mehreren Ketten den Sektorenübergang zernierten,[14] ging auf den Liegenden zu.

Möglich, daß trotz der Tumulte ein paar Taxis vor der U-Bahn-Station Kochstraße stehen, dachte Leo, aber in diese Richtung gehen hieße der Polizei direkt in die Fänge[15] laufen.

„Kommt!" sagte er. „Am Askanischen Platz gibt es Taxis."

Sie waren unter[16] den letzten, die den Schauplatz verließen. Als sie durch die Anhalter Straße gingen, war die Nacht irgendeine April-Nacht in Berlin, kühl und leer. Jedesmal, wenn sie in einen Lichtkreis gerieten, stellte Leo fest, daß Carla Marcel aufmerksam beobachtete; offenbar befürchtete sie, das Blut würde auf einmal zu quellen[17] beginnen, hell und in Strömen.

Am Grün-Rondell des Askanischen Platzes stand eine einzige Taxe. Der Fahrer hatte einen Arm aufs Steuerrad gestützt und den Kopf in die Hand gelegt, er schien zu schlafen, aber als Leo schon die Hand am Türgriff hatte, sagte er, ohne seine Stellung zu verändern: „Lassen Se man die Pfoten wech![18] Ick fahre keene[19] Studenten."

---

[7]**sickerte** was seeping
[8]**Kochstraße** The *Pressehaus* of the Springer Verlag is located there.
[9]**in Tätigkeit** in operation
[10]**herrschte nichts als** there was nothing but
[11]**Glanz** glow
[12]**es ... ihnen** there were swarms of them
[13]**nichts wie** nothing but

[14]**die ... zernierten** who had cordoned off the zone crossing with several human chains
[15]**Fänge** clutches
[16]**unter** among
[17]**quellen** gush
[18]**Lassen ... wech!** [Sie ... weg.] You'd better keep your paws off!
[19]**Ick ... keene** [Ich ... keine]

Wie immer, wenn ihm etwas Derartiges zustieß,[20] dachte Leo zuerst
einmal an seine Bärenkräfte, daran, daß viele seiner Bekannten ihn einen
Bullen[21] nannten. So, wie er gebaut war, würde er den Mann mit einem      55
einzigen Griff aus seinem Auto heben. Aber als er schon nach der Türe
neben dem Fahrersitz greifen wollte, fiel ihm ein, wie er vor einer halben
Stunde versäumt[22] hatte, den Schlag abzuwehren,[23] der Marcels Kopf
getroffen hatte.

   „Wir haben einen Verletzten bei uns", sagte Carla. „Er muß so schnell    60
wie möglich behandelt werden."

   Der Mann gab keine Antwort, sondern kurbelte nur das Wagenfenster
hoch.[24] Sie sahen, wie er nach dem Mikrophon seines Sprechfunkgeräts[25]
griff.

   „Gehen wir zum Halleschen Tor!" schlug Leo vor. „Mit der U-Bahn bis      65
Wedding und dann umsteigen nach Putlitzstraße."

   „Und dort müssen wir noch mal in die U-Bahn umsteigen", sagte Carla.
„Wenn wir zu Fuß durch den Tiergarten gehen, sind wir schneller da." Leo
mußte ihr recht geben. Er wäre nur gerade jetzt gerne mit der U-Bahn vom
Halleschen Tor nach Wedding gefahren. Auf dieser Strecke fuhren die         70
Züge unter der Friedrichstraße längs durch Ost-Berlin, ohne zu halten. Das
Licht in den meisten fast leeren Waggons wurde schwächer, man saß in
einer achromatischen Dämmerung, in der die Stationen auftauchten, gelb
gekachelte[26] Wolken. Stadtmitte, Französische Straße, Oranienburger Tor.
Auf den Bahnsteigen standen immer zwei Volkspolizisten[27] nebeneinander,   75
die Gewehre über die Schultern gehängt.

   Sie gelangten an den Landwehrkanal, wandten sich nach rechts. Reichs-
pietschufer, las Leo. Die Nacht sollte eigentlich nach Mord riechen, dachte
er, nach Köbis[28] und Reichspietsch,[29] nach Liebknecht[30] und Luxemburg,[31] von Rechts wegen[32] sollte sie eine nach Hilfe schreiende Nacht   80

---

[20]**ihm . . . zustieß** such things happened to
him
[21]**Bullen** sl.: bruiser
[22]**versäumt** neglected
[23]**abzuwehren** to ward off
[24]**kurbelte [. . .] hoch** rolled up
[25]**Sprechfunkgeräts** two-way radio
[26]**gekachelte** tiled
[27]**Volkspolizisten** members of the People's
Police (GDR)
[28]**Köbis** Albin Köbis (1892–1917), a sailor and
leader of the sailor uprising of 1917, was executed because of his revolutionary activities.

[29]**Reichspietsch** Max Reichspietsch (1894–
1917), a sailor in the German navy, was shot to
death for his role in inciting the sailors' unrest
in 1917.
[30]**Liebknecht** Karl Liebknecht (1871–1919) was
a radical socialist and leader of the Spartacus
League. He instigated the January uprising in
1919 in Berlin and was shot to death.
[31]**Luxemburg** Rosa Luxemburg (1875–1919),
together with Liebknecht, led the Spartacus
uprising in Berlin during which she was mur-
dered.
[32]**von Rechts wegen** by rights

sein, aber sie war nur schlecht beleuchtet und aprilen, das Wasser des
Kanals stand dicht und nichtssagend zwischen den hellen Steinböschun-
gen,[33] manchmal fuhr ein Auto durch die schwach sich bewegenden
Lichtkreise, die auf dem Boden der Uferstraße lagen.

Rechts stand jetzt wieder die Mauer, manchmal nur als kurzes Verbindungsstück zwischen den Wänden von Lagerhäusern, dann wieder in län- 85
geren Fronten. Sie folgten ihr, indem sie in die lange verlassene Straße nach
Norden einbogen, die Linkstraße. Hinter der Mauer ein diffuser Lichtschein; das machte die Seite, auf der sie gingen, noch dunkler.

In der Linkstraße tat Marcel zum erstenmal wieder den Mund auf. 90
„Lukács[34] Kritik an Bucharin[35] ist doch falsch", sagte er. „Bucharin
hat einiges schon damals gesehen, was Lukács eben noch nicht gesehen
hat."

„Sag mal", fragte Leo, „hast du etwa den Bucharin aufgetrieben?"

„Ja", sagte Marcel, „bei dem Antiquar in der Flensburger Straße. Ich 95
dachte, ich seh nicht recht. Die deutsche Ausgabe[36] von 1922."

„Mensch!" sagte Leo. „Wann kann ich sie kriegen?"

„Vorläufig[37] noch nicht. Wir machen erst mal ein Seminar darüber."

Marcel studierte Soziologie. Nachdem das Institut aufgeflogen[38] war,
bestimmten die Studenten einstweilen[39] die Seminar-Themen. 100

„Bucharin sieht als einziger die Rolle der Technologie", erklärte Marcel.
„Er sagt: Jedes gegebene System der gesellschaftlichen Technik bestimmt
auch das System der Arbeitsverhältnisse zwischen den Menschen. Und
gerade deswegen greift Lukács ihn an. Er behauptet, Bucharin identifiziere
die Technik mit den Produktivkräften . . ." 105

„Was nicht einmal so falsch wäre." Leo unterbrach ihn. „Bei uns in der
Architektur sind beide identisch, möchte ich behaupten."

„Na schön", sagte Marcel, „aber Bucharin geht nicht einmal soweit. Er
sagt nur, daß die Entwicklung der Gesellschaft von der Entwicklung der
Technik abhängt. Und Lukács nennt das einen falschen Naturalismus." 110

Sie hörten plötzlich auf zu sprechen, weil ein Polizei-Jeep neben ihnen

[33] **Steinböschungen** stone banks
[34] **Lukács** György Lukács (1885–1971) was a
Hungarian Marxist philosopher, writer, and literary critic who influenced the mainstream of
Communist thought during the first half of the
twentieth century.
[35] **Bucharin** Nikolay Ivanovich Bucharin
(1888–1938) was a member of the Politburo and
wrote several theoretical economic works. In

1937 he was expelled from the Communist Party
for being a Trotskyite. He was falsely accused
of counterrevolutionary activites, found guilty,
and executed.
[36] **Ausgabe** edition
[37] **Vorläufig** For the time being
[38] **aufgeflogen** folded
[39] **einstweilen** for the time being

hielt. Der Polizist, der neben dem Fahrer saß, sprang heraus und kam auf
sie zu.

„Darf ich um Ihre Ausweise bitten!" sagte er.

„Warum denn?" fragte Leo. „Dürfen wir hier nicht gehen?"                    115

„Wenn Sie Schwierigkeiten machen wollen, können Sie gleich einstei-
gen!" sagte der Beamte.

Leo holte seinen Berliner Personalausweis heraus und reichte ihn dem
Mann. Als Studenten waren sie daran gewöhnt, ohne Grund kontrolliert zu
werden; sie trugen darum immer Ausweispapiere bei sich.                      120

Der Polizist sah Marcel an. „Was ist denn mit Ihnen los?" fragte er.

„Er ist gestürzt und hat sich den Kopf aufgeschlagen",[40] sagte Carla.

„So", sagte der Polizist. „Einfach so gestürzt."

„Nein", sagte Carla, „nicht einfach so gestürzt, sondern gestürzt. Das gibt
es. Ich arbeite im Moabiter Krankenhaus, und wir bringen ihn gerade        125
dorthin." Sie gab ihm ihren westdeutschen Paß. Er zog ein Notizbuch
hervor und begann, ihre Namen einzutragen.[41]

„Sie haben nicht das Recht, uns aufzuschreiben", sagte Leo.

„Sie würden sich wundern, wenn Sie wüßten, wozu ich das Recht habe",
erwiderte er, ganz ruhig.                                                    130

Leo spürte, wie Carla ihre Hand auf seine Schulter legte.

„Keine Angst", sagte er laut. „Ich tu ihm schon nichts."

Der Polizist sah ihn an. „Sie sollen vorhin einen Taxifahrer bedroht
haben",[42] sagte er.

„Das ist nicht wahr", sagte Carla. „Er hat sich geweigert,[43] uns zu fahren, 135
und wir haben kein Wort gesagt und sind weggegangen. Kein Wort! Obwohl er gesagt hat, daß er Studenten nicht fährt." Sie schrie es fast.

Nicht einmal dieser Polizist überhörte es, daß sich hier jemand sein
Recht holen wollte. Er ließ von Leo ab.

„Ihren Ausweis noch!" sagte er zu Marcel, während er Carla und Leo die 140
Papiere zurückgab.

Als er Marcels Schweizer Paß sah, wurde er beflissen.[44] „Wir bringen Sie
zur nächsten Unfallstation, wenn Sie es wünschen", sagte er.

„Ich wünsche", sagte Marcel, „daß Sie auch meinen Namen noch in Ihr
Buch schreiben."                                                             145

„Das ist nicht nötig", erwiderte er.

---

[40] gestürzt . . . aufgeschlagen  fell and cut his
head
[41] einzutragen  to write down

[42] Sie [. . .] haben  I was told you threatened
[43] sich geweigert  refused
[44] beflissen  accommodating

Marcel schnappte seinen Paß von den Fingern des Polizisten weg, drehte sich um und ging weiter.

Den Kerl einfach stehenlassen war nicht nur ein guter Abgang gewesen, dachte Leo, als er und Carla Marcel folgten, sondern auch die beste Taktik. Wer weiß, was alles passiert wäre, wenn ich noch lange diesem Polypen[45] gegenübergestanden hätte. Ach was, dachte er sofort, das ist Angabe.[46] Ich bin ein Angeber. Gar nichts wäre passiert. Und Marcel weiß es vielleicht. Wenn er vorhin, ehe er den Schlag bekam, noch fähig gewesen ist zu beobachten, was um ihn herum vorging, dann müßte er es wissen. Dann ist er vielleicht so schnell weggegangen, weil es ihm peinlich war, mit anzuhören, wie ich eine Lippe riskierte. Eine Lippe und sonst nichts.[47]

Aber Marcel schien an ganz anderes zu denken. Noch während sie hörten, wie der Jeep hinter ihnen wendete und wegfuhr—das Geräusch hörte sich an wie ein Fluch, der in der Nacht verklang—,[48] setzte er schon ihr Gespräch fort.

„Bucharin hat bestritten,[49] daß man die Geschwindigkeit der gesellschaftlichen Prozesse voraussagen kann", berichtete er. „Er wollte aus der Soziologie eine Naturwissenschaft machen. Man muß das mal durchdiskutieren. Übrigens sind die meisten bei uns schon gegen ihn. Er ist ihnen zu vorsichtig. Manche sagen sogar, er sei ein Pessimist. Sie stimmen Lukács zu, der natürlich ganz genau das Gefährliche an Bucharin erkannt hat und ihn mit Lenin niederknüppelt.[50] Es gibt Revolutionäre, die zu beweisen versuchen, daß es keinen Ausweg der Lage gibt. Dies ist ein Fehler. Unbedingt aussichtslose[51] Lagen gibt es nicht."

„Hat Lenin das gegen Bucharin gesagt?" fragte Leo.

„Ach wo, keine Rede.[52] Lukács zitiert es einfach aus irgendeiner Ansprache[53] Lenins, die mit Bucharin gar nichts zu tun hat. Aber es ist genial zitiert."

Er blieb plötzlich stehen.

„Leo", fragte er, „sind wir in einer unbedingt aussichtslosen Lage?"

„Im Gegenteil",[54] antwortete Leo, „denk doch nur mal daran, was wir schon alles in Gang gebracht haben.[55] Mit nichts als ein bißchen Rabatz[56]

---

[45]**Polypen** sl.: cop
[46]**Angabe** bragging
[47]**eine . . . nichts** shooting off my mouth. Just my mouth, nothing else.
[48]**Fluch . . . verklang** curse fading away in the night
[49]**bestritten** denied

[50]**niederknüppelt** bludgeons
[51]**Unbedingt aussichtslose** Totally hopeless
[52]**Ach . . . Rede.** Hell no!
[53]**Ansprache** speech
[54]**Im Gegenteil** On the contrary
[55]**in Gang gebracht haben** set in motion
[56]**Rabatz** hullabaloo

in den Universitäten und mit ein paar Demonstrationen. Wir fangen doch
grade erst an." 180

Er hatte geantwortet, ohne sich zu besinnen,[57] und doch schien es ihm
sogleich, als sei er nicht ganz ehrlich gewesen, als habe er Marcel nur
beschwichtigen[58] wollen. Aber es war wirklich seine Ansicht, er hatte nicht
nur Marcel zuliebe,[59] auf dessen Gesicht sich das Blut schon zu verkrusten
begann, so dahergeredet. Um ihn abzulenken,[60] sagte er, während sie schon 185
weitergingen: „Nu laß man Lukács zufrieden![61] Er hat sehr gute Sachen
geschrieben. Kennst du ‚Erzählen oder Beschreiben‘?"

Als Marcel verneinte, wollte Leo ihm die Vorzüge von Lukács ‚Erzählen
oder Beschreiben‘ auseinandersetzen,[62] aber Carla unterbrach ihn.

„Wißt ihr eigentlich", fragte sie, „wie Bucharin umgekommen ist?" 190
„Natürlich wissen wir das", antwortete Leo. „Stalin, die Schauprozesse[63]
und so weiter."

„Wörter", sagte Carla. „Leere Sprachhülsen:[64] Stalin, Schauprozesse."
„Was willst du damit sagen?"

„Bucharin hat sich vor Gericht als verbrecherischen Charakter bezeich- 195
net. Er hat Trotzki[65] verleugnet.[66] Am Morgen seiner Erschießung mußte
man ein wimmerndes[67] Stück Fleisch aus der Zelle ziehen. Noch das
Exekutionskommando hat er um sein Leben angebettelt."[68]

„Unsinn", sagte Marcel. „Lies Merleau-Ponty,[69] wenn du wissen willst,
wie der Prozeß gegen Bucharin verlief!" 200

„Ich habe ihn gelesen", antwortete Carla heftig.[70]

Während sie sich stritten, begann Leo einen Stein zu kicken, der vor ihm
auf der Straße lag. Er mußte einfach etwas tun. Diese Nacht wurde zur
reinsten[71] Katastrophe. Er rannte eine Weile hinter dem Stein her, kickte
ihn immer weiter, dann blieb er stehen und wartete. 205

„Warum bist du eigentlich bei uns?" hatte er Carla einmal gefragt, kurz
nachdem er sie kennengelernt hatte, vor ungefähr einem Jahr. Sie hatte ganz

---

[57]**ohne ... besinnen** without a moment's thought
[58]**beschwichtigen** appease
[59]**zuliebe** for the sake of
[60]**abzulenken** to distract
[61]**Nu [nun] ... zufrieden!** Don't be so hard on L.!
[62]**Vorzüge [...] auseinandersetzen** explain the merits
[63]**Schauprozesse** show trials
[64]**leere Sprachhülsen** empty words

[65]**Trotzki** Leon Trotsky (1879–1940) was Stalin's chief political rival.
[66]**verleugnet** disowned
[67]**wimmerndes** whimpering
[68]**um [...] angebettelt** begged for
[69]**Merleau-Ponty** Maurice Merleau-Ponty (1908–1961) was a philosopher who in the 40s wrote essays defending Soviet communism.
[70]**heftig** vehemently
[71]**wurde zur reinsten** was turning into a real

klare Auskünfte geben können. Ihr Vater, Chefarzt an einer Klinik in
Duisburg, Chirurg—auch Carla wollte Chirurgin werden—, war in seiner
Jugend einmal kurze Zeit in einem Konzentrationslager gewesen. Er hatte    210
Carla eine ziemlich primitive, aber wirksame Theorie des Widerstandes
beigebracht. „Wir haben damals alle gekuscht",[72] pflegte er zu sagen,[73]
„alle, ohne Ausnahme. Wir ließen uns einfangen wie die Hasen. Niemand,
ich wiederhole: niemand ist auf die Idee gekommen, daß man gegen Gewalt
Gewalt setzen könnte. Niemand hat gekämpft, ich meine wirklich ge-        215
kämpft, mit der Waffe in der Hand. Es ist doch aussichtslos, hieß es immer.
Du bist nur ein Mädchen, Carla, aber halte dich an die,[74] die kämpfen,
wenn sie vor der Gewalt stehen!" Der alte Herr—er war übrigens erst in
den Fünfzigern—verhielt sich auch jetzt konsequent;[75] er schrieb seiner
Tochter verständnisvolle Briefe, diskutierte mit ihr jedoch taktische Fra-   220
gen, um sie vor ausgesprochenen Dummheiten zu bewahren.[76] Carla ist ein
klarer Fall, dachte Leo, sie besitzt ein perfektes Über-Ich, ihren Vater. Auf
Carla ist Verlaß.[77] Auf Carla ist mehr Verlaß als auf alle, die zu uns
kommen, weil sie ihre Eltern spießig[78] finden.

Sie gingen noch immer an der Mauer entlang, aber schräg links von     225
ihnen lag jetzt die Philharmonie, Scharouns steinernes Zelt,[79] das Leo stets
bewunderte, wenn er es erblickte. Von weißem Licht umsponnen,[80] machte
es die Mauer zu irgendeiner Mauer.

„Entschuldigt", sagte Marcel, „aber ich glaube, ich muß mich mal eben
einen Moment hinsetzen."                                                    230

Er setzte sich auf das Trottoir.[81] Carla kniete sofort neben ihm.

„Leg dich hin", sagte sie, „und atme ein paarmal tief durch!"[82]

Er streckte sich aus, und Carla schob ihren Arm unter seinen Kopf. Leo
sah ihre nassen Strümpfe und Schuhe.

„Herrgott, Carla, du holst dir noch was",[83] sagte er.                    235

Sie schüttelte nur den Kopf und beobachtete Marcels Atemzüge, während sie seinen Kopf hoch stützte, damit die Wunde nicht wieder zu bluten
begann.

---

[72] **haben [...] gekuscht** knuckled under
[73] **pflegte ... sagen** he was in the habit of
saying
[74] **halte ... die** stick with those
[75] **verhielt [...] konsequent** behaved consis-
tently
[76] **vor ... bewahren** protect her from grossly
foolish things
[77] **Auf ... Verlaß.** Carla is reliable.
[78] **spießig** petit bourgeois, narrow-minded

[79] **Scharouns ... Zelt** stone tent (Hans Bern-
hard Scharoun was the architect who designed
the famed hall for the Berlin Philharmonic Or-
chestra (1963). It looks somewhat like a tent.)
[80] **umsponnen** illuminated
[81] **Trottoir** sidewalk
[82] **atme ... durch** take a couple of deep
breaths
[83] **holst ... was** you'll catch your death

Leo schlenderte umher.[84] Es war ihm peinlich, daß er nichts zu tun hatte. Nach einer Weile entdeckte er die Schrift an der Mauer. Die Mauer war 240 hier von der Philharmonie her schwach ausgeleuchtet.[85]

„Menschenskinder", rief er, „kommt mal her!"

Marcel hatte sich schon wieder aufgesetzt. Carla stützte ihn beim Aufstehen. Sie gingen dorthin, wo Leo stand. Gemeinsam lasen sie die Inschrift JESUSKINGDUTSCHKE, die irgend jemand mit dicker roter Kreide in 245 einer Zeile und in Großbuchstaben auf die Mauer geschrieben hatte. Da er zwischen den drei Namen keinen Raum gelassen hatte, war aus ihnen ein einziger Name geworden.

„Es gibt doch Irre unter uns",[86] sagte Leo. Er lachte auf.

Die beiden anderen blieben stumm. Nach einer Weile sagte Carla: 250 „Weißt du, so irre finde ich das gar nicht."

Marcel starrte finster[87] auf die Buchstaben.

„Alle diese Apostel der Gewaltlosigkeit!" sagte er.

„Na, Dutschke kannst du doch nicht zu denen rechnen", wandte Leo ein.[88] „Hör mir mit Dutschke auf!" sagte Marcel. „Er quatscht immer nur[89] 255 vom langen Marsch durch die Institutionen.[90] Mehr ist ihm bis jetzt nicht eingefallen."

Leo war bereit, über Gewalt und Gewaltlosigkeit zu diskutieren, aber als er sich zum Gehen wandte, erblickte er das Taxi, das auf dem Kemperplatz, neben der Philharmonie stand. Er hechtete los.[91] 260

Im Auto sackte Marcel zusammen; mit geschlossenen Augen lehnte er in seiner Ecke.

Leo saß vorne neben dem Fahrer. Er drehte sich halb um und streckte seinen Arm nach rückwärts aus, aber Carla ergriff seine Hand nicht.

„Nicht", sagte sie leise, „nicht jetzt." 265

Im Tiergarten war es dunkel. Es war fast so, als führen sie bei Nacht durch eine offene Landschaft.

Leo zog seinen Arm zurück und setzte sich gerade hin. Er hatte heute schon einmal seinen Arm zurückgezogen.

Er sah wieder den Polizisten auf Marcel zukommen, der noch immer 270 methodisch und selbstvergessen Steine warf, auch als die Polizei schon angriff und alle liefen. Es war ganz richtig, daß sie liefen, und außerordent-

---

[84] **schlenderte umher** strolled around
[85] **schwach ausgeleuchtet** dimly lit
[86] **Irre unter uns** crazy people amongst us
[87] **finster** grimly
[88] **wandte . . . ein** Leo objected
[89] **Er . . . nur** All he ever does is talk nonsense

[90] **langen . . . Institutionen** slogan coined by Dutschke (It refers to the systematic infiltration of the infrastructure of West German society. D. wavered between advocating non-violent means of changing society and the use of force.)
[91] **hechtete los** ran for it

lich dumm von Marcel, daß er stehenblieb und weiter Steine warf. Der
Polizist rannte mit erhobenem Knüppel[92] auf Marcel zu, und als er heran
war, hätte es eines einfachen Handgriffs von Leo, der neben Marcel stand,    275
bedurft, um ihn außer Gefecht zu setzen.[93] Leo hätte nur den zum Schlag
erhobenen Unterarm packen und den ganzen Arm mit einer kurzen, eisern
drehenden Bewegung aus dem Schultergelenk kugeln[94] müssen: der Mann
hätte sich brüllend vor Schmerzen am Boden gewälzt.[95] Er hatte es nicht
getan. Zwar hatte er seinen Arm ausgestreckt, aber zu langsam, in einer    280
berechnet langsamen Geste, von der er wußte, daß sie zu spät kommen
würde, und die damit endete, daß er nicht den Polizisten, sondern Marcel
am Arm ergriff, nachdem der Schlag ihn getroffen hatte, daß er Marcel
herumriß, ihn nach hinten stieß, schleifte,[96] trug, bei welchem Geschäft ihn
übrigens die Polizisten in Ruhe ließen. Leo war es schon gewohnt, daß sie    285
ihn nicht angriffen. Er war fast zwei Meter groß, von Gestalt ein Athlet, ein
federnder Riese.[97] Er war kein Bulle. Er war aktiver Sportler, hatte sich auf
Kugelstoßen[98] und Hammerwurf spezialisiert; der Trainer beschwor[99] ihn,
sich weniger mit Politik zu befassen, er sagte, wenn Leo sich ganz auf
Kugelstoßen konzentrieren würde, wäre er in einem Jahr in der Weltklasse.    290
Leo trug seine blonden harten Haare kurz geschnitten; mit seinem crew-cut
und infolge der Art, in der seine Backenmuskeln sein Gesicht umrissen,[100]
hielten ihn fast alle zuerst für einen Amerikaner.

   „Es war fabelhaft von dir“, hörte er Carla sagen, „daß du bei Marcel
geblieben und ihn herausgeholt hast.“    295
   Er atmete auf.[101] Sie hatte also nicht beobachtet, was wirklich geschehen
war. Außerdem stimmte es ja: er war bei Marcel geblieben. Nur daß er da
Angst bekommen hatte, ganz gewöhnliche physische Angst, und nicht einmal besinnungslose[102] sondern klare Angst. Er hatte haarscharf[103] berechnet, was kommen würde, wenn er den Angreifer entwaffnet hätte: sie hätten    300
sich zu fünft, zu zehnt auf ihn gestürzt[104] und ihn total zusammengeschla-
gen. Und Marcel dazu. Den Schlag auf Marcels Kopf zuzulassen, war das
kleinere Übel gewesen. Der ganze Prozeß war in seinem Bewußtsein ab-

---

[92] **mit ... Knüppel**  with upraised club
[93] **hätte [...] setzen**  all it would have taken to
put him out of commission was a simple motion
on Leo's part
[94] **aus ... kugeln**  twisted it out of its socket
[95] **hätte ... gewälzt**  would have writhed on
the ground screaming with pain
[96] **schleifte**  dragged
[97] **ein federnder Riese**  a jaunty giant

[98] **Kugelstoßen**  shot put
[99] **beschwor**  begged
[100] **umrissen**  framed
[101] **atmete auf**  breathed a sigh of relief
[102] **besinnungslose**  blind
[103] **haarscharf**  exactly
[104] **hätten ... gestürzt**  five or ten of them
would have pounced on him

gelaufen. Es war, wie wenn er manchmal die Kugel nicht stieß, sondern aus seiner Handfläche in den Sand abrollen ließ, weil er festgestellt hatte, daß er nicht richtig atmete oder das rechte Bein nicht kraftvoll genug belastet hatte.[105] 305

Die Lichtertürme des Hansaviertels. Die S-Bahn-Unterführung. Vor der Klinik mußten sie Marcel überreden,[106] auszusteigen. „Laßt mich doch sitzen", sagte er, „es ist so schön hier!" Carla sah besorgt aus. 310

Das Ambulatorium war ein fast leerer Raum. In der Praxis hat sich ergeben, dachte Leo, daß man in einem solchen Raum nicht mehr braucht als ein Untersuchungslager[107] auf Rollen, einen Medikamentenschrank, drei Stühle. Er saß neben Marcel, weil Carla, als sie gegangen war, gesagt hatte: „Setz dich neben ihn! Es könnte sein, daß er umkippt."[108] Er dachte 315 über rein funktionelle Räume nach. Dieses Untersuchungslager, dieser Medikamentenschrank erinnerten an nichts weiter als daran, daß sie ein Untersuchungslager, ein Medikamentenschrank waren. Solche Dinge, ein solcher Raum entsprachen seiner Vorstellung von Architektur—von Häusern und Räumen, die sich selbst definierten. Sie waren keine Fetische. 320

„Mir ist grausig schlecht!"[109] Marcel sagte es so selbstvergessen, daß er Schweizerdeutsch sprach; er sagte „gruusig", und das ch in schlecht brachte er ganz als Rachenlaut hervor.[110] Leo sah sein bleiches Gesicht.

Gott sei Dank kam Carla jetzt zurück. Sie brachte einen Arzt mit. Obwohl sie nur ein paar Minuten weggewesen war, hatte sie es fertiggebracht,[111] sich völlig zu verändern. Sie trug jetzt einen weißen Kittel[112] und 325 Turnschuhe, sie hatte ihre Haare getrocknet und gekämmt und dazu noch den Arzt aufgetrieben.[113] Leo hatte sie noch nie in ihrer Arbeitsumgebung gesehen. Sie wirkte hier geschlossener, kompakter, fester als sonst. Er hätte sie gerne angefaßt. 330

Der Arzt war ein großer Leptosomer[114] und infolgedessen sich ein wenig gebeugt haltender Mann, um die Vierzig. Er ging sofort auf Marcel zu, stellte keine Fragen, sah sich nur die Wunde an, betastete[115] sie und beobachtete Marcels Reaktionen. Leo hatte den Eindruck, daß Marcel dem Arzt sympathisch war. Marcel war allgemein beliebt. Er war schon ein Jahr 335

[105] **nicht . . . hatte** had not put enough weight on
[106] **überreden** persuade
[107] **Untersuchungslager** examination table
[108] **umkippt** falls over
[109] **Mir . . . schlecht!** I feel terrible!
[110] **brachte . . . hervor** he said with a real guttural ch

[111] **fertiggebracht** managed
[112] **Kittel** coat
[113] **dazu . . . aufgetrieben** what's more, she had managed to find the doctor
[114] **Leptosomer** thin person
[115] **betastete** felt

in Berlin, aber er sah immer noch so aus, als käme er direkt aus dem Café Odeon in Zürich. Obwohl er seinen Bart ziemlich struppig[116] wachsen ließ, obwohl er sich große Mühe gab zu verwildern,[117] wirkte er hübsch.[118] Sogar jetzt noch, dachte Leo, sieht sein Gesicht aus, als wäre es von Celestino Piatti[119] entworfen,[120] das Gesicht eines blutenden, bleichen und glühenden jungen Mannes auf einem Buchumschlag. Dabei war Marcel alles andere als ein Modell für angewandte Kunst;[121] er war ein methodischer kleiner Kämpfer, störrisch,[122] hartnäckig,[123] ein Schweizer mit verletztem Rechtsempfinden.[124]       340

Sie hatten sich in der Bibliothek der Technischen Universität kennengelernt, vergangenen Herbst, während Leo an seiner baugeschichtlichen Examensarbeit[125] schrieb. Er hatte auf seinem Studienplatz eine kleine Handbibliothek angehäuft.[126] Marcel erschien immer erst zwischen elf und zwölf Uhr, mal rechts oder links von Leos Platz, wenn einer der beiden Stühle noch frei war, und las Zeitungen; gelegentlich schrieb er etwas auf einen Zettel.       345, 350

„Entschuldige, wenn ich dich störe", sagte er eines Tages zu Leo. „Bitte, was heißt ‚Insulae'?"

Er deutete auf das Titelblatt von Leos Arbeit. Es war also einfach Neugier gewesen, was ihn veranlaßt[127] hatte, immer den Platz neben Leo aufzusuchen. Er gab es zu.       355

„Das Wort verfolgt mich", sagte er, „seitdem ich es bei dir gesehen habe. Schreibst du einfach über Inseln?"

„Nein", sagte Leo. ‚Insulae' hießen die Mietskasernen[128] im antiken Rom."       360

„Ein merkwürdiger Name für Häuser."

„Die ‚Insulae' waren die ersten Wohngroßbauten. Man grenzte jedes dieser Häuser durch Straßen und Freizonen ab, um die *plebs*,[129] die in ihnen wohnte, kontrollieren zu können. Die größten ‚Insulae' entstanden unter

---

[116] **struppig** shaggy
[117] **sich . . . verwildern** tried very hard to look unkempt
[118] **wirkte er hübsch** he looked handsome
[119] **Celestino Piatti** (b. 1922) Swiss graphic artist
[120] **entworfen** sketched
[121] **Dabei . . . Kunst** Yet Marcel was anything but a model for commercial art
[122] **störrisch** stubborn

[123] **hartnäckig** persistent
[124] **verletztem Rechtsempfinden** injured sense of justice
[125] **baugeschichtlichen Examensarbeit** thesis on an aspect of the history of architecture
[126] **angehäuft** accumulated
[127] **veranlaßt** induced
[128] **Mietskasernen** tenement houses
[129] **plebs** in ancient Rome, the lower class in society

Nero.[130] Es ist heute so gut wie[131] sicher, daß Nero den neronischen Brand ₃₆₅
nur veranstaltete,[132] weil er die Slums und das Forum loswerden mußte, die
ein Dschungel geworden waren, in dem die *plebs* nicht mehr überwacht
werden konnte."

Sie sprachen im Flüsterton[133] miteinander, wie es in der Bibliothek
vorgeschrieben war. ₃₇₀

„Bist du in Rom gewesen?" fragte Marcel.

„Ja, den ganzen Sommer", antwortete Leo. „Ich hatte ein italienisches
Stipendium für diese Arbeit."

Da er, wie alle, Marcel sogleich anziehend[134] fand, fragte er: „Und du,
was machst du?" Er deutete, vielleicht eine Spur geringschätzig[135] auf ₃₇₅
Marcels Zeitung.

Marcel schob ihm seinen Zettel hin.

„Da", sagte er, „das hab ich heute gefunden. Nur heute. In einer einzigen
Nummer."

Leo nahm den Zettel und las erstaunt die Wörter, die Marcel in einer ₃₈₀
sehr geraden, ordentlichen, die Unterlängen verschluckenden Schrift[136]
geschrieben hatte: *Nichtstuer—Gammler[137]—Störenfriede[138]—Pöbel[139]—SA-
Methoden[140]—Krawallgier radikaler Halbstarker[141]—Krawallbrüder[142]—Rädelsführer[143]—Politische Phantasten[144]—Politisches Rowdytum[145]—Provokateure—
Halbstarke Wirrköpfe[146]—Mob—Terror—Ausschreitungen[147]—Kriminelle.* In ₃₈₅
einigem Abstand davon standen noch die Wörter *Die Anständigen* und *hart
und konsequent.*

„Ich arbeite an einer sprachsoziologischen Untersuchung über Mordhetze",[148] flüsterte Marcel. „Titel: Vor dem Pogrom. Über die Technik der
Einrichtung[149] von Ghettos durch Sprache." Leo hatte auf den Zettel ₃₉₀
gestarrt. „Siehst du die Lage so schwarz?" hatte er gefragt.

---

[130]**Nero** Roman emperor 54–68 A.D.
[131]**so gut wie** practically
[132]**den . . . veranstaltete** staged his fire only
[133]**im Flüsterton** in whispers
[134]**anziehend** attractive
[135]**eine Spur geringschätzig** a bit disparag-
ingly
[136]**in . . . Schrift** in a very straight, neat hand-
writing with abbreviated downstrokes
[137]**Gammler** bums
[138]**Störenfriede** troublemakers
[139]**Pöbel** riffraff
[140]**SA-Methoden** brutal methods used by the
SA (*Sturmabteilung*) storm troopers

[141]**Krawallgier . . . Halbstarker** thrill-seeking
of radical rowdies
[142]**Krawallbrüder** hooligans
[143]**Rädelsführer** ringleaders
[144]**Phantasten** madmen
[145]**Rowdytum** rowdyism
[146]**Halbstarke Wirrköpfe** teenage muddle-
heads
[147]**Ausschreitungen** excesses
[148]**Mordhetze** inflammatory language leading
to murder
[149]**Einrichtung** establishment

„Du etwa nicht?" Auf den Zettel deutend, hatte Marcel gesagt: „Das hier wird zu Mord führen, soviel ist sicher."

Der Arzt ließ von Marcel ab. Er hob die Achseln. „Wir müssen auf jeden Fall eine Aufnahme machen", sagte er.                              395

Er bat Leo, Marcel beim Auskleiden behilflich zu sein. „Wir müssen zuerst einmal die Wunde säubern", sagte er zu Carla. „Ich sehe mal nach, ob OP[150] Zwo frei ist."

Als er gegangen war, sagte Carla zu Marcel: „Das geht nur mit Teilnarkose.[151] Du wirst überhaupt nichts spüren." Marcel verhielt sich teilnahms- 400 los;[152] in der Wärme, unter dem grellen grauen Licht ließ er sich gleichgültig ausziehen, ging aber allein in Unterhose und Hemd zum Untersuchungstisch und legte sich darauf. Sie sahen, daß er einen mageren und zierlichen[153] Körper hatte. Carla breitete eine Wolldecke über ihn.

„Es ist also doch mehr als eine Platzwunde?" fragte Leo leise.          405

„In solchen Fällen besteht immer Frakturverdacht",[154] sagte Carla.

Sie schüttelte unwillig den Kopf, als Leo sagte: „Du siehst prima aus in deinem weißen Kittel."

Der Arzt kam zurück und berichtete, der Operationssaal sei in zehn Minuten frei. Er fühlte noch einmal Marcels Puls, dann setzte er sich auf 410 einen der Stühle. Offensichtlich war er müde.

Plötzlich hörten sie, wie er sagte: „Ihr schnappt nach dem Bonbon der Revolution statt nach dem Brot der Reform."

Leo lag eine scharfe Antwort auf der Zunge,[155] aber er überlegte sich, daß er Carla nicht in Ungelegenheiten bringen[156] wollte. Vielleicht mußte 415 sie sich mit diesem Medizinmann gut stellen.[157] Leo hatte sich auf das Fensterbrett gesetzt, weil es dort am dunkelsten war; in diesem medizinischen Raum kam er sich zu groß, zu klotzig vor.[158]

Es war Carla, die antwortete, ohne sich zu besinnen.

„Wir wollen nur nicht mehr die Scheiße dieser Gesellschaft fressen", 420 sagte sie.

Leo sah zu dem Arzt hinüber. Würde er irgendein Zeichen des Unwillens,[159] des Ekels[160] von sich geben? Aber er schien es schon gewohnt zu sein, daß Mädchen, die sich mit lang fallenden dunklen Haaren und blassen

---

[150]OP   operating room
[151]Teilnarkose   local anesthetic
[152]verhielt sich teilnahmslos   was listless
[153]mageren und zierlichen   skinny and small-framed
[154]besteht [. . .] Frakturverdacht   a fracture is suspected

[155]lag [. . .] Zunge   was on the tip of his tongue
[156]in . . . bringen   cause trouble for
[157]sich [. . .] stellen   to be on good terms
[158]kam . . . vor   he felt too large, too massive
[159]Unwillens   anger
[160]Ekels   disgust

Gesichtern ein romantisches Aussehen gaben, bedenkenlos skatologische   425
Ausdrücke in den Mund nahmen.[161] Es schien, als zöge er sich wieder in
seine Müdigkeit zurück.

"Gesellschaft", sagte er nach einer Weile. "Es ist doch ganz gleichgültig,
in welcher Gesellschaft man lebt. An einer Gesellschaftsordnung ist nur
wichtig, ob sie von anständigen oder von unanständigen Leuten gemacht   430
wird."

"Ach du meine Güte!" sagte Carla.

Leo schaltete sich ein.[162] "Also nur ein paar nette Leute an die Spitze",[163]
sagte er, "und schon haben wir einen anständigen Kapitalismus. Glauben
Sie wirklich an so was?"   435

"Oder einen anständigen Kommunismus", antwortete der Arzt.

"Ja, eigentlich ist das meine Meinung."

"Eine unbrauchbare Elite-Theorie", sagte Leo. "Hört sich gut an, wie
alle diese liberalen Phrasen, aber . . ."

Eine Schwester unterbrach ihn. Sie meldete, der OP-Raum sei vorberei-   440
tet. Zusammen mit Carla rollte sie den Tisch hinaus, auf dem Marcel lag.
Der Arzt lächelte Leo höflich zu, als er ihnen folgte. Leo bedauerte, daß er
ihm das Wort *Phrasen* an den Kopf geworfen[164] hatte.

Sein Vater war noch auf, als er nach Hause kam. Sie bewohnten ein
Reihenhaus in Lankwitz, er und sein Vater. Seine Mutter war bei seiner   445
Geburt gestorben. Sein Vater war von 1933 bis 1945 im KZ[165] gewesen, und
als er herauskam, hatte er nichts Eiligeres zu tun gehabt,[166] als ein Kind zu
machen, an dem die vom Krieg und vom Warten erschöpfte Frau gestorben
war. "Wenn sie wüßte, wat du für'n Laban jeworden bist!"[167] sagte Leos
Vater manchmal. Er selber war eher klein und mager. Jetzt war er fünfund-   450
sechzig und sah aus, als sei er Leos Großvater, nicht sein Vater. Er war
Schlosser bei Siemens gewesen; sie hatten ihn vor drei Jahren als Werkmeister pensioniert. Von dem Geld, das er für die Jahre im KZ erhalten hatte,
ließ er Leo studieren; zusammmen mit den hundertachtzig Mark vom
*Berliner Modell*[168] reichte es gerade.   455

"Ick mache deine zwölf Jahre Oranienburg wieda jut,"[169] hatte Leo
einmal gesagt. Zu Hause, mit seinem Vater, berlinerte er.

---

[161] **bedenkenlos . . . nahmen**  unhesitatingly
used scatological expressions
[162] **schaltete sich ein**  intervened
[163] **Spitze**  top
[164] **an . . . geworfen**  thrown in his face
[165] **KZ**  concentration camp
[166] **hatte . . . gehabt**  he had nothing better to
do

[167] **wat . . . bist** [was du für'n Laban geworden
bist]  what a giant you've become
[168] **Berliner Modell**  Berlin student plan
[169] **Ick . . . jut** [Ich . . . wieder gut]  I'll make
up for your twelve years in Oranienburg (site of
the concentration camp Sachsenhausen in the
vicinity of Berlin).

„Laß man, denk nich dran!" hatte sein Vater erwidert. „So mußte et ehm't[170] kommen."

In Wirklichkeit war er nicht der Meinung, es hätte eben so kommen müssen. Daß er 1933 Mitglied der Stadtteil-Leitung Wedding der KPD[171] gewesen war, hatte ihn zwölf Jahre seines Lebens gekostet. Seine Ansicht über die Partei pflegte er in dem Satz zusammenzufassen: „In der Theorie war die Partei imma jroß."[172] Und er fügte hinzu: „Nischt wie allet imma jenau voraussagen, is ooch nich abendfüllend."[173]

Leo mußte ihm die Demonstration vor dem Pressehaus genau schildern. Er nickte anerkennend.

„Allerhand, wat ihr so fertichbringt!"[174] sagte er. „Und allet so aus der la meng.[175] Ohne Orjanisation, ohne Partei!"

Sie saßen in der Küche. Leo, der seit dem Nachmittag nichts mehr gegessen hatte, aß ein Wurstbrot, trank helles Bier.

„Wenn ick denke, wie jenau wir imma übalecht[176] haben, ehe wir wat riskierten", sagte sein Vater.

Er rauchte eine gebogene Pfeife, stieß graues Gewölk aus.

„Ob et jut is, det ihr so wenich übalecht? Ick jloobe, ihr wißt janicht, mit wem ihr euch da anlecht.[177] Der Rudi Dutschke hat's bestimmt nich jewußt."

Leo beobachtete, wie das KZ-Trauma seinen Vater förmlich schüttelte.[178]

„Vater", sagte er, „et hilft allet nischt.[179] Wir müssen unsere Erfahrungen alleene machen."

„Ick weeß[180] schon", erwiderte sein Vater, wieder gefaßt.[181] „Nur det ihr jetzt in eure Niederlaje looft, det steht fest."[182] Leo hatte keine Lust, über Sieg oder Niederlage zu sprechen; sein Vater hatte ihn auf einen ganz

460
465
470
475
480

---

[170] et ehm't [es eben] it just

[171] KPD Kommunistische Partei Deutschlands (It was declared unconstitutional in 1956. The new German Communist Party (DKP) was formed in 1969.)

[172] imma jroß [immer groß]

[173] Nischt . . . abendfüllend. [Nichts wie alles immer genau . . . ist auch nicht] It's not enough merely predicting everything correctly all the time.

[174] Allerhand . . . fertichbringt! [was ihr so fertigbringt] Hat's off to you guys!

[175] allet . . . meng [alles . . .] all spontaneously

[176] jenau . . . übalecht [genau wir immer überlegt]

[177] Ob . . . anlecht. [Ob es gut ist, daß ihr so wenig überlegt? Ich glaube ihr wißt gar nicht, mit wem ihr euch da anlegt.] I wonder whether it's a good thing that you consider things so little? I think you have no idea whom you are taking on.

[178] förmlich schüttelte was literally shaking

[179] et . . . nischt [es hilft alles nichts] it's no use

[180] Ick weeß [Ich weiß]

[181] gefaßt composed

[182] Nur . . . fest. [Nur daß ihr jetzt in eure Niederlage lauft, das steht fest.] Except that you're headed for defeat, that's a sure thing.

anderen Gedanken gebracht. Wenn eine große revolutionäre Partei, dachte
er, zu lange überlegt hatte, ehe sie etwas riskierte, dann durfte auch er   485
möglicherweise einmal überlegen, die Folgen bedenken, das kleinere Übel
wählen, anstatt besinnungslos zuzuschlagen, nur weil ein Freund in Gefahr
war.

Nur daß eine solche Erwägung[183] natürlich alles veränderte.

Er mußte diese Frage Marcel vorlegen. Wenn Marcel keine Fraktur hat,   490
überlegte er, werde ich morgen zu ihm gehen und ihm erzählen, daß ich
den Schlag gegen ihn hätte abwehren können. Er stellte sich vor, wie
Marcel reagieren würde.

„Das ist doch ganz unwichtig“, würde er wahrscheinlich sagen. „In jedem
Kampf gibt es wechselnde subjektive Situationen.“   495

Leo würde versuchen, es ihm so geduldig wie möglich zu erklären. „Ich
habe Angst vor der Gewalt gehabt“, hörte er sich sagen. „Da kann ich doch
nicht mehr dafür eintreten,[184] daß andere die Gewalt anwenden,[185] zu der
mir der Mut fehlt. Und zu denen, die du die Apostel der Gewaltlosigkeit
nennst, kann ich mich jetzt auch nicht mehr schlagen[186]—sanft[187] sein, weil   500
man feige[188] ist: also nein!“

Was würde Marcel dagegen vorbringen? Leo fielen keine schlagenden[189] Argumente ein, die er Marcel in den Mund legen könnte. Natürlich, Marcel würde einen methodischen Vortrag halten: über die objektive
Bedeutung der Gewalt, über die Zersetzung[190] des revolutionären Den-   505
kens durch Psychologie. Und das alles nicht einmal, um Leo zu trösten,[191]
um ihm über das Peinliche wegzuhelfen, sondern weil er wirklich an die
Macht objektiver Erkenntnisse glaubte, daran, daß ihnen gegenüber subjektive Schwächen gar nicht ins Gewicht fielen.[192] Was bedeutete ein
einziges sekundenschnelles Versagen[193] in der langen Geschichte der   510
Revolution? Nichts.

Zuletzt würde er seinen geliebten Merleau-Ponty zitieren. „Der eu-
phorische Revolutionär stammt aus der Bilderfabrik von Epinal[194]“, würde
er sagen.

---

[183] **Erwägung**   consideration
[184] **dafür eintreten**   stand for it
[185] **anwenden**   use
[186] **zu . . . schlagen**   can't join either at this late
date
[187] **sanft**   peaceful
[188] **feige**   cowardly
[189] **schlagenden**   convincing
[190] **Zersetzung**   undermining

[191] **trösten**   console
[192] **ihnen . . . fielen**   compared to them subjec-
tive weaknesses were irrelevant
[193] **Versagen**   failure
[194] **Bilderfabrik von Epinal**   picture factory in
Epinal (town in France which was famous in
the eighteenth and nineteenth centuries for
making colored prints)

Als sein Vater schlafen gegangen war, rief Leo im Krankenhaus an. Es  515
dauerte eine Ewigkeit,[195] bis er Carla an den Apparat bekam.[196]

„Marcel ist in Ordnung," sagte sie. „Er hat keine Fraktur. Er muß nur
zwei oder drei Tage in der Klinik bleiben." Sie teilte ihm die Besuchszeiten
mit. Er spürte, wie sie darauf wartete, daß er etwas mit ihr vereinbarte.[197]
Sie war nicht mehr abweisend wie vorhin.  520

Nachdem er eingehängt hatte, überlegte er, daß ihm noch einiges an
Material für die ‚Insulae'-Arbeit fehlte. Es gab da einige Häuser in Ostia, die
er noch nicht untersucht hatte. Sein Vater würde ihm das Geld für die Reise
geben. Er brauchte nicht viel.

---

[195] **dauerte eine Ewigkeit**   took for ever
[196] **bis . . . bekam**   before he had Carla on the line

[197] **etwas . . . vereinbarte**   would make a date with her

# BARBARA FRISCHMUTH

## Meine Großmutter und ich

Barbara Frischmuth (1941–) ist eine bekannte österreichische Schriftstellerin. Sie schreibt Romane, Erzählungen, Kindergeschichten und Hörspiele. Die Rolle der alltäglichen Sprache im Sozialisationsprozeß ist eins ihrer Hauptthemen. Es geht ihr darum zu zeigen, welche Werte und Ideologien der Sprache zugrunde liegen.

Sprache wird auch in dieser Geschichte thematisiert, in der ein Streit[1] zwischen einer Großmutter und ihrer Enkelin dargestellt wird. Die Erzählweise ist unkonventionell, und es ist zunächst nicht immer klar, wessen Worte oder Gedanken wiedergegeben[2] werden. Diese Erzählstrategie zwingt uns, den Wortwechsel genau zu verfolgen, und zieht uns tiefer in das Wortgefecht[3] hinein.

Achten Sie auf die Sprache der beiden Gegnerinnen.[4] Was für Interessen, Werte und Ängste liegen ihren Worten zugrunde? Wie erklären Sie es sich, daß die Großmutter so gereizt[5] auf den Namen des Jungen reagiert? Welche Textstellen deuten darauf hin, daß die Enkelin ein uneheliches[6] Kind ist?

Worum geht es letzten Endes in diesem Machtkampf? Welche Rolle spielen

[1] **Streit** fight
[2] **wiedergegeben** recounted
[3] **Wortgefecht** battle of words
[4] **Gegnerinnen** opponents
[5] **gereizt** irritatedly
[6] **uneheliches** illegitimate

*die Leitmotive der welken[7] Hände und des barfuß Gehens dabei? Was für Waffen und Strategien benutzen die Frau und ihre Enkelin? Wessen Strategien halten Sie für die wirksameren?[8] Nehmen Sie Partei für[9] eine der Gestalten? Wie verstehen Sie den letzten Satz?*

*Was für eine Aussage macht der Text über die Sozialisation von Mädchen?*

[7]**welken**  withered
[8]**wirksameren**  more effective
[9]**Nehmen . . . für**  Do you side with

# BARBARA FRISCHMUTH

## Meine Großmutter und ich

Micky? fragt meine Großmutter, sie ist rö-
misch-katholisch.

Ja, sag ich, Micky. Micky ist Micky. Er
kommt mich abholen und wir gehen zum See
rüber, schwimmen. 5

So, sagt meine Großmutter. Sie schlägt ein
Kreuz,[1] bleibt mit dem Finger wo[2] hängen
und reißt sich den Nagel ein. Tss, tss, kommt
mir da was zu Ohren und noch gar unter die
Augen. Micky, sagst du. Ein Witz, ein Witz, 10
so ein Witz. Hol mir schon endlich die
Schere aus dem Nähzeug[3] und such die Feile oder soll ich so bleiben. Die
Sache verhält sich so oder so.[4] Du weißt, was du mir schuldig bist.[5]

Lauf nicht in die Küche, dort ist keine Feile, es muß sie jemand verlegt
haben. 15

Weil man in diesem Haus nichts, aber auch gar nichts findet. Da steht sie
und fuchtelt[6] mit dem Finger in der Luft, als hätte sie sich gebrannt. Die
Luft tut ihr gut. Drum zieht es[7] immer bei uns.

Stell dich nicht so an,[8] du wirst doch die Feile finden, wenn ich dir sage,
daß sie in der Küche nicht ist. 20

Da geb ich ihr die Schere in die Hand.

[1]**schlägt ein Kreuz** makes the sign of the cross
[2]**wo** [irgendwo]
[3]**Nähzeug** sewing kit
[4]**Die . . . so.** Things are either one way or the other.
[5]**schuldig bist** owe
[6]**fuchtelt** waves
[7]**Drum zieht es** Therefore there is a draft
[8]**Stell . . . an** Don't act so stupid

181

Wie verhext ist alles,[9] steht denn das Haus kopf?[10]

Ich kann die Gedanken nicht überall haben, und wenn du mir noch was von diesem Micky erzählst, dann erzähl ich dir was.[11] Sie dreht sich auf dem Absatz[12] herum, ihr Kleid rauscht kurz auf,[13] die Vase, die sie mit dem Ellbogen vom Fenstersims gefegt hat,[14] war aus bemaltem Glas, die Splitter springen vom Fußboden auf den Teppich, sie stellt sich darauf, der Rock bedeckt alles—ich weiß, warum ich lange Röcke trage—ihr Haar flattert in der Zugluft[15] und draußen biegen sich die Bäume.

Ich bin neugierig, wann du mir die Feile bringst. Wenn es noch lange dauert, werde ich selbst danach sehen. Heil[16] hat deine Mutter dich zur Welt gebracht, vielleicht hast du unterdes Schaden genommen,[17] oder willst du sagen, dieser Micky hätte dich um den Verstand gebracht,[18] den will ich mir ausborgen, da wirst du staunen, was von dem übrigbleibt.

Rück ein Stück,[19] damit ich die Scherben aufkehren[20] kann, sag ich mit Besen und Schaufel, sonst schneidet sich jemand, dann haben wir die Bescherung,[21] der Teppich wird blutig, vielleicht muß man den Doktor holen und überhaupt die Aufregung und was sonst noch mit so was zusammenhängt.

Sie steht wie ein Fels.[22] Du süßer Heiland![23] Sie wird die Scherben in den Teppich treten, wo wir keinen Staubsauger[24] haben, keine Teppichstange[25] und keinen Dienstboten[26] mehr.

Ich will die Feile, habe ich dirs gesagt oder habe ich dirs nicht gesagt oder bist du von Gott verlassen.[27] Wenn ich die Feile nicht bald habe, verliere ich den Verstand, du weißt, was das heißt. Und komm mir noch einmal mit[28] diesem Micky und daß du zum See rüber möchtest, schwimmen. Ich

---

[9] **Wie . . . alles** There's a jinx on everything
[10] **steht . . . kopf** is the house topsy-turvy
[11] **erzähl . . . was** I'll give you a piece of my mind
[12] **Absatz** heel
[13] **rauscht . . . auf** rustles momentarily
[14] **vom . . . hat** swept from the window-sill
[15] **Zugluft** draft
[16] **Heil** Healthy
[17] **hast . . . genommen** you have come to harm in the meantime
[18] **hätte . . . gebracht** made you lose your mind
[19] **Rück ein Stück** Move over

[20] **Scherben aufkehren** sweep up the broken pieces
[21] **haben . . . Bescherung** we'll be in a real mess
[22] **Fels** rock
[23] **Heiland** Savior
[24] **Staubsauger** vacuum cleaner
[25] **Teppichstange** metal bar over which carpets were hung to have the dust beaten out of them
[26] **Dienstboten** servant
[27] **bist . . . verlassen** have you lost your mind
[28] **komm . . . mit** don't you dare say another word about

weiß gar nicht, wer das ist, mit wem du dich da herumtreibst,[29] das hast du
von deinem Vater, ich hätte mirs denken können.[30]

Jetzt ist der Nagel ab und die Haut dazu. Ich werde mir das Tuch    50
zerreißen, ich kann nichts angreifen[31] mit dem Nagel. Schwer von Begriff,[32] wie du bist, schau in die Tischlade,[33] die Feile muß da sein, du hast
zu folgen, aufs Wort,[34] wann wirst du das endlich verstanden haben, oder
rede ich gegen eine Wand.

Da stampft sie schon mit dem Fuß, die Splitter werden an ihrem Schuh    55
kleben bleiben,[35] und ich kann mit dem Besen hinterdreinlaufen. Sie wird
die Splitter durch die Wohnung tragen, jemand wird sich schneiden, dann
ist die Hölle los.

In der Tischlade ist sie nicht, sag ich, die Schere genügt doch einstweilen,[36] willst du nicht selber nachsehen, du hast die Feile zuletzt gehabt.    60
Aber laß mich um der Liebe Jesu willen[37] die Scherben aufkehren, bevor
noch ein Unglück geschieht,[38] du wirst die Splitter im Haus herumtragen,
man kann keinem Menschen die Tür öffnen, wenn zerbrochenes Glas auf
dem Boden liegt.

Du willst mir weismachen,[39] daß ich die Feile zuletzt gehabt hätte, mir    65
nicht, mag da sein, was da will,[40] du vergißt, daß ich im Geiste[41] jung bin.
Sag das noch einmal und dann sage ich dir, zeig deine Hände. Wer hat sich
für diesen Micky, den ich gar nicht kenne—mit wem du dich da herumtreibst—die Nägel gefeilt, den ganzen Abend lang, gestern, daß man es
durch die Wände hörte. Wenn ich es war, will ich den verdammten Besen    70
da—gelobt sei Jesus Christus—schlucken[42] und noch in dieser Stunde den
Bürgermeister zur Abdankung zwingen.[43] Wenn ich es nicht war, rate ich
dir, bring mir die Feile, solange ich dich noch bitte, denn wenn ich es nicht
mehr tue, dann kannst du diesen Micky anläuten[44] und ihm sagen, daß es
heute nichts ist und daß er gar nicht erst zu kommen braucht.[45] Ich werde    75
nämlich an der Tür stehen und die Klinke[46] nicht aus der Hand lassen, bis

---

[29] **herumtreibst**  running around
[30] **ich ... können**  I should have known as
much
[31] **angreifen**  touch
[32] **Schwer von Begriff**  Dense
[33] **Tischlade**  table drawer
[34] **du ... Wort**  you have to do exactly as I tell
you
[35] **kleben bleiben**  stick
[36] **einstweilen**  for the time being
[37] **um ... willen**  for the love of Christ

[38] **Unglück geschieht**  will be a mishap
[39] **Du ... weismachen**  You're trying to make
me believe
[40] **mag ... will**  whatever the case may be
[41] **im Geiste**  in spirit
[42] **schlucken**  swallow
[43] **den ... zwingen**  force the mayor to resign
[44] **anläuten**  call on the telephone
[45] **gar ... braucht**  need not bother to come
[46] **Klinke**  door handle

er sich aus dem Staub gemacht hat[47] und pfeifen oder Steinchen werfen gibts nicht.

Herrjeh,[48] denk ich mir, sie wird die Splitter durchs ganze Haus tragen und wenn Micky kommt, wird er sich schneiden, es ist nicht weit bis zum See und sommers gehen wir immer barfuß, nur in der Schule haben wir Schuhe an.

Ich find die Feile nicht und die Nägel hab ich mir schon gestern gemacht und die Feile hab ich gleich wieder heruntergebracht und auf den Tisch gelegt, aber auf dem Tisch liegt sie nicht und in der Tischlade auch nicht und in der Küche auch nicht, hast du gesagt.

Jetzt wird es ihr bald zu bunt,[49] sie wird sich vom Fleck rühren[50] und ich kann die Splitter aufkehren. Da droht sie mir mit der Schere.

Bitte, sag ich, stich nur zu,[51] wenn du es vor deinem Gott verantworten[52] kannst, und ich knöpf mir die Bluse auf. Da, sag ich, stich zu, aber denk an dein Gewissen.[53] Und wenn Micky kommt, sag ihm, er kann meine Bücher haben und das Kaninchen.[54] Die Eidechse[55] laß ich dir, zur Erinnerung.[56]

Sie sieht die Schere an, dann mich, dann die Schere.

Ich vergesse mich, schreit sie, rede ich gegen eine Wand? Die Feile muß her,[57] du hast sie gehabt, und dieser Micky kommt mir nicht ins Haus, damit du es weißt und was soll ich mit der Eidechse, sie ist ungenießbar,[58] die kannst du diesem Micky ruhig schenken, aber das Kaninchen bleibt und die Bücher bleiben. Und nimm endlich die Schere und leg sie zurück ins Nähzeug, was soll ich mit der Schere, der Nagel ist ab und die Haut dazu.

Da knöpf ich die Bluse wieder zu und nehm die Schere.

Je lauter sie schreit, desto kleinlauter[59] wird sie. Ihre Augen sind feucht.[60] Jetzt wird sies wohl zulassen, daß ich die Splitter aufkehre, damit Micky sich nicht die Füße daran zerschneidet, wenn er kommt und mich abholt, zum See. Wie ich mich bück mit Schaufel und Besen, rührt sie sich nicht, und ich geb ihr einen Stoß. Sie taumelt[61] weder noch rückt sie zur Seite, doch erwischt[62] sie mich an den Haaren und zieht mich empor, mit ihrer welken Hand.

---

[47] sich ... hat   has cleared out
[48] Herrjeh   good Lord
[49] wird ... bunt   she'll be fed up soon
[50] wird ... rühren   will move
[51] stich nur zu   go ahead and stab me
[52] verantworten   answer for it
[53] Gewissen   conscience
[54] Kaninchen   rabbit
[55] Eidechse   lizard
[56] zur Erinnerung   as a keepsake
[57] muß her   I've got to have
[58] ungenießbar   inedible
[59] Je ... kleinlauter   The louder she screams, the more it takes the wind out of her sails
[60] feucht   moist
[61] taumelt   staggers
[62] erwischt   gets a hold of

Du sollst mir die Feile bringen, sonst bleibe ich hier stehen, bis ich umfalle, dann kommen die Leute und sehen mich liegen, tot, dich aber wird man einsperren,[63] weil du deine leibliche[64] Großmutter umgebracht hast. Weil du den Gehorsam[65] nicht kennst, noch das vierte Gebot,[66] auch wenn ich nur deine Großmutter bin, jawohl, das vierte Gebot, weil du aufbegehrst und mit dem Schädel durch die Wand willst,[67] weil du keine Augen im Kopf und kein Herz im Leib hast. Diesem Micky werde ich reinen Wein einschenken und wenn ich mir dabei was vergebe,[68] aber gewarnt muß er sein.

So zieht sie sich aus der Affäre,[69] und ich steh da mit Schaufel und Besen und soll ihr die Feile bringen. Wenn ich nachgeb, wird sie sich im Leben nie mehr die Feile suchen, und ich werd ihr den Nagel feilen müssen, den Nagel ihrer welken Hand. So war es mit der Milchkanne, die ich suchen mußte, und dann war die Milch zu holen.

So gibt[70] ein Wort das andere, ein Schimpf[71] den anderen, eine Tat die andere.

Hilf dir selbst, dann hilft dir Gott.

Ich versuch es ja, alles und in Güte.[72] Man muß es ihr klarmachen, sie zwingen, das Rechte zu tun, ihr die Zähne ziehen, wenn sie beißen soll, sie strecken, damit sie sich bückt, den Wind aufhalten, um sie fliegen zu lassen.

Diesem Micky kannst du schon sagen, daß es heute nichts ist[73] und morgen auch nichts und übermorgen auch nichts und überhaupt nichts. Wo gibt es denn so was.[74] Ungehorsam ist der Anfang des Übels, du wirst sehen, wie weit du es bringst,[75] daß dir der Leibhaftige[76] . . . Gott gebs nicht![77]

Ich hab dich in Windeln gewickelt,[78] dir zur Erstkommunion eine Kerze[79] gekauft, die teurer war als ein Adventskranz, ich habe dir von Kain und

---

[63]**einsperren** lock up
[64]**leibliche** very own
[65]**Gehorsam** obedience
[66]**Gebot** commandment
[67]**weil . . . willst** because you're rebelling and want to bang your head against a brick wall
[68]**reinen . . . vergebe** tell him the truth no matter if I stand to lose from it
[69]**So . . . Affäre** That's how she tries to get out of this
[70]**gibt** leads to

[71]**Schimpf** insult
[72]**in Güte** amicably
[73]**es . . . ist** you won't be able to go with him today
[74]**Wo . . . was.** Have you ever heard of such a thing?
[75]**wie . . . bringst** how far you push things
[76]**Leibhaftige** devil himself
[77]**Gott . . . nicht** Heaven forbid
[78]**in Windeln gewickelt** diapered
[79]**Kerze** candle

Abel[80] erzählt, von Noemi, Ruth[81] und den Richtern,[82] ich habe dir die
Höschen gewaschen und die Brote gestrichen,[83] ich habe dir im Winter den
heißen Ziegel[84] ins Bett gelegt und dich im Sommer mit Butter—mit
echter Butter—eingerieben, wenn deine Haut verbrannt war, wie du krank
warst, habe ich dich schwitzen lassen, und als du Angst hattest, blieb das    140
Licht brennen, ich habe deine Schuhe geputzt und dich zur Kirche geschickt, ich habe dir erklärt, was mein ist und was dein und wie man die
Hände richtig faltet, ich habe dich vor Hunger bewahrt und vor schlechtem
Umgang,[85] vor Hexen, Pest und Bedrängnis,[86] ich habe dich angehalten zu
Fleiß und Sorgfalt[87] und dir gesagt, wie man sich kämmt und die Milch    145
nicht überkochen läßt, ich habe dich in den Wald geführt und in die Stadt
mitgenommen, ich war beim Zahnarzt mit dir und auf dem Jahrmarkt,[88] du
weißt, wie man Feuer anmacht[89] und es wieder ausbläst, du kennst das
Wetter am Wind und die Zeit am Himmel, du hast einen Namen, meinen
Namen, und du hast eine Bleibe,[90] bei mir, du bist gewachsen unter meinen    150
Händen—unter ihren welken Händen—und hast den Tod nicht erfahren,
noch Laster[91] und Unfrieden, du bist am Leben geblieben, weil ich es
wollte, und ein Mensch geworden, weil ich dich dazu gemacht habe . . .

Hilf dir selbst, dann hilft dir Gott. Hundertmal hin und einmal her.[92] Ich
versuchs ja, alles und in Güte.    155

Und da steig ich sachte,[93] aber fest auf einen der Splitter—im Sommer
gehen wir immer barfuß, nur in der Schule haben wir Schuhe an—und
spür, wie er sich tief in mein Fleisch bohrt, wie er eindringt[94] in meine
Fußsohle, wie mein Gesicht sich verzerrt[95] und dann blaß wird, wie es
warm aus mir quillt[96] und dann heb ich langsam den Fuß auf und dreh die    160
Sohle nach oben. Das Blut rinnt in einem dünnen Faden bis zur Zehe,[97] und
ich zeig mit dem Finger darauf.

[80] **Kain und Abel** In the Bible, Cain, the oldest son of Adam and Eve, kills his brother Abel.
[81] **Noemi, Ruth** In the Bible, Ruth is celebrated for her devotion to her mother-in-law, Naomi.
[82] **Richtern** *Book of Judges* in the Old Testament
[83] **Brote gestrichen** fixed you sandwiches
[84] **Ziegel** brick
[85] **dich . . . Umgang** protected you from hunger and bad company
[86] **Pest und Bedrängnis** plague and distress
[87] **habe . . . Sorgfalt** encouraged you to work hard and to take pride in your work
[88] **Jahrmarkt** fair
[89] **wie . . . anmacht** how to light a fire
[90] **Bleibe** a place to stay
[91] **Laster** vice
[92] **Hundertmal . . . her.** I've got to put a stop to this endless arguing.
[93] **sachte** cautiously
[94] **eindringt** penetrates
[95] **sich verzerrt** becomes contorted
[96] **quillt** flows
[97] **Zehe** toe

Da, sag ich, ich hab mir einen Splitter eingetreten, es blutet, und ich weiß nicht, wie ich ihn herausholen soll, wenn du mir keine Nadel holst.

Wer Mauern einreißt,[98] den beißt die Schlange. Noch zögert[99] sie, da laß ich den Fuß mit dem Blut wieder zu Boden sinken, auf einen noch größeren Splitter zu,[100] und bin schon dabei,[101] aufzutreten. 165

Heilige Jungfrau,[102] flüstert sie, und ich seh, wie sie einen kleinen Schritt macht und noch einen und dann noch einen und mit dem Saum[103] ihres Rockes streift sie ein paar der größeren Scherben mit.[104] Komm, sagt sie, 170 und greift mich an, mit ihren welken Händen, zieht mich an sich, drückt mich, legt ihren Kopf an den meinen, und bevor sie zu klagen beginnt, sag ich, hol mir die Nadel, dann wird es gehen. Und ich weiß, daß sie weinen wird, und bevor sie zu weinen anfängt, schieb ich sie, humpelnd[105] auf einem Bein, bis zum Stuhl hin, damit ich mich setzen kann. 175

Und es tropft schon aus ihren Augen und sie klagt, ach Gott, ich habe es gewußt, daß du mir alles heimzahlst,[106] aber warum muß dieses Kind es leiden, kann es doch nichts dafür,[107] so ohne Vater und Mutter, und wenn du mich strafst,[108] o Gott, ist es richtig und doch nicht recht, o Gott, o Gott, o Gott . . . 180

Und da sag ich, schnell, sonst tropft das Blut auf den Teppich oder ich krieg den Krampf und da läuft sie schon, wie schnell sie nur laufen kann und ihre Röcke rauschen kurz auf—ich weiß, warum ich lange Röcke trage—und sie streift mit dem Saum ein paar der größeren Scherben mit. Als sie wiederkommt, hat sie meine Erstkommunionskerze in der Hand, zündet sie an[109] 185 und brennt eine Nadel aus, und dann kniet sie sich nieder, nieder vor mir. Sie nimmt meinen Fuß in die Hände—in ihre welken Hände—doch ich sag, laß das, du zitterst,[110] ich mach es selber. Ihre Tränen rinnen, von ihren Lippen stürzen Klagen[111] und sie ruft Gott und mich als Zeugen an.[112]

Als der Splitter heraußen ist und das Blut stockt,[113] kommt sie mit einem 190 Verband, den ich nicht haben will, noch das Jod[114] und auch kein Pfla-

---

[98]**Mauern einreißt**   tears down barriers
[99]**zögert**   hesitates
[100]**auf [. . .] zu**   towards
[101]**bin schon dabei**   am already in the process of
[102]**Heilige Jungfrau**   Blessed Virgin
[103]**Saum**   hem
[104]**streift [. . .] mit**   sweeps along
[105]**humpelnd**   hobbling
[106]**mir . . . heimzahlst**   get back at me for everything

[107]**kann . . . dafür**   it's after all not her fault
[108]**strafst**   punish
[109]**zündet sie an**   lights it
[110]**du zitterst**   you are shaking
[111]**von . . . Klagen**   laments and complaints tumble from her lips
[112]**ruft . . . an**   calls on God and me to be her witnesses
[113]**stockt**   clots
[114]**noch das Jod**   neither the iodine

ster.[115] Und gleich darauf hat sie die Feile gefunden. Siehst du, sag ich, und mach schnell einen Krug[116] Limonade. Wenn Micky kommt, wird er durstig sein und mir klebt schon die Zunge am Gaumen.[117] Sie stutzt,[118] da verzieh ich das Gesicht[119] vor Schmerzen, und sie stellt sich vor mich hin *195* und sagt, ja, aber nur von einer Zitrone. Die Eidechse kannst du ja diesem Micky schenken, aber das Kaninchen bleibt und die Bücher bleiben.

Also glaubt sie an meinen Tod.

[115] **Pflaster**   adhesive bandage
[116] **Krug**   jug
[117] **mir . . . Gaumen**   I'm dying of thirst (lit.: my tongue sticks to the roof of my mouth)

[118] **stutzt**   stops short
[119] **verzieh . . . Gesicht**   I grimace

# CHRISTA WOLF

## Blickwechsel

*Christa Wolf (1929–), Bürgerin der ehemaligen DDR, ist die wichtigste
deutschsprachige Schriftstellerin der Gegenwart. Sie wuchs im
Nazi-Deutschland auf, und zwar in einem kleinbürgerlichen Milieu in
Landsberg.[1] Gegen Ende des Krieges wurde ihre Familie aus ihrer Heimat
vertrieben.[2] Diese beiden für Wolf traumatischen Erlebnisse bilden den
Hintergrund von „Blickwechsel".[3] Die stark autobiographische, komplexe
Erzählung enthält mehrere Szenen, die auch in ihrem Roman „Kindheitsmuster"[4]
zu finden sind. Wolf schrieb den Text, als der DDR-Staat seine Autoren
aufforderte,[5] anläßlich[6] der 25. Jahresfeier der „Befreiung vom Faschismus"[7]
dieses Ereignisses in literarischen Texten zu gedenken.[8] Die Ich-Erzählerin
schildert, wie sie die letzten Tage des Krieges auf der Flucht[9] vor den Russen
erlebt hat.*

[1] **Landsberg**   city in the former province Pommern. Today it is called Garzow and belongs to Poland.

[2] **vertrieben**   expelled (See footnote 5, page 121).

[3] **Blickwechsel**   Change of Perspective, Exchange of Glances

[4] **Kindheitsmuster**   *Patterns of Childhood*

[5] **aufforderte**   invited

[6] **anläßlich**   on the occasion of

[7] While the Communist government in the GDR dealt severely with former Nazi officials, it encouraged the population at large to see the new anti-fascist, socialist order as automatically cleansing them from past involvement with the Nazi regime. Wolf was one of many GDR writers who deplored this situation and called for a dealing with the past on an individual basis.

[8] **gedenken**   commemorate

[9] **Flucht**   escape

*Wie zu Beginn des ersten und besonders des zweiten Teiles der Erzählung deutlich wird, geht es Wolf um die Schwierigkeiten, die mit dem Erinnern verbunden sind. Die Erzählerin versucht sich klar darüber zu werden, warum ihr das Schreiben über ihre Erinnerungen so schwer fällt. Sie berührt[10] damit zugleich die Gründe für das problematische Verhältnis der Deutschen in Ost und West zu ihrer Vergangenheit.*

*Schauen Sie sich die Textstellen näher an, wo Schuld angedeutet wird. Wie verwendet Wolf Sprichwörter und Redensarten?[11] Wie reagieren die Gestalten auf Schuldgefühle? Warum kann das Mädchen den Selbstbefehl „Sieh hin!" nicht befolgen, als sie den KZlern[12] begegnet?*

*Was für Antworten gibt die Erzählung auf die Frage der Erzählerin, „wovon" die Deutschen befreit wurden? Mit welchen Nazi-Feindbildern und Lügen ist die Erzählerin aufgewachsen? Inwiefern erschwert die Propagandasprache der Nazis den Befreiungsprozeß der Erzählerin? Was für eine Einstellung zur offiziellen Parole[13] „Befreiung vom Faschismus" wird hier angedeutet? Denken Sie dabei auch an die Frage der Erzählerin, „wozu" man befreit wurde.*

*Sind Sie der Meinung, daß Befreiung für die Erzählerin auch eine Überwindung der Selbstentfremdung[14] bedeutet? Wie ist diese Selbstentfremdung entstanden? Wann kam der Fremdling[15] in sie? Warum lacht das Mädchen in Situationen, in denen es unangebracht[16] ist?*

*Wie verstehen Sie den Titel?*

*Blickwechsel written in the 60s*

*She was communist + now lives in East Ger.*

---

[10] **berührt**   touches upon

[11] **Sprichwörter und Redensarten**   proverbs and hackneyed expressions

[12] **KZlern KZ [Konzentrationslager]**   prisoners of a concentration camp

[13] **Parole**   slogan

[14] **Selbstentfremdung**   alienation from the self

[15] **Fremdling**   stranger

[16] **unangebracht**   inappropriate

# CHRISTA WOLF

## Blickwechsel

*[handwritten: a change of perspective]*

*[handwritten: at this time it is part of Germany]*

*[handwritten: The setting is Poland + the Russians are moving in > 1945]*

**1**

Ich habe vergessen, was meine Großmutter anhatte, als das schlimme Wort Asien sie wieder auf die Beine brachte.[1] Warum gerade sie[2] mir als erste vor Augen steht, weiß ich nicht, zu Lebzeiten hat sie sich niemals vorgedrängt.[3] Ich kenne alle ihre Kleider: das braune mit dem Häkelkragen,[4] das sie zu Weihnachten und zu allen Familiengeburtstagen anzog, ihre schwarze Seidenbluse, ihre großkarierte Küchenschürze und die schwarzmelierte[5] Strickjacke, in der sie im Winter am Ofen saß und den „Landsberger General-Anzeiger"[6] studierte. Für diese Reise hatte sie nichts Passendes anzuziehen, an meinem Gedächtnis liegt es nicht.[7] Ihre Knöpfstiefelchen[8] konnte sie gebrauchen, sie hingen an ihren zu kurzen, leicht krummen Beinen immer zwei Zentimeter über dem Fußboden, auch wenn meine Großmutter auf einer Luftschutzpritsche[9] saß, auch wenn der Fußboden festgetretene Erde war, wie an jenem Apriltag, von dem hier die Rede ist. Die Bomberverbände,[10] die nun schon am hellerlichten Tag[11] über uns hin

*[handwritten margin notes: am ende des Krieges 5; Russians as liberating the city + they move because they 15 fear the Russians]*

[1] **auf . . . brachte**  got her back on her feet
[2] **warum . . . sie**  why it is she of all people who
[3] **zu . . . vorgedrängt**  while she was alive she never pushed herself to the front
[4] **Häkelkragen**  crocheted collar
[5] **schwarzmelierte**  speckled black
[6] **Landsberger General-Anzeiger**  local paper of Landsberg
[7] **an . . . nicht**  my memory is not at fault
[8] **Knöpfstiefelchen**  little buttoned boots
[9] **Luftschutzpritsche**  air-raid shelter cot
[10] **Bomberverbände**  bomber formations
[11] **am . . . Tag**  in broad daylight

*[handwritten: This is a refugee experience]*

nach Berlin zogen, waren nicht mehr zu hören. Jemand hatte die Tür des
Luftschutzbunkers aufgestoßen, und in dem hellen Sonnendreieck am Eingang standen, drei Schritt von dem baumelnden[12] Knöpfstiefelchen meiner
Großmutter entfernt, ein Paar hohe schwarze Langschäfter,[13] in denen ein
Offizier der Waffen-SS[14] steckte, der in seinem blonden Gehirn[15] jedes
einzelne Wort meiner Großmutter während des langen Fliegeralarms festgehalten hatte: Nein, nein, hier kriegt ihr mich nicht mehr weg, sollen sie
mich umbringen, um mich alte Frau ist es nicht schade.[16] Was? sagte der
SS-Offizier. Lebensmüde? Diesen asiatischen Horden wollt ihr in die
Hände fallen? Die Russen schneiden doch allen Frauen die Brüste ab! Da
kam meine Großmutter ächzend[17] wieder hoch. Ach Gott, sagte sie, womit
hat die Menschheit das verdient! Mein Großvater fuhr sie an:[18] Was du
auch immer reden mußt!, und nun sehe ich sie genau, wie sie auf den Hof
gehen und sich jeder an seinen Platz bei unserem Handwagen stellen:
Großmutter in ihrem schwarzen Tuchmantel und dem hell- und dunkel-
braun gestreiften Kopftuch, das noch meine Kinder als Halswickel[19] hatten,
stützt die rechte Hand auf den hinteren Holm[20] des Wagens, Großvater in
Ohrenklappenmütze und Fischgrätjoppe[21] postiert sich neben der Deichsel.[22] Eile ist geboten,[23] die Nacht ist nahe und der Feind auch, nur daß sie
beide von verschiedenen Richtungen kommen: die Nacht von Westen und
der Feind von Osten. Im Süden, wo sie aufeinandertreffen und wo die
kleine Stadt Nauen[24] liegt, schlägt Feuer an den Himmel. Wir glauben die
Feuerschrift zu verstehen, das Menetekel[25] scheint uns eindeutig und lautet:[26]

Nach Westen.

Wir aber müssen zuerst meine Mutter suchen. Sie verschwindet häufig,
wenn es ans Weiterziehen geht,[27] sie will zurück, und sie muß weiter, beide
Gebote[28] sind manchmal gleich stark, da erfindet sie sich Vorwände[29] und
läuft weg, sie sagt: Ich häng mich auf, und wir, mein Bruder und ich, leben

[12]**baumelnden** dangling
[13]**Langschäfter** high boots
[14]**Waffen-SS** elite combat troops
[15]**Gehirn** brain
[16]**sollen ... schade** let them kill me, an old woman like me is no great loss
[17]**ächzend** groaning
[18]**fuhr sie an** snapped at her
[19]**Halswickel** compresses applied to the throat
[20]**hinteren Holm** back rail

[21]**Fischgrätjoppe** herringbone jacket
[22]**postiert ... Deichsel** takes his position next to the shaft
[23]**Eile ist geboten** Time is of the essence
[24]**Nauen** town west of Berlin
[25]**Menetekel** the writing on the wall (*Book of Daniel*)
[26]**lautet** says
[27]**wenn ... geht** when it's time to move on
[28]**Gebote** commands
[29]**Vorwände** pretexts

noch in dem Bereich, in dem man Worte wörtlich nimmt, wir laufen in das
kleine Waldstück, in dem meine Mutter nichts zu suchen hat[30] und in dem
auch wir nichts zu suchen haben wollen, wir ertappen uns gegenseitig
dabei,[31] wie wir den Blick in die Baumkronen werfen, wir vermeiden es,
uns anzusehen, sprechen können wir sowieso nicht über unaussprechbare
Vermutungen, wir schweigen auch, als meine Mutter, die jede Woche
knochiger und magerer wird, vom Dorf heraufkommt, ein Säckchen Mehl
auf den Handwagen wirft und uns Vorwürfe macht:[32] Rennt in der Gegend
umher und macht die Leute wild,[33] was habt ihr euch bloß gedacht? Und
wer soll den Bauern das Zeug aus der Nase ziehen,[34] wenn nicht ich? Sie
spannt sich[35] vor den Wagen, mein Bruder und ich schieben an, der Himmel gibt unheimlich Feuerwerk dazu, und ich höre wieder das feine Geräusch, mit dem der biedere Zug Wirklichkeit aus den Schienen springt[36]
und in wilder Fahrt mitten in die dichteste, unglaublichste Unwirklichkeit
rast, so daß mich ein Lachen stößt, dessen Ungehörigkeit[37] ich scharf
empfinde.

Nur daß ich niemandem klarmachen kann, daß ich nicht über uns lache,
gottbewahre, über uns seßhafte, ordentliche Leute in dem zweistöckigen
Haus neben der Pappel,[38] über uns bunte Guckkastenleute[39] im Essigpott;[40] Mantje, Mantje, Timpete, Buttje, Buttje in de See, mine Fru, de
Ilsebill, will nich so, as ik wol will.[41] Aber keiner von uns hat doch Kaiser
werden wollen oder gar Papst und ganz gewiß nicht Lieber Gott, ganz
zufrieden hat der eine unten im Laden Mehl und Butterschmalz und saure
Gurken[42] und Malzkaffee verkauft, der andere englische Vokabeln an
einem schwarzen Wachstuchtisch gelernt und hin und wieder aus dem
Fenster über die Stadt und den Fluß gesehen, die ganz ruhig und richtig
dalagen und mir nie den Wunsch eingegeben haben, sie zu verlassen, ganz
beharrlich[43] hat mein kleiner Bruder immer neue Merkwürdigkeiten aus

[30]**in . . . hat**  where my mother has no business being
[31]**wir . . . dabei**  we catch each other
[32]**uns . . . macht**  reproaches us
[33]**Rennt . . . wild**  You're running around driving people wild
[34]**das Zeug . . . ziehen**  to worm the stuff out of the farmers
[35]**spannt sich**  hitches herself
[36]**mit . . . springt**  as the sober train of reality jumps the tracks
[37]**Ungehörigkeit**  unseemliness
[38]**Pappel**  poplar

[39]**Guckkastenleute**  peepshow people (model citizens)
[40]**Essigpott**  vinegar pot (An analogy to the "Pißpott" in which the fisherman and his wife find themselves at the end of Grimm's fairytale *Der Fischer und sine Fru* as punishment for the wife's discontent with her status in life.)
[41]**Mantje . . . will**  [Butt, Butt in der See, meine Frau, die Ilsebill, will nicht so, wie ich wohl will.] (lines from the fairy tale)
[42]**saure Gurken**  pickles
[43]**beharrlich**  persistently

seinem Stabilbaukasten[44] zusammengeschraubt[45] und dann darauf bestanden, sie mit Schnüren[46] und Rollen in irgendeine sinnlose Bewegung zu
bringen, während oben in ihrer Küche meine Großmutter eine Sorte Bratkartoffeln mit Zwiebeln und Majoran brät, die mit ihrem Tod aus der Welt
verschwunden ist, und mein Großvater den Pechdraht[47] über den Fensterriegel hängt und die blaue Schusterschürze abbindet, um auf seinem Holzbrettchen[48] am Küchentisch in jedes Stückchen Brotrinde ein Dutzend
feiner Kerben[49] zu schneiden, damit sein zahnloser Mund das Brot kauen
kann.

    Nein, ich weiß nicht, warum man uns in den Essigpott geschickt hat, und
um nichts in der Welt weiß ich,[50] wieso ich darüber lachen muß, auch wenn
mein Onkel, der den zweiten Handwagen unseres winzigen[51] Zuges an-
führt, wieder und wieder argwöhnisch[52] fragt: Möchte bloß wissen, an wem
es hier was zu lachen gibt![53] Auch wenn ich begreife, wie enttäuscht einer
sein muß, daß die Angst, man lache ihn aus, nicht mal zu Ende ist, wenn
man endlich die Prokura[54] in der Tasche hat. Auch wenn ich ihm gerne den
Gefallen getan hätte, ihm zu versichern, ich lachte über mich selbst: Ich
konnte schwer lügen,[55] und ich fühlte deutlich, daß ich abwesend war,
obwohl man eine jener Figuren, in der Dunkelheit gegen den Wind gelehnt,
ohne weiteres mit mir hätte verwechseln können.[56] Man sieht sich nicht,
wenn man in sich drinsteckt, ich aber sah uns alle, wie ich uns heute sehe,
als hätte irgendeiner mich aus meiner Hülle[57] herausgehoben und daneben
gestellt mit dem Befehl: Sieh hin!

    Das tat ich, aber es machte mir keinen Spaß.

    Ich sah uns von der Landstraße abkommen, in der Finsternis[58] auf
Seitenwegen herumtappen[59] und endlich auf eine Allee stoßen, die uns auf
ein Tor führte, auf einen abgelegenen Gutshof[60] und auf einen schiefen,
leicht schlotternden[61] Mann, der mitten in der Nacht zu den Ställen humpelte,[62] dem es nicht gegeben war,[63] sich über irgend etwas zu wundern,

---

[44]**Stabilbaukasten** erector set
[45]**zusammengeschraubt** screwed together
[46]**Schnüren** strings
[47]**Pechdraht** waxed thread used by cobblers
[48]**Holzbrettchen** small wooden cutting board
[49]**Kerben** notches
[50]**um . . . ich** I don't have the faintest idea
[51]**winzigen** tiny
[52]**argwöhnisch** suspiciously
[53]**an . . . gibt** who's so funny around here
[54]**Prokura** notary public certificate
[55]**Ich . . . lügen** It was hard for me to lie
[56]**ohne . . . können** could have easily mis-
taken for me
[57]**Hülle** exterior
[58]**Finsternis** darkness
[59]**herumtappen** grope about
[60]**abgelegenen Gutshof** remote large farm
[61]**schiefen . . . schlotternden** crooked, slightly
tottering
[62]**zu . . . humpelte** limped to the stables
[63]**dem . . . war** who didn't have it in him

so daß er das verzweifelte, erschöpfte Trüppchen ungerührt[64] auf seine 105
Weise begrüßte: Na ihr, Sodom und Gomorrha?[65] Macht ja nichts. Platz ist
in der kleinsten Hütte für ein glücklich liebend Paar.[66]

Der Mann ist nicht gescheit,[67] sagte meine Mutter bedrückt als wir Kalle
über den Hof folgten, und mein Großvater, der wenig sprach, erklärte
befriedigt: Der ist ganz schön im Gehirn verrückt.—So war es freilich. Kalle 110
sagte Meister zu meinem Großvater, dessen höchste Dienstränge[68] in seinem Leben Gemeiner[69] in einem Kaiserlichen Infanterieregiment, Schustergeselle[70] bei Herrn Lebuse in Bromberg[71] und Streckenwärter[72] bei der
Deutschen Reichsbahn, Bezirksinspektion Frankfurt (Oder),[73] gewesen
waren. Meister, sagte Kalle, am besten nimmst du dir das Kabuff[74] dahinten 115
in der Ecke. Darauf verschwand er und pfiff: Nimm mal noch ein Tröpfchen, nimm mal noch ein Tröpfchen … Aber die Teeverteilung hatten die
Schläfer in den Doppelstockbetten schon hinter sich, auch die unvermeidli-
chen Leberwurstbrote waren ihnen gereicht worden, man roch es. Ich
versuchte, mir mit dem Arm beim Schlafen die Nase zuzuhalten. Mein 120
Großvater, der fast taub war, begann wie jeden Abend laut sein Vaterunser[75] aufzusagen, aber bei Und vergib uns unsere Schuld rief meine Großmutter ihm ins Ohr, daß er die Leute störe, und darüber kamen sie in
Streit.[76] Der ganze Saal[77] konnte ihnen zuhören, wo früher nur ihre alten
knarrenden[78] Holzbetten Zeuge[79] gewesen waren und das schwarz- 125
gerahmte Engelsbild mit dem Spruch: Wenn auch der Hoffnung letzter
Anker bricht, verzage nicht![80]

Bei Morgengrauen weckte uns Kalle. Kutschern wirst du doch woll
können?[81] fragte er meinen Onkel. Herr Volk, was[82] der Gutsbesitzer ist,
will nämlich mit Mann und Maus abrücken,[83] aber wer fährt die Ochsen- 130
wagen mit den Futtersäcken?—Ich, sagte mein Onkel, und er blieb dabei,

---

[64] **ungerührt** unmoved
[65] **Sodom und Gomorrha** Biblical cities destroyed for their sinfulness
[66] **glücklich liebend Paar** line from the poem *Der Jüngling am Bach* by the classical poet Friedrich Schiller (1759–1805)
[67] **gescheit** all there
[68] **Dienstränge** ranks, positions at work
[69] **Gemeiner** private in the army
[70] **Schustergeselle** journeyman cobbler
[71] **Bromberg** (Bydgoszcz) town formerly in Prussia, then in the Polish Corridor, and now in Poland
[72] **Streckenwärter** track inspector

[73] **Oder** Oder river
[74] **Kabuff** cubbyhole
[75] **Vaterunser** Lord's Prayer
[76] **Streit** quarrel
[77] **Saal** hall
[78] **knarrenden** creaking
[79] **Zeuge** witness
[80] **Wenn . . . nicht** Even if hope's last anchor breaks, don't lose heart
[81] **Kutschern . . . woll [wohl] können?** I imagine you know how to drive a wagon?
[82] **was [der]**
[83] **mit . . . abrücken** clear out with every living soul

auch wenn meine Tante ihm in den Ohren lag,[84] daß Ochsen gefährliche Tiere sind und daß er nicht für diese fremden Leute seine Haut zu Markte[85] . . . Halt den Mund! schnauzte er.[86] Und wie kriegst du sonst deine Plünnen[87] hier weg?—Wir alle durften aufsitzen, und unser Handwagen wurde an der hinteren Wagenrunge festgezurrt.[88] Oberprima,[89] sagte Kalle, denkt bloß nicht, die Ochsen sind schneller als euer Handwagen. Herr Volk kam persönlich, um seinen neuen Kutscher mit Handschlag zu verpflichten,[90] er trug einen Jägerhut, einen Lodenmantel und Knickerbocker, und Frau Volk kam, um die Frauen, die nun so oder so zu ihrem Gesinde gehörten,[91] mit einem gütigen, gebildeten Wort zu bedenken,[92] aber ich konnte sie nicht leiden,[93] weil sie ohne weiteres[94] du zu mir sagte und ihrer Dackelhündin Bienchen erlaubte, an unseren Beinen zu schnuppern, die vermutlich nach Leberwurstbroten rochen. Nun sah meine Tante, daß es sich um feine Leute handelte,[95] sowieso hätte sich mein Onkel ja nicht bei irgendeinem Piefke verdingt.[96] Dann begann es dicht hinter uns zu schießen, und wir zogen in beschleunigtem[97] Tempo ab. Der Liebe Gott verläßt die Seinen[98] nicht, sagte meine Großmutter.

Ich aber hatte in der Nacht zum letztenmal den Kindertraum geträumt: ich bin gar nicht das Kind meiner Eltern, ich bin vertauscht und gehöre zu Kaufmann Rambow in der Friedrichstadt,[99] der aber viel zu schlau ist, seine Ansprüche offen anzumelden,[100] obwohl er alles durchschaut hat und sich Maßnahmen vorbehält,[101] so daß ich endlich gezwungen bin, die Straße zu meiden, in der er in seiner Ladentüre mit Lutschkellen auf mich lauert.[102] Diese Nacht nun hatte ich ihm im Traum bündig[103] mitteilen können, daß ich jegliche Angst, sogar die Erinnerung an Angst vor ihm verloren hatte, daß

(marginal notes in reading order): *he has a dream + the Theme is that She somehow has the story (since birth) otherwise how could this be happening to her*

(line numbers in right margin): 135, 140, 145, 150, 155

[84]**ihm . . . lag** kept on pestering him
[85]**nicht [. . .] Markte [trage]** would not risk his hide
[86]**Halt . . . er** Shut up! he barked
[87]**Plünnen** junk
[88]**wurde . . . festgezurrt** was tied to the back post of the wagon
[89]**Oberprima** Super
[90]**um . . . verpflichten** to engage his new driver with a handshake
[91]**so . . . gehörten** one way or the other belonged to her domestic staff
[92]**mit . . . bedenken** to bestow kind and cultured words
[93]**konnte . . . leiden** didn't like her
[94]**ohne weiteres** just like that

[95]**es . . . handelte** that these were upper-class people
[96]**bei . . . verdingt** would not have let himself be hired by every Tom, Dick, and Harry
[97]**beschleunigtem** accelerated
[98]**die Seinen** his people
[99]**Friedrichstadt** a section of the narrator's hometown
[100]**seine . . . anzumelden** to make his claims openly
[101]**sich . . . vorbehält** reserves the right to take steps (to get the girl back)
[102]**mit . . . lauert** is lurking for me with lollipops
[103]**bündig** point-blank

dies das Ende seiner Macht über mich war und ich von jetzt an täglich bei ihm vorbeikommen und zwei Stangen Borkenschokolade abholen werde. Kaufmann Rambow hatte kleinlaut[104] meine Bedingungen angenommen.

Kein Zweifel, er war erledigt, denn er wurde nicht mehr gebraucht. Vertauscht war ich nicht, aber ich selbst war ich auch nicht mehr. Nie vergaß ich, wann dieser Fremdling in mich gefahren war,[105] der mich inzwischen gepackt hatte und nach Gutdünken mit mir verfuhr.[106] Es war jener kalte Januarmorgen, als ich in aller Hast auf einem Lastwagen meine Stadt in Richtung Küstrin[107] verließ und als ich mich sehr wundern mußte, wie grau diese Stadt doch war, in der ich immer alles Licht und alle Farben gefunden hatte, die ich brauchte. Da sagte jemand in mir langsam und deutlich: Das siehst du niemals wieder.

Mein Schreck ist nicht zu beschreiben. Gegen dieses Urteil gab es keine Berufung.[108] Alles, was ich tun konnte, war, treu und redlich[109] für mich zu behalten, was ich wußte, Flut und Ebbe von Gerüchten[110] und Hoffnungen anschwellen und wieder sinken zu sehen, vorläufig[111] alles so weiterzumachen, wie ich es den anderen schuldig war,[112] zu sagen, was sie von mir hören wollten. Aber der Fremdling in mir fraß um sich[113] und wuchs, und womöglich würde er an meiner Stelle bald den Gehorsam verweigern.[114] Schon stieß er mich manchmal, daß sie mich von der Seite ansahen: Jetzt lacht sie wieder. Wenn man bloß wüßte, worüber?

160

165

170

175

## 2

*freedom*

Über Befreiung soll berichtet werden, die Stunde der Befreiung, und ich habe gedacht: Nichts leichter als das. Seit all den Jahren steht diese Stunde scharf gestochen[115] vor meinen Augen, fix und fertig[116] liegt sie in meinem Gedächtnis, und falls es Gründe gegeben hat, bis heute nicht daran zu rühren,[117] dann sollten fünfundzwanzig Jahre auch diese Gründe getilgt[118]

180

*Das Mädchen ist 13 und sie und ihre Familie gehen West*

[104]**kleinlaut** meekly
[105]**in ... war** had gotten inside me
[106]**gepackt ... verfuhr** had seized me and treated me as he saw fit
[107]**Küstrin** (Kostryzn) town north of Frankfurt on the Oder River
[108]**Berufung** appeal
[109]**treu und redlich** dutifully
[110]**Flut ... Gerüchten** the ebb and flow of rumors

[111]**vorläufig** for the time being
[112]**wie ... war** as I owed it to the others
[113]**fraß um sich** festered and rankled
[114]**womöglich ... verweigern** possibly he might soon refuse to obey in my stead
[115]**gestochen** etched
[116]**fix und fertig** ripe and ready
[117]**daran zu rühren** to touch it
[118]**getilgt** erased

haben oder wenigstens abgeschwächt. Ich brauchte bloß das Kommando zu geben, schon würde der Apparat arbeiten, und wie von selbst würde alles auf dem Papier erscheinen, eine Folge[119] genauer, gut sichtbarer Bilder. Wider Erwarten[120] hakte ich mich an der Frage fest,[121] was meine Großmutter unterwegs für Kleider trug,[122] und von da geriet ich an[123] den Fremdling, der mich eines Tages in sich verwandelt hatte[124] und nun schon wieder ein anderer ist und andere Urteile spricht, und schließlich muß ich mich damit abfinden,[125] daß aus der Bilderkette nichts wird; die Erinnerung ist kein Leporelloalbum,[126] und es hängt nicht allein von einem Datum und zufälligen Bewegungen der alliierten Truppen ab, wann einer befreit wird, sondern doch auch von gewissen schwierigen und lang andauernden Bewegungen in ihm selbst. Und die Zeit, wenn sie Gründe tilgt, bringt doch auch unaufhörlich neue hervor und macht die Benennung einer bestimmten Stunde eher schwieriger; wovon man befreit wird, will man deutlich sagen, und wenn man gewissenhaft[127] ist, vielleicht auch, wozu.[128] Da fällt einem das Ende einer Kinderangst ein, Kaufmann Rambow, der sicherlich ein braver[129] Mann war, und nun sucht man einen neuen Ansatz,[130] der wieder nichts anderes bringt als Annäherung, und dabei bleibt es dann.[131] Das Ende meiner Angst vor den Tieffliegern. Wie man sich bettet, so liegt man,[132] würde Kalle sagen, wenn er noch am Leben wäre, aber ich nehme an, er ist tot, wie viele der handelnden Personen[133] (der Tod tilgt Gründe, ja).

Tot wie der Vorarbeiter Wilhelm Grund, nachdem die Tiefflieger ihm in den Bauch geschossen hatten. So sah ich mit sechzehn meinen ersten Toten, und ich muß sagen: reichlich[134] spät für jene Jahre. (Den Säugling,[135] den ich in einem steifen Bündel aus einem Lastwagen heraus einer Flüchtlingsfrau reichte, kann ich nicht rechnen, ich sah ihn nicht, ich hörte nur, wie seine Mutter schrie, und lief davon.) Der Zufall hatte ergeben,[136]

[119]**Folge**  succession
[120]**Wider Erwarten**  Contrary to expectations
[121]**hakte ... fest**  got stuck on the question
[122]**was ... trug**  what kind of clothes my grandmother was wearing on the road
[123]**geriet ich an**  I came up against
[124]**mich ... hatte**  who one day had turned me into himself
[125]**ich ... abfinden**  resign myself
[126]**Leporelloalbum**  pleated picture that can be unfolded section by section (The word harks back to Mozart's opera *Don Giovanni*. In the catalogue aria, the manservant Leporello reveals the Don's amorous adventures, one after the other.)

[127]**gewissenhaft**  conscientious
[128]**wozu [man befreit ist]**  why and into what kind of situation one is liberated
[129]**braver**  good
[130]**Ansatz**  starting point
[131]**dabei ... dann**  that's it then
[132]**Wie ... man**  You made your bed, now you must lie in it
[133]**handelnden Personen**  characters in the story
[134]**reichlich**  plenty
[135]**Säugling**  infant
[136]**Der ... ergeben**  It was a matter of chance

daß Wilhelm Grund an meiner Stelle dalag, denn nichts als der nackte    210
Zufall[137] hatte meinen Onkel an jenem Morgen bei einem kranken Pferd
in der Scheune[138] festgehalten, anstatt daß wir mit Grunds Ochsenwagen
gemeinsam wie sonst vor den anderen auf die Landstraße gingen. Hier,
mußte ich mir sagen, hätten auch wir sein sollen, und nicht dort, wo man
sicher war, obwohl man die Schüsse hörte und die fünfzehn Pferde wild    215
wurden. Seitdem fürchte ich Pferde. Mehr noch aber fürchte ich seit jenem
Augenblick die Gesichter von Leuten, die sehen mußten, was kein Mensch
sehen sollte. Ein solches Gesicht hatte der Landarbeiterjunge Gerhard
Grund, als er das Scheunentor aufstieß, ein paar Schritte noch schaffte[139]
und dann zusammensackte:[140] Herr Volk, was haben sie mit meinem Vater    220
gemacht!

Er war so alt wie ich. Sein Vater lag am Rande der Straße im Staub[141]
neben seinen Ochsen und blickte starr nach oben, wer darauf bestehen
wollte, mochte sich sagen: in den Himmel. Ich sah, daß diesen Blick nichts
mehr zurückholte, nicht das Geheul[142] seiner Frau, nicht das Gewimmer[143]    225
der drei Kinder. Diesmal vergaß man, uns zu sagen, das sei kein Anblick für
uns. Schnell, sagte Herr Volk, hier müssen wir weg. So wie sie diesen Toten
an Schultern und Beinen packten, hätten sie auch mich gepackt und zum
Waldrand geschleift.[144] Jedem von uns, auch mir, wäre wie ihm die Zelt-
plane vom gutsherrlichen Futterboden zum Sarg geworden.[145] Ohne Gebet    230
und ohne Gesang wie der Landarbeiter Wilhelm Grund wäre auch ich in
die Grube gefahren.[146] Geheul hätten sie auch mir nachgeschickt, und dann
wären sie weitergezogen, wie wir, weil wir nicht bleiben konnten. Lange
Zeit hätten sie keine Lust zum Reden gehabt, wie auch wir schwiegen, und
dann hätten sie sich fragen müssen, was sie tun könnten, um selbst am    235
Leben zu bleiben, und, genau wie wir jetzt, hätten sie große Birkenzweige[147] abgerissen und unsere Wagen damit besteckt, als würden die
fremden Piloten sich durch das wandelnde[148] Birkenwäldchen täuschen[149]
lassen. Alles, alles wäre wie jetzt, nur ich wäre nicht mehr dabei. Und der
Unterschied, der mir alles war,[150] bedeutete den meisten anderen hier so    240

[137] **der nackte Zufall**  pure chance
[138] **Scheune**  barn
[139] **schaffte**  managed
[140] **zusammensackte**  collapsed
[141] **Staub**  dust
[142] **Geheul**  bawling
[143] **Gewimmer**  whimpering
[144] **geschleift**  dragged
[145] **auch . . . geworden**  for me too the canvas

tarpaulin from the hayloft of the farm would
have been turned into a coffin
[146] **in . . . gefahren**  gone to my grave
[147] **Birkenzweige**  branches of birch trees
[148] **wandelnde**  walking
[149] **täuschen**  deceived
[150] **der . . . war**  which meant everything to
me

gut wie[151] nichts. Schon saß Gerhard Grund auf dem Platz seines Vaters
und trieb mit dessen Peitsche[152] die Ochsen an, und Herr Volk nickte ihm
zu: Braver Junge. Dein Vater ist wie ein Soldat gefallen.

Dies glaubte ich eigentlich nicht. So war der Soldatentod in den Lese-
büchern und Zeitungen nicht beschrieben, und der Instanz, mit der ich 245
ständigen Kontakt hielt und die ich—wenn auch unter Skrupeln und
Vorbehalten—mit dem Namen Gottes belegte, teilte ich mit,[153] daß ein
Mann und Vater von vier Kindern nach meiner Überzeugung nicht auf
diese Weise zu verenden habe. Es ist eben Krieg, sagte Herr Volk, und
gewiß, das war es und mußte es sein, aber ich konnte mich darauf beru- 250
fen,[154] daß hier eine Abweichung vom Ideal des Todes für Führer und
Reich vorlag,[155] und ich fragte nicht, wen meine Mutter meinte, als sie
Frau Grund umarmte und laut sagte: Die Verfluchten.[156] Diese verfluchten Verbrecher.

Mir fiel es zu, weil ich gerade Wache hatte, die nächste Angriffswelle, 255
zwei amerikanische Jäger,[157] durch Trillersignal zu melden. Wie ich es mir
gedacht hatte, blieb der Birkenwald weithin sichtbar als leichte Beute[158] auf
der kahlen Chaussee[159] stehen. Was laufen konnte,[160] sprang von den
Wagen und warf sich in den Straßengraben.[161] Auch ich. Nur daß ich
diesmal nicht das Gesicht im Sand vergrub, sondern mich auf den Rücken 260
legte und weiter mein Butterbrot aß. Ich wollte nicht sterben, und todesmutig war ich gewiß nicht, und was Angst ist, wußte ich besser, als mir lieb
war.[162] Aber man stirbt nicht zweimal an einem Tag. Ich wollte den sehen,
der auf mich schoß, denn mir war der überraschende Gedanke gekommen,
daß in jedem Flugzeug ein paar einzelne Leute saßen. Erst sah ich die 265
weißen Sterne unter den Tragflächen,[163] dann aber, als sie zu neuem Anflug
abdrehten,[164] sehr nahe die Köpfe der Piloten in den Fliegerhauben,[165]
endlich sogar die nackten weißen Flecken ihrer Gesichter. Gefangene
kannte ich, aber dies war der angreifende Feind von Angesicht zu Angesicht, ich wußte, daß ich ihn hassen sollte, und es kam mir unnatürlich 270

---

[151] **so gut wie**  virtually
[152] **Peitsche**  whip
[153] **der Instanz . . . mit**  to that authority, with
which I was in constant contact and to which—
albeit with scruples and reservations—I applied
the name God, I communicated
[154] **ich . . . berufen**  I could plead the fact
[155] **hier [. . .] vorlag**  this was a deviation from
[156] **Verfluchten**  damned people
[157] **Jäger**  fighter planes

[158] **Beute**  prey
[159] **kahlen Chaussee**  barren road
[160] **Was . . . konnte**  Everything that had legs
[161] **Straßengraben**  ditch
[162] **als . . . war**  than I cared to
[163] **Tragflächen**  wings
[164] **zu . . . abdrehten**  turned away for a new
approach
[165] **Fliegerhauben**  fliers' caps

vor, daß ich mich für eine Sekunde fragte, ob ihnen das Spaß machte, was sie taten. Übrigens ließen sie bald davon ab.

Als wir zu den Fuhrwerken[166] zurückkamen, brach einer unserer Ochsen, der, den sie Heinrich nannten, vor uns in die Knie.[167] Das Blut schoß ihm aus dem Hals. Mein Onkel und mein Großvater schirrten ihn ab.[168] Mein Großvater, der neben dem toten Wilhelm Grund ohne ein Wort gestanden hatte, stieß jetzt Verwünschungen[169] aus seinem zahnlosen Mund. Die unschuldige Kreatur, sagte er heiser,[170] diese Äster,[171] verdammten, vermaledeite[172] Hunde alle, einer wie der andere.[173] Ich fürchtete, er könnte zu weinen anfangen, und wünschte, er möge sich alles von der Seele fluchen.[174] Ich zwang mich, das Tier eine Minute lang anzusehen. Vorwurf konnte das in seinem Blick nicht sein, aber warum fühlte ich mich schuldig? Herr Volk gab meinem Onkel sein Jagdgewehr[175] und zeigte auf eine Stelle hinter dem Ohr des Ochsen. Wir wurden weggeschickt. Als der Schuß krachte, fuhr ich herum.[176] Der Ochse fiel schwer auf die Seite. Die Frauen hatten den ganzen Abend zu tun, das Fleisch zu verarbeiten.[177] Als wir im Stroh die Brühe aßen, war es schon dunkel. Kalle, der sich bitter beklagt hatte, daß er hungrig sei, schlürfte gierig[178] seine Schüssel aus, wischte sich mit dem Ärmel den Mund und begann vor Behagen krächzend zu singen:[179] Alle Möpse bellen, alle Möpse bellen, bloß der kleine Rollmops nicht[180] ... Daß dich der Deikert, du meschuggichter Kerl! fuhr mein Großvater auf ihn los.[181] Kalle ließ sich ins Stroh fallen und steckte den Kopf unter die Jacke.

3

Man muß nicht Angst haben, wenn alle Angst haben. Dies zu wissen ist sicherlich befreiend, aber die Befreiung kam erst noch,[182] und ich will aufzeichnen, was mein Gedächtnis heute davon hergeben will. Es war der

[166] **Fuhrwerken** wagons
[167] **brach [. . .] Knie** slumped to his knees
[168] **schirrten ihn ab** unyoked him
[169] **stieß Verwünschungen** muttered curses
[170] **heiser** hoarsely
[171] **Äster** wretches
[172] **vermaledeite** cursed
[173] **einer . . . andere** each and everyone of them
[174] **möge . . . fluchen** he'd curse it all off his chest
[175] **Jagdgewehr** hunting rifle

[176] **Als . . . herum** When the shot cracked, I spun around.
[177] **hatten . . . verarbeiten** were busy all evening processing the meat
[178] **gierig** greedily
[179] **vor . . . singen** began to sing with contentment in a croaking voice
[180] **Alle . . . nicht** All pugs bark but for the little rollmops (rolled salted herring)
[181] **Daß . . . los.** May the devil [get you], you crazy fool! my grandfather laid into him.
[182] **kam erst noch** was still to come

Morgen des 5. Mai, ein schöner Tag, noch einmal brach eine Panik aus, als es hieß, sowjetische Panzerspitzen hätten uns umzingelt,[183] dann kam die Parole:[184] im Eilmarsch nach Schwerin,[185] da sind die Amerikaner, und wer noch fähig war, sich Fragen zu stellen, der hätte es eigentlich merkwürdig finden müssen, wie alles[186] jenem Feind entgegendrängte,[187] der uns seit 300 Tagen nach dem Leben trachtete.[188] Von allem, was nun noch möglich war, schien mir nichts wünschbar oder auch nur erträglich, aber die Welt weigerte sich hartnäckig,[189] unterzugehen, und wir waren nicht darauf vorbereitet, uns nach einem verpatzten Weltuntergang zurechtzufinden.[190] Daher verstand ich den schauerlichen[191] Satz, den eine Frau ausstieß, als man ihr vorhielt,[192] 305 des Führers lang ersehnte[193] Wunderwaffe könne jetzt nur noch alle gemeinsam vernichten,[194] Feinde und Deutsche. Soll sie doch,[195] sagte das Weib.

An den letzten Häusern des Dorfes vorbei ging es einen Sandweg hinauf.[196] Neben einem roten mecklenburgischen Bauernhaus wusch sich an der Pumpe ein Soldat. Er hatte die Ärmel seines weißen Unterhemds 310 hochgekrempelt,[197] stand spreizbeinig[198] da und rief uns zu: Der Führer ist tot, so wie man ruft: Schönes Wetter heute. Mehr noch als die Erkenntnis, daß der Mann die Wahrheit sagte, bestürzte mich[199] sein Ton.

Ich trottete neben unserem Wagen weiter, hörte die eisernen Anfeuerungsrufe der Kutscher, das Ächzen[200] der erschöpften Pferde, sah die 315 kleinen Feuer am Straßenrand, in denen die Papiere der Wehrmachtsoffiziere schwelten,[201] sah Haufen von Gewehren und Panzerfäusten[202] gespensterhaft[203] in den Straßengräben anwachsen, sah Schreibmaschinen, Koffer, Radios und allerlei kostbares technisches Kriegsgerät[204] sinnlos unseren Weg säumen[205] und konnte nicht aufhören, mir wieder und wieder 320 in meinem Inneren den Ton dieses Satzes heraufzurufen, der, anstatt ein Alltagssatz unter anderen zu sein, meinem Gefühl nach fürchterlich zwischen Himmel und Erde hätte widerhallen[206] sollen.

---

[183] **als ... umzingelt** when word got around that the Soviet advanced tank troops had surrounded us
[184] **Parole** order
[185] **Schwerin** town northwest of Berlin
[186] **alles [alle]**
[187] **entgegendrängte** crowded towards
[188] **nach ... trachtete** was out to kill us
[189] **hartnäckig** stubbornly
[190] **uns ... zurechtzufinden** to cope after the bungled end of the world
[191] **schauerlichen** horrible
[192] **vorhielt** reproached
[193] **ersehnte** awaited

[194] **vernichten** to destroy
[195] **Soll sie doch** Let it
[196] **An ... hinauf.** We went up a sandy lane past the last houses of the village.
[197] **hochgekrempelt** rolled up
[198] **spreizbeinig** with legs spread apart
[199] **bestürzte mich** I was stunned by
[200] **Ächzen** groaning
[201] **schwelten** were smouldering
[202] **Panzerfäusten** bazookas (anti-tank weapons)
[203] **gespensterhaft** ghostly
[204] **Kriegsgerät** military equipment
[205] **säumen** line
[206] **widerhallen** resound

Dann kam das Papier. Die Straße war plötzlich von Papier überschwemmt,[207] immer noch warfen sie es in einer wilden Wut[208] aus den ₃₂₅
Wehrmachtswagen heraus, Formulare, Gestellungsbefehle, Akten, Ver-
fahren, Schriftsätze eines Wehrbezirkskommandos,[209] banale Routineschreiben ebenso wie geheime Kommandosachen und die Statistiken von
Gefallenen aus doppelt versicherten Panzerschränken, auf deren Inhalt
nun, da man ihn uns vor die Füße warf, niemand mehr neugierig war. Als ₃₃₀
sei etwas Widerwärtiges[210] an dem Papierwust,[211] bückte auch ich mich
nach keinem Blatt, was mir später leid tat, aber die Konservenbüchse fing
ich auf, die mir ein LKW-Fahrer[212] zuwarf. Der Schwung seines Armes
erinnerte mich an den oft wiederholten Schwung, mit dem ich im Sommer
neununddreißig Zigarettenpäckchen auf die staubigen Fahrzeugkolonnen ₃₃₅
geworfen hatte, die an unserem Haus vorbei Tag und Nacht in Richtung
Osten rollten. In den sechs Jahren dazwischen hatte ich aufgehört, ein Kind
zu sein, nun kam wieder ein Sommer, aber ich hatte keine Ahnung, was ich
mit ihm anfangen sollte.[213]

Die Versorgungskolonne einer Wehrmachtseinheit war auf einem Sei- ₃₄₀
tenweg von ihrer Begleitmannschaft verlassen worden. Wer vorbeikam,
nahm sich, was er tragen konnte. Die Ordnung des Zuges löste sich auf,
viele gerieten, wie vorher vor Angst, nun vor Gier außer sich.[214] Nur Kalle
lachte, er schleppte einen großen Butterblock zu unserem Wagen, klatschte
in die Hände und schrie glücklich: Ach du dicker Tiffel! Da kann man sich ₃₄₅
doch glatt vor Wut die Röcke hochheben![215]

Dann sahen wir die KZler. Wie ein Gespenst[216] hatte uns das Gerücht,
daß sie hinter uns hergetrieben würden, die Oranienburger,[217] im Nacken
gesessen.[218] Der Verdacht, daß wir auch vor ihnen flüchteten, ist mir damals
nicht gekommen. Sie standen am Waldrand und witterten zu uns her- ₃₅₀
über.[219] Wir hätten ihnen ein Zeichen geben können, daß die Luft rein
war,[220] doch das tat keiner. Vorsichtig näherten sie sich der Straße. Sie

[207] überschwemmt   flooded
[208] Wut   frenzy
[209] Formulare ... Wehrkreiskommandos   forms,
draft papers, files, proceedings, legal documents
of a defense district commando
[210] Widerwärtiges   disgusting
[211] Papierwust   mass of paper
[212] LKW-Fahrer [Lastkraftwagenfahrer]   truck
driver
[213] was ... sollte   what good it was to me
[214] gerieten [...] vor Gier außer sich   went
berserk with greed

[215] Ach ... hochheben!   You fat devil you!
One could split with anger!
[216] Gespenst   ghost
[217] Oranienburger   newly released prisoners
of the concentration camp Sachsenhausen near
Oranienburg, north of Berlin
[218] im ... gesessen   dogged our footsteps
[219] witterten ... herüber   sniffed the air suspiciously in our direction
[220] die ... war   the coast was clear

sahen anders aus als alle Menschen, die ich bisher gesehen hatte, und daß
wir unwillkürlich[221] vor ihnen zurückwichen, verwunderte mich nicht.
Aber es verriet[222] uns doch auch, dieses Zurückweichen, es zeigte an, trotz   355
allem, was wir einander und was wir uns selber beteuerten:[223] Wir wußten
Bescheid. Wir alle, wir Unglücklichen, die man von ihrem Hab und Gut
vertrieben[224] hatte, von ihren Bauernhöfen und aus ihren Gutshäusern, aus
ihren Kaufmannsläden und muffigen[225] Schlafzimmern und aufpolierten[226]
Wohnstuben mit dem Führerbild an der Wand—wir wußten: Diese da, die   360
man zu Tieren erklärt hatte[227] und die jetzt langsam auf uns zukamen, um
sich zu rächen[228]—wir hatten sie fallenlassen. Jetzt würden die Zerlumpten[229] sich unsere Kleider anziehen, ihre blutigen Füße in unsere Schuhe
stecken, jetzt würden die Verhungerten die Butter und das Mehl und die
Wurst an sich reißen,[230] die wir gerade erbeutet[231] hatten. Und mit Entset-   365
zen[232] fühlte ich: Das ist gerecht, und wußte für den Bruchteil einer Sekunde, daß wir schuldig waren. Ich vergaß es wieder.

Die KZler stürzten sich nicht auf[233] das Brot, sondern auf die Gewehre
im Straßengraben. Sie beluden sich damit, sie überquerten, ohne uns zu
beachten, die Straße, erklommen mühsam die jenseitige Böschung und   370
faßten oben Posten, das Gewehr im Anschlag.[234] Schweigend blickten sie
auf uns herunter. Ich hielt es nicht aus, sie anzusehen. Sollen sie doch
schreien, dachte ich, oder in die Luft knallen,[235] oder in uns reinknallen,
Herrgottnochmal![236] Aber sie standen ruhig da, ich sah, daß manche
schwankten[237] und daß sie sich gerade noch zwingen konnten, das Gewehr   375
zu halten und dazustehen. Vielleicht hatten sie sich das Tag und Nacht
gewünscht. Ich konnte ihnen nicht helfen, und sie mir auch nicht, ich
verstand sie nicht, und ich brauchte sie nicht, und alles an ihnen war mir
von Grund auf fremd.[238]

Von vorne kam der Ruf, jedermann außer den Fuhrleuten sollte absitzen.   380
Dies war ein Befehl. Ein tiefer Atemzug ging durch den Treck, denn das

[221]**unwillkürlich** instinctively
[222]**verriet** betrayed; revealed
[223]**beteuerten** swore
[224]**von . . . vertrieben** driven from house and home
[225]**muffigen** musty
[226]**aufpolierten** polished
[227]**zu . . . hatte** had degraded to the level of animals
[228]**rächen** to take revenge
[229]**Zerlumpten** those clothed in rags

[230]**an sich reißen** grab
[231]**erbeutet** captured
[232]**Entsetzen** terror
[233]**stürzten . . . auf** did not lunge at
[234]**erklommen . . . Anschlag** struggled up the opposite embankment, mounted guards at the top, guns at the ready
[235]**knallen** shoot
[236]**Herrgottnochmal** Goddammit
[237]**schwankten** staggered
[238]**von . . . fremd** profoundly alien

konnte nur eines bedeuten: Die letzten Schritte in die Freiheit standen uns
bevor. Ehe wir in Gang kommen konnten,[239] sprangen die polnischen
Kutscher ab, schlangen ihre Leine um die Wagenrunge,[240] legten die Peitsche auf den Sitz, sammelten sich zu einem kleinen Trupp und schickten 385
sich an, zurück, gen Osten, auf und davon zu gehen.[241] Herr Volk, der sofort
blaurot anlief,[242] vertrat ihnen den Weg.[243] Zuerst sprach er leise mit ihnen,
kam aber schnell ins Schreien, Verschwörung und abgekartetes Spiel[244] und
Arbeitsverweigerung schrie er. Da sah ich polnische Fremdarbeiter[245] einen
deutschen Gutsbesitzer beiseite schieben. Nun hatte wahrhaftig die untere 390
Seite der Welt sich nach oben gekehrt, nur Herr Volk wußte noch nichts
davon, wie gewohnt griff er nach der Peitsche, aber sein Hieb blieb stek-
ken,[246] jemand hielt seinen Arm fest, die Peitsche fiel zu Boden, und die
Polen gingen weiter. Herr Volk preßte die Hand gegen das Herz, lehnte
sich schwer an einen Wagen und ließ sich von seiner spitzmündigen[247] 395
Frau und der dummen Dackelhündin Bienchen trösten,[248] während Kalle
von oben Miststück, Miststück auf ihn herunterschimpfte.[249] Die Fran-
zosen, die bei uns blieben, riefen den abziehenden Polen Grüße nach, die
sie sowenig verstanden wie ich, aber ihren Klang verstanden sie, und ich
auch, und es tat mir weh, daß ich von ihrem Rufen und Winken und 400
Mützehochreißen, von ihrer Freude und von ihrer Sprache ausgeschlossen
war. Aber es mußte so sein. Die Welt bestand aus Siegern und Besiegten.[250]
Die einen mochten ihren Gefühlen freien Lauf lassen.[251] Die anderen—
wir—hatten sie künftig in uns zu verschließen. Der Feind sollte uns nicht
schwach sehen. 405

Da kam er übrigens. Ein feuerspeiender Drache[252] wäre mir lieber
gewesen als dieser leichte Jeep mit dem kaugummimalmenden Fahrer und
den drei lässigen[253] Offizieren, die in ihrer bodenlosen Geringschätzung[254]
nicht einmal ihre Pistolentaschen aufgeknöpft hatten. Ich bemühte mich,
mit ausdruckslosem Gesicht durch sie hindurchzusehen und sagte mir, daß 410

[239] **in . . . konnten** could get going
[240] **schlangen . . . Wagenrunge** coiled their reins around the wagon post
[241] **schickten . . . gehen** got ready to take off, back toward the East
[242] **anlief** turned
[243] **vertrat . . . Weg** stood in their way
[244] **Verschwörung . . . Spiel** conspiracy and underhanded plot
[245] **polnische Fremdarbeiter** Polish foreign workers (Poles who were deported to Germany during World War II to do forced labor)

[246] **Hieb . . . stecken** blow was stopped short
[247] **spitzmündigen** with her pursed mouth
[248] **trösten** console
[249] **Miststück . . . herunterschimpfte** yelled bastard, bastard down to him
[250] **Siegern und Besiegten** winners and losers
[251] **Die . . . lassen.** Some could give free vent to their feelings.
[252] **Drache** dragon (See footnote 273.)
[253] **lässigen** cool
[254] **bodenlosen Geringschätzung** bottomless disdain

ihr zwangloses[255] Lachen, ihre sauberen Uniformen, ihre gleichgültigen
Blicke, dieses ganze verdammte Siegergehabe ihnen sicher zu unserer be-
sonderen Demütigung befohlen war.[256]

Die Leute um mich herum begannen Uhren und Ringe zu verstecken,
auch ich nahm die Uhr vom Handgelenk und steckte sie nachlässig in die     415
Manteltasche. Der Posten am Ende des Hohlwegs, ein baumlanger, schlacksiger[257] Mensch unter diesem unmöglichen[258] Stahlhelm, über den wir in
der Wochenschau[259] immer laut herausgelacht hatten—der Posten zeigte
mit der einen Hand den wenigen Bewaffneten, wohin sie ihre Waffen zu
werfen hatten, und die andere tastete uns Zivilpersonen mit einigen festen,   420
geübten Polizeigriffen ab.[260] Versteinert vor Empörung[261] ließ ich mich
abtasten, insgeheim stolz, daß man auch mir eine Waffe zutraute.[262] Da
fragte mein überarbeiteter Posten geschäftsmäßig: Your watch? Meine Uhr
wollte er haben, der Sieger, aber er bekam sie nicht, denn es gelang mir, ihn
mit der Behauptung anzuführen,[263] der andere da, your comrade, sein     425
Kamerad, habe sie schon kassiert.[264] Ich kam ungeschoren davon, was die
Uhr betraf,[265] da signalisierte mein geschärftes Gehör noch einmal das
anschwellende Motorengeräusch eines Flugzeugs. Zwar ging es mich nichts
mehr an,[266] aber gewohnheitsmäßig behielt ich die Anflugrichtung im
Auge, unter dem Zwang eines Reflexes warf ich mich hin, als es herunter-   430
stieß, noch einmal der ekelhafte[267] dunkle Schatten, der schnell über Gras
und Bäume huscht,[268] noch einmal das widerliche[269] Einschlaggeräusch
von Kugeln[270] in Erde. Jetzt noch? dachte ich erstaunt und merkte, daß man
sich von einer Sekunde zur anderen daran gewöhnen kann, außer Gefahr
zu sein. Mit böser Schadenfreude sah ich amerikanische Artilleristen ein   435
amerikanisches Geschütz in Stellung bringen[271] und auf die amerikanische
Maschine feuern, die eilig hochgerissen wurde und hinter dem Wald
verschwand.

---

[255] **zwangloses** free and easy
[256] **dieses . . . war** surely they were ordered to assume this whole damned victory posturing expressly to humiliate us
[257] **schlacksiger** lanky
[258] **unmöglichen** ridiculous
[259] **Wochenschau** newsreel
[260] **tastete [. . .] ab** frisked
[261] **Versteinert vor Empörung** Petrified with outrage
[262] **man . . . zutraute** thought me capable of carrying a weapon
[263] **anzuführen** to fool
[264] **kassiert** collected
[265] **kam . . . betraf** got off unscathed as far as the watch was concerned
[266] **ging . . . an** it did not concern me anymore
[267] **ekelhafte** disgusting, horrible
[268] **huscht** skims
[269] **widerliche** revolting
[270] **Kugeln** bullets
[271] **Geschütz . . . bringen** position their artillery

Nun sollte man sagen können, wie es war, als es still wurde. Ich blieb eine
Weile hinter dem Baum liegen. Ich glaube, es war mir egal, daß von dieser 440
Minute an vielleicht niemals mehr eine Bombe oder eine MG-Garbe[272] auf
mich heruntergehen würde. Ich war nicht neugierig auf das, was jetzt
kommen würde. Ich wußte nicht, wozu ein Drache gut sein soll, wenn er
aufhört, Feuer zu speien. Ich hatte keine Ahnung, wie der hürnene Siegfried[273] sich zu benehmen hat, wenn der Drache ihn nach seiner Armband- 445
uhr fragt, anstatt ihn mit Haut und Haar aufzuessen.[274] Ich hatte gar keine
Lust, mit anzusehen, wie der Herr Drache und der Herr Siegfried als
Privatpersonen miteinander auskommen[275] würden. Nicht die geringste
Lust hatte ich darauf, um jeden Eimer Wasser zu den Amerikanern in die
besetzten Villen zu gehen, erst recht nicht,[276] mich auf einen Streit mit dem 450
schwarzhaarigen Leutnant Davidson aus Ohio einzulassen, an dessen Ende
ich mich gezwungen sah, ihm zu erklären, daß mein Stolz mir nun gerade
gebiete,[277] ihn zu hassen.

Und schon überhaupt keine Lust hatte ich auf das Gespräch mit dem
KZler, der abends bei uns am Feuer saß, der eine verbogene Drahtbrille 455
aufhatte und das unerhörte[278] Wort Kommunist so dahinsagte, als sei es ein
erlaubtes Alltagswort wie Haß und Krieg und Vernichtung. Nein. Am
allerwenigsten wollte ich von der Trauer und Bestürzung[279] wissen, mit der
er uns fragte: Wo habt ihr bloß all die Jahre gelebt?

Ich hatte keine Lust auf Befreiung. Ich lag unter meinem Baum, und es 460
war still. Ich war verloren, und ich dachte, daß ich mir das Geäst[280] des
Baumes vor dem sehr schönen Maihimmel merken wollte. Dann kam mein
baumlanger Sergeant nach getanem Dienst den Abhang hoch,[281] und in
jedem Arm hatte sich ihm ein quietschendes[282] deutsches Mädchen eingehängt. Alle drei zogen in Richtung der Villen ab, und ich hatte endlich 465
Grund, mich ein bißchen umzudrehen und zu heulen.[283]

---

[272]**MG-Garbe** a round of machine-gun fire
[273]**hürnene Siegfried** Siegfried the invulner-
able (The legendary Siegfried, hero of the
medieval epic *Das Nibelungenlied*, possessed the
strength to slay a dragon. Siegfried became the
ideal of the Germanic hero for nineteenth-cen-
tury romantic nationalists, and again an image
for Nazi propaganda in the twentieth century.)
[274]**mit . . . aufzuessen** to devour with hide
and hair
[275]**auskommen** get along

[276]**erst . . . nicht** even less
[277]**nun . . . gebiete** now especially required of
me
[278]**unerhörte** outrageous
[279]**Bestürzung** bewilderment
[280]**Geäst** branches
[281]**kam [. . .] hoch** came up the slope after
having finished his duty
[282]**quietschendes** squealing
[283]**heulen** cry

# REINER KUNZE

## Die wunderbaren Jahre

### Sieben Auszüge

*Reiner Kunze (1933–), der bis zum Jahre 1977 in der ehemaligen DDR lebte, schreibt hauptsächlich Lyrik. Auch mehrere Kinderbücher stammen von ihm. Nachdem sein Kurzprosaband „Die wunderbaren Jahre", dem folgende Texte entnommen sind, 1976 in der Bundesrepublik erschienen war, wurde Kunze in der DDR zum „Staatsfeind" erklärt.[1]*

*In den vorliegenden Skizzen schildert ein Vater hauptsächlich die Schulerlebnisse seiner Tochter und deren Freunde am Anfang der Siebziger Jahre in der ehemaligen DDR.[2] Der Titel des Buches ist eine Anspielung auf eine Stelle in Truman Capotes autobiographischer Erzählung „Die Grasharfe",[3] wo der Erzähler die Jahre zwischen elf und sechzehn die „wunderbaren" Jahre nennt. Die jungen Leute in Kunzes Texten erleben alles andere als[4] eine wunderbare, unbeschwerte[5] Jugend. Vielmehr werden sie vollständig vom Staat programmiert.*

*Achten Sie beim Lesen darauf, was die Vertreter der Obrigkeit[6] an den*

---

[1] After the collapse of the GDR, Reiner Kunze gained possession of the files (3491 pages) kept by the *Stasi* (Secret Police). Since the 1960s, Kunze had been under surveillance by the *Stasi*, his work and conduct subject to criticism, his reputation under attack, his family subject to psychological terrorism. He published some of the material in *Deckname ‚Lyrik'. Eine Dokumentation von Reiner Kunze* (Frankfurt: Fischer Verlag, 1990).

[2] The German Democratic Republic, which existed from 1949 until 1990, was an authoritarian state.

[3] Truman Capote *The Grass Harp* (New York: Random House, 1951).

[4] **alles . . . als** anything but

[5] **unbeschwerte** carefree

[6] **Obrigkeit** authorities

*Schülern kritisieren und wie sie in die Privatsphäre der Schüler eingreifen.*[7]
*Was für Ängste und Feindbilder motivieren das Handeln der Autoritätsfiguren?*
*Inwiefern sind sie selbst Gefangene des Staates?*

*Mit welchen Waffen versuchen die jungen Leute sich gegen den Übergriff*[8]
*des Staates zu wehren?*[9] *Finden Sie, daß die Mädchen diesen Übergriffen*
*besonders stark ausgesetzt sind?*[10] *Was besagt das über die Diskrepanz von*
*Anspruch*[11] *und Realität der Frauenemanzipation in der DDR-Gesellschaft?*

[7] **eingreifen**  intrude

[8] **Übergriff**  encroachment

[9] **wehren**  defend

[10] **ausgesetzt sind**  are at the mercy

[11] **Anspruch**  claim

# Die wunderbaren Jahre

## Fahnenappell

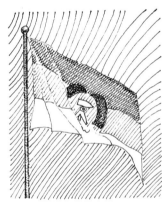

Montagmorgen stand der Direktor der Erweiterten Oberschule[1] in X. in Uniform neben der Fahne—in der Uniform eines Offiziers der Nationalen Volksarmee, in der er den Appell nur zu bestimmten Anlässen abnahm.[2] „Und es geht nicht", sagte er, „daß ein Schüler die Offiziere der Nationalen Volksarmee als dumm und halbgebildet[3] bezeichnet. Von diesen Schülern müssen wir uns trennen."[4] 5

*(Der Leiter des Wehrkreiskommandos[5] hatte N., Arbeitersohn und Schüler der elften Klasse, für die Offizierslaufbahn werben[6] wollen. Ob er am Beispiel des Direktors nicht sähe, hatte der Leiter des Wehrkreiskommandos gesagt, wie allseitig gebildet Offiziere seien. N. hatte geantwortet, er habe eher den Eindruck, der Direktor sei „einseitig gebildet": Seine Erziehungsmethoden bewirkten,[7] daß in der Schule nur noch gelernt und kaum mehr gedacht werde).* 10

Die Fahne war noch nicht wieder eingeholt[8]—das Einholen fand am Sonnabend statt—, als der Schüler N. gegen elf Stimmen und bei einer Enthaltung[9] aus der Freien Deutschen Jugend[10] ausgeschlossen[11] wurde. 15

[1]**Erweiterten Oberschule** Selective high school preparing students for the university
[2]**Appell . . . abnahm** took roll call only on certain occasions (The entire student body is lined up for the raising of the flag.)
[3]**halbgebildet** half-educated
[4]**trennen** part from
[5]**Wehrkreiskommandos** District Defense Command
[6]**werben** recruit
[7]**bewirkten** had the effect
[8]**eingeholt** lowered
[9]**Enthaltung** abstention
[10]**Freie Deutsche Jugend** youth organization of the German Democratic Republic
[11]**ausgeschlossen** expelled

*(Vorher hatte eine Elternbeiratssitzung[12] stattgefunden, nach der Eltern ihre Tochter aus dem Bett geholt hatten. „Daß du ja nicht für den stimmst![13] . . . Daß du ja nichts zugunsten von[14] dem sagst!" Der Elternbeiratssitzung waren Klassenversammlungen gefolgt. „Wer für N. stimmt, entfernt sich[15] vom Standpunkt der Arbeiterklasse." Schließlich hatte jeder der Schüler, die als Diskussionsredner ausgewählt worden waren, eines der schwarzen Steinchen zugeteilt bekommen,[16] aus denen das schwarze Bild zusammengesetzt werden sollte: Überheblichkeit[17] . . . Thesen zur Verunsicherung der Mitschüler[18] . . . Radikale Ansichten. Dabei hatte eine Schülerin enttäuscht, indem sie gefragt hatte, wieso dann N. würdig gewesen wäre, Berufsoffizier zu werden.)*

Dreimal noch duldete[19] es die Fahne, daß der Schüler N. unter ihr stand, während sie aufstieg, mit zunehmender Höhe immer gemessener, um die Mastspitze[20] exakt beim letzten Fanfarenstoß des Fanfarenzugs zu erklimmen.[21] Dann wurde N. vom Unterricht beurlaubt.[22] Seines nächsten Freundes nahm sich der Klassenlehrer an.[23] „Wenn Sie den von unserer Seite abgebrochenen Kontakt zu N. aufrechterhalten sollten, können wir ganz leicht den Kontakt zu Ihnen abbrechen."

*(Der Leiter des Wehrkreiskommandos sagte zur Mutter des N.: „Ich habe die Äußerung Ihres Sohnes weder als Beleidigung meiner Person, noch als Beleidigung der Offiziere der Nationalen Volksarmee empfunden.[24] Aber ich kann Ihnen in diesem Fall nicht helfen.")*

In Berlin wurde dem Antrag der Schule auf Relegierung des Schülers N. stattgegeben.[25]

*(„Ich teile Ihnen hierdurch mit,[26] daß Ihr Sohn . . . von allen Erweiterten Oberschulen der Deutschen Demokratischen Republik ausgeschlossen wurde. Die Gründe und Ursachen sind Ihnen bekannt. Wir hoffen, daß diese Maßnahme[27] dazu führt, daß Ihr Sohn . . . zur Einsicht kommt im Hinblick auf sein Verhalten gegenüber den Anforderungen, die an einen jungen Staatsbürger der Deutschen Demokratischen Republik gestellt werden müssen."[28])*

[12]**Elternbeiratssitzung** parent council meeting
[13]**Daß . . . stimmst!** Don't you dare vote for him!
[14]**zugunsten von** in favor of
[15]**entfernt sich** deviates
[16]**zugeteilt bekommen** been allotted
[17]**Überheblichkeit** arrogance
[18]**zur . . . Mitschüler** which put his fellow students in a state of uncertainty
[19]**duldete** tolerated
[20]**Mastspitze** top of the flagpole
[21]**erklimmen** climb to

[22]**beurlaubt** suspended
[23]**Seines . . . an.** The homeroom teacher took care of his closest friend.
[24]**Äußerung [. . .] empfunden** took the words of your son neither as an insult to my person
[25]**wurde [. . .] stattgegeben** the petition for expulsion was granted
[26]**teile . . . mit** herewith inform you
[27]**Maßnahme** measure
[28]**zur . . . müssen** comes to his senses with respect to his conduct in the face of the demands which have to be made of a young citizen of the GDR

Zu bestimmten Anlässen steht der Direktor der Erweiterten Oberschule in X. in Uniform neben der Fahne.

## Draht[29]

Sie bedauert[30] es, nicht an einer Sehstörung zu leiden.[31] Wenn sie an einer Sehstörung litte, könnte sie eine Nickelbrille[32] tragen. Die Eltern eines Schülers, der in der Schule eine Nickelbrille getragen hatte, sind verwarnt worden. Nickelbrillen seien imperialistischer Modeeinfluß, Dekadenz. Zum Beweis hatte der Klassenlehrer Bilder aus einer Westillustrierten vorgelegt, die langhaarige männliche Nickelbrillenträger zeigten. An dem Morgen, an dem sie mit Nickelbrille zur Schule gehen könnte, würde sie gern gehen. Ihr Urgroßvater trug eine Nickelbrille. Er war Bergarbeiter. Zum Beweis würde sie die Fotos hinblättern.[33]

## Mitschüler

Sie fand, die Massen, also ihre Freunde, müßten unbedingt die farbige Ansichtskarte sehen, die sie aus Japan bekommen hatte: Tokioter Geschäftsstraße am Abend. Sie nahm die Karte mit in die Schule, und die Massen ließen beim Anblick des Exoten[34] kleine Kaugummiblasen zwischen den Zähnen zerplatzen.[35]

In der Pause erteilte ihr der Klassenlehrer einen Verweis.[36] Einer ihrer Mitschüler hatte ihm hinterbracht,[37] sie betreibe[38] innerhalb des Schulgeländes Propaganda für das kapitalistische System.

## Menschenbild (I)

Lehrer: Sie kommen immer in so schmutzigen Pullovern zur Schule.
Schülerin: Entschuldigen Sie, aber Sie beleidigen[39] meine Mutter.

---

[29] **Draht** wire (Implied is the wire in the metal-rimmed glasses popular with Westerners identified with the counterculture of those years.)
[30] **bedauert** regrets
[31] **an . . . leiden** to suffer from impaired vision
[32] **Nickelbrille** metal-rimmed glasses
[33] **hinblättern** fling on his desk

[34] **beim . . . Exoten** while looking at the exotic scene
[35] **zerplatzen** burst
[36] **erteilte [. . .] Verweis** reprimanded her
[37] **hinterbracht** secretly informed
[38] **betreibe** was making
[39] **beleidigen** are insulting

Lehrer: Ich meine doch nicht, daß die Pullover nicht gewaschen sind. Aber Sie tragen so dunkle Farben.

Schülerin: Ich bin blond.

Lehrer: Ich wünsche, daß die Schüler meiner Klasse optimistische Farben tragen. Außerdem sehen Ihre langen Haare unordentlich aus.

Schülerin: Ich kämme sie mehrmals am Tag.

Lehrer: Aber der Mittelscheitel[40] ist nicht gerade.

*Ort des Dialogs: Erweiterte Oberschule in G.*

*Zeit: Zweihundertdreiunddreißig Jahre nach Hinscheiden[41] Friedrich Wilhelms des Ersten,[42] König von Preußen.*

## Menschenbild (II)

„Na gut", sagte der Direktor, „es waren keine ausgewaschenen Jeans, es waren hellblaue Cordhosen, einverstanden.[43] Aber müssen es überhaupt Hosen sein? Wenn die Mädel so angetreten sind,[44] alle in ihren kurzen Röcken, das gibt doch ein ganz anderes Bild." Dabei schnalzte er mit der Zunge.[45]

## Ordnung

Die Mädchen und Jungen, die sich auf die Eckbank der leeren Bahnhofs-halle setzten, kamen aus einem Jazz-Konzert. Ihr Gespräch verstummte rasch.[46] Einer nach dem anderen legten sie den Kopf auf die Schulter ihres Nebenmanns.[47] Der erste Zug fuhr 4.46 Uhr. Zwei Transportpolizisten, einen Schäferhund an der Leine, erschienen in der Tür, wandten sich der Bank zu und zupften[48] die Schlafenden am Ärmel. „Entweder Sie setzen sich gerade hin, oder Sie verlassen den Bahnhof, Ordnung muß sein!"

[40]**Mittelscheitel** center part

[41]**Hinscheiden** the demise

[42]**Friedrich Wilhelm I** (1688–1740) was the stern and ruthless soldier-king who created the Prussian military and bureaucracy. He more than any other Prussian ruler is responsible for instilling the Prussian values of discipline, order, and subordination to the state.

[43]**einverstanden** okay

[44]**angetreten sind** lined up

[45]**schnalzte . . . Zunge** smacked his lips (lit.: he clicked his tongue)

[46]**verstummte rasch** stopped quickly

[47]**ihres Nebenmannes** of the person next to them

[48]**zupften** tugged

„Wieso Ordnung?" fragte einer der Jungen, nachdem er sich aufgerichtet    90
hatte. „Sie sehen doch, daß jeder seinen Kopf gleich wiedergefunden hat."
„Wenn Sie frech werden, verschwinden Sie sofort, verstanden?" Die Poli-
zisten gingen weiter. Die jungen Leute lehnten sich nach der anderen Seite.
Zehn Minuten später kehrte die Streife[49] zurück und verwies sie des
Bahnhofs.[50] Draußen ging ein feiner Regen nieder. Der Zeiger der großen    95
Uhr wippte[51] auf die Eins wie ein Gummiknüppel.[52]

## Literaturunterricht

Sie war außer sich.[53] Der Lehrer hatte Pasternak[54] und Solschenizyn[55] als
Gesindel[56] bezeichnet. „Kannst du dir das vorstellen?" sagte sie. Und von
neuem: „Das mußt du dir mal vorstellen!" Was der Nobelpreis wert sei,
könne man daran erkennen, daß Gesindel wie Pasternak und Solschenyzin    100
ihn erhalte, hatte der Lehrer gesagt. Sie hatte Übelkeit vorgetäuscht[57] und
das Klassenzimmer verlassen. „Da kannst du doch nicht einfach ruhig sitzen
bleiben", sagte sie.
Ich sagte: „Aber bei uns ist doch ein Buch von Pasternak erschienen."
„Welches?"                                                                105
„Initialen der Leidenschaft."
„Wann?"
Ich nahm den Gedichtband vom Regal und schlug ihr das Impressum
auf.[58]
„Neunundsechzig? Bei uns? Bei uns erscheint Gesindel?" Sie faßte sich    110
mit beiden Händen an die Stirn.[59]
„Und ich hab das nicht gewußt!" Sie war zerknirscht.[60]

---

[49] **Streife** patrol
[50] **verwies . . . Bahnhofs** ordered them out of the station
[51] **wippte** bounced
[52] **Gummiknüppel** billy club
[53] **war außer sich** was beside herself
[54] **Pasternak** The Russian poet Boris Pasternak (1890–1960) wrote the novel *Doctor Zhivago.* When he was awarded the Nobel Prize in 1958, it aroused so much opposition in official circles, that he declined to accept it.
[55] **Solschenizyn** The Russian novelist Aleksandr Solzhenitsyn (1918–) described life in forced-labor camps in *The Gulag Archipelago.* In 1974 he was exiled from the Soviet Union and awarded the Nobel Prize. He settled in the United States. In 1990, the Soviet government restored his Soviet citizenship.
[56] **Gesindel** riffraff
[57] **Übelkeit vorgetäuscht** pretended to be sick
[58] **schlug . . . auf** opened the book for her to the copyright page
[59] **faßte . . . Stirn** she clutched her forehead with both hands
[60] **zerknirscht** dejected

# ANGELIKA MECHTEL

## Netter Nachmittag

*Angelika Mechtel (1943–) ist eine der bekanntesten deutschen feministischen[1] Schriftstellerinnen. Sie schreibt Romane, Kurzprosa, Hör- und Fernsehspiele und Kinderbücher. Die Autorin beleuchtet gesellschaftliche Probleme aus einer linksliberalen Perspektive, um ihre Leser politisch zu aktivieren.*

*In „Netter Nachmittag" prangert Mechtel patriarchalisches Verhalten und weibliche Reaktionsweisen an.[2] Dies geschieht im Kontext des Generationskonfliktes,[3] der in den turbulenten sechziger Jahren besonders stark spürbar[4] war. Achten Sie darauf, wie der Mann mit der Frau umgeht.[5] Was für ein Selbstbildnis hat er, und was wirft ihm die Erzählerin vor?[6] Wo wird der Generationskonflikt angedeutet?*

*Warum wohl wird der Mann nie bei Namen genannt? Wie unterstreicht die häufige Wiederholung von „sagt er" im ersten Teil die feministische Anklage?[7]*

---

[1] German feminism came to the fore with the student revolution in the late 60s. Impetus for this revolution was the desire for equality for all people, and no one fought harder for this goal than German women. The subordination of women was much more entrenched in Germany than in other Western countries because of the traditional authoritarian social structures and mentality.

[2] **prangert [. . .] an** denounces

[3] At the core of the confrontation in the 60s was conflict between generations. Children born after World War II grew up to criticize their parents' pursuit of affluence and security as an inadequate basis for an identity; their own identities were undermined by the knowledge that they were the offspring of those who had cooperated with Hitler.

[4] **spürbar** noticeable

[5] **umgeht** interacts

[6] **wirft [. . .] vor** accuse him of

[7] **Anklage** indictment

*Wie verhält sich die Erzählerin dem Mann gegenüber,[8] und wie kommt ihre Selbstkritik zum Ausdruck? Was halten Sie vom Ende? Wovor hat die Erzählerin Ihrer Meinung nach Angst?*

*In was für einem Ton ist die Geschichte geschrieben? Finden Sie, daß er der Botschaft angemessen[9] ist?*

---

[8] **gegenüber**   towards

[9] **der Botschaft angemessen**   appropriate to the message

# ANGELIKA MECHTEL

## Netter Nachmittag

Ich gehe hin, und er steht schon an der Tür; nachmittags um fünf zum Tee.

Gnädige Frau,[1] sagt er und küßt mir mit feuchten[2] Lippen die Hand. Ich habe Ihren Artikel gelesen, sagt er. Er findet ihn exzellent. Ich mache eine Handbewegung und stimme ihm zu.  5

Dann hilft er mir aus dem Mantel, hängt ihn auf und geht voraus zu Torte und Tee, dickbäuchig, aber in guter Position. Alt, aber noch frisch wie ein Junger, meint er und setzt  10
sich neben mich auf die Couch.

Er könne was für mich tun, sagt er und legt mir die Hand auf die Schulter. So hingelehnt ans Sofa, den Oberkörper schräg[3] zum Unterkörper, lächelt er mir zu.  15

Er schätzt mich,[4] sagt er.

Mit seiner Vergangenheit ist er zufrieden, auch mit seiner Zukunft. Zwei Weltkriege hat er überstanden und eine Ehe, sagt er. Er serviert immer den gleichen Kuchen, wenn er einlädt. Er hat drei Wohnungen: eine in der Stadt, eine auf dem Land und eine am Lago Maggiore.  20

Er hat das Leben gemeistert.

[1] **Gnädige Frau**  formal address
[2] **feuchten**  moist
[3] **schräg**  at an angle
[4] **schätzt mich**  has high regard for me

Artig[5] trinke ich meinen Tee und nehme die Zigarette, die er mir
anbietet; gehe auf das Gespräch ein, das er führen will.[6]

So ist eben einer, der groß geworden ist. Unverbraucht, denkt er, anders
als unser Jahrhundert.

Er vergißt nicht, höflich zu sein.                                              25

Das gehört dazu.[7]

Beim Abschied der Griff zum Mantel[8] und zu den Haaren. Die gehören
doch raus aus dem Mantelkragen, sagt er. Und zur Hand, um die feuchten
Lippen zu postieren.[9] Das tut er alles mit der Selbstverständlichkeit de-    30
rer,[10] die was besitzen.

Du solltest nicht diese Handbewegung machen, wenn er sagt, er fände
ihn exzellent. Anstelle der Hand zum Handkuß gibst du ihm einen Schlag,
nicht übertrieben scharf, nur ganz leicht, und dann dein Gelächter.

Den Artikel findest du schlecht.                                               35

Torte, sagst du, ißt du grundsätzlich nicht[11] und statt Tee verlangst du
Kaffee.

Er stellt dir heißes Wasser und Nescafé zur Verfügung.[12] Du nimmst
nicht nur einen Löffel Kaffeepulver in die Tasse, du nimmst zwei, schraubst
das Glas wieder fest zu und stellst es mitten auf den Tisch, so, daß er sich   40
aufrichten muß, wenn er es mit seinen Händen erreichen will.

Noch hockt[13] er schräg auf der Couch, den Oberkörper schräg abgewinkelt.[14] Du läßt ihn fallen, wenn er deine Schulter fassen will. Du machst ihm
Platz.

Weiche Landung, sagst du: Glückauf,[15] und greifst nach der vollen        45
Packung Zigaretten mit der Sicherheit jener, die nichts besitzen.

Er besitzt Einfluß, das weißt du.

Ich könnte was für Sie tun, sagt er, und du lachst. Du hörst nicht mehr
auf zu lachen. Vor Vergnügen schlägst du mit der flachen Hand auf den
Tisch; die Füße könntest du drauflegen.                                       50

Oder ihn durchs Dachfenster auf die Straße transportieren; sieben Eta-
gen abwärts ohne Lift; unten die Feldherrnhalle. Von der entgegen-

[5]**Artig**  Like a good girl
[6]**gehe . . . will**  indulge him in the conversation he wants to carry on
[7]**Das gehört dazu.**  That's part of it.
[8]**der . . . Mantel**  he reaches for the coat
[9]**postieren**  position
[10]**Selbstverständlichkeit derer**  matter-of-fact-
ness of those

[11]**grundsätzlich nicht**  absolutely never
[12]**stellt dir [. . .] Verfügung**  provides you
with
[13]**hockt**  is sitting
[14]**schräg abgewinkelt**  angled
[15]**Glückauf**  good luck (ironic use of the
greeting exchanged by miners)

gesetzten Seite marschierte Hitler mal an.[16] Glückab.[17] Den kannte er, und
nachher war er auch gleich wieder da.

    Zwei Weltkriege? fragst du ihn.                              55

    Kein Schrapnell hat ihn erwischt.[18]

    Glück muß der Mensch haben.

    Ich bin Augenzeuge unsres Jahrhunderts, sagt er.

    Unser? sagst du, nimmst deinen Mantel, gehst und denkst: Den habe ich
fertiggemacht,[19] dem habe ich seine Heuchelei vor den Latz geknallt,[20] der   60
ist erledigt.

    Aber er steht frisch an der Tür und hat ein verbindliches[21] Lächeln im
Gesicht.

    Jetzt beklatscht[22] er noch deinen Abgang.

    Bravo, sagt er: Ein ganz neuer Stil.                             65

    Du bist verblüfft,[23] weil du kein Kraut mehr weißt, das gegen ihn
wächst,[24] nimmst den Aufzug ins Parterre,[25] gehst Richtung Feldherrnhalle
und fragst dich, warum du Angst hast.

    Du hast dir in den Mantel helfen lassen, hast ihm das Glas Nescafé
zugeschoben, das heiße Wasser gereicht, hast um eine Zigarette gebeten   70
und dir Feuer geben lassen. Du hast dich angepaßt,[26] warst empfänglich.

    Du fragst dich, warum du Angst hast?

    Abends rufe ich ihn an und danke für den netten Nachmittag.

[16]**Feldherrnhalle ... an** During the attempted Putsch on November 9, 1923, Hitler
and fellow-Nazis marched through Munich to
the *Feldherrnhalle,* a building honoring Bavarian
generals.

[17]**Glückab** good luck (ironic use of the greeting exchanged by pilots)

[18]**erwischt** hit

[19]**fertiggemacht** finished off

[20]**dem ... geknallt** I threw his hypocrisy in
his face

[21]**verbindliches** polite

[22]**beklatscht** applauds

[23]**verblüfft** perplexed

[24]**kein ... wächst** can't think of any other
way of getting at him

[25]**ins Parterre** to the first floor

[26]**hast dich angepaßt** played his game

# HEINRICH BÖLL

## Du fährst zu oft nach Heidelberg

*Bitte lesen Sie die biographische Einführung zu Bölls Geschichte „Es wird etwas geschehen" auf Seite 71.*

*In den späten Sechzigern und frühen Siebzigern nahm Böll öffentlich Partei[1] in politischen Kontroversen, weil er die Demokratie und persönliche Freiheit durch Maßnahmen[2] der Bundesregierung, wie zum Beispiel den Radikalen Erlaß,[3] gefährdet[4] sah. Bölls Prosa dieser Jahre spiegelt seine Einmischung in öffentliche Kontroversen wider.*

*In „Du fährst zu oft nach Heidelberg"[5] geht es um die Auswirkungen[6] des Radikalen Erlasses im Leben eines jungen Menschen. Achten Sie beim Lesen darauf, wie die Hauptgestalt gezeichnet ist. Was fällt Ihnen an seiner Lebensführung und seinem Werdegang[7] auf? Welche Werte hat er? Woran sind*

---

[1] **nahm . . . Partei**   took a public stand

[2] **Maßnahmen**   measures

[3] **Radikalen Erlaß**   Decree regarding radicals (It was agreed on in 1972 by the Socialist government of Chancellor Willy Brandt and all the *Länder* in reaction to the subversive activities of a small group of left-wing radicals. It defined general criteria for judging whether an applicant for a civil service job—teachers fall into this category—is loyal to the constitution. The decree, often referred to as *Berufsverbote*, caused uneasy, wide-spread discussions among Germans. Intellectuals of the liberal left condemned it as a repressive measure.)

[4] **gefährdet**   threatened

[5] **Heidelberg**   After the student movement had collapsed, a small group of radical students was active in Heidelberg. For background of the student protest movement, see page 159, footnote 2.

[6] **Auswirkungen**   repercussions

[7] **Werdegang**   development

*die Standesunterschiede[8] der zwei Familien zu erkennen, und warum werden sie so stark betont? Wie begründet[9] ist der Verdacht[10] des Staates gegen ihn?*

*Warum sind alle, mit denen der Protagonist in Kontakt kommt, besorgt, daß er so häufig zu den Chilenen fährt? Was wohl meint Kronsorgeler, als er ihn warnt, nicht nach Heidelberg zu fahren, und ihm sagt, er solle an Eddy Merckx denken? Was halten Sie von seiner Reaktion auf das Gespräch mit Kronsorgeler?*

*Aus wessen Perspektive wird die Geschichte erzählt? Böll benutzt weitgehend die Erzählweise der erlebten Rede.[11] Warum eignet sich[12] diese Erzähltechnik besonders gut für diese Geschichte?*

[8] **Standesunterschiede**   class differences

[9] **begründet**   well-founded

[10] **Verdacht**   suspicion

[11] **erlebten Rede**   quoted monologue (See glossary for definition.)

[12] **eignet sich**   is suited

# HEINRICH BÖLL

## Du fährst zu oft nach Heidelberg

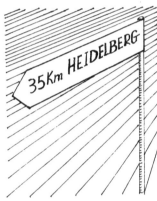

*Für Klaus Staeck[1] der weiß, daß die Geschichte von Anfang bis Ende erfunden ist und doch zutrifft.*

Abends, als er im Schlafanzug auf der Bettkante saß, auf die Zwölf-Uhr-Nachrichten     5
wartete und noch eine Zigarette rauchte, versuchte er im Rückblick[2] den Punkt zu finden, an dem ihm dieser schöne Sonntag weggerutscht[3] war. Der Morgen war sonnig gewesen, frisch, maikühl noch im Juni, und     10
doch war die Wärme, die gegen Mittag kommen würde, schon spürbar: Licht und Temperatur erinnerten an vergangene Trainingstage, an denen er zwischen sechs und acht, vor der Arbeit, trainiert hatte.

Eineinhalb Stunden lang war er radgefahren am Morgen, auf Nebenwe-     15
gen zwischen den Vororten, zwischen Schrebergärten[4] und Industriegelände, an grünen Feldern, Lauben,[5] Gärten, am großen Friedhof vorbei bis zu den Waldrändern hin, die schon weit jenseits der Stadtgrenze

---

[1] **Klaus Staeck**   a graphic artist whose political art frequently challenged aesthetic taboos and suffered censorship. Together with Böll he published *Briefe zur Verteidigung der Republik* (1977–78) in which they pleaded for ideological tolerance.
[2] **im Rückblick**   in retrospect
[3] **weggerutscht**   slipped away
[4] **Schrebergärten**   small garden plots within a community garden, usually located at the edge of town
[5] **Lauben**   very small cabins mostly located in *Schrebergärten*

lagen; auf asphaltierten Strecken hatte er Tempo gegeben,[6] Beschleunigung, Geschwindigkeit getestet, Spurts eingelegt[7] und gefunden,    20
daß er immer noch gut in Form war und vielleicht doch wieder einen Start
bei den Amateuren riskieren konnte; in den Beinen die Freude übers
bestandene Examen und der Vorsatz,[8] wieder regelmäßig zu trainieren.
Beruf, Abendgymnasium,[9] Geldverdienen, Studium—er hatte wenig
dran[10] tun können in den vergangenen drei Jahren; er würde nur einen    25
neuen Schlitten[11] brauchen; kein Problem, wenn er morgen mit Kronsorgeler zurechtkommen würde.[12]

Nach dem Training Gymnastik auf dem Teppichboden in seiner Bude,[13]
Dusche, frische Wäsche, und dann war er mit dem Auto zum Frühstück zu
den Eltern hinausgefahren: Kaffee und Toast, Butter, frische Eier und    30
Honig auf der Terrasse, die Vater ans Häuschen angebaut hatte; die hübsche Jalousie—ein Geschenk von Karl, und im wärmer werdenden Morgen
der beruhigende, stereotype Spruch der Eltern: „Nun hast du's ja fast
geschafft; nun hast du's ja bald geschafft." Die Mutter hatte „bald", der Vater
„fast" gesagt, und immer wieder der wohlige Rückgriff auf die Angst der    35
vergangenen Jahre,[14] die sie einander nicht vorgeworfen,[15] die sie miteinander geteilt hatten: über den Amateurbezirksmeister und Elektriker zum
gestern bestandenen Examen, überstandene Angst,[16] die anfing, Veteranenstolz zu werden; und immer wieder wollten sie von ihm wissen, was dies
oder jenes auf spanisch hieß: Mohrrübe,[17] und Auto, Himmelskönigin,    40
Biene und Fleiß, Frühstück, Abendbrot und Abendrot, und wie glücklich
sie waren, als er auch zum Essen blieb und sie zur Examensfeier am
Dienstag in seine Bude einlud: Vater fuhr weg, um zum Nachtisch Eis zu
holen, und er nahm auch noch den Kaffee, obwohl er eine Stunde später bei
Carolas Eltern wieder würde Kaffee trinken müssen; sogar einen Kirsch    45
nahm er und plauderte mit ihnen über seinen Bruder Karl, die Schwägerin
Hilda, Elke und Klaus, die beiden Kinder, von denen sie einmütig[18]
glaubten, sie würden verwöhnt[19]—mit all dem Hosen- und Franzen- und

[6]**Tempo gegeben** accelerated
[7]**Spurts eingelegt** sprinted
[8]**Vorsatz** intention
[9]**Abendgymnasium** evening preparatory
school (He availed himself of the so-called
*zweite Bildungsweg* in order to get his *Abitur*, a
prerequisite for studying at the university.)
[10]**dran [daran]** about it
[11]**Schlitten** sl.: bike (lit.: sled)
[12]**er [. . .] würde** things would work out

[13]**Bude** sl.: pad, room
[14]**wohlige . . . Jahre** pleasant feeling of recall-
ing past fears
[15]**die . . . vorgeworfen** which they hadn't ex-
pressed by accusing one another (of the other's
shortcomings as a parent)
[16]**überstandene Angst** past fears
[17]**Mohrrübe** carrot
[18]**einmütig** unanimously
[19]**verwöhnt** spoiled

Rekorderkram,[20] und immer wieder dazwischen die wohligen Seufzer:[21] „Nun hast du's ja bald, nun hast du's ja fast geschafft." Diese „fast", diese „bald" hatten ihn unruhig gemacht. Er hatte es geschafft! Blieb nur noch die Unterredung mit Kronsorgeler, der ihm von Anfang an freundlich gesinnt gewesen war.[22] Er hatte doch an der Volkshochschule[23] mit seinen Spanisch- am spanischen Abendgymnasium mit seinen Deutschkursen Erfolg gehabt.

Später half er dem Vater beim Autowaschen, der Mutter beim Unkrautjäten,[24] und als er sich verabschiedete, holte sie noch Mohrrüben, Blattspinat und einen Beutel[25] Kirschen in Frischhaltepackungen aus ihrem Tiefkühler, packte es ihm in eine Kühltasche und zwang ihn, zu warten, bis sie für Carolas Mutter Tulpen aus dem Garten geholt hatte; inzwischen prüfte der Vater die Bereifung,[26] ließ sich den laufenden Motor vorführen, horchte ihn mißtrauisch ab, trat dann näher ans heruntergekurbelte[27] Fenster und fragte: „Fährst du immer noch so oft nach Heidelberg—und über die Autobahn?" Das sollte so klingen, als gelte[28] die Frage der Leistungsfähigkeit[29] seines alten, ziemlich klapprigen[30] Autos, das zweimal-, manchmal dreimal in der Woche diese insgesamt achtzig Kilometer schaffen mußte.

„Heidelberg? Ja, da fahr' ich noch zwei-, dreimal die Woche hin—es wird noch eine Weile dauern, bis ich mir einen Mercedes leisten kann."

„Ach, ja, Mercedes", sagt der Vater, „da ist doch dieser Mensch von der Regierung, Kultur,[31] glaube ich, der hat mir gestern wieder seinen Mercedes zur Inspektion gebracht. Will nur von mir bedient werden. Wie heißt er doch noch?"

„Kronsorgeler?"

„Ja, der. Ein sehr netter Mensch—ich würde ihn sogar ohne Ironie vornehm nennen."

Dann kam die Mutter mit dem Blumenstrauß und sagte: „Grüß Carola von uns, und die Herrschaften[32] natürlich. Wir sehen uns ja am Dienstag."

---

[20] **dem ... Rekorder-Kram** that stuff—jeans, fringed (leather) jackets and cassette recorders (lit.: that pants- and fringes- and cassette recorder-stuff)
[21] **wohligen Seufzer** contented sighs
[22] **der ... war** who had been well-disposed toward him from the beginning
[23] **Volkshochschule** adult education school
[24] **Unkrautjäten** pulling weeds
[25] **Beutel** bag

[26] **Bereifung** tires
[27] **heruntergekurbelte** rolled down
[28] **gelte** was aimed at
[29] **Leistungsfähigkeit** condition
[30] **klapprigen** decrepit
[31] **Kultur** a reference to Kronsorgeler's position in the State Office of Education and Culture which is responsible for hiring teachers
[32] **die Herrschaften** the sir and madam (her parents)

Der Vater trat, kurz bevor er startete, noch einmal näher und sagte: „Fahr nicht zu oft nach Heidelberg—mit dieser Karre!"[33]     80

Carola war noch nicht da, als er zu Schulte-Bebrungs kam. Sie hatte angerufen und ließ ausrichten,[34] daß sie mit ihren Berichten noch nicht fertig war, sich aber beeilen würde; man sollte mit dem Kaffee schon anfangen.

Die Terrasse war größer, die Jalousie, wenn auch verblaßt,[35] großzügiger,[36] eleganter das Ganze, und sogar in der kaum merklichen Verkommenheit[37] der Gartenmöbel, dem Gras, das zwischen den Fugen[38] der roten Fliesen[39] wuchs, war etwas, das ihn ebenso reizte[40] wie manches Gerede[41] bei Studentendemonstrationen; solches und Kleidung, das waren ärgerliche Gegenstände zwischen Carola und ihm, die ihm immer     90 vorwarf, zu korrekt, zu bürgerlich[42] gekleidet zu sein. Er sprach mit Carolas Mutter über Gemüsegärten, mit ihrem Vater über Radsport, fand den Kaffee schlechter als zu Hause und versuchte, seine Nervosität nicht zu Gereiztheit werden zu lassen. Es waren doch wirklich nette, progressive Leute, die ihn völlig vorurteilslos,[43] sogar offiziell, per Verlobungsan-     95 zeige[44] akzeptiert hatten; inzwischen mochte er sie regelrecht,[45] auch Carolas Mutter, deren häufiges „entzückend"[46] ihm anfangs auf die Nerven gegangen war.

Schließlich bat ihn Dr. Schulte-Bebrung—ein bißchen verlegen,[47] wie ihm schien—in die Garage und führte ihm sein neu erworbenes Fahrrad     100 vor, mit dem er morgens regelmäßig ein „paar Runden" drehte,[48] um den Park, dem Alten Friedhof herum; ein Prachtschlitten von einem Rad;[49] er lobte es begeistert,[50] ganz ohne Neid,[51] bestieg es zu einer Probefahrt rund um den Garten, erklärte Schulte-Bebrung die Beinmuskelarbeit (er erin-

---

[33]**Karre** sl.: crate (old car)
[34]**ließ ausrichten** left the message
[35]**verblaßt** faded
[36]**großzügiger** more generous
[37]**Verkommenheit** dilapidated state
[38]**Fugen** chinks
[39]**Fliesen** tiles
[40]**reizte** irritated
[41]**manches Gerede** some of the talk (Böll is alluding to the fact that middle-class students who constituted the majority of the rebellious students at the end of the 60s espoused anti-middle-class values which the protagonist does not share.)

[42]**korrekt . . . bürgerlich** conventional, too bourgeois
[43]**vorurteilslos** without prejudice
[44]**per Verlobungsanzeige** by way of the printed engagement announcements
[45]**inzwischen . . . regelrecht** he had really come to like them
[46]**entzückend** charming, delightful
[47]**verlegen** embarrassed
[48]**ein . . . drehte** did a couple of laps
[49]**Prachtschlitten . . . Rad** a cool bike
[50]**lobte es begeistert** praised it enthusiastically
[51]**Neid** envy

nerte sich, daß die alten Herren im Verein[52] immer Krämpfe bekommen     105
hatten!), und als er wieder abgestiegen war und das Rad in der Garage an
die Wand lehnte, fragte Schulte-Bebrung ihn: „Was denkst du, wie lange
würde ich mit diesem Prachtschlitten, wie du ihn nennst, brauchen, um von
hier nach—sagen wir Heidelberg zu fahren?" Es klang wie zufällig[53] harmlos, zumal Schulte-Bebrung fortfuhr: „Ich habe nämlich in Heidelberg     110
studiert, hab' auch damals ein Rad gehabt, und von dort bis hier habe ich
damals—noch bei jugendlichen Kräften—zweieinhalb Stunden gebraucht."
Er lächelte wirklich ohne Hintergedanken,[54] sprach von Ampeln,[55] Stauungen,[56] dem Autoverkehr, den es damals so nicht gegeben habe; mit dem
Auto, das habe er schon ausprobiert, brauchte er ins Büro fünfunddreißig,   115
mit dem Rad nur dreißig Minuten. „Und wie lange brauchst du mit dem
Auto nach Heidelberg?" „Eine halbe Stunde."

Daß er das Auto erwähnte, nahm der Nennung Heidelbergs ein bißchen das Zufällige, aber dann kam gerade Carola, und sie war nett wie
immer, hübsch wie immer, ein bißchen zerzaust,[57] und man sah ihr an,    120
daß sie tatsächlich todmüde war, und er wußte eben nicht, als er jetzt auf
der Bettkante saß, eine zweite Zigarette noch unangezündet[58] in der
Hand, er wußte eben nicht, ob seine Nervosität schon Gereiztheit
gewesen, von ihm auf sie übergesprungen war oder ob sie nervös und
gereizt gewesen war—und es von ihr auf ihn übergesprungen war. Sie     125
küßte ihn natürlich, flüsterte ihm aber zu, daß sie heute nicht mit ihm
gehen würde. Dann sprachen sie über Kronsorgeler, der ihn so sehr gelobt
hatte, sprachen über Planstellen,[59] die Grenzen des Regierungsbezirks,
über Radfahren, Tennis, Spanisch, und ob er eine Eins oder nur eine
Zwei[60] bekommen würde. Sie selbst hatte nur eine knappe Drei bekom-   130
men.[61] Als er eingeladen wurde, zum Abendessen zu bleiben, schützte er
Müdigkeit und Arbeit vor,[62] und niemand hatte ihn besonders gedrängt,
doch zu bleiben; rasch wurde es auf der Terrasse wieder kühl; er half,
Stühle und Geschirr ins Haus tragen, und als Carola ihn zum Auto
brachte, hatte sie ihn überraschend heftig[63] geküßt, ihn umarmt, sich an   135

---

[52]**Verein**  club
[53]**wie zufällig**  like a chance remark
[54]**Hintergedanken**  ulterior motives
[55]**Ampeln**  traffic lights
[56]**Stauungen**  traffic jams
[57]**zerzaust**  tousled
[58]**unangezündet**  unlit
[59]**Planstellen**  regular teaching positions
[60]**eine Eins . . . Zwei**  an A or only a B (on

the *Staatsexamen,* an examination leading to
the university degree, also called *Staatsexamen,*
required for teaching in the *Gymnasium.*)
[61]**nur . . . bekommen**  scraped through with
a C
[62]**schützte [. . .] vor**  pleaded
[63]**überraschend heftig**  with surprising fer-
vor

ihn gelehnt und gesagt: „Du weißt, daß ich dich sehr, sehr gern habe, und ich weiß, daß du ein prima Kerl bist, du hast nur einen kleinen Fehler: Du fährst zu oft nach Heidelberg."

Sie war rasch ins Haus gelaufen, hatte gewinkt, gelächelt, Kußhände geworfen,[64] und er konnte noch im Rückspiegel sehen, wie sie immer noch   140 da stand und heftig winkte.

Es konnte doch nicht Eifersucht[65] sein. Sie wußte doch, daß er dort zu Diego und Teresa fuhr, ihnen beim Übersetzen von Anträgen[66] half, beim Ausfüllen von Formularen und Fragebögen; daß er Gesuche aufsetzte, ins reine tippte;[67] für die Ausländerpolizei, das Sozialamt, die Gewerkschaft,[68]   145 die Universität, das Arbeitsamt; daß es um Schul- und Kindergartenplätze ging, Stipendien, Zuschüsse,[69] Kleider, Erholungsheime;[70] sie wußte doch, was er in Heidelberg machte, war ein paar Mal mitgefahren, hatte eifrig getippt und eine erstaunliche Kenntnis von Amtsdeutsch bewiesen; ein paarmal hatte sie sogar Teresa mit ins Kino und ins Café genommen und   150 von ihrem Vater Geld für einen Chilenen-Fond[71] bekommen.

Er war statt nach Hause nach Heidelberg gefahren, hatte Diego und Teresa nicht angetroffen, auch Raoul nicht, Diegos Freund; war auf der Rückfahrt in eine Autoschlange geraten,[72] gegen neun bei seinem Bruder Karl vorbeigefahren, der ihm Bier aus dem Eisschrank holte, während Hilda   155 ihm Spiegeleier briet; sie sahen gemeinsam im Fernsehen eine Reportage über die Tour de Suisse,[73] bei der Eddy Merckx[74] keine gute Figur machte, und als er wegging, hatte Hilda ihm einen Papiersack voll abgelegter[75] Kinderkleider gegeben für „diesen spirrigen[76] netten Chilenen und seine Frau".   160

Nun kamen endlich die Nachrichten, die er mit halbem Ohr nur hörte: Er dachte an die Mohrrüben, den Spinat und die Kirschen, die er noch ins

---

[64]**Kußhände geworfen** blown kisses
[65]**Eifersucht** jealousy
[66]**Anträgen** applications
[67]**Gesuche ... tippte** wrote petitions and typed them up
[68]**Gewerkschaft** union
[69]**Zuschüsse** subsidies, grants
[70]**Erholungsheime** rest and convalescent centers subsidized by the State
[71]**Chilenen-Fond** Chilean Foundation (The implication is that his friends in Heidelberg are Chileans who fled Chile after the Popular

Unity government, headed by the Socialist Salvador Allende, was overthrown by a military revolt in September 1973.)
[72]**in ... geraten** gotten stuck in a long line of cars
[73]**Tour de Suisse** annual bike race in Switzerland
[74]**Eddy Merckx** a Belgian cyclist considered one of the greatest in the history of bicycle racing
[75]**abgelegter** outgrown
[76]**spirrigen** spindly

Tiefkühlfach packen mußte; er zündete die zweite Zigarette doch an: Irgendwo—war es Irland?—waren Wahlen[77] gewesen: Erdrutsch,[78] irgendeiner—war es wirklich der Bundespräsident?—hatte irgendwas sehr Positives über Krawatten gesagt; irgendeiner ließ irgendwas dementieren;[79] die Kurse[80] stiegen; Idi Amin[81] blieb verschwunden. 165

Er rauchte die zweite Zigarette nicht zu Ende, drückte sie in einem halb leergegessenen Yogurtbecher aus; er war wirklich todmüde und schlief bald ein, obwohl das Wort Heidelberg in seinem Kopf rumorte.[82] 170

Er frühstückte frugal: nur Brot und Milch, räumte auf, duschte und zog sich sorgfältig an; als er die Krawatte umband, dacht er an den Bundespräsidenten—oder war's der Bundeskanzler gewesen? Eine Viertelstunde vor der Zeit saß er auf der Bank von Kronsorgelers Vorzimmer, neben ihm saß ein Dicker, der modisch und salopp[83] gekleidet war; er kannte ihn von den 175 Pädagogikvorlesungen her, seinen Namen wußte er nicht. Der Dicke flüsterte ihm zu: „Ich bin Kommunist, du auch?"

„Nein" sagte er, „nein, wirklich nicht—nimm's mir nicht übel."[84]

Der Dicke blieb nicht lange bei Kronsorgeler, machte, als er herauskam eine Geste, die wohl „aus"[85] bedeuten sollte. Dann wurde er von der 180 Sekretärin hineingebeten; sie war nett, nicht mehr ganz so jung, hatte ihn immer freundlich behandelt—es überraschte ihn, daß sie ihm einen aufmunternden Stubs[86] gab, er hatte sie für zu spröde[87] für so etwas gehalten. Kronsorgeler empfing ihn freundlich; er war nett, konservativ, aber nett; objektiv; nicht alt, höchstens Anfang vierzig. Radsportanhänger, hatte ihn 185 sehr gefördert, und sie sprachen erst über die Tour de Suisse; ob Merckx gebluftt habe; er nicht, er meinte, Merckx sei wohl wirklich fast am Ende, gewisse Erschöpfungsmerkmale[88] könne man nicht bluffen. Dann über die Prüfung; daß sie lange überlegt hätten, ob sie ihm doch eine Eins geben könnten; es sei an der Philosophie gescheitert;[89] aber sonst: die vorzügliche 190 Arbeit an der VHS,[90] am Abendgymnasium; keinerlei Teilnahme an

[77]**Wahlen** elections
[78]**Erdrutsch** landslide
[79]**dementieren** refute
[80]**Kurse** rates of exchange
[81]**Idi Amin Dada Dumee** military officer and self-appointed president (1971–1979) of Uganda
[82]**in ... rumorte** kept rumbling through his mind
[83]**salopp** casually

[84]**nimm's ... übel** no offense
[85]**aus** it's over
[86]**aufmunternden Stubs** encouraging nudge
[87]**spröde** stiff, reserved
[88]**Erschöpfungsmerkmale** signs of exhaustion
[89]**es ... gescheitert** philosophy was his undoing
[90]**VHS [Volkshochschule]**

Demonstrationen, nur gäbe es—Kronsorgeler lächelte wirklich liebenswürdig—einen einzigen, einen kleinen Fehler.

„Ja, ich weiß", sagte er, „ich fahre zu oft nach Heidelberg."

Kronsorgeler wurde fast rot, jedenfalls war seine Verlegenheit deutlich;   195
er war ein zartfühlender,[91] zurückhaltender Mensch, fast schüchtern,
Direktheiten lagen ihm nicht.[92]

„Woher wissen Sie?"

„Ich höre es von allen Seiten. Wohin ich auch komme, mit wem ich
auch spreche. Mein Vater, Carola, deren Vater, ich höre nur immer: Hei-   200
delberg. Deutlich höre ich's, und ich frage mich: Wenn ich die Zeitansage
anrufe oder die Bahnhofs-Auskunft, ob ich nicht hören werde: Heidelberg."

Einen Augenblick lang sah es so aus, als ob Kronsorgeler aufstehen und
ihm beruhigend die Hände auf die Schulter legen würde, erhoben hatte er   205
sie schon, senkte die Hände wieder, legte sie flach auf seinen Schreibtisch
und sagte: „Ich kann Ihnen nicht sagen, wie peinlich mir das ist. Ich habe
Ihren Weg, einen schweren Weg, mit Sympathie verfolgt—aber es liegt da
ein Bericht über diesen Chilenen vor, der nicht sehr günstig ist. Ich darf
diesen Bericht nicht ignorieren, ich darf nicht. Ich habe nicht nur Vorschrif-   210
ten,[93] auch Anweisungen,[94] ich habe nicht nur Richtlinien, ich bekomme
auch telefonische Ratschläge.[95] Ihr Freund—ich nehme an, er ist Ihr
Freund?"

„Ja."

„Sie haben jetzt einige Wochen viel freie Zeit. Was werden Sie tun?"   215

„Ich werde viel trainieren—wieder radfahren, und ich werde oft nach
Heidelberg fahren."

„Mit dem Rad?"

„Nein, mit dem Auto."

Kronsorgeler seufzte. Es war offensichtlich, daß er litt, echt litt. Als er   220
ihm die Hand gab, flüsterte er: „Fahren Sie nicht nach Heidelberg, mehr
kann ich nicht sagen." Dann lächelte er und sagte: „Denken Sie an Eddy
Merckx."

Schon als er die Tür hinter sich schloß und durchs Vorzimmer ging,
dachte er an Alternativen: Übersetzer, Dolmetscher,[96] Reiseleiter,   225

---

[91]**zartfühlender** sensitive
[92]**Direktheiten ... nicht** directness was not
his style
[93]**Vorschriften** regulations, orders
[94]**Anweisungen** instructions, directions
[95]**telefonische Ratschläge** advice over the telephone
[96]**Dolmetscher** interpreter

Spanischkorrespondent bei einer Maklerfirma.[97] Um Profi zu werden,[98] war er zu alt, und Elektriker gab's inzwischen genug. Er hatte vergessen, sich von der Sekretärin zu verabschieden, ging noch einmal zurück und winkte ihr zu.[99]

230

[97] **Spanischkorrespondent ... Maklerfirma** person handling the Spanish correspondence in a brokerage firm

[98] **um ... werden** to turn pro
[99] **winkte ihr zu** waved to her

# GERTRUD WILKER

## Prinz Lipetui

*Die Schweizer Autorin Gertrud Wilker (1924–1984) hat außer mehreren Romanen hauptsächlich kürzere Prosatexte geschrieben. Sie hat sich besonders für die Anliegen[1] von Frauen interessiert. So zum Beispiel sind in ihrer Geschichtensammlung „Blick auf meinesgleichen",[2] aus der „Prinz Lipetui" stammt, alle Hauptgestalten Frauen.*

*In der vorliegenden Geschichte hinterfragt Wilker den Sinn von Höchstleistungen,[3] die ja ein wichtiger Aspekt der modernen Gesellschaft sind. Dabei beleuchtet[4] sie besonders das Verhalten der weiblichen Gestalten. Um sie zu verstehen, muß man bedenken, daß Frauen erst viel später und unter erschwerten Bedingungen die Gelegenheiten bekamen, die Männer immer schon hatten.*

*Wie zeichnet Wilker die männlichen Gestalten? Finden Sie, daß die Ziele und das Verhalten der Frauen teilweise Reaktionen auf die Einstellung[5] der Männer zu ihnen sind? Wie deuten Sie die Metapher des Lipetui?*

*Worin unterscheidet sich die Ich-Erzählerin von ihren Kolleginnen, und warum ist ihr Ursula am sympathischsten?[6] Was kritisiert sie an dieser Expedition? Welche Werte liegen ihrer Kritik zugrunde?*

---

[1] **Anliegen**   concerns
[2] **Blick auf meinesgleichen**   *Glance at People Like Me*
[3] **Höchstleistungen**   best performances, super achievements
[4] **beleuchtet**   examines
[5] **Einstellung**   attitude
[6] **ist . . . sympathischsten**   does she like Ursula the most

# GERTRUD WILKER

## Prinz Lipetui

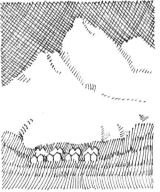

Wieviel diese Alpinistinnen wert seien, habe ich einen aus unserer Gruppe sagen hören, das sehe man schon daran, wie sie sich ins Zeug legen,[1] als hätten sie Pfeffer im Hintern.[2] Das sei bei diesem Klima und dieser Höhe die allerdümmste Methode, sich für den Piz Lipetui vorzubereiten. 5

Meine schönsten Aufnahmen habe ich vom Basislager aus gemacht,[3] ein breites Tal in West-Ost-Richtung, flankiert von 10 schneeweißen Vier-, Fünf- und Sechstausendern. Vom Piz Lipetui, dem einzigen Siebentausender, schoß ich in den ersten Tagen mindestens zwanzig Aufnahmen. Er schließt das Tal im Norden ab.[4]

Wir hatten schon hier, auf dreitausendsechshundert Metern, Mühe mit 15 der sauerstoffarmen Luft. Es gab Leute, zwei Holländer zum Beispiel, die unter ständigen Kopfschmerzen litten. Wir wurden schneller müde als zu Hause. Der ganze Aufwand,—dreifache Bergschuhe, Nylonzelte, Kraftnahrung, Steigeisen[5]—kam mir nach zwei eiskalten Nächten, die ich dort im Basislager verbracht hatte, gut in Daunenschlafsäcke verpackt, unmensch- 20

[1]**sich ... legen** go all out
[2]**als ... Hintern** as if they had ants in their pants (lit.: pepper in their behind)
[3]**Aufnahmen [. . .] gemacht** took pictures
[4]**Er . . . ab.** It marks the northern boundary of the valley.

[5]**Der ganze ... Steigeisen** All the required equipment—three pairs of climbing boots, nylon tents, high-energy food, crampons (spiked metal plates attached to shoes to prevent slipping)

lich vor. (Und unsere militärisch ausgerichteten[6] Zelte in Zweierreihen, das Eßzelt, die Lebensmittelbezugstelle und erst recht die Alpinisten, welche in ihren Daunenjacken zwischen den Zelten hin und her liefen und sich in Dreier- oder Vierergruppen gegen die einzelnen[7] Aufstiegsrouten zubewegten: unwirklich.)

„Wem wollt ihr mit euren Höchstbesteigungen imponieren?"[8] fragte ich die Mädchen. Sie trainierten schon in den ersten Tagen drauflos.[9] Abends kamen sie ziemlich ausgepumpt ins Lager zurück.

„Unmenschlich", habe ich gesagt: eine fast zwanzigstündige Flugreise, Fahrt mit dem Landrover, langer Aufstieg, ein fremder Kontinent, ungewohnte Klimaverhältnisse, ein menschenleeres Hochgebirgstal, das sogar mit elektrischem Licht versehen worden war,[10] damit ein paar Hochgebirgstouristen beweisen konnten, daß sie imstande waren, mehr zu leisten,[11] als einem Menschen unter solchen Umständen eigentlich möglich ist.

Mein Ehrgeiz in bezug auf[12] Erstbesteigungen ist unterentwickelt. Obschon[13] ich eine Berggängerin bin. Ich wurde als ärztliche Betreuerin[14] mitgenommen.

Von uns Frauen bin ich die einzige gewesen, welche aufstand, um den Sonnenaufgang zu sehen, anstatt mich einer Gruppe anzuschließen,[15] die systematisch Übungsbesteigungen durchführte.[16] Möglich, daß ich auch die einzige war, die, weil sie tagsüber keine Viertausender erobert[17] hatte, an Schlaflosigkeit litt.

Ich habe Ursula im Traum schluchzen[18] hören, während ich wach lag.

Als am Abend des fünften Tages schlechtes Wetter einbrach, Sturm und Nebel, schliefen sie alle. Als es zu schneien begann, hörte ich die Lawine,[19] welche das Zelt der beiden Holländer unter sich begrub.[20] Es war um ein Uhr früh. Die Ohren dröhnten mir zum Zerspringen,[21] ein weiches Sausen,[22] nicht lang, dann diese unmenschliche Lautlosigkeit. Sie schliefen alle. Was ich gehört habe, hörten sie nicht. Wir haben die Holländer nicht wiederbeleben können.

---

[6]**ausgerichteten** lined up
[7]**einzelnen** various
[8]**imponieren** impress
[9]**trainierten** [...] **drauflos** were training wildly
[10]**versehen ... war** had been supplied with
[11]**imstande** [...] **leisten** capable of achieving more
[12]**Ehrgeiz ... auf** ambition with respect to
[13]**obschon** although

[14]**ärztliche Betreuerin** team doctor
[15]**mich** [...] **anzuschließen** joining
[16]**durchführte** carried out
[17]**erobert** conquered
[18]**schluchzen** sobbing
[19]**Lawine** avalanche
[20]**begrub** buried
[21]**Die ... Zerspringen** I felt as though my eardrums were going to burst
[22]**Sausen** pounding

Dann brachen wir nach Camp II auf.[23] Sechstausendeinhundert Meter
hoch. Meine schwere Photoausrüstung hätte mir keiner meiner Kollegen
tragen helfen. Sie haben es mir nicht einmal angeboten.

Die drei Mädchen in voller Bepackung gingen voran. Sie keuchten[24] wie    55
wir alle. Wir fanden alte Seilsicherungen,[25] die keiner von den Unsrigen[26]
benützen wollte. Es gab genügend Griffe und Tritte, der Fels[27] war vorerst
nicht schwierig.

Von Zeit zu Zeit photographierte ich, mühsam, sah hinunter in die frisch
verschneite Hochtalsohle.[28] Oben schien die Sonne, blendete, man sah    60
nichts mehr, als wären wir mit offenen Augen blind. Zwischen Fels und
Gletscherplateau[29] warten die Mädchen, bis ich nah aufschließe.[30] Sie
schätzen mit den Augen unsere Route ab,[31] sehen sonst nichts, lesen am
Höhenmesser, wie weit wir gestiegen sind, keuchen.

Einer unserer Kollegen, fast schon auf dem Gletscherplateau, winkt. Ich    65
solle eine Aufnahme machen, sobald ich oben an seiner Stelle sei.

Die andern gehen an der Stelle vorbei, steigen weiter, sehen sich nicht
um. Die Mädchen drehen den Kopf weg.

Ich brauche nicht lange. Zwei Aufnahmen; es liegt eine ausgeaperte[32]
männliche Leiche[33] da. Ein braunroter Toter, halb gefroren, halb    70
mumifiziert. Er liegt neben einem grünen, für die nächste untere Felsstufe
gut verankerten Perlonseil.[34] Zwei Farbaufnahmen, sie halten ein Bild fest,
das ist alles.

Camp II steht im Windschatten.[35] Zwei Amerikaner sind schon oben. Ich
erzähle ihnen, daß wir eine männliche Leiche gesehen haben. „Well, well",    75
antworten die Amerikaner.

Morgen, bei guter Sicht, wollen die Unsrigen den Prinz Lipetui in
Angriff nehmen.[36] Die Amerikaner behaupten, es sei kein sehr schwieriger
Siebentausender, aber sie haben Radioverbindungen mit dem Basislager
und raten, einen Tag größerer Windstille abzuwarten, es herrsche[37] oben    80
momentan eine Windgeschwindigkeit bis zu hundertzwanzig Kilometern.
Im Nebel.

---

[23] **brachen [. . .] auf**  set out for
[24] **keuchten**  were gasping for breath
[25] **Seilsicherungen**  belays (pins for securing
climbing ropes)
[26] **von den Unsrigen**  from our group
[27] **Fels**  rock
[28] **Hochtalsohle**  floor of the high-lying valley
[29] **Gletscherplateau**  glacial plateau
[30] **bis . . . aufschließe**  until I am almost caught
up with them

[31] **schätzen [. . .] ab**  are estimating our route
[32] **ausgeaperte**  cleared of snow
[33] **Leiche**  corpse
[34] **Perlonseil**  nylon rope
[35] **steht im Windschatten**  lies sheltered from
the wind
[36] **in Angriff nehmen**  to tackle
[37] **es herrsche**  there was

Von Camp II aus sieht der Lipetui sanft[38] aus. Man hat ihn bloß von seinem Bauch an aufwärts[39] vor sich, mit eingeschneiter Brust, schönem Kopf.

Gegen Abend setzt große Kälte ein, ein Sturm kommt auf, rüttelt wie besessen[40] an der Zeltverankerung. Skistöcke, Rucksäcke und Steigeisen müssen vertaut werden.[41] Ursula hockt[42] in meinem Zelt. Die Luft ist so dünn, daß Bewegungen eine Willensanstrengung erfordern. Sie ist in ihren Schlafsack eingepackt, dankbar für die Coramintablette,[43] welche ich ihr in den Mund stecke.

„Ich möchte alles vergessen, ich möchte schlafen", sagt sie und starrt mir ins Gesicht.

Ich mochte von unseren drei Mädchen Ursula am liebsten; warum, weiß ich nicht.

Anita und Katrin waren erst zweiundzwanzig, sie haben, glaube ich, immer Angst gehabt zu versagen,[44] vielleicht wollten sie sich selber oder unseren Kollegen etwas beweisen, ich weiß nicht genau, was; aber sie hätten das niemals zugegeben.[45] Vielleicht ist auch nichts zuzugeben gewesen.

Wir lagen im Wind- und Lawinenschatten, Camp II war sehr gut ausgewählt worden. Man könnte versucht sein zu sagen, gefahrensicher. Ursula schlief jedenfalls gut. In unserer ersten Nacht auf sechstausendeinhundert Metern habe ich zeitweise auch schlafen können. Ich lag dicht an Ursulas Schlafsack, sie sprach einmal im Traum, ich habe nichts verstanden. Tagsüber war sie die stillste von uns Frauen.

Der folgende Morgen war strahlend.[46] Unsere männlichen Kollegen wollten ein Stück Aufstieg proben, weil das Wetter günstig sei. Sie mußten dann aber auf halbem Weg[47] wieder umkehren, denn gegen zwei Uhr nachmittags setzte erneut Sturm ein. Die Männer waren um vier Uhr zurück, mit eisverkrusteten Gesichtern. Sie verlangten Traubenzucker, einer mußte wegen erfrorener Nasenspitze behandelt werden.

„Ich bezweifle, daß ihr Mädchen den Lipetui hinkriegt",[48] sagt er zu Ursula. „Schon für uns ist er fast verdammt zu anstrengend, man dörrt aus,[49] das Schlucken tut nach und nach[50] weh, man verdurstet sozusagen. Und der Wind." Die Brille habe sich beständig mit einer Eiskruste bedeckt.

[38]**sanft**  gentle
[39]**von ... aufwärts**  from his belly on up
[40]**rüttelt wie besessen**  is shaking like mad
[41]**vertaut werden**  be tied down with ropes
[42]**hockt**  is sitting
[43]**Coramintablette**  a drug given to stimulate depressed breathing and circulation

[44]**versagen**  to be a failure
[45]**zugegeben**  admitted
[46]**strahlend**  brilliant
[47]**auf ... Weg**  after having gone halfway
[48]**hinkriegt**  will manage
[49]**dörrt aus**  becomes parched
[50]**nach und nach**  gradually

Am Abend sitzen wir Frauen in meinem Zelt zusammen. Kein starker Sturm mehr. Anita ist in ausgezeichneter Kondition. Sie redet nur noch vom Lipetui. „Den werden wir nehmen, sobald als möglich machen wir uns an ihn heran.[51] Sie redet und redet auf uns ein.[52] „Höheneuphorie", denke ich.                    120

Katrin lacht, einfach so vor sich hin,[53] sie fühle sich bestens in Form,[54] sagt sie, und heute sei Vollmond, auf über sechstausend Metern eine Vollmondnacht, so eine verrückte Sache, nicht wahr? Ursula hingegen ist schläfrig. Jedenfalls hörte sie nicht richtig zu. Körperlich fehlt ihr nichts,[55] ich habe sie untersucht, Blutdruck, Muskeltonus, Reaktionsfähigkeit. Sie ist   125 dabei, und doch nicht dabei.

Bei voller Mondbeleuchtung sieht der Lipetui wie ein Schneeprinz aus. Ein einsamer Koloß, blendend[56] weiß. Ursula schließt die Augen, sie will nicht hinsehen, sie sagt, „der ist splitternackt, zeigt seinen Nabel." Wir müssen alle lachen.                    130

Die einzige von uns, die vor der Besteigung des Lipetuis Angst hatte, war ich. Obschon mir nichts fehlte. Ich wußte aus der Literatur, daß man als Folge des Sauerstoffmangels bei solcher Höhe in einen Zustand der Betäubung geraten[57] kann, wobei die natürliche Denkschärfe einer fast übermütigen Gedankenlosigkeit Platz macht.[58] Manchmal hätte ich Lust gehabt,[59]   135 beim bloßen Anblick des mondbeschienenen Schneeprinzen in die Tiefe zu verschwinden, mich aufzugeben, zu erfrieren. Solche Gelüste[60] sind nicht verwunderlich, wenn man Bescheid weiß,[61] und meine Angst war nur die Kehrseite davon, ich behielt beide für mich. Es ist indessen nicht ausgeschlossen,[62] daß etwas von meinem Zustand auf Ursula übertragen worden   140 ist. Sie machte den Eindruck einer Schlafwandlerin.[63]

Nach einem weiteren Tag Wartefrist beschlossen unsere Leute, es zu wagen.

Es war ein ziemlich windstiller Morgen. Die Männer nahmen Anita, Katrin und Ursula in die Mitte,[64] ich war die Zweitletzte, hinter mir kam   145 der Mann mit der erfrorenen Nasenspitze.

---

[51]**machen ... heran**  we'll have a go at it
[52]**redet ... ein**  she keeps on and on at us
[53]**einfach ... hin**  to herself for no reason
[54]**bestens in Form**  in top shape
[55]**Körperlich ... nichts**  Physically there is nothing wrong with her
[56]**blendend**  dazzling
[57]**in ... geraten**  get into a state of being dazed

[58]**übermütigen ... macht**  makes way for high-spirited recklessness
[59]**hätte ... gehabt**  I felt like
[60]**Gelüste**  desires
[61]**Bescheid weiß**  is informed
[62]**indessen nicht ausgeschlossen**  not impossible however
[63]**Schlafwandlerin**  sleep walker
[64]**in die Mitte**  between them

Nach zweihundert Metern Höhendifferenz, für welche wir drei Stunden brauchen, da die Sicht immer wieder von Nebelfetzen gestört wird, beginnt es wieder zu blasen.[65] Wir suchen eine geschützte Stelle, das nimmt eine halbe Stunde Abwägen und Hin- und Hertreten in Anspruch,[66] dann    150
bleiben wir unter einer überhängenden Eiswand stehen.

„Umkehren", raten die Männer. Und zwar[67] sofort.

Die Windstärke nimmt zu, der Nebel wird dichter. Katrin und Anita wollen weiter. Ursula zuckt die Schultern;[68] sie macht, wozu die beiden anderen raten.    155

„Zurück", sage ich, „Natürlich zurück, ich will nichts riskiert haben."[69]

„Wir drei gehen weiter, den Lipetui nehmen wir, heut' oder nie nehmen wir ihn", sagt Anita. Von mir lassen sie sich nicht befehlen,[70] ich habe keine alpinistischen Kompetenzen. Die Männer reden auf die Mädchen ein, aber die sture[71] Anita geht ihnen auf die Nerven. Plötzlich heißt es: „So    160
geht halt, wir kehren um, ihr seid erwachsen, müßt selber wissen, was ihr tut."

Ich habe Angst vor dem rasenden Sturm, sowohl vor dem Weitergehen wie vor dem Umkehren. Die Männer wollen mich überzeugen, die drei in    165
Gottes Namen ziehen[72] zu lassen und mit ihnen zurück ins Camp II zu kommen.

„Nein", sag ich, „ich bleibe mit ihnen zusammen."

Sie steigen vorsichtig ab. Wir verlieren sie nach ein paar Minuten aus den Augen.[73] Außerhalb des Schutzes unserer Eiswand können wir uns    170
nicht aufrecht halten, so stark ist der Sturm geworden. Anita geht in die Knie, rutscht,[74] kriecht wieder zur Eiswand zurück, wir auch.

„Wir können hier biwakieren", sagt Katrin. Bis der Wind nachläßt.[75] Ursula hat keine eigene Meinung. Ich verteile Vitamintabletten. Nach einer Stunde Warten, angepreßt an die Eiswand, sind wir durchfroren, trotz    175
dreifacher Schuhe und Pelzmützen und daunengefütterten Jacken.

Die Sicht hat sich gebessert. Der Wind läßt etwas nach. Es ist Mittag, ein bißchen scheint jetzt die Sonne. Ich sehe ihn, den verdammten Lipetui.

„Den müssen wir heute noch nehmen", sagt Anita und versucht loszugehen.

---

[65] **blasen** blow
[66] **nimmt ... Anspruch** takes half an hour of weighing the options and stepping backwards and forwards (to keep warm)
[67] **und zwar** in fact
[68] **zuckt die Schultern** shrugs her shoulders
[69] **ich ... haben** I don't want to have taken a risk

[70] **Von ... befehlen** They won't take orders from me
[71] **sture** stubborn
[72] **ziehen** go
[73] **verlieren [...] Augen** lose sight of
[74] **geht ... rutscht** falls to her knees, slips
[75] **nachläßt** dies down

Unsere Füße sind steif. Wir können uns vorerst kaum bewegen. Aber es 180
geht dann doch.

„Wann haben sie zurück sein sollen?" hat man mich nachher gefragt.
„Sind die drei unter Medikamenteneinfluß gestanden?"[76]
„Nein", sagte ich „das nicht. Bloß Höheneuphorie, Dämpfung des
Risikobewußtseins. Und vielleicht—" 185
„Ja" haben sie ungeduldig gefragt, „und vielleicht was?"
„Sie waren vom Lipetui besessen."
Meine Kollegen mußten das Grinsen verbeißen.[77]
„Sie wollten etwas beweisen, was gar nicht nötig gewesen wäre", sagte
ich. 190
„Ihren Schneid, ihre Ausdauer, ihre Bravour,[78] nicht?"
„Das auch. Aber noch etwas, glaube ich. Daß sie euch nicht nötig hatten."[79]
„Soso", sagten die Kollegen.
„Der Lipetui war ihr Prinz, eine Herausforderung; sie wollten vielleicht
quitt mit ihm sein." 195
„Und du hast nicht quitt sein wollen?" fragten sie.
„Oder habt ihr euch verkracht?"[80]
„Ich hab's unmenschlich gefunden. Ich will einen Berg nicht erobern wie
einen widerspenstigen Liebhaber.[81] Ich will nichts erobern, was eigentlich
für einen Menschen nicht zu erobern ist. Ich bin eben nicht so mutig wie 200
sie, älter und resigniert."
„Also drum[82] bist du allein umgekehrt?"
„Nein", antwortete ich; „sondern weil ich Angst hatte, ihnen mit meinen
Bedenken[83] den Mut zu nehmen. Vielleicht kommen sie doch noch zurück.
Ich hoffe es." 205
Es wurde eine sehr kalte Nacht. Mondhell. Der splitternackte Lipetui
weiß und schön wie gestern.
Die Amerikaner luden unsere Equipe[84] zu Büchsenschokoladencreme
ein. Die Nacht verbrachte ich allein im Zelt, ohne Ursula. Es war still wie
in einer Gruft.[85] 210

[76]**Sind [. . .] gestanden** Were
[77]**das . . . verbeißen** suppress their smirks
[78]**Ihren . . . Bravour** Their guts, perseverance, daring
[79]**euch . . . hatten** did not need you
[80]**habt . . . verkracht** have you had a falling-out

[81]**widerspenstigen Liebhaber** unwilling lover
[82]**drum [darum]** therefore
[83]**Bedenken** misgivings
[84]**Equipe** team
[85]**Gruft** tomb

Am folgenden Morgen gingen die zwei Amerikaner und zwei unserer Männer los. Es wurde schön, ziemlich windstill, sie versprachen, gegen fünf Uhr nachmittags zurück zu sein.

Ich habe in meinem Schlafsack gewartet.

Der Lipetui sei kein allzu schwieriger Siebentausender, bei gutem Wet- 215 ter, erzählten sie bei ihrer Rückkehr. Sie hätten oben photographiert. Die Rundsicht sei unbeschreiblich. Es habe sich gelohnt.

Der Mann mit der erfrorenen Nasenspitze kam zu mir ins Zelt und setzte sich auf meinen Rucksack.

„Also?" fragte ich. 220

„Also", antwortete er. „Wir haben sie gefunden. Anita auf dem Gipfelgrat.[86] Katrin und Ursula einige Meter unterhalb. Alle drei ohne Mützen und Handschuhe."

„Hypothermie", sagte ich.

„So, was ist das?" 225

„Die Körpertemperatur sinkt so tief, daß das Gefühl erstickender Hitze entsteht", erklärte ich.

„Eben", sagt der Mann auf meinem Rucksack.

„Ich möchte alles vergessen, ich möchte schlafen", sagte ich.

„Jetzt haben sie ihren Lipetui. Für immer", sagte er. 230

„Schlaf nur, wir holen sie erst morgen herunter. Sie waren uns ohne Tragbahren[87] zu schwer."

---

[86] **Gipfelgrat** summit ridge    [87] **Tragbahren** stretchers

# AYSEL ÖZAKIN

## Die dunkelhaarigen Kinder von Berlin

*Die türkische Schriftstellerin Aysel Özakin (1942–) kam 1981 nach Deutschland, doch heute lebt sie in England. Sie schreibt Lyrik, Kurzprosa und Romane. Ein Teil ihres Werkes gehört zur deutschen Ausländerliteratur. Diese Literatur, in der Ausländer ihre Erfahrungen in Deutschland beschreiben, richtet sich sowohl an Ausländer, die in der Bundesrepublik leben, als auch an Deutsche. Sie reflektiert die allmähliche Entwicklung Deutschlands zu einer multikulturellen Gesellschaft.[1]*

*Schauplatz dieser Geschichte ist der Berliner Stadtteil Kreuzberg in den frühen Achtzigern. Dort wohnen viele Türken und Alternative.[2] Ende der siebziger und Anfang der achtziger Jahre war die Hausbesetzerszene[3] ein wichtiger Teil der Alternativkultur. Achten Sie darauf, wie die Erzählerin*

[1] In 1991, roughly five million foreigners were living in Germany. Three quarters hail from Mediterranean countries, and one third are Turks. Foreigners constitute 6.5% of the total population. 70% of the foreigners have been living in Germany for more than 10 years, and 80% of their children were born in Germany. The trend towards a multicultural society began in the late 1950s and early 1960s, when foreign workers *(Gastarbeiter)* were invited to come to Germany to alleviate the shortage of workers. Because the German constitution grants asylum to political refugees, Germany has opened its doors if not its arms to such people from all over the world. A third group of foreigners in Germany are the ethnic Germans *(Volksdeutschen)* who have been coming to Germany from Eastern Europe and the Soviet Union.

[2] **Alternative** members of the counterculture (They seek an alternative to a competitive, materialistic, and achievement-oriented society, and instead value self-help, spontaneity, and a community without hierarchies.)

[3] **Hausbesetzerszene** squatter scene (Squatters occupied houses, most of them in Kreuzberg, which were slated to be torn down or modernized. They opposed the city's renovation program, largely because it would force them out of their low-cost dwellings. Their goal was to be able to continue their way of life in Kreuzberg.)

*dieser Szene gegenüber steht[4] und was für ein Bild sie von den Alternativen malt.*

*Wie wird das türkische Mädchen beschrieben? Warum interessiert sich die Erzählerin so sehr für sie, und warum fragt sie, ob sie wie ihre Mutter werden möchte? Wie unterscheiden sich die dunkelhaarigen Kinder von den deutschen? Wie fühlt sich die Erzählerin unter den Deutschen? Was für eine Funktion hat die Beschreibung des Wetters?*

[4]**gegenüber steht**   views

# AYSEL ÖZAKIN

## Die dunkelhaarigen Kinder von Berlin

Ich bemühe mich, sie nicht aus den Augen zu verlieren.[1] Auf dem Platz hinter der Kirche spielt ein junger Deutscher Gitarre und singt dazu. Leute stehen dabei, die trinken Bier und essen Kuchen. Man hört laute Stimmen, 5 es wird geküßt, gespielt. Die Gesichter sind rot, grün, blau oder gelb angemalt. Alle bewegen sich im Rhythmus der Musik, es wird mit leichten, kaum merkbaren Bewegungen getanzt. Sie sind zusammen, aber 10 jeder scheint in seiner eigenen Einsamkeit verfangen.

Ich bemühe mich, sie nicht aus den Augen zu verlieren: dieses kleine Mädchen, diesen kleinen Körper mit dem Kopftuch. scarf on head

Der Sänger mit den dreckigen Jeans und dem überweiten Pullover brüllt 15 in das Mikrophon. Er protestiert gegen die Kleinbürgerlichkeit,[2] gegen die Polizei, gegen den Konservatismus.

Das kleine Mädchen ist angezogen wie eine arme, ältere Frau—Kopftuch, langer Mantel, dicke Socken. Sie ist bei dem Geschehen dabei, läuft in die Menge, kommt wieder heraus, hält an, hört überall ein bißchen zu, 20 lächelt, spricht leise mit sich selbst.

Sie ist in dieser Menschenmenge die einzige, die mich wirklich interessiert. Ich möchte sie verstehen, in ihre vielfältige und unübersichtliche[3]

---

[1] aus . . . verlieren   to lose sight of
[2] Kleinbürgerlichkeit   narrow-mindedness

[3] unübersichtliche   involved and complex

247

Welt eindringen, möchte mich ganz hineinversetzen. Dieses Wesen[4] mit
dem Kopftuch, Tochter eines ausländischen Arbeiters, hier unter den    25
schreienden Menschen, die sich in der Farbe ihrer Schreie angemalt haben.
Ich möchte wissen, wie sie sich Jahre später sehen wird.
    Die Fete[5] der jungen Hausbesetzer geht weiter. Das Mädchen läuft mit
anderen dunklen Kindern zu dem Stand, der für die Kinder aufgebaut
wurde. Auf einem Tisch stehen dort kleine Figuren, Menschen und Tiere    30
aus Gips oder Ton[6] und jedes Kind darf eine davon mitnehmen. Daneben
gibt es ein schneckenförmiges[7] Instrument. Wenn die Kinder mit Stöcken
darauf schlagen, hört man schöne Töne. In diesem Stadtteil wohnen fast nur
Ausländer; die meisten Kinder sind dunkelhaarig.
    Die Hausbesetzer kommen mit den Kindern gut zurecht.[8] Sie verstehen    35
ihre Streitereien,[9] die zeitweilig groben[10] Späße, das Verlangen nach mehr
und mehr Spiel.
    Auf einem Tisch stehen Farbtöpfe. Die Kinder malen sich an und
schauen in einen Spiegel: Gesichter, vollgeschmiert[11] mit geometrischen
Figuren, mit kleinen Blumen, Linien und Sternen.    40
    Die blonden Kinder sitzen auf den Schultern der Erwachsenen. Deren[12]
Gesichter sind genauso bunt wie die ihrer Kinder.
    Die dunkelhaarigen Kinder haben ihre Eltern nicht dabei. Sie sind
entweder alleine hier oder mit gleichaltrigen Freunden.
    Das kleine Mädchen mit dem Kopftuch nimmt einen Pinsel, greift mit    45
unsicherer Hand nach der Farbe, taucht den Pinsel ein[13] und tupft sich
einen roten Punkt auf die Nase.
    Sie schaut in den Spiegel und lächelt. Dann malt sie sich einen gelben
Strich auf die Stirn und macht ihre Backen erst blau, dann grün.
    Sie schaut wieder in den Spiegel. Lächelt.    50
    Ein verkrampftes[14] Lächeln.
    Ein altes, ein einsames Kind.
    Ich stehe unmittelbar[15] hinter ihr. Ich möchte noch abwarten, bevor ich in
ihr Leben eintrete, in ihr zerrissenes Leben. Auch mein Leben ist zerrissen.
Wie sie, bin ich kein Teil dieser blonden Welt und werde es nie sein. Ich    55
komme daher, wo sie auch hergekommen ist. Ich hatte Gelegenheit, mich zu

---

[4]**Wesen**   creature
[5]**Fete**   party
[6]**Gips oder Ton**   plaster or clay
[7]**schneckenförmiges**   shaped like a snail
[8]**kommen [. . .] gut zurecht**   get along well
[9]**Streitereien**   squabbles

[10]**groben**   rough
[11]**vollgeschmiert**   smeared
[12]**Deren**   Their
[13]**taucht [. . .] ein**   dips
[14]**verkrampftes**   tense
[15]**unmittelbar**   directly

entwickeln, frei zu werden. Ich könnte hier tanzen, singen. Aber etwas in mir hält mich gefangen. Etwas, was ich aus meiner Heimat mitgebracht habe. Ich bin das Kind eines fernen und verbitterten Landes. Und hier bin ich Teil einer verschreckten,[16] in sich abgeschlossenen Gemeinschaft. 60

Das Licht der Straßenlaterne erhellt die Gesichter der fröhlichen jungen Leute. Das sind Menschen, die ihre Jugend, ihre Freiheit in ganzer Fülle erleben wollen. Sie machen sich lustig über[17] allen Besitz und über alle, die auch das Leben wie einen Besitz behandeln. Sie sind mir sympathisch,[18] aber ich weiß, daß ich nie eine von ihnen sein kann. 65

Jetzt halte ich die Hand des kleinen Mädchens. Streichle ihre Stirn. Sie wird rot, geniert sich[19] vielleicht, weil ich türkisch spreche; vielleicht auch, weil sie sich angemalt hat. Möglicherweise fürchtet sie auch, ich könnte mit ihr schimpfen,[20] weil sie so spielt wie die deutschen Kinder. Die, die so aussehen wie ihre Mutter oder ihr Vater, schimpfen vielleicht öfter mit ihr. 70 Den blonden Menschen ist es egal,[21] wie sie sich benimmt.

Sie sieht mich an und versucht, die Farbe aus ihrem Gesicht zu wischen. Ich möchte sie an mich drücken, möchte ihr helfen, aus diesem Durcheinander,[22] dieser Menge herauszukommen. Aber sie kann mein Verhalten[23] nicht verstehen und weiß auch nicht, warum ich mich so sehr für sie 75 interessiere. Für sie bin ich eine schwarzhaarige Frau in Bluejeans, die türkisch spricht. Die plötzlich aus der Menge aufgetaucht ist.

Wird sie sich später, nach vielen Jahren, daran erinnern? Dann, wenn sie so alt wie wie ihre Mutter, mit Ehemann und Kindern— wenn sie müde und erschöpft[24] ist? Was wird sie denken, wenn sie an ihre 80 Kindheit hier zurückdenkt?

Wie selten sieht man die Sonne hier in Berlin! Es ist der erste Maiabend, aber der Himmel sieht so aus, als ob es jeden Moment auf den düsteren[25] Platz schneien würde.

„Laß die Farbe doch dran. Wisch sie nicht ab!" 85 Ich frage sie, was ihr Vater macht.

„Er arbeitet in einer Schokoladenfabrik."

„Und deine Mutter?"

„Spült."[26]

[16]**verschreckten** frightened
[17]**machen . . . über** poke fun at
[18]**Sie . . . sympatisch** I like them
[19]**geniert sich** is embarrassed
[20]**mit ihr schimpfen** scold her
[21]**ist es egal** do not care

[22]**Durcheinander** confusion
[23]**Verhalten** behavior
[24]**erschöpft** exhausted
[25]**düsteren** gloomy
[26]**Spült** Washes dishes

„Und du?"                                                                                    90
„Ich geh' in die Koran-Kurse."
„Warum?"
„Mein Vater schickt mich dahin."
„Lebst du gerne hier?"
„Nein."                                                                                      95
„Warum nicht?"
„Hier ist alles schlecht."
„Warum denn schlecht?"
„Weiß nicht, ist eben schlecht."
„Sind denn diese Menschen schlecht? Schau, die da!"                                          100
„Die sind nicht schlecht, aber dieser Ort ist schlecht."
„Wieso?"
„Es ist zu kalt, darum."
„Würdest du lieber in der Türkei leben?"
„Ja."                                                                                        105
„Warum?"
„Wir besuchen da meinen Opa."
„Wo wohnt der denn?"
„In Alacik. Das ist ein Dorf."
„In welcher Provinz ist Alacik?"                                                             110
„Weiß ich nicht."
„Was möchtest du später werden?"
„Weiß ich nicht."
„Möchtest du so werden wie deine Mutter?"
„Nein."                                                                                      115
„Wovon träumst du am häufigsten?"
„Von unseren Hühnern."
Die anderen Kinder rufen. Sie geht.
Der Sänger trägt jetzt ein Lied über seine Festnahme vor, über die letzte
Hausbesetzung, die Zeit in der Zelle mit den weißen Wänden, die           120
einen von den Geräuschen, den Menschen, der Zeit abschließt. Die Liebe,
die ich eben noch für das kleine Mädchen gespürt habe, geht jetzt auf
den jungen Mann über. Der Schmerz der Unterdrückung[27] einigt uns.
Er nimmt seine Gitarre und fängt wieder an zu singen, noch lauter als           125
vorher.

---

[27]**Unterdrückung** oppression (In September
1980, the armed forces seized power in Turkey
in a bloodless coup and martial law was declared.)

Ich höre seine grenzenlos wütende[28] und trotzdem warme Stimme. Die Leute auf dem Platz tanzen—jeder so wie er will. Nur mir gelingt es nicht, meinen Körper vom Druck der Gedanken zu lösen. Mein Land hat andere Leiden, andere Sorgen. Es hat eine Art der Unterdrückung. Das hält mich 130 zurück; ich kann es mir nicht zugestehen,[29] mich zu amüsieren, aus mir herauszugehen.[30] Und dann sehe ich unter den vielen tanzenden blonden Köpfen auch ein paar schwarze. Sehe die kleinen, dunklen, lächelnden Gesichter, die schüchtern um sich blicken.

Das kleine Mädchen mit dem Kopftuch tanzt auch—das scheue Mäd- 135 chen, das sonst in die Koran-Schule geht. Ich wünsche mir, daß sie mich jetzt nicht sieht; daß sie sich vor mir nicht fürchtet.

Plötzlich erfriert ihre ganze Freude, die Freiheit. Sie schämt sich der Bewegungen ihres kleinen Körpers und verläßt die Menge. Ich schaue ihr nach, bis ich sie aus den Augen verliere. Der Himmel fängt an, Schnee zu 140 streuen.[31] Das diesige[32] Grau des Abends senkt sich auf den Platz.

[28]**wütende**  enraged
[29]**mir nicht zugestehen**  I can't permit myself
[30]**aus mir herauszugehen**  to become lively and carefree

[31]**streuen**  strew
[32]**diesige**  hazy, misty

# ANGELA KRAUß

## Der Dienst

ein entwicklungsroman

*Die Schriftstellerin Angela Krauß (1950–) hat bisher einen Roman und mehrere Erzählbände geschrieben. Sie wurde in der DDR geboren und war Bürgerin dieses Staates bis zu seiner Auflösung.[1] Für die vorliegende Erzählung erhielt sie den Ingeborg-Bachmann-Preis des Jahres 1988.[2]*

*„Der Dienst"[3] ist ein dichter,[4] moderner Text, der wiederholtes sorgfältiges Lesen erfordert. Die Ich-Erzählerin beschreibt die Geschichte ihrer Kindheit und die Rolle, die ihr Vater in ihrem Leben gespielt hat. Die Geschichte dieser einen Familie steht gewissermaßen für die Geschichte der DDR. Die Landschaft des Erzgebirges[5] bildet den Hintergrund der Handlung.*

[1] **Auflösung**  dissolution

[2] The editor wishes to thank the author for her permission to include the story in this anthology. A longer version with the same title was published by Suhrkamp Verlag in 1990.

[3] **Dienst**  To appreciate the range of connotations of this word within the context of the story one needs to keep in mind the following meanings: *Dienst*  work, job, position; *im Dienst*  at work, on duty; *Wehrdienst*  military service; *sich in den Dienst einer Sache stellen*  to embrace a cause.

[4] **dichter**  dense

[5] **Das Erzgebirge**  Ore Mountains (Located in central east Germany, the region was occupied by the Soviet Union at the end of World War II and later became part of the GDR. In the Schlematal, the scene of the plot, mining had been one of the main industries for many centuries. The community Oberschlema with its powerful radioactive springs was from 1918 to 1946 a popular spa. Its character was changed drastically, when in 1945 the Soviet Union ordered a massive effort to dig uranium out of rich lodes to be used in its crash program to match the US nuclear capability. The mines in the Schlematal became part of a mining conglomerate that until 1954 was run directly by the Soviet Defense Ministry. The top-secret operations were protected by barbed wire fences and spotlights. Armed guards patrolled plant and mine parameters. About 220,000 tons of uranium ore were shipped to the Soviet Union, but almost all of the waste materials were left behind without any attempt to dispose of them safely. Germany

*Was für Erinnerungen hat die Erzählerin an ihr Zuhause und an ihren Heimatort? Wovor hat das Kind Angst, und wonach scheint es sich zu sehnen?[6] Wie sieht es den Vater, und was bedeutet ihm das Wort „Dienst"? Was erfährt man über die Lebensgeschichte und die Laufbahn[7] des Vaters? Wie verhält er sich in der Familie und unter anderen Menschen? Woran stirbt er letzten Endes? In welchen Bildern kommt die Erstarrung[8] der DDR-Gesellschaft besonders deutlich zum Ausdruck? Wie verstehen Sie die Metapher „Frunze-Prinzip" und die Feststellung[9] der Erzählerin: „In meiner ausgehenden[10] Kindheit war er [der Vater] der vollkommene Entwurf[11] der Welt, die mich erwartete"?[12]*

*Wie wird die Ankunft der Sowjets angedeutet? Sind Sie der Meinung, daß die zweimalige Erwähnung eines Zaunes[13] eine tiefere Bedeutung hat?*

*Wo wird suggeriert, daß das allmähliche Sterben des Vaters dem von den Menschen verursachten[14] Absterben der Natur entspricht?[15] Worauf weisen die bestickten Kissen[16] hin?*

*Warum wohl bezeichnet die Autorin den Text als Entwicklungsroman, und was soll die Kleinschreibung des Wortes Ihrer Meinung nach andeuten? Wie unterstreicht das Druckbild[17]—die vielen kurzen Sätze in kurzen Abschnitten und der häufige doppelte Zeilenabstand[18]—den Inhalt?*

---

is faced with an unprecedented environmental cleanup program. Thousands of miners died of lung cancer or contracted other lung diseases caused by radiation exposure.)

[6]**wonach [. . .] sehnen**   what does she long for

[7]**Laufbahn**   career

[8]**Erstarrung**   paralysis, petrification; ossification

[9]**Feststellung**   assessment

[10]**In . . . ausgehenden**   Toward the end of my

[11]**vollkommene Entwurf**   perfect blueprint

[12]**mich erwartete**   was in store for me

[13]**Zaunes**   fence

[14]**verursachten**   caused

[15]**entspricht**   corresponds to

[16]**bestickten Kissen**   embroidered pillows

[17]**Druckbild**   typography

[18]**Zeilenabstand**   spacing

# ANGELA KRAUß

## Der Dienst

### ein entwicklungsroman

 Das Licht der Welt, das ich erblickte,[1] war von einer frischen, brutalen Helligkeit durchdrungen.[2] Nichts war unwirklich. Alles war so nackt, wie die großen, mageren Ohren meines Vaters.

In den fünfziger Jahren verkleidete er sich auf Faschingsfesten gern als Seeräuber. Er malte sich dann ein ganz schwermütiges[3] Gesicht an.

In den fünfziger Jahren. Da standen in den alten Kaufhäusern, in den unzerstörten Gebäudeteilen, die man über düstere, nach Ziegelmehl riechende Treppenschächte[4] erreichte, kleine Röntgenapparate,[5] in die die Kinder die Füße schoben, wenn man ihnen neue Schuhe anprobierte. In einem grünlichen Licht waren die Zehen als schwarze Schatten zu sehen. Sie bewegten sich.

Mehr nicht. Gewisse Bewegungen. Das ist alles.

Über sein linkes Schienbein zog sich eine Streifschußnarbe,[6] ein glatter, haarloser Kanal. Wie der Abdruck eines prähistorischen Tierchens, das dort mit tödlicher Langsamkeit entlanggekrochen war.

[1] **Das... erblickte** The light of day I first saw
[2] **durchdrungen** permeated
[3] **schwermütiges** melancholic
[4] **über ... Treppenschächte** by going through gloomy stairwells smelling like the dust of bricks
[5] **Röntgenapparate** X-ray machines
[6] **Über ... Streifschußnarbe** Along his left shin ran a scar where a bullet had grazed his leg

255

Mit der hartnäckigen[7] Langsamkeit, mit der damals die Zeit verging. [20]
Draußen unter dem Fenster dröhnte[8] das Erzgebirge, eine schräg nach
Nordwesten gerichtete Pultscholle[9] mit tief eingeschnittenen Wald-
tälern,[10] in denen um Vierzehnhundert wild die Stempel in den kleinen
Hammerschmieden pochten,[11] nachdem sie hier ihre Silberadern[12] ent-
deckt hatten, und ein niedagewesenes Toben und Treiben[13] begann, pau- [25]
senlos rasten die Kipper[14] ins Tal, ihre graugrünen Tarnkarossen krach-
ten[15] über die Straßenlöcher, im März strömten buntschillernde[16]
Schmelzwässer durchs Gebirge, im August dunstete der Boden die strengen
Gerüche russischen Kraftstoffes aus.[17]


Ich wartete. [30]


Zwischen den kleinen schwarzen Kissen mit den Berggipfeln,[18] den
Vogelbeerbäumen[19] und dem einsamen Schwanenpaar, *Mei Arzgebirge/
unner Hamit*,[20] allein in einem Zimmer, ein wartendes Kind, das wartet, daß
die Zeit vergeht, unter dem nie abbrechenden Sirenenton, der in endlos
hineingepreßten Rufen über der Landschaft stand.[21] Das Pendeln[22] der [35]
Uhr: ein Knistern[23] von ganz dünnem Blech.[24]


Die Zeit verging einfach nicht in den fünfziger Jahren.


Mein Vater fuhr morgens auf einem alten schwarzen Rad der Firma
*Wanderer* unter dem geöffneten Schlagbaum[25] hindurch, in eine Siedlung[26]

[7]**hartnäckigen** dogged
[8]**dröhnte** rumbled
[9]**Pultscholle** tilted block (a very large mass of earth broken away from the surrounding mass)
[10]**eingeschnitten Waldtälern** carved wooded valleys
[11]**um . . . pochten** around 1400 A.D. the pistons in the small hammermills (shops where the surfaces of metals are shaped and stamped) were banging wildly
[12]**Silberadern** silver veins
[13]**niedagewesenes . . . Treiben** a mad rush of activity that had never before been seen at this place (This refers to the boom period beginning in 1945.)
[14]**Kipper** dump trucks
[15]**Tarnkarossen krachten** camouflaged military vehicles crashed

[16]**buntschillernde** irridescent
[17]**dunstete . . . aus** the ground exhaled the acrid smell of Russian fuel
[18]**Berggipfeln** mountain peaks
[19]**Vogelbeerbäumen** mountain ash trees
[20]**Mei . . . Hamit** [Mein Erzgebirge, unsere Heimat] (The words are embroidered on the pillows.)
[21]**dem . . . stand** the unbroken tone of the sirens pressed interminably into the cries hovering over the countryside (Sounds similar to that of sirens were made by compressors ventilating the mining shafts.)
[22]**Pendeln** swinging of the clock's pendulum
[23]**Knistern** rustling
[24]**Blech** tin
[25]**Schlagbaum** barrier
[26]**Siedlung** compound

aus gelbgetünchten[27] Holzhäusern, Baracken, Anschlagtafeln[28] und be- 40
flaggten Brettertoren.[29] Tagsüber folgte er dem russischen Posten am
Drahtverhau,[30] prägte sich schnell den Verlauf des Zauns ein[31] zusammen
mit der Fläche, die er umschloß.[32] Auf ihr lagerte der Berg aus Abraum,[33]
das tote Gestein.

Abends radelte er auf seinem *Wanderer* die Straße herauf,[34] in der blauen 45
Jacke der Bergpolizei, bergauf zwischen den Schneewänden, stehend im
Sattel; ein bißchen erstaunt immer, mit klaren, grauen, neugierigen Jun-
genaugen zerlegte er in der Abendsonne den *Wanderer*-Freilauf[35] und setzte
ihn mit angehaltenem Atem[36] in vier Minuten wieder zusammen. Er hatte
alle Länder der Erde mit eigenen Augen gesehen und sprach vierundzwan- 50
zig Sprachen, und es gab keinen vernünftigen Grund, warum ich ihm das
hätte nicht glauben sollen. Über uns schwebten die Kästen an Seilen hinauf[37] zu den Plattformen auf den Berggipfeln, unter uns kreuzten sich die
Stollen[38] und Gänge,[39] sammelten sich die Grubenwässer,[40] die strahlenden Wässer,[41] ganz unten aber, in zweihundert Metern Tiefe, zog sich seit 55
einem halben Jahrtausend der legendäre Markus-Semmler-Stollen gleich
einem gewaltigen Tunneldelta dahin.[42]

Mit einem kaum hörbaren Knacken[43] rückten die Zeiger der großen
Uhren weiter.

Ich erwachte und schlief in dem dumpfen Rumoren,[44] dem aufziehenden 60
Wetter,[45] es zog aus dem Ort herauf,[46] ein Trommeln, Schläge[47] von ferne,
und ganz plötzlich näherte es sich von allen Seiten dem Haus, einem
Höhepunkt zu, kurze, entschiedene Trommelschläge von Gummistiefeln[48]

---

[27]**gelbgetünchten**  painted yellow
[28]**Anschlagtafeln**  bulletin boards
[29]**beflaggten Brettertoren**  wooden gates on
which flags were flying
[30]**Posten am Drahtverhau**  soldier guarding
the wire fence
[31]**prägte . . . ein**  quickly fixed in his memory
the course of the fence
[32]**Fläche . . . umschloß**  area which it en-
closed
[33]**Abraum**  tailing (refuse in mining)
[34]**radelte [. . .] herauf**  biked up
[35]**zerlegte [. . .] Freilauf**  took apart the free-
wheel
[36]**mit . . . Atem**  holding his breath

[37]**schwebten . . . hinauf**  suspended on cables
the crates floated upwards
[38]**Stollen**  tunnels
[39]**Gänge**  passages
[40]**Grubenwässer**  waters from the mines
[41]**strahlenden Wässer**  radiant (radioactive)
waters
[42]**zog sich [. . .] dahin**  ran along
[43]**Knacken**  click
[44]**dumpfen Rumoren**  muffled rumbling
[45]**dem . . . Wetter**  gathering clouds
[46]**zog [. . .] herauf**  came marching up
[47]**Trommeln, Schläge**  drums, drum beats
[48]**Gummistiefeln**  rubber boots

auf Stein, Stimmen, Murmeln, Worte, Worte, für die sich kein Mensch
wirklich interessierte.                                                    65

In diesem Sommer besuchten die letzten Kurgäste[49] das Radiumbad[50]
Oberschlema. Mehrere Monate bewegten sich innerhalb des kleinen Ge-
birgsortes zweitausend Einwohner, siebenhundert Umsiedler,[51] fünfhun-
dert Kurgäste und fünftausend Bergleute[52] sowie eine nicht bekannte Zahl
Angehöriger[53] der sowjetischen Besatzungsmacht[54] nebeneinander.          70

Gewisse Bewegungen. Das ist alles.

Sie marschieren durch meine sonnendurchfluteten Kinderzimmer, ohne
Takt,[55] in festem Schwanken[56] kommen sie herauf, sie treten auf den
Plan[57] der Geschichte; im Turnhemd sehe ich ihn am ausgezogenen
Eßtisch im schattigen Wohnzimmer sitzen und mit einem langen Holz-        75
lineal hantieren.[58] Marx, Engels und Lenin und die braungenarbten Bän-
de[59] von Stalin. Die nickenden[60] Blätterschatten auf dem Fensterbrett.
An einem solchen Sonntagvormittag erklang zum ersten Mal über dem
gedankenverlorenen Tellerklappern aus einer anderen Wohnung die
Stimme von Katarina Valente.[61] Diese etwas scharfe, durchdringende[62]    80
Stimme. Und er rief meinen Namen, klar und deutlich aber nicht laut. So
als wolle er sich meiner versichern.[63] Die Frauen trällerten[64] in den Nach-
barwohnungen. Meine Mutter beschäftigte sich im Innern des Hauses. Nur
ich habe ihn nie aus den Augen gelassen;[65] sehr groß war er, als er aus dem
grauen BMW stieg und dabei ungeschickt den Kopf einzog: ein noch junger  85
Mann, der sich von seinem Chauffeur mit Händedruck verabschiedet.

[49]**Kurgäste** health resort visitors
[50]**Radiumbad** radium spa
[51]**Umsiedler** resettlers (Germans from the areas that became part of Poland or the Soviet Union after the war)
[52]**Bergleute** miners
[53]**Angehöriger** members
[54]**Besatzungsmacht** occupation
[55]**ohne Takt** out of step; without tact
[56]**festem Schwanken** steady rocking (of the ground)
[57]**treten . . . Plan** appear on the scene
[58]**mit . . . hantieren** wielding a long wooden ruler (to underline passages he is reading)

[59]**braungenarbten Bände** brown-grained volumes
[60]**nickenden** nodding
[61]**Katarina Valente** a popular French singer during the 50s (In the 50s it was forbidden to listen to non-socialist radio stations.)
[62]**durchdringende** piercing
[63]**sich meiner versichern** to feel sure of me
[64]**trällerten** were humming
[65]**ihn . . . gelassen** never let him out of my sight

Im grellen Licht der langweiligen Sommertage meiner Kindheit trat er immer ganz ruhig aus dem Lärm heraus. So sehe ich ihn vor mir: aus der Geschichte heraustretend, auf mich zu.[66]

Niemand bemerkte uns.                                                    90

Es gab kaum Worte, die wir zu unserer Verständigung wirklich gebraucht hätten. Seine alberne[67] Erfindung von den vierundzwanzig Sprachen zum Beispiel, sie reichte offenbar völlig aus.[68]

Niemand merkte etwas.

Die glühende Luftsäule,[69] die sich am 1. November 1952 über dem Stillen    95
Ozean erhob, erreichte nach zehn Minuten eine Höhe von vierzig Kilometern und eine Ausdehnung[70] von einhundertneunzig Kilometern. Und der Donnerschlag,[71] mit dem der erste sowjetische Wasserstoffbombenversuch ein Dreivierteljahr später die letzten Illusionen von der Überlegenheit[72] der amerikanischen Kernwaffentechnik zerstörte.                          100

Die Zeit verging einfach nicht in den fünfziger Jahren.

Meines Vaters erster Chauffeur, der alte Mann mit dem rostroten krausen[73] Haar, er bewegte sich wie ein Holzfäller, sein fröhliches Gelächter war bis ins Haus zu hören, bis ins Mark[74] seine fröhlichen Hupzeichen,[75] das Maifähnchen auf der Bugspitze[76] des BMW, und wie er seine immerzu    105 steifen Beine in den zerknitterten[77] Hosen ausschüttelte. Eine gewaltige Lunge, die sich langsam mit Luft füllt, war die Geschichte, und genau genommen war sie niemand anderes als ich selbst.

[66] **auf mich zu**   towards me
[67] **alberne**   silly
[68] **reichte ... aus**   apparently sufficed completely
[69] **glühende Luftsäule**   glowing air column (A reference to the first successful test explosion of a thermonuclear device by the United States at Eniwetok in the Pacific Ocean.)
[70] **Ausdehnung**   expansion
[71] **Donnerschlag**   thunderclap

[72] **Überlegenheit**   superiority
[73] **krausen**   crinkly
[74] **bis ins Mark**   to the bone
[75] **Hupzeichen**   honking signals
[76] **Maifähnchen ... Bugspitze**   the little May flag on the hood (On May 1, the *Arbeiterkampftag*, government vehicles and buildings were decorated with Soviet and GDR flags.)
[77] **zerknitterten**   crumpled

Sie roch gut.

Manchmal wie feuchter Filz,[78] oder nach[79] warmer, verschwitzter[80]    110
Wolle, oder ganz trocken nach Graphit und Leder, schweinshellem Koppelleder,[81]    Stiefelleder,    Pistolentaschenleder,    nach    Kragenbindenschweiß,[82] sogar nach den Stempelfarben[83] in den Ausweisseiten, die leicht
zusammenklebten[84] unter dem Einfluß der Körperausdünstungen.[85]

Ich kenne meinen Vater seit ich ein kleines Kind war, seinen aufrechten,    115
gemessenen Gang[86], sein fast unbewegliches Gesicht, in das manchmal ein
spöttischer[87] Ausdruck trat. Manchmal legte er mir einfach seine Hand auf
die Schulter.

Er meinte es ernst.

Anfang der sechziger Jahre wurde er krank.    120
Ich stand an einem Abhang im Schneetreiben,[88] meine Schneeschuhe
rutschten[89] nach hinten, da erinnerte ich mich, daß er jetzt unter dem
Messer lag. Ich stellte mir nichts Besonderes dabei vor. Ich habe mir niemals
meinen Vater im Dienst vorgestellt. Dienst war nur ein anderes Wort für
Abwesenheit. Jegliche Abwesenheit hieß Dienst. Ich war niemals neugierig    125
darauf.

Mit der Muttermilch in Fleisch und Blut ist mir das geschossen. *Das
Frunze-Prinzip.*[90]

Ich sah ihn am Ende des Klinikkorridors in seinem gestreiften Bademantel
und neuen Hausschuhen auf dem Linoleum herumgehen, zwischen den    130

[78] **Filz** felt
[79] **nach** like
[80] **verschwitzter** sweat-stained
[81] **schweinshellem Koppelleder** light colored pigskin belts
[82] **Kragenbindenschweiß** sweat on removable shirt collars
[83] **Stempelfarben** color of rubber stamps
[84] **zusammenklebten** stuck together
[85] **unter . . . Körperausdünstungen** as a result of his perspiration
[86] **aufrechten [. . .] Gang** upright walk (An allusion to a much-quoted metaphor in GDR literature stemming from the Marxist philosopher Ernst Bloch. It refers to the moral posture of not stooping, i.e., submitting to the authoritarian state.)
[87] **spöttischer** mocking
[88] **Abhang im Schneetreiben** hillside in the driving snow
[89] **rutschten** slipped
[90] **Frunze-Prinzip** Mikhail Vasilyevich Frunze (1885–1925) was a Soviet army officer and military theorist regarded as one of the fathers of the Red Army.

anderen Frischoperierten, die behutsam[91] gestikulierend sprachen. Der Argwohn[92] machte ihn ganz fest, er beteiligte sich kaum, er hielt sich heraus aus diesen persönlichen Angelegenheiten. Die Haut an seinen Beinen und auf seiner Brust war nach der Operation gelblich, von feuchten, schwarzen, furchtsamen Härchen bedeckt. Ich besuchte ihn, die Schlittschuhe[93] über der     135
Schulter, denn das war ein später Winter, der Wind schliff den verharschten Schnee am Fuße der Halden,[94] an manchen Stellen taten sich unvermittelt tiefe Löcher auf,[95] unten kam schwärzliches Gras zum Vorschein.[96]
  Er genas[97] schneller als alle anderen.
  Wir begannen Spaziergänge hinauf zu den an die Halden grenzenden     140
Kleingärten, wo im Frühjahr hier und da Schafe angepflockt[98] standen, es nieselte.[99] Er ging in einem neuen hellen Kurzmantel neben mir; wie immer, wenn er zivil trug,[100] erschien er mir kostümiert. Obwohl er nach der Operation nur noch ein Drittel seines Magens[101] hatte, bekam er schnell einen Bauch. Er wurde wirklicher. Er nahm an Größe und Gewicht     145
zu, seine Bewegungen verlangsamten sich noch ein wenig mehr. Er muß in diesen Jahren um etliche Dienstgrade gestiegen sein.[102] Ich merkte es an seiner wachsenden Leibhaftigkeit;[103] mehrmals kam er mit sportlichen Medaillen heim. Ich habe ihn nie mit bloßen[104] Zähnen lachen sehen; manchmal habe ich mich innerlich sehr fest machen müssen, um ihm eine kleine     150
Frage zu stellen.

Jeder Soldat erhält das Minimum an Information, das zur Ausführung eines Befehls unmittelbar[105] notwendig ist.

Das ist das *Frunze-Prinzip*.

  Er konnte neben mir gehen ohne jeglichen[106] Ausdruck. Er hielt es     155
aus.[107] Ich war es, die aufgab. Ich habe ohne Umschweife[108] begriffen, daß

[91] **behutsam**  carefully
[92] **Argwohn**  suspicion
[93] **Schlittschuhe**  ice skates
[94] **schliff . . . Halden**  polished the crusted snow at the foot of the slopes
[95] **taten [. . .] auf**  opened up unexpectedly
[96] **kam [. . .] zum Vorschein**  appeared
[97] **genas**  recovered
[98] **angepflockt**  tethered
[99] **es nieselte**  it was drizzling

[100] **zivil trug**  wore civilian clothes
[101] **Magens**  stomach
[102] **um . . . sein**  have been promoted by several ranks
[103] **Leibhaftigkeit**  corporality
[104] **bloßen**  bared
[105] **unmittelbar**  directly
[106] **jeglichen**  any . . . whatsoever
[107] **Er hielt es aus.**  He could stand it.
[108] **ohne Umschweife**  straight out

Schweigen Macht ist. Es war ganz einfach zu begreifen. Eine Gewißheit des Körpers, wenn ich neben ihm ging.

Eine elementare Form von Angst.
Verbunden mit Sehnsucht.[109]

In meinen Träumen kam er nicht mehr vor,[110] es reichte der Spalt in der Tür, durch den Licht aus dem nächtlichen Zimmer fiel, wo die Genossen[111] zweimal im Jahr feierten. Einmal schreckte ich von seinem Lachen tief in der Nacht wie von einem plötzlichen Schmerz aus dem Schlaf,[112] und meine Mutter rief von nebenan mit hoher singender Stimme: *Es ist nichts.*

Ich war sofort ruhig.

Etwas in mir wußte längst: Wir sind im Gleichgewicht.

Der Sirenendauerton über den Bergen, keiner hätte nicht Gefahr bei seinem Ausbleiben[113] vermutet. Bestimmte alltägliche Gewohnheiten waren stärker als die deutsche Teilung, ein neuer Tod an der Mauer. Zum Beispiel wie mein Vater niemals, unter keinen Umständen einen Fremden ansprach nach Uhrzeit oder Weg, oder wie ich seine Kragenbinden bügelte,[114] oder sein gewisses simuliertes Hochziehen des Nasenschleimes[115] anstatt einer Antwort. Das alles bewies mir, daß er recht hatte.

In meiner ausgehenden Kindheit war er der vollkommene Entwurf der Welt, die mich erwartete.

Täglich fuhr mein Vater jetzt in die entfernte höhere Behörde,[116] er wurde für Jahre versetzt,[117] wöchentlich reiste er in die höchste Behörde. Nichts veränderte sich. Es gab einfach keine Veränderungen. Es festigte sich.[118]

---

[109] **Sehnsucht** longing
[110] **kam . . . vor** he didn't figure anymore
[111] **Genossen** comrades
[112] **schreckte [. . .] Schlaf** woke up with a start
[113] **bei . . . Ausbleiben** if it were to stop

[114] **bügelte** ironed
[115] **gewisses . . . Nasenschleimes** particular feigned sniffing
[116] **Behörde** administration
[117] **versetzt** transferred
[118] **es . . . sich** things solidified

Morgens stand er vor dem Haus und sah in die Richtung, aus der er den Dienstwagen erwartete: von kolossaler Statur, wie er den Regenmantel über der Uniform trug. Es kam vor, daß ich ihn einfach vergaß. Kaum Bewegungen. Nur das Schlagen der Autotür am Abend und immer das gleiche süße Erschrecken.

Einmal blieb er vier Wochen zuhause, um an einer Arbeit über Staatsrecht zu schreiben, wieder hatte er Jahre studiert, ohne daß eigentlich jemandem etwas aufgefallen war.[119] Jetzt, da Bücher und beschriebene Zettel[120] auf dem großen Eßtisch lagen, wurde etwas von ihm sichtbar, was ihn selbst verlegen[121] machte. So, als könne er schon nichts mehr bei sich behalten.

Danach gab er sich keine Blöße mehr;[122] morgens fand ich gelegentlich[123] Reste von Kaiserschmarren,[124] betropft mit dunkelvioletter Marmelade; nicht ein einziges Mal habe ich seine Schußwaffe gesehen, sie hing im Kleiderschrank ganz zuunterst und über Nacht nur.

In seinem 48. Lebensjahr geriet er in etwas hinein.[125]

Ich erkannte ihn in einer Schneise[126] zwischen den Halden in der Nähe eines schmalen Baufeldes. In weiten roten Trainingshosen ging er dort mit einem Werkzeug[127] in der Hand auf und ab.[128] Auf überraschend einfache Weise glich[129] er plötzlich allen anderen Vätern, die ich kannte. Er vermaß und markierte den Boden. An einem Wochenende im Oktober begann er eine Baugrube auszuschachten,[130] ich sah ihn von ferne, meistens allein, er arbeitete anfangs schnell und mutwillig,[131] ohne Verabredung,[132] mit angehaltenem Atem, das ging den ganzen Herbst so, er hatte sich fest in diese Hundearbeit verbissen,[133] er karrte einen Herbst lang das tote Gestein in einem kleinen Holzwagen über die schräge Wiese und füllte damit das Fundament, er holte das Letzte aus sich heraus[134] für diese läppische[135]

[119] **ohne . . . war**   without anyone really having noticed anything
[120] **beschriebene Zettel**   notes
[121] **verlegen**   embarrassed
[122] **gab . . . mehr**   did not expose anything more about himself
[123] **gelegentlich**   occasionally
[124] **Kaiserschmarren**   sugared, cut-up pancakes with raisins
[125] **geriet . . . hinein**   he got himself into something
[126] **Schneise**   clearing

[127] **Werkzeug**   tool
[128] **auf und ab**   up and down
[129] **glich**   resembled
[130] **Baugrube auszuschachten**   to excavate a building site
[131] **mutwillig**   energetically
[132] **ohne Verabredung**   without having made arrangements (with the others)
[133] **fest . . . verbissen**   he had become doggedly fixed on this awful job
[134] **holte . . . heraus**   gave his all
[135] **läppische**   paltry

kleine Garage aus Zementfertigteilen, ich schämte mich seiner,[136] ich war im Erwachsenwerden, wie er da in der Kälte halbnackt in einem Turnhemd oder Unterhemd den anderen Vätern Handlangerdienste anbot,[137] mit 210 einem Werkzeug in den Händen hielt er sich immer abseits,[138] während sie sich berieten[139] in ihrem einlenkenden[140] Dialekt, und dann die Schlafstörungen nach den Aufenthalten an frischer Luft, das ruhelose Umhergehen nachts in der Wohnung, der erste Schnee des Jahres 1968, sein Sprechen im Schlaf. 215

Er sprach vom Ernstfall.[141]

Man muß die Tücher befeuchten,[142] ehe man weiteres unternimmt. Das erklärte er mir.

Mein Vater sprach vom Dienst.

Es kam vor, daß er mich nachts wach hielt mit seinem Sprechen darüber. 220 Ich liebte Paul McCartney, sein kindliches Gesicht hatte überhaupt nichts Bedrohliches. Mein Vater saß nachts in seinem großen Schlafanzug in der Küche. Jedesmal, wenn ich ihn dabei überraschte, schien es mir, als warte er auf jemanden.
Aber diesen Jemand habe ich nie gesehen. 225
Auch ich verheimlichte ihm,[143] wann ich *I should have known better* hörte.

Niemand merkte etwas.

Damals hatte sich mir seine Stimme eingeprägt[144] durch sein häufiges nächtliches Sprechen, sie kam aus dem Gehäuse der Schweigepflicht,[145] einem Gehäuse vollkommener Einsamkeit. Und sie erinnerte mich damals 230 an nichts.

---

[136] **ich ... seiner**  I was ashamed of him
[137] **Handlangerdienste anbot**  offered to fetch and carry
[138] **hielt [. . .] abseits**  kept to himself
[139] **sich berieten**  discussed (their work)
[140] **einlenkenden**  good-natured
[141] **Ernstfall**  emergency, zero hour

[142] **die ... befeuchten**  to moisten the cloths
[143] **verheimlichte ihm**  kept from him
[144] **hatte ... eingeprägt**  his voice had become fixed in my memory
[145] **Gehäuse der Schweigepflicht**  emotional shell resulting from his pledge of secrecy

Niemand bemerkte uns.

Im Frühjahr unternahmen wir die ersten Fahrten mit dem kleinen Auto, er saß verkrampft[146] hinter dem Steuer, und ich verstand nicht, daß er nach jahrelangem Mitfahren diese Sache nicht beherrschte.[147] Wenn wir oben im Gebirge ausstiegen, mußte er hastig mehrere Zigaretten rauchen. Es breitete sich rasch eine völlige Leere um ihn aus. 235

Ein zarter,[148] schmaler, länglicher Nebel über dem Ort.

Es war nur ein Schweigen in ein anderes übergegangen.

Niemand merkte den Unterschied. 240

Die Welt, in der er sich aufhielt,[149] muß einem Ballon geglichen haben, der an Volumen und Oberfläche unaufhörlich[150] verlor, dabei jedoch straffer[151] und fester wurde und immer weniger lichtdurchlässig.[152]

Er fror leicht.

Der Umgang[153] mit Zivilpersonen, den sein Dienst jetzt erforderte, war 245 ihm unmöglich geworden. In den Verhandlungen[154] über Zivilschutzanlagen[155] mit Ingenieuren suchte er mehrfach eine befehlsverwandte[156] Basis, scheiterte[157] aber.

Er unternahm dann keine weiteren Versuche, in diese Welt einzudringen.[158] 250

[146]**verkrampft** tense
[147]**beherrschte** mastered
[148]**zarter** delicate
[149]**sich aufhielt** lived
[150]**unaufhörlich** continually
[151]**straffer** tighter
[152]**lichtdurchlässig** transparent
[153]**Umgang** dealings
[154]**Verhandlungen** discussions
[155]**Zivilschutzanlagen** civilian atomic shelters
[156]**befehlsverwandte** akin to giving commands
[157]**scheiterte** failed
[158]**einzudringen** to intrude

In den fünfziger Jahren war er ein ausgezeichneter Langstreckentaucher[159] gewesen. Er kam danach jedesmal mit kleinen, geröteten, verschleierten[160] Augen nachhause, und meine Mutter sagte einmal, das seien
seine glücklichen Augen.

Seinen Tod hat er kaltblütig geplant. So jedenfalls sollte es nach seinem    255
Willen aussehen: wie ein Urteil.

Letztlich aber war es ein langes Schrumpfen, ein Nachinnenstülpen,[161]
ein Verschwinden in sich selbst.

Er hat sich meiner[162] noch einmal erinnert.

Am 22. August 1968[163] ließ er mich durch seinen Chauffeur auf einem    260
Campingplatz an der Ostsee[164] suchen und noch in der Nacht wie ein Kind
nachhause bringen.

Was noch in seiner persönlichen Macht stand,[165] wollte er getan haben.

Im Oktober erschoß sich mein Vater im Dienst.

Er entstammt einer Familie von Spitzen- und Paillettenmachern, Sei-    265
denstickern, Tressen-, Kordel-, Litzen und Filetnetzknüpfern, Perltaschen-
näherinnen und Krinolinenfabrikarbeiterinnen[166] aus dem mittleren Erzgebirge.

Mit der Heeresgruppe Mitte[167] wurde er an die Ostfront geworfen, nach
dreißig Tagen in die Verteidigung gezwungen,[168] nach sechzig Tagen    270

---

[159] Langstreckentaucher   long distance diver
[160] verschleierten   blurred
[161] Schrumpfen, ein Nachinnenstülpen   shrink-
ing, a turning inward
[162] meiner   me
[163] 22. August 1968   On this day Soviet tanks
rolled into Czechoslovakia to put a stop to the
liberalization of the Communist regime under
the government of Alexander Dubček.

[164] Ostsee   Baltic Sea
[165] stand   was
[166] Spitzen . . . Krinolinenfabrikarbeiterinnen
lace and sequin makers, silk embroiderers,
weavers of braids, cords, and ribbons, seam-
stresses who sewed pearl handbags, and crino-
line factory workers
[167] Heeresgruppe Mitte   army troop
[168] in . . . gezwungen   forced into the defensive

erneut mit einem Geschütz[169] in den Vormarsch auf Moskau geschickt, geriet in die Kesselschlacht bei Wjasma,[170] wurde getroffen, danach in den Bewegungskrieg am „Ostwall" versetzt, mit der Truppe abgetrennt, erneut getroffen und schnitt sich im August des Jahres 1945 mit einer Schere aus dem Drahtverhau[171] eines provisorischen, sich noch formierenden Gefan- 275 genenlagers.[172]

Er ließ sich aufnehmen.[173] Mit Hut, Krawatte und Zigarette in Postkartenformat. Sein mageres Gesicht unter der verwegen heruntergebogenen Krempe[174] zeigt einen kindlichen Ernst, der sich gegen die Requisiten mühelos durchsetzt.[175] Er signierte die Fotos mit einem kühnen, schräg 280 angesetzten Schriftzug.[176]

Das Leben mit seinen endlosen Möglichkeiten breitete sich vor ihm aus.

Die Natur.

Die Natur war in zweifarbigen Faltblättern[177] beschrieben: „Die Landschaft im Umkreis von zwei Kilometern um das Badehaus herum ist von 285 herrlichsten Fichten-, Kiefern- und Buchenwäldern bestanden.[178] Nach Süden und Westen dehnt sich eines der größten Nadelwaldgebiete[179] Deutschlands bis weit nach Böhmen[180] hinein. Sämtliche Quellen und Bäche[181] in der Umgebung sind radioaktiv, und an vielen Stellen des weltberühmten Schlemathales wird das seltenste aller Edelgase, die Radi- 290 umemanation, in so großen Mengen vom Erdboden ausgehaucht,[182] daß die Luft des ganzen Thales schwach ionisiert ist wie auf den höchsten Gipfeln der Hochgebirge."

[169] **Geschütz**   artillery gun
[170] **Kesselschlacht bei Wjasma**   battle of encirclement near Wjasma (Soviet Union)
[171] **Drahtverhau**   wire fence
[172] **Gefangenlagers**   POW camp
[173] **ließ sich aufnehmen**   had his picture taken
[174] **verwegen . . . Krempe**   rakishly tilted brim
[175] **der . . . durchsetzt**   which readily comes across despite the accessories
[176] **kühnen . . . Schriftzug**   bold, slanted strokes
[177] **Faltblättern**   brochure
[178] **Fichten . . . bestanden**   covered with magnificent forests of spruce, pine, and beech trees
[179] **dehnt . . . Nadelwaldgebiete**   one of the largest areas of coniferous forests extends
[180] **Böhmen**   Bohemia
[181] **Quellen und Bäche**   springs and creeks
[182] **ausgehaucht**   emitted

# MANFRED
# JENDRYSCHIK

## *Straßentage*
### Sechs Auszüge

*Manfred Jendryschik (1943–), Bürger der ehemaligen DDR, schreibt Lyrik,
Prosa—Kurzprosa, Erzählungen und Romane—und Dokumentarliteratur. Er
war Augenzeuge der Vorgänge[1] in der Stadt Leipzig im Herbst 1989.[2] In den
vorliegenden Skizzen reflektiert der Erzähler über die „sanfte[3] Revolution".
Achten Sie auf die Leitmotive und den Sprachrhythmus dieser sorgfältig
komponierten Texte. Wie wird das Thema des Heranwachsens zur politischen
Reife[4] dargestellt, das die einzelnen Stücke verbindet?*

*Wie ist die Atmosphäre im ersten Text? Worauf deutet sie hin? Folgende
Beschreibung der Stimmung während der Septemberversammlungen in und vor
der Nikolaikirche erhellt[5] diese Skizze: „ . . . das Schweigen der zuschauenden
Menge, der leere Platz vor der Kirche und dazwischen der Polizeikordon,*

---

[1] **Augenzeuge der Vorgänge**  eyewitness of the events

[2] The city of Leipzig was the center of the growing resistance to the GDR government which
was under the control of the SED (*Sozialistische Einheitspartei Deutschlands*). Weekly *Montagsgebete*
(Monday prayers) had been held at the *Nikolaikirche* since 1983, and groups supporting peace,
Third World relief, and environmental causes had been meeting there for the past six years. At
the end of the summer of 1989, after tens of thousands of GDR citizens had fled their country,
the church became the center of the peaceful resistance movement attracting overflow crowds to
their Monday prayer meetings. September 25th was the first time police did not surround the
church. That evening, the first *Demo* (demonstration) took place, attracting 5,000 people. A week
later, 15,000 took to the streets, and on October 16, 150,000 marched peacefully. On November 7,
the government stepped down, and the following day the Politburo of the SED resigned. The
Wall came down on November 9, 1989.

[3] **sanfte**  gentle, peaceful

[4] **Heranwachsens . . . Reife**  growing into political maturity

[5] **erhellt**  sheds light on

*Schulter an[6] Schulter, gleichfalls stumm.[7] Man könnte meinen, da geschah nichts in dieser Unbeweglichkeit und dem Schweigen. Und doch, so möchte ich glauben, formte sich in dieser Stunde der Sprachlosigkeit jener Ruf, der zuerst einigen Hunderten, dann Tausenden und zuletzt Millionen verlorene Mündigkeit[8] zurückbrachte: Wir sind das Volk!"[9]*

*Welche Funktion hat das Bild des Regens in „Dieser Jahrestag"? Wie unterstreichen der fünfmalige Gebrauch der Konjunktion „und" und die immer länger werdenden Sätze das Gefühl von Trostlosigkeit?[10] Was deuten die Worte des Mannes am Ende der Skizze an?*

*Beim Lesen der Texte „Mit Händen und Füßen", „Vom Sichloslassen"[11] und „Ambivalenzen" schauen Sie sich die Wörter, die zu dem Bedeutungsfeld „gehen" gehören, besonders sorgfältig an. Die in der DDR-Literatur viel zitierte Metapher des „aufrechten Ganges"[12] liegt ihnen zugrunde. Was für Konnotationen haben die Schlüsselworte „Vorgang", „Fortschritt" und „Voranschreiten", wenn sie wortwörtlich aufgefaßt[13] werden? Wovon läßt die Gestalt los in „Vom Sichloslassen"? Wie unterstreicht der Rhythmus dieses Satzes den Inhalt? Warum hat der Marschierende in „Ambivalenzen" ambivalente Gefühle?*

*Wie verstehen Sie die allegorischen Bedeutungen der jungen Frau und der Straßenbahn? Warum wohl hat der Verfasser jeder Skizze das Entstehungsdatum[14] hinzugefügt?*

---

[6] **an**   to

[7] **stumm**   silent

[8] **Mündigkeit**   political maturity, responsibility

[9] Werner Heiduczek, „Der ‚Kleine Oktober' ", Stefan Heym and Werner Heiduczek, ed., *Die sanfte Revolution* (Weimar: Kiepenheuer, 1990), p. 85.

[10] **Trostlosigkeit**   dreariness, hopelessness

[11] **Sichloslassen**   letting go

[12] **aufrechten Ganges**   upright way of walking (A metaphor coined by the Marxist Philosopher Ernst Bloch (1885–1977) exhorting citizens living in repressive societies such as the GDR to stand up to the authorities. Bloch taught at the University of Leipzig before he defected to the FRG in 1961. He had become critical of Marxist thought and was declared a revisionist and his works were condemned.)

[13] **wortwörtlich aufgefaßt**   interpreted quite literally

[14] **Entstehungsdatum**   date of origin

# MANFRED JENDRYSCHIK

*Straßentage*

Dieser unwahrscheinliche Indianersommer war mit seltsam verdrehter[1] Hitze in jene Tieflandsbucht[2] gekommen, und als sich die Freunde auf der Großen Wiese hinter dem Zoologischen Garten niederließen,[3] wölbte sich[4] über ihnen die noch warme Nacht ins erleuchtete Firmament, und, sie spürten es deutlich, es wölbte die Erde der Nacht sich nach.[5]

Sie sagten kein Wort; nur bei den gewaltig ausladenden[6] Bäumen, zwischen denen sie lagerten,[7] fragte ab und zu ein winziger[8] Wind in ihr Blättergewirr[9] nach, aber auch sie schwiegen, und es schwiegen die fremdländischen Tiere hinter den Wassergräben,[10] es schwieg nun auch die Luft wie die Nacht und das Firmament und die Erde. Und die Lippen der Freunde blieben verschlossen, auch wie die seltsamen Namen, die sie ein paar Glockenschläge[11] zuvor erstmals gehört hatten, in ihrem Kopf umhergingen als bleiche[12] Gestalten, diese Bornschlegel und Hattenhauer und Matzeit und

[1]**verdrehter** crazy
[2]**Tieflandsbucht** lowlands bay (the area of Leipzig)
[3]**niederließen** sat down
[4]**wölbte sich** arched
[5]**es . . . nach** the earth arched up in response to the night
[6]**gewaltig ausladenden** immensely spreading
[7]**lagerten** lay

[8]**ab . . . winziger** now and again a tiny
[9]**Blättergewirr** tangle of leaves
[10]**Wassergräben** ditches filled with water
[11]**Glockenschläge** strokes of the church bells (implied is the ringing of the bells for the *Montagsgebete* at the *Nikolaikirche*)
[12]**in . . . bleiche** drifted through their minds as pale

Elsner,[13] die sie hinter Gittern wußten,[14] und die dann doch entschwanden[15] ins Schweigen, zu dem sich auch das Gras gesellte,[16] das schon ihre
Rücken berührte, die Beine, die Körper umwuchs für eine Ewigkeit,[17] in   20
diesen Stunden.

15. September

Dieser Jahrestag[18]
war völlig verregnet:[19] das Wasser lief nur aus dem Himmel, bis er für eine
mühsame[20] Stunde metallengrau aufschien, ehe er erneut in sein verschlos-
senes Dasein verfiel.[21] Und es regnete, als die Frau vor Mittag zur Telefonzelle ging, das Wasser kam ihr in die Schuhe und kam wieder heraus, es   25
stürzte aus der baumelnden Hörmuschel,[22] und die Stimme der Freundin
ersoff[23] im Regen. Und auf dem Rückweg sah die Frau das Auto in Pfützen[24] versinken, die Fenster erblindet,[25] die Hauswand. Und als sie später
an die Tore der Freunde schlug, da regte sich nichts, nichts rührte sich,[26]
da waren sie versteckt oder auf anderen Wegen oder werweißwo, und sie   30
lief in die Stadt, ihr Herzstück,[27] und horchte, doch von nirgendher ein
Fetzen[28] von diesem Tschingderassa oder Bumbum,[29] auch keine Gegengesinnten[30] querten[31] die Straße in kleinem Pulk,[32] mit Fahne oder trotzig
hingehaltener Leinwand,[33] nur dieser endlose Regen, der schon in ihrem
Körper war, ihn ausfüllte mehr und mehr.   35
   Erst[34] nachts seine zaghafte[35] dann stockende[36] Stimme, daß doch

---

[13]**Bornschlegel . . . Elsner**  names of political prisoners who were arrested on September 13, 1989
[14]**die . . . wußten**  whom they knew to be behind bars
[15]**entschwanden**  vanished
[16]**zu . . . gesellte**  which was also joined by the grass
[17]**die . . . Ewigkeit**  grew around their bodies for an eternity
[18]**Jahrestag**  anniversary (October 7 marked the 40th anniversary of the founding of the GDR)
[19]**verregnet**  spoiled by rain
[20]**mühsame**  arduous, painful
[21]**in . . . verfiel**  sank back into its withdrawn existence
[22]**stürzte . . . Hörmuschel**  streamed out of the dangling telephone receiver
[23]**ersoff**  drowned

[24]**Pfützen**  puddles
[25]**erblindet**  clouded (lit.: gone blind)
[26]**regte . . . sich**  nothing stirred, nothing moved
[27]**Herzstück**  heart, core
[28]**von . . . Fetzen**  from nowhere a snatch
[29]**Tschingderassa Bumbum**  refrain from a marching song (Here the words stand for the parades typically held on the anniversary of the founding of the GDR.)
[30]**Gegengesinnten**  people opposing the regime
[31]**querten**  crossed
[32]**Pulk**  crowd
[33]**trotzig . . . Leinwand**  defiantly held canvas banner
[34]**Erst**  Not until
[35]**zaghafte**  timid
[36]**stockende**  faltering

wieder geprügelt worden wäre,[37] und völlig sinnlos, das sagte er dreimal, und ihr Zurückstreichen[38] des Haars aus der Stirn.

8. Oktober

Mit Händen und Füßen,[39]
schien's ihm, löste sich die Gesellschaft aus Taubheit und Stummsein.[40]
Denn während unten sich Individuum für Individuum massenhaft[41] übte          40
im Gehen, dem bekannt aufrechten, versuchte auf der Fußgängerbrücke
Leipzigs eine Frau einem Mann, dieser behindert[42] an Ohr und Stimme, zu
erzählen, es wären bei ähnlichem Vorgang[43] Wochen früher auch zwei
Mütter und zu vier Monaten[44] und die Kleinkinder in Heime[45]—. Da der
von Natur Benachteiligte der Ungeübten nicht jedes Wort von den Lippen          45
zu lesen vermochte,[46] lernte sie wieder mit den Fingern zu reden.

10. Oktober

Vom Sichloslassen
In die Vorbeimarschierenden, vom Bürgersteig weg trieb's ihn,[47] an diesem
luftigen[48] Montag, zum ersten zögernden Tasten und Tapsen des Schuhwerks,[49] zum FortSchritt[50] von sich, ins Voranschreiten,[51] zum Vorgang,          50
zum aufrechten Stehen, zum aufrechten Gehen, in diese Geschichte hinein,
Schulter an Schulter mit ihr, ins Volk, die Bewegung.

10. Oktober

[37] **doch . . . wäre** people had been beaten again
[38] **Zurückstreichen** smoothing back
[39] **Mit . . . Füßen** alludes to the idioms *sich mit Händen und Füßen wehren* to struggle against, *mit Händen und Füßen reden* to make oneself understood by any means at one's disposal, and *mit Händen reden* to use sign language
[40] **löste . . . Stummsein** society freed itself from deafness and muteness
[41] **massenhaft** on a massive scale
[42] **behindert** handicapped
[43] **Vorgang** event
[44] **zu vier Monaten [Gefängnis verurteilt worden]** [sentenced] to four months [in prison]
[45] **in Heime [gebracht worden]** [put] into children's homes (run by the state)
[46] **von . . . vermochte** the man disadvantaged by nature was unable to lip read every word of the woman unpracticed (in speaking to deaf-mutes)
[47] **In . . . ihn** He felt driven from the sidewalk into those marching past him
[48] **luftigen** breezy
[49] **zum . . . Schuhwerks** to let his footwear take the first hesitant groping steps
[50] **FortSchritt [fort** away; **Schritt** step] progress
[51] **ins Voranschreiten [trieb's ihn]** [he felt carried along to join] the striding ahead, pro-gressing, marching (of time)

## Ambivalenzen

Als er die Zehntausenden einig[52] und jede Gewalt vermeidend[53] und ihre voranschrittlichen Losungen[54] rufend dahingehen sah, als er dieses gleichmäßige,[55] wie schlurfende[56] Marschieren und dieses Rauschen[57] in der Luft hörte und seine eigenen vorsichtig suchenden Schritte unter sich, dachte er: Welch eine schöne ungenutzte[58] (nicht angenommene) Kraft. Und er dachte: Wieviel verschleuderte Weisheit[59] des Volkes. Und er dachte: Was für eine hohe politische Kultur. 55

Und je mehr er laufend nachdachte, spürte er in sich aufkeimen eine Wut,[60] und er merkte, daß ihm die politische Kultur abhanden kam,[61] jedenfalls zeitweilig.[62] 60

10. Oktober

## Die Unerbittliche[63]

Auf dem Wege zum Neuen Rathaus, das noch ein altes war, inmitten des Pulks der Hunderttausend, sah er auf den Schultern eines Mannes die junge Schöne, hoch aufgereckt[64] und wehend das lange dunkle Haar und in den Händen über sich das Stück Leinwand und vor sich die außer Kraft gesetzte[65] Straßenbahn, das wartende Gefährt[66] von den Demonstranten umflossen.[67] Sie aber, samt[68] Träger, verharrte[69] vor der Bahn, immer wieder rüttelnd[70] das Wort auf ihrem Plakat[71] anbietend *Freiheit*, wie Delacroix' Revolutionsgöttin[72] und zum Gruß kurz die Hand hob, und nun erst sah sie ihrer Forderung mit Verständnis und Verstehen begegnet und ließ sich weitertragen, selbst eine Botschaft.[73] 65 70

10. Oktober

---

[52] **einig** united
[53] **jede . . . vermeidend** avoiding all violence
[54] **voranschrittlichen Losungen** progressive slogans, mottos
[55] **gleichmäßige** even
[56] **schlurfende** shuffling
[57] **Rauschen** rustling
[58] **ungenutzte** unexploited
[59] **verschleuderte Weisheit** squandered wisdom
[60] **spürte . . . Wut** he felt a rage growing in him
[61] **ihm . . . kam** he was losing
[62] **zeitweilig** temporarily
[63] **Unerbittliche** the inexorable, relentless one

[64] **aufgereckt** stretched up
[65] **außer . . . gesetzte** put out of commission
[66] **Gefährt** worn-out vehicle
[67] **umflossen** surrounded by (usually said of a river)
[68] **samt** together with
[69] **verharrte** paused
[70] **rüttelnd** shaking
[71] **Plakat** poster
[72] **Revolutionsgöttin** A reference to the painting "Liberty Leading the People" by Eugène Delacroix (1798–1863) depicting an allegorical goddess of freedom carrying a banner during the July revolution of 1830 in France.
[73] **Botschaft** message

# Glossary of Selected Literary Terms

die **Allegorie** (allegory)   A story that draws an extended detailed comparison between a concept and a concrete, often sensuous illustration. For an example, see Mann's treatment of appearance and reality in "Anekdote."

die **Alliteration** (alliteration)   The repetition of initial sounds in words within a sentence or in successive sentences, for example: *Moise, Mäuse, Mond* in Bobrowski's "Das Mäusefest."

die **Anekdote** (anecdote)   A short narrative, relating an interesting incident, usually in the life of an important person, as a means of conveying a general truth. See Mann's "Anekdote."

die **Anspielung** (allusion)   A reference to history, the Bible, literature, painting, music, and other arts that suggests the meaning or relevance of details in a story, such as the references to David and Goliath in Kunert's "Alltägliche Geschichte einer Berliner Straße."

das **Bild** (image)   Verbal representations of sensory, emotional, or intellectual experiences. Specific images are generated by figurative language, including metaphors, similes, analogies; they are frequently woven into a pattern of imagery that becomes an aspect of style and as such conveys the complexity of experience. Examples are the fire in Hofmannsthal's story and the tree in Bachmann's "Jugend in einer österreichischen Stadt."

der **Entwicklungsroman** (novel of development)   A type of novel that traces the intellectual, moral, and emotional development of the protagonist towards an understanding of and commitment to an ideal.

die **erlebte Rede** (quoted monologue)  A narrative technique where the unuttered thoughts of a character are conveyed without the constructions employed for reporting indirect speech such as "she thought," "she felt," etc. This technique is used in Böll's "Du fährst zu oft nach Heidelberg."

der **Erzähler** (narrator)  A speaker or voice in a narrative who tells the story. The narrator, whether first-person or third-person, omniscient or limited in view, reliable or unreliable, should be considered as an entity distinct from the author.

die **Handlung** (action, plot)  The structure or arrangement of action in a narrative text.

die **Konnotation** (connotation)  The emotional colorations, associations, and implications of individual words or groups of words as opposed to their denotative, i.e., specific lexical meanings. For an example, see Fühmann's use of the word "yellow" in "Das Judenauto."

das **Kunstmärchen** (art or literary fairy tale)  A story with fairy tale elements composed by an author as opposed to the folk fairy tale traditionally passed down orally. Hesse's "Der Dichter" exemplifies this literary form.

das **Leitmotiv** (*leitmotif*)  The recurrent use of an image, phrase, or action that tightens a story's structure and strengthens its central theme. Good examples are the recurring images of the grandmother's wrinkled hands and the granddaughter's bare feet in Frischmuth's "Meine Großmutter und ich."

die **Metapher** (metaphor)  An analogy that implicitly compares or identifies either an abstraction with something concrete or one object with another. For example, the poster boy's frozen movement in Aichinger's "Das Plakat" is identified with a limited view of life.

die **Parabel** (parable)  Short narrative that illustrates an explicit moral lesson. Kafka's "Eine kaiserliche Botschaft" is a modern parable, illustrating the absence of universal truths in the modern age.

die **Satire** (satire)  A work, often humorous, written to expose and ridicule individual and societal vice and folly. Böll's "Es wird etwas geschehen. Eine handlungsstarke Geschichte" is a good example of satire.

die **Skizze** (sketch)  A paragraph or two presenting a single scene or incident with minimal plot and characterization. Examples are the texts by Brecht, Kunze, and Jendryschik.

der **Stil** (style)   The basic characteristics of an author's language which reflect his or her poetic imagination. Style creates the overall effect of a literary work and is inseparable from its meaning.

das **Thema** (theme)   A general, abstract paraphrase of the central idea in a literary work as it is conveyed through character, plot, imagery, or stylistic effects. For example, the literary elements of Bobrowski's "Mäusefest," such as rhythm, alliteration, and repetition combine to express the theme of the destruction of a peaceful way of life at the hands of Hitler's army.

der **Ton** (tone)   The implied attitude of the author towards the characters or events. It can be serious, understated, humorous, nostalgic, ironic, bitter, etc. The tone creates the overall effect of a literary work. For example, in "Blick-wechsel," Wolf's tone is serious and often understated; in "Alltägliche Geschichte einer Berliner Straße" Kunert's tone is both humorous and serious; in "Netter Nachmittag," Mechtel's tone is bitter and ironic.

# Vocabulary

The English equivalents given in this vocabulary are limited to the meanings in which the German words are used in this book. The vocabulary contains the words of the texts and introductions with the following exceptions:

1. Obvious cognates.

2. The words translated in the glosses of any given chapter. A word that has been glossed in one chapter may be glossed again in another chapter or be listed in the vocabulary.

3. Pronouns and cardinal numbers.

4. Geographic names excepting names of countries and regions.

**Nouns** are listed with their plural forms. Nouns for which no plural is indicated are never or rarely used in the plural. If the plural changes from **ß** to **ss**, the double **s** is indicated. Weak masculine (n-stem) nouns are indicated as follows: der Mensch(en). Adjective nouns are indicated with the masculine, feminine, or neuter primary, nominative, singular adjective ending (**-r, -e, -s**) in parantheses: der Gefangene(r), die Westillustrierte(e), das Zufällige(s).

**Verbs** are indicated with their vowel changes. Reflexive verbs are preceded by an **s**.

**ab, auf und ab** up and down; **von nun ab** from now on

**ab•biegen o,o** to turn off

**ab•binden a,u** to take off

**ab•brechen i,a,o** to break off, stop

**ab•drehen** to turn off

der **Abdruck,⸚e** imprint

der **Abend,-e** evening; das **Abendbrot,-e** supper, dinner; das **Abendessen,-** evening meal; das **Abendrot** sunset; **abends** in the evening; die **Abendsonne** evening sun

das **Abenteuer,-** adventure

**aber** but; **abermals** once again/more

**ab•fahren ä,u,a** to leave, depart; to drive up and down

die **Abfahrtszeit,-en** departure time

der **Abgang,⸚e** departure, leaving, exit

**ab•geben i,a,e** to give, share

**abgeschlossen** isolated, self-contained

**ab•grenzen** to keep apart

**ab•halten ä,ie,a** to keep off
**ab•halten von** to keep from
**ab•hängen i,a** to depend
**ab•heben o,o** to lift, raise
**ab•holen** to pick up
**ab•horchen** to listen to
**ab•kommen a,o** to wander off
**ab•lassen ä,ie,a von** to let up, refrain from, leave s.o. alone
**ab•laufen äu,ie,au** to take place
**ab•legen** to take off (clothes)
der **Abmarsch** march-off
**ab•nehmen i,a,o** to decrease
die **Abreise,-n** departure
**ab•reisen** to leave, depart
**ab•reißen i,i** to tear off
**ab•rollen** to roll
der **Abschied,-e** farewell
**abschied•nehmen i,a,o** to say goodbye
**ab•schießen o,o** to shoot off
**ab•schlachten** to slaughter
**ab•schlagen ä,u,a** to cut off
**ab•schließen o,o** to cut off
**ab•schneiden i,i** to cut off
der **Abschnitt,-e** paragraph
**ab•schütteln** to shake off
**ab•schwächen** to weaken, lessen
**abseits** to one side
**ab•senden a,a** to send off; die
**Absendung,-en** sending off, dispatch
**ab•setzen** to put down
**ab•sinken a,u** to die away
**ab•sitzen a,e** to get off
**ab•springen a,u** to jump down/off/out; der **Absprung,⸚e** dismounting
**ab•spülen** to wash off

der **Abstand,⸚e** distance
**ab•steigen ie,ie** to climb down, get off, dismount
**ab•sterben i,a,o** to die
**ab•stoßen ö,ie,o** to push off
**ab•suchen** to examine
die **Abteilung,-en** department
**ab•trennen** to cut off
**ab•warten** to wait (for)
**abwärts** down(wards)
**abweisend** cold
**ab•wenden a,a** to turn away
**abwesend** absent; die
**Abwesenheit** absence
**ab•winken** to say no, turn down
**ab•ziehen o,o** to go away, leave
**ach** oh
die **Achse,-n** axis
die **Achsel,-n** shoulder
**achten** to hold in high regard
**achten auf** to pay attention to; die
**Achtung** attention
**achtziger** eighties
**ächzend** creaking
der **Adventskranz,⸚e** advent wreath
**ahnen** to suspect
**ähnlich** similar; **ähnlich sehen ie,a,e** to resemble; die
**Ähnlichkeit,-en** similarity
die **Ahnung,-en** idea, inkling
die **Aktentasche,-n** briefcase
der **Alarm,-e** (air-raid) warning
die **Allee,-n** avenue
**allein** alone
**allerdümmst-** by far the most stupid
**allerlei** all kinds of
**allerletzt-** very last

**allerwenigst- am allerwenigsten**
least of all
**allgemein** general
**allmählich** gradual
**allseitig** all around
**alltäglich** everyday; der
**Alltagssatz,ⁿe** everyday sentence
das **Alltagswort,ⁿer** everyday
word
**allzu** all too
**als** as, when, than
**alsbald** immediately
**also** so, therefore
**alt** old
der **Amateurbezirksmeister,-**
amateur division champion
das **Ambulatorium, Ambulatorien**
out-patient clinic
das **Amtsdeutsch** officialese
s. **amüsieren** to have fun
**an** at, on, about, to, against
**an•bauen** to build on
**an•beißen i,i** to bite into
**an•beten** to adore; der **Anbeter,-**
admirer
**an•bieten o,o** to offer
der **Anblick** sight; **an•blicken** to
look at
**an•dauern** to last
**ander-** other; **ändern** to change
**anders** different
**anderthalb** one and a half
die **Änderung,-en** change
**an•deuten** to suggest, intimate,
hint
**anerkennend** approvingly
der **Anfang,ⁿe** beginning
**an•fangen ä,i,a** to start, begin; der
**Anfänger,-** beginner **anfänglich**

initially; **anfangs** in the beginning,
at first; der **Anfangsbuchstabe(n)**
initial letter
**an•fassen** to touch, tackle
der **Anfeuerungsruf,-e** call of
spurring on
die **Anflugrichtung,-en** approach
direction (airplane)
**an•fordern** to request
s. **an•freunden** to become friends
**an•führen** to lead
der **Anführer,-** leader
**an•füllen** to fill
**an•geben i,a,e** to state, give; der
**Angeber,-** boaster
das **Angebot,-e** offer
**an•gehören** to belong to
die **Angel,-n** fishing rod
die **Angelegenheit,-en** affair,
business
**angenehm** pleasant
**angepreßt** pressed
das **Angesicht,-er** face; **angesichts**
in the face of
s. **an•gewöhnen** to get in the habit
of
**an•greifen i,i** to attack; to touch
der **Angreifer,-** attacker; die
**Angriffswelle,-n** wave of attacks
die **Angst,ⁿe** fear; **Angst haben**
**vor** to be afraid of; **Angst haben**
**um** to fear for; **ängstlich** fearful
**an•haben** to wear
**an•halten ä,ie,a** to stop
**an•hören** to listen to
**an•klagen** to accuse, indict
**an•kleiden** to dress
**an•klopfen** to knock
**an•kommen a,o** to arrive; die

**Ankunft** arrival; die
**Ankunftszeit,-en** arrival time
**an•langen** to arrive
der **Anlaß,⸗sse** occasion;
immediate cause
**an•legen** to berth; to put on
s. **an•malen** to paint o.'s face
die **Annäherung,-en**
approximation
**an•nehmen i,a,o** to assume; to
accept
**an•probieren** to try on
die **Anrede,-n** form of address
**an•reden** to address
**an•rollen** to roll up
der **Anruf,-e** call, command
**an•rufen ie,u** to call on the phone
**an•schauen** to look at
**anscheinend** apparently
**an•schieben o,o** to push
**anschließend** afterwards
**an•schreien ie,ie** to shout/scream at
**an•schwellen i,o,o** to rise
**an•sehen ie,a,e** to look at; to be
able to tell by looking at; **mit
ansehen** to look on, observe
**an•setzen** to start; to get ready to
jump or run
die **Ansicht,-en** opinion, view; die
**Ansichtskarte,-n** picture postcard
**an•spielen auf** to allude to; die
**Anspielung,-en auf** allusion to
**an•sprechen i,a,o** to ask about
**an•springen a,u** to jump at,
pounce on; to go on (lights)
**anständig** decent
**anstatt** instead of
**anstelle** instead of
**an•stoßen ö,ie,o** to touch

**anstrengend** strenuous,
exhausting; die **Anstrengung,-en**
effort
der **Antiquar,-e** second-hand
bookseller
**an•treffen i,a,o** to find
**an•treiben ie,ie** to drive
die **Antwort,-en** answer
**antworten** to answer
**an•vertrauen** to entrust to
**an•wachsen ä,u,a** to increase
die **Anweisung,-en** instruction
der **Anwesende(r)** person present
die **Anwesenheit** presence
die **Anzahl** number
das **Anzeichen,-** sign
**an•zeigen** to show, indicate
**an•ziehen o,o** to put on; s.
**anziehen** to get dressed
**anziehend** attractive, alluring
der **Anzug,⸗e** suit
**an•zünden** to light
**an•zweifeln** to doubt
der **Apfel,⸗** apple; der
**Apfelbaum,⸗e** apple tree; der
**Äpfelgeruch,⸗e** smell of the apples
der **Appell,-e** roll call
**aprilen** April (adj.)
die **Arbeit,-en** work; **arbeiten** to
work; der **Arbeiter,-** (blue-collar)
worker; die **Arbeiterklasse,-n**
working class; der **Arbeitersohn,⸗e**
son of working class parents; das
**Arbeitsamt,⸗er** employment
agency; **arbeitsfreudig** eager to
work; die **Arbeitsumgebung,-en**
work environment; die
**Arbeitsverhältnisse** working
conditions; die

**Arbeitsvermittlung,-en** employment agency; die **Arbeitsverweigerung,-en** refusal to work; das **Arbeitszimmer,-** study
der **Ärger,-** annoyance, anger
**ärgerlich** annoying; s. **ärgern** to be/get annoyed/angry
**arm** poor
die **Armbanduhr,-en** wrist watch
die **Armee,-n** army
der **Ärmel,-** sleeve
die **Art,-en** manner, way; kind, sort, type; **auf . . . Art** in . . . manner
der **Artikel,-** article, item
der **Arzt,÷e** physician; die **Ärztin,-nen** woman physician
der **Atem** breathing, breath
**atemlos** breathless; die **Atempause,-n** breather; der **Atemzug,÷e** breath
der **Atlantikstrand,÷e** shore of the Atlantic Ocean
**atmen** to breathe
**auch** also
**auf** on, upon, onto, to; **auf und ab** up and down
**auf•bauen** to put up, construct
**auf•blinken** to flash
**auf•brechen i,a,o** to break open
**auf•decken** to uncover
**auf•drehen** to turn on
**aufeinander•treffen i,a,o** to meet
der **Aufenthalt,-e** stay
**auf•fallen ä,ie,a** to attract attention; **auf•fallen (an)** to notice (about); **auffallend** striking
**auf•fangen ä,i,a** to catch

die **Auffassung,-en** view, opinion, conception
**auf•fordern** to ask, invite
die **Aufgabe,-n** homework
**auf•geben i,a,e** to give up
**auf•gehen i,a** to open; to rise
**aufgelöst** exhausted
**aufgerissen** opened wide
**aufgeschlossen** receptive, open
**auf•greifen i,i** to take/pick up
**aufgrund** on the basis
**auf•haben** to have on, wear
**auf•halten ä,ie,a** to stop, halt; s. **auf•halten** to stay, linger
**auf•hängen** to hang up; s. **auf•hängen** to hang o.s.
**auf•heben o,o** to pick/lift up
**auf•horchen** to prick up o.'s ears
**auf•hören** to stop, end, come to an end
**auf•knöpfen** to unbutton
**auf•kommen a,o** to spring up
**auf•leuchten** to light up
**auf•lösen** to dissolve
**auf•machen** to open
**aufmerksam** attentive; die **Aufmerksamkeit** attentiveness, attention
die **Aufnahme,-n** x-ray
**auf•nehmen i,a,o** to receive; to resume; to take/pick up
**auf•passen** to pay attention
**auf•räumen** to straighten up
**aufrecht** upright
**aufrecht•erhalten ä,ie,a** to keep up
**aufregend** exciting; die **Aufregung** excitement, agitation
**auf•reißen i,i** to open wide

**auf•richten**   to help up; s.
**auf•richten**   to raise, straighten (up), sit up (straight), stand up
**auf•rollen**   to roll up
**auf•rufen ie,u**   to call (name)
**auf•sagen**   to recite
der **Aufsatz,⸚e**   composition
**auf•scheinen ie,ie**   to light up
**auf•schieben o,o**   to slide open
**auf•schießen o,o**   to shoot up
**auf•schlagen ä,u,a**   to open (book)
**auf•schrauben**   to unscrew
**auf•schreiben ie,ie**   to write down, take the name of s.o.; die
**Aufschrift,-en**   inscription
**auf•schwellen i,o,o**   to swell up
**auf•sehen ie,a,e**   to look up
**auf•setzen**   to put on/down; s.
**auf•setzen**   to sit up
**auf•sitzen a,e**   to get on
**auf•springen a,u**   to jump up/onto
der **Aufsprung,⸚e**   landing
**auf•stehen a,a**   to get up, rise
**auf•steigen ie,ie**   to climb up; to rise
**auf•stellen**   to put up
**auf•stemmen**   to prop up
der **Aufstieg,-e**   climb; die
**Aufstiegsroute,-n**   climbing route
**auf•stoßen ö,ie,o**   to push open
**auf•suchen**   to call on, go to
**auf•tauchen**   to appear
**auf•treiben ie,ie**   to get a hold of
**auf•treten i,a,e**   to appear; to tread
**auf•tun a,a**   to open
**auf•wachen**   to wake up
**auf•wachsen ä,u,a**   to grow up
**aufwärts**   upwards; upstream
**auf•wenden a,a**   to expend, use

**auf•zeichnen**   to record; die
**Aufzeichnungen**   notebooks
**auf•ziehen o,o**   to pull up; der
**Aufzug,⸚e**   elevator
das **Auge,-n**   eye; der
**Augenblick,-e**   moment
**augenblicklich**   at the moment; die
**Augenbraue,-n**   eyebrow; der
**Augenzeuge,-n**   eyewitness
**aus**   from, out of, of
**aus•bilden**   to train
**aus•blasen ä,ie,a**   to blow out
**aus•bleiben ie,ie**   to stay out
s. **aus•borgen**   to borrow
**aus•brechen i,a,o**   to break out, escape
**aus•breiten**   to spread (out)
**aus•brennen a,a**   to burn out
s. **aus•denken a,a**   to think up
der **Ausdruck,⸚e**   expression; **zum Ausdruck bringen/kommen**   to express; **aus•drücken**   to express
**ausdruckslos**   inexpressive
**auseinander•schieben o,o**   to push apart
**aus•finden a,u**   to find out
**aus•führen**   to carry out, execute
die **Ausführung,-en**   carrying out
**aus•füllen**   to fill out
die **Ausgabe,-n**   edition
**ausgebleicht**   faded, bleached
**ausgemalt**   painted
**ausgenommen**   apart from, except for
**ausgepumpt**   whacked
**ausgewaschen**   washed out
**ausgezeichnet**   excellent
**aus•graben ä,u,a**   to dig up
**aus•halten ä,ie,a**   to bear, stand

aus•heben o,o   to excavate
s. aus•kennen a,a   to know o.'s
way around
aus•kleiden   to undress
die Auskunft,ːe   information; das
Auskunftsbüro,-s   information
office
aus•lachen   to make fun of
der Ausländer,-   alien, foreigner
die Ausländerliteratur   literature
written by foreigners living in
Germany; die Ausländerpolizei
aliens' registration office;
ausländisch   foreign
aus•laufen äu,ie,au   to run out
die Ausnahme,-n   exception
aus•packen   to unpack
aus•probieren   to try out
s. aus•ruhen   to stretch out
die Aussage,-n   statement
aus•sagen   to say, convey a
message
aus•schenken   to pour out, serve
aus•schließen o,o   to exclude
aus•schlürfen   to slurp up
aus•schneiden i,i   to cut out
aus•schreien ie,ie   to cry out
aus•schütteln   to shake out
aus•sehen ie,a,e   to look; das
Aussehen   appearance, looks
außen   (on the) outside; die
Außenwelt   outside world; äußer-
outer, exterior
außer   except (for), apart from
außerdem   besides, in addition
außergewöhnlich   unusual, out of
the ordinary
außerhalb   outside
s. äußern   to show/manifest itself

außerordentlich   exceptional
äußerst   utmost
die Äußerung,-en   remark,
comment
aus•sprechen i,a,o   to say, express;
to pronounce; to finish saying a
sentence; s. aus•sprechen gegen
to declare o.s. against, come out
against; der Ausspruch,ːe   remark;
saying
aus•spucken   to spit out
aus•statten   to equip
aus•steigen ie,ie   to get/step out
aus•stoßen ö,ie,o   to utter, blurt
out; to expel
aus•strecken   to stretch out
aus•tragen ä,u,a   to deliver
aus•wachsen ä,u,a   to grow out of
aus•wählen   to choose, select
auswärts   out of town
der Ausweg,-e   way out
der Ausweis,-e   ID card; das
Ausweispapier,-e   identification
paper; die Ausweisseite,-n   page of
the identification paper
auswendig•kennen a,a   to know
by heart
aus•zeichnen   to honor
aus•ziehen o,o   to take off,
undress; to extend; to take out
der Auszug,ːe   excerpt
die Autobahn,-en   freeway; die
Autotür,-en   car door; der
Autoverkehr   car traffic
der Bach,ːe   creek
backen ä,u/backte,a   to bake
die Backe,-n   cheek; die
Backenmuskel,-n   cheek muscle
das Backwerk   cakes and pastries

das **Badehaus,⸚er** bathhouse; der
**Bademantel,⸚** robe
die **Bahn,-en** train; streetcar;
stream; der **Bahnhof,⸚e** train
station; die **Bahnhofsauskunft**
information desk at the train station
die **Bahnhofshalle,-n** hall of a
railroad station; der
**Bahnhofsvorstand,⸚e** stationmas-
ter; die **Bahnhoftreppe,-n** stairs at
the railroad station; der
**Bahnschalter,-** ticket window; der
**Bahnsteig,-e** platform
**bald** soon
das **Ballfest,-e** ball; der **Ballsaal,
Säle** ballroom
die **Bambushütte,-n** bamboo hut
der **Bambusstock,⸚e** bamboo stick
die **Bank,⸚e** bench
das **Bankfach** banking business
der **Bär(en)** bear; die **Bärenkräfte**
strength of an ox
**barfuß** barefoot
die **Barsängerin,-nen** woman
singer in a bar
der **Bart,⸚e** beard; das **Barthaar,-e**
beard; der **Bartstoppel,-n** piece
of stubble
**basieren auf** to be based
das **Basislager,-** base camp
der **Bau** building, construction
der **Bauch,⸚e** stomach, belly,
potbelly
die **Baudauer** duration of building
**bauen** to build
der **Bauer(n)** farmer; das
**Bauernhaus,⸚er** farmhouse; der
**Bauernhof,⸚e** farm; das
**Bauernvolk** countryfolk

das **Baufeld,-er** building field
der **Baum,⸚e** tree; das
**Baumfeld,-er** area covered by
trees; der **Baumgarten,⸚** orchard
die **Baumgruppe,-n** cluster of
trees; die **Baumkrone,-n** treetop
**baumlang** very tall; der
**Baumstamm,⸚e** tree trunk; der
**Baumstumpf,⸚e** tree stump
der **Bauplatz,⸚e** building site
**beachten** to notice, pay attention
to, follow; **nicht beachten** to
ignore
der **Beamte(r)** clerk
**bedauern** to regret
**bedecken** to cover; s. **bedecken**
to become covered
**bedenken a,a** to consider, take
into consideration
**bedeuten** to mean; **bedeutend**
important, distinguished; die
**Bedeutung,-en** meaning, sense; das
**Bedeutungsfeld,-er** semantic field
**bedienen** to assist, attend to; to
answer (phone); der **Bediente(r)**
servant
die **Bedingung,-en** condition
**bedrohlich** threatening
**bedrückt** dejected
s. **beeilen** to hurry
**beeinflussen** to influence
**beerdigen** to bury
**befangen sein** to labor under
s. **befassen mit** to concern o.s.
with
der **Befehl,-e** order, command
**befehlen ie,a,o** to command
**befinden a,u** to be; to find
**befolgen** to obey

**befragen** to question
**befreien aus** to liberate from; die
**Befreiung** liberation; der
**Befreiungsprozeß,-sse** process of
liberation
**befremdlich** strange, disconcerting
**befreundet sein** to be friends
**befreundet sein mit** to be a friend
of
**befriedigt** satisfied, with
satisfaction
**befühlen** to run o.'s hand over
**befürchten** to fear
**begegnen** to meet, encounter; to
happen; die **Begegnung,-en**
encounter, meeting
**begehen i,a** to use (a path)
der **Beginn** beginning; **zu Beginn**
at the beginning; **beginnen a,o** to
begin
**begleiten** to accompany; die
**Begleitmannschaft,-en** escort
die **Beglückung** joy
**beglückwünschen** to congratulate
die **Beglückwünschung,-en**
congratulations
**begraben ä,u,a** to bury
**begreifen i,i** to understand, grasp,
comprehend
die **Begründung,-en** reason
**begrüßen** to greet, welcome; die
**Begrüßung,-en** greeting, welcome
die **Behaarung** hairs
**behalten ä,ie,a** to keep; to
remember
**behandeln** to deal with, be about;
to treat, attend to; die
**Behandlung,-en** treatment
**behaupten** to claim, maintain; die

**Behauptung,-en** claim
die **Behausung,-en** dwelling
**beherrschen** to rule, govern
**behilflich sein bei** to be helpful
with
**bei** near, at, with, during
**bei•bringen a,a** to teach, show s.o.
how to do s.th.
**beid-** both
der **Beifahrersitz,-e** passenger seat
das **Bein,-e** leg
**beinahe** almost, nearly
der **Beinansatz,:e** base of the leg
die **Beinmuskelarbeit** the
workings of leg muscles
**beiseite** aside; **beiseite•schieben
o,o** to push aside
das **Beispiel,-e** example
**beißen i,i** to bite
**bei•tragen ä,u,a** to contribute
**bekannt** known, familiar; der
**Bekannte(r)** acquaintance
s. **beklagen** to complain
die **Bekleidung** clothing
**bekommen a,o** to get
**beladen ä,u,a** to load up
**belebend** invigorating
**belesen** well-read
**beleuchten** to illuminate, light up
die **Beleuchtung** lighting
(das) **Belgien** Belgium; **belgisch**
Belgian
**bemerken** to notice; s. **bemerkbar
machen** to make itself felt; die
**Bemerkung,-en** remark
s. **bemühen** to try (hard), endeavor
s. **benehmen i,a,o** to behave
**beneiden um** to envy
die **Benennung,-en** naming

benützen   to use
benutzen   to use, employ
beobachten   to observe
beordern   to order
die Bepackung,-en   load
berechnen   to calculate
berechtigt   entitled
der Bereich,-e   realm
bereit   ready
bereiten   to make up
s. bereit•finden a,u   to be willing
bereit•liegen a,e   to be ready
bereits   already
der Berg,-e   mountain; der
Bergarbeiter,-   miner; bergauf
uphill; die Berggängerin,-nen
woman participant in competitive
mountain hiking; die Bergpolizei
mine police
der Bericht,-e   report; berichten
to tell
berlinern   to speak in the Berlin
dialect
der Beruf,-e   profession; berufen
to call, summon; berufen sein zu
to have a vocation; beruflich
professional; der Berufsoffizier,-e
career officer
beruhigen   to reassure
berühmt   famous
berühren   to touch, brush against
besagen   to imply
s. beschäftigen   to be busy
beschäftigt   preoccupied
Bescheid wissen ei,u,u   to know
bescheiden   modest
die Beschleunigung   acceleration
beschließen o,o   to decide
beschreiben ie,ie   to describe; die

Beschreibung,-en   description
besehen ie,a,e   to look at
der Besen,-   broom
besessen von   obsessed with
besetzen   to occupy
besinnen a,o   to think, reflect
der Besitz   possession; besitzen a,e
to have, possess, own; der Besitzer,-
owner
besonder-   particular, special
besonders   especially
besorgen   to get
die Besorgnis,-se   worry; besorgt
worried
s. bessern   to improve
beständig   constantly, continually
bestaunen   to marvel at, gaze at in
wonder
bestecken   to stick on
bestehen a,a   to pass (exam) bestehen auf   to insist on; bestehen
aus (in)   to consist of (in)
besteigen ie,ie   to get on (into),
mount; die Besteigung,-en
climbing, ascent
bestellen   to order; to summon
bestimmen   to classify; to
determine, decide; to set; to intend
bestimmt   particular; for sure;
certain
bestrebt sein   to endeavor
der Besuch,-e   visit; besuchen   to
visit; die Besuchszeit,-en   visiting
time
die Betäubung   stupor, near daze
s. beteiligen   to take part
beten   to pray
betonen   to emphasize
betrachten   to look at

das **Betragen** behavior
**betreten i,a,e** to enter
**betropft mit** with blobs of
**betrügen o,o** to deceive; to be
unfaithful
die **Bettkante,-n** edge of the bed
der **Bettler,-** beggar
das **Bettstroh** straw mattress
s. **beugen über** to bend over,
stoop
**bevor** before
**bewachen** to guard
der **Bewaffnete(r)** armed person
**bewegen** to move; die
**Bewegung,-en** motion, movement
der **Bewegungskrieg,-e** open
(mobile) warfare; **bewegungslos**
motionless
der **Beweis,-e** proof; **beweisen
ie,ie** to prove; to display
(knowledge)
**bewohnen** to live in
**bewundern** to admire
das **Bewußtsein** consciousness,
awareness
**bezahlen** to pay
**bezaubernd** enchanting, charming
**bezeichnen** to describe, label, call,
name
**beziehen o,o** to move into; to
get/draw income; die
**Beziehung,-en** connection,
relationship
die **Bezirksinspektion,-en** district
inspectorate
**bezweifeln** to doubt
die **Bibliothek,-en** library
**biegen o,o** to bend; s. **biegen** to
turn; **biegen um** to curve

die **Biene,-n** bee; der
**Bienenschwarm,∺e** swarm of bees
**bieten o,o** to offer
das **Bild,-er** picture, image
**bilden** to form; to constitute
die **Bilderkette,-n** chain of
association
**billig** cheap
**binden a,u** to tie
der **Birkenwald,∺er** birchtree
forest; der **Birkenzweig,-e** branch
of a birch tree
**bis** until, till, up until/to, by
**bisher** until now
**bißchen** a bit/little
der **Bissen,-** bite
die **Bitte,-n** request; **bitten a,e
(um)** to ask (for), request
**bitter** deadly (hatred), hard,
painful; die **Bitterkeit** bitterness
das **Biwak,-s** bivouac; **biwakieren**
to bivouac
**blasen ä,ie,a** to play trumpet
**blaß** pale, dim, vague
das **Blatt,∺er** sheet of paper; der
**Blätterfall** falling of leaves
**blättern in** to leaf through; der
**Blätterschatten** shadows cast by
leaves; der **Blattspinat** spinach
**blau** blue; die **Bläue** blue,
blueness; **bläulich** bluish; **blaurot**
livid
**bleiben ie,ie** to remain, stay
**bleich** pale
**bleigrau** lead grey
**blenden** to blind
der **Blick,-e** glance, look in o.'s
eyes; **blicken** to look, glance
**blicklos** unseeing

**blinken** to gleam
**blitzblau** bright blue
der **Block,⸚e** note pad
**blockieren** to block
**bloß** merely; very; bare; what on earth
die **Blume,-n** flower; der **Blumenladen,⸚** florist shop; der **Blumenstrauß,⸚e** bunch of flowers
die **Bluse,-n** blouse
das **Blut** blood; der **Blutdruck** blood pressure; **bluten** to bleed
der **Bluter,-** bleeder (bruised apples); **blutig** bloody; **blutstreifig** covered with streaks of blood
die **Blüte,-n** blossoms
der **Boden,⸚** ground, floor
die **Bodentreppe,-n** attic stairs
die **Bohne,-n** bean
s. **bohren** to bore its way into
der **Bonbon,-s** candy
das **Boot,-e** boat
das **Bord,-e** shelf
die **Borkenschokolade** chocolate bark (candy)
die **Börse,-n** purse, wallet
**böse** angry, mad, bad, malicious
**boshaft** malicious, spiteful, nasty
die **Botschaft,-en** message
der **Boxerhund,-e** boxer
**braten ä,ie,a** to fry; die **Bratkartoffeln** fried potatoes
**brauchen** to need, take (time period)
die **Braue,-n** brow
**braun** brown; **braunäugig** brown-eyed; **braunhaarig** brown-haired; **braunrot** reddish brown

die **Braut,⸚e** bride; der **Bräutigam,-e** groom
**brav** upright, worthy
**bravo** well done
s. **brechen i,a,o** to break
**breit** wide
**bremsen** to brake
**brennen a,a** to be on (lights), burn; der **Brennspiritus** methylated spirits
der **Brief,-e** letter; die **Briefpartnerin,-nen** female pen pal; der **Briefträger,-** mailman
die **Brille,-n** eye glasses
**bringen a,a** to bring, take, transport; to bear (fruit); **bringen zu** to get s.o. to do s.th.
das **Brot,-e** bread; die **Brotrinde,-n** bread crust
der **Bruchteil,-e** fraction
die **Brücke,-n** bridge
der **Bruder,⸚** brother
die **Brühe,-n** broth
**brüllen** to shout, scream
**brummen** to grumble
der **Brunnen,-** well
die **Brust,⸚e** breast, chest; die **Brusttasche,-n** breast pocket
das **Buch,⸚er** book
die **Buche,-n** beech tree
der **Buchhalter,-** book keeper
die **Büchsenschokoladencreme** chocolate pudding in a can
der **Buchstabe(n)** letter
**buchstabieren** to spell
**buchstäblich** literal
der **Buchumschlag,⸚e** dust cover/jacket
**bücken** to bend, stoop; s. **bücken**

(nach) to bend down (to pick s.th. up)

die **Bude,-n** booth

der **Bundeskanzler,-** Chancellor of the Federal Republic

der **Bundespräsident(en)** President of the Federal Republic

der **Bunker,-** air-raid shelter

**bunt** colored, colorful

der **Bürger,-** citizen; die **Bürgerin,-nen** female citizen

**bürgerlich** bourgeois, middle-class; der **Bürgersteig,-e** sidewalk; das **Bürgertum** bourgeoisie, middle class

das **Büro,-s** office

der **Bursch/e(n)** boy

der **Bussardschrei,-e** scream of the buzzard

der **Butt,-e** butt, flounder

der **Butterblock,=e** block of butter

das **Butterbrot,-e** bread and butter; das **Butterschmalz** solidified clarified butter

die **Chaussee,-n** road

der **Chefarzt,=e** physician in charge

der **Chilene(n)** Chilean

der **Chirurg(en)** surgeon; die **Chirurgin,-nen** woman surgeon

der **Choleriker,-** irascible, hot-tempered person

der **Christbaum,=e** christmas tree

die **Compagnie,-n** company

die **Cordhosen** corduroy pants

**da** there, then, since

**dabei** there

**dabei•bleiben ie,ie** to persist, stick to

**dabei•sein** to be there; to be involved

das **Dach,=er** roof; das **Dachfenster,-** dormer window

die **Dackelhündin,-nen** dachshund bitch

**daheim** at home

**daher** therefore

**daher•reden** to talk away

**dahin•gehen i,a** to depart, pass

**dahin•sagen** to say without thinking

**da•liegen a,e** to lie there

**damals** then, at that time, in those days

die **Dame,-n** lady; das **Damengesicht,-er** face of a lady

**damit** so that

die **Dämmerung** half light

die **Dämpfung** lessening

**danach** afterwards, after that

**daneben** next to

**dank** thanks to; der **Dank** thanks

**dankbar** thankful; **danken** to thank

**dann** then

**dar•bieten o,o** to offer

**darinnen** inside

**dar•stellen** to depict, portray; die **Darstellung,-en** portrayal

**darüber•fallen ä,ie,a** to fall on top of

**darum** therefore

**da•sitzen a,e** to sit there

**daß** that

**da•stehen a,a** to stand there

das **Datum, Daten** date

**dauern** to take some time

**dauernd** to be forever (+ verb + *-ing*)

der **Daumen,-** thumb

**daunengefüttert** down-filled; die **Daunenjacke,-n** down jacket; der **Daunenschlafsack,"e** down sleeping bag

**davon•jagen** to chase away

**davon•laufen äu,ie,au** to run away

**dazu** as well, at the same time

**dazu•geben i,a,e** to add

**dazu•setzen** to add

**dazwischen** in between

die **DDR Deutsche Demokratische Republik** German Democratic Republic

die **Decke,-n** blanket; ceiling

der **Deckname(n)** code name

**denken a,a (an)** to think (of); s. **denken** to imagine; die **Denkschärfe** ability to think clearly

**denn** for

**dennoch** nevertheless, nonetheless

**derartig** such, of that kind

**deshalb** therefore

**dessen** whose

**desto** all the more

**deswegen** therefore

**deuten** to interpret, read; **deuten auf** to point to

**deutlich** clear, obvious, perceptible

der **Deutsche(r)** German; der **Deutschkurs,-e** German course

(das) **Deutschland** Germany

**deutschsprachig** German speaking

**dicht** close, dense, tight, thick

**dichten** to write poetry; der

**Dichter,-** poet, writer, author; die **Dichterin,-nen** woman poet; die **Dichtkunst** (art of) poetry, literary work

**dick** big, large, fat; **dickbäuchig** potbellied

**dienen** to serve; der **Diener,-** servant; die **Dienerin,-nen** woman servant

der **Dienst,-e** (military) service

der **Dienstag,-e** Tuesday; der **Dienstagmorgen,-** Tuesday morning; der **Dienstwagen,-** official car

**diesmal** this time

das **Diner,-s** dinner party

das **Ding,-e** thing, object

der **Diskussionsredner,-** discussion speaker; **diskutieren** to discuss

**doch** after all; however, yet

der **Donnerstag,-e** Thursday

das **Doppelstockbett,-en** bunk bed; **doppelt** double

das **Dorf,"er** village; der **Dorfbewohner,-** villager; die **Dorfstraße,-n** village street

**dort(hin)** there; **dortig** there

die **Drahtbrille,-n** wire-rimmed glasses

**drängen a,u** to push, press, urge

**drauf•legen** to put on

**draußen** outside

**dreckig** dirty

**drehen** to turn (over); to twist

die **Dreiergruppe,-n** groups of three; **dreihundertjährig** three hundred years; **dreimal** three times; der **Dreißiger,-** person in his thirties; **dreißigjährig-** thirty years; das **Dreivierteljahr** threequarters of a year

**dreizehnjährig-** thirteen years

**drin** [darin] in there

**dringen a,u** to come through

**drinnen** inside

**drin•stecken** to be wrapped up

**dritt-** third; das **Drittel,-** third

**drittenmal** third time

**drohen** to threaten

**drüben** over there

der **Druck** pressure; **drucken** to print

**drücken** to press/clasp

**duften** to smell

**dulden** to tolerate

**dumm** stupid; der **Dummkopf,⸗e** idiot, fool

die **Düne,-n** dune

**dunkel** dark; das **Dunkel** darkness; **dunkelhaarig** dark-haired; die **Dunkelheit** darkness; **dunkelrot** dark red

**dunkeltönend** dark sounding

**dunkelviolett** dark violet

**dünn** thin

**durch** through, by

**durchaus nichts** absolutely nothing

**durch•brechen i,a,o** to break through

**durch•diskutieren** to discuss thoroughly, talk through

**durchfroren** frozen stiff

**durch•führen** to carry out, be engaged

**durch•gehen i,a** to go/walk through

**durch•gleiten i,i** to glide through

der **Durchlaß,⸗sse** passageway

**durch•lassen ä,ie,a** to let through

**durch•machen** to go through

**durch•marschieren** to march through

**durchnäßt** soaked, drenched

**durchqueren** to cross

der **Durchreisende(r)** traveler passing through

**durchschauen** to see through

**durchschnittlich** average

**durch•schreiten i,i** to cross

**durchstoßen ö,ie,o** to break through

**dürfen a,u,u** to be permitted

**durstig** thirsty

die **Dusche,-n** shower; **duschen** to shower

das **Dutzend,-e** dozen

**eben** just (now), exactly, simply; particle expressing resigned acceptance; **ebenfalls** as well, likewise, too; **ebenso** as well, just as

**echt** genuine, real(ly)

die **Eckbank,⸗e** corner bench; die **Ecke,-n** corner; das **Eckenstehen** standing in the corner; **eckig** angular

das **Edelgas,-e** rare gas; die **Edelleute** nobles

**egal** no matter; **es ist mir egal** it's all the same to me

**eh(e)** before

die **Ehe,-n** marriage

**ehemalig** former

der **Ehemann,⸗er** husband

**eher** more, rather

die **Ehre,-n** honor; **ehrenwert**
honorable; **ehrlich** honest; die
**Ehrung,-en** honor
das **Ei,-er** egg
**eifrig** busily, vehement
**eigen-** own
die **Eigenschaft,-en** quality
**eigentlich** really, actually, for that
matter
**eigentümlich** strange, odd
**eilen** to hurry; **eilig** hasty; **im
Eilmarsch** on the double
der **Eimer,-** bucket
**einander** one another, each other
**ein•biegen o,o** to turn
die **Einbildung** imagination
**ein•brechen i,a,o** to set in
**ein•bringen a,a** to bring in
**eindeutig** unambiguous
**ein•dringen a,u** to penetrate; to
force o.'s way into
der **Eindruck,ᵉe** impression
**eineinhalb** one and a half
**einfach** simple
**ein•fahren ä,u,a** to come in
**ein•fallen ä,ie,a** to remember,
occur, think of; to collapse, cave in
**ein•falten** to wrap up
**ein•fangen ä,i,a** to catch, capture
der **Einfluß,ᵉsse** influence
**einflußreich** influential
**ein•führen** to introduce; die
**Einführung,-en** introduction
der **Eingang,ᵉe** entrance
**ein•geben i,a,e** to suggest,
prompt, inspire
**eingeschneit** snowed over
**ein•gießen o,o** to pour
**ein•hängen** to hang up (phone); s.

**ein•hängen bei** to put o.'s arm
through s.o.'s arm
die **Einheit,-en** unit; unity; die
**Einheitspartei** Unity Party
**einig-** some, a few
s. **einigen** to unite
**einjährig** one-year-old
**ein•laden ä,u,a** to invite; die
**Einladung,-en** invitation
s. **ein•lassen ä,ie,a auf** to get
mixed up in
**einmal** once; some day; **nicht
einmal** not even; **noch einmal**
once more; das **Einmaleins**
multiplication table
**ein•mauern** to fix into the wall
die **Einmischung,-en** interference,
meddling
**ein•packen** to wrap up
**ein•reden auf** to keep on and on
at
**ein•reiben ie,ie** to rub into the
skin
**ein•reißen i,i** to tear
**ein•reiten in i,i** to ride into
**einsam** lonely; die **Einsamkeit**
solitude; loneliness
**ein•schalten** to turn on
**ein•schlafen ä,ie,a** to fall asleep
das **Einschlaggeräusch,-e** sound
of impact
**einseitig** one-sided
**ein•setzen** to set in, start; to insert
die **Einsicht,-en** insight,
understanding
**einst** once
**ein•steigen ie,ie** to get in
die **Einstellung,-en zu** attitude
towards

**einstmals** once (before)
**eintönig** monotonous
**ein•treten** i,a,e to enter; to join; s.
**ein•treten** to run s.th. in o.'s foot
der **Einwohner,-** inhabitant
**einzeln** individual, single, separate
das **Einzelphänomen,-e** individual
phenomenon
**ein•ziehen** o,o to draft; to duck
**einzig-** only (one), single
das **Eis** ice; ice cream
die **Eisenbahn,-en** train
**eisern** iron, strict
**eisig** icy; **eiskalt** ice-cold; die
**Eiskruste,-n** ice crust; der
**Eisschrank,⁼e** refrigerator
**eisverkrustet** encrusted with ice
die **Eiswand,⁼e** wall of ice
der **Elektriker,-** electrician
**elektrischrot** electric red
der **Ellbogen,-** elbow
die **Eltern** parents; das **Elternhaus**
(parental) home; das
**Elternzimmer,-** parents' bedroom
**empfangen** ä,i,a to receive, greet,
welcome; **empfänglich** receptive,
susceptible
**empfinden** a,u to feel; die
**Empfindung,-en** feeling
**empor•heben** o,o to raise
**empor•lassen** ä,ie,a to let rise up
s. **empor•stemmen** to raise o.s. up
**empor•ziehen** o,o to pull up
das **Ende** end; **zu Ende sein** to
be finished; **endlich** finally; **endlos**
endless
**energisch** energetic, forceful,
prominent
**eng** narrow

der **Engel,-** angel; das
**Engelsbild,-er** picture of an angel
die **Enkelin,-nen** granddaughter
**entdecken** to discover; die
**Entdeckung,-en** discovery
s. **entfernen** to move off; **entfernt**
distant; die **Entfernung,-en**
distance
**entflammt** ablaze
s. **entgegen•biegen** o,o to bend
towards
**entgegengesetzt** opposite
**entgegen•heben** o,o to lift
towards
**entgegen•kommen** a,o to come
towards
**entgegen•treten** i,a,e to step/walk
up to
**enthalten** ä,ie,a to contain
**entlang** along side
**entlang•kriechen** o,o to crawl
along
**entlang•laufen** äu,ie,au to run
along
die **Entlassung,-en** discharge
s. **entlasten** to unburden
**entnehmen** i,a,o to take from
(s.) **entscheiden** ie,ie to decide
**entschieden** determined, resolute
**entschließen** o,o to resolve,
decide; **entschlossen** determined,
resolute; der **Entschluß,⁼sse**
decision
**entschuldigen** to excuse
**entsetzlich** dreadful, terrible
**entsetzt** horrified
**entspringen** a,u to escape from; to
spring from
**entstammen** to come from

**entstehen a,a**  to originate, arise, emerge; to be produced, written; die **Entstehung**  emergence; das **Entstehungsdatum,-daten**  date of origin
**enttäuschen**  to disappoint
**entwaffnen**  to disarm
**entweder . . . oder**  either . . . or
**entwickeln**  to develop; die **Entwicklung,-en**  development; der **Entwicklungsroman,-e**  novel of development
s. **entziehen o,o**  to draw away from
**entziffern**  to decipher
**erbauen**  to build
**erblicken**  to see
der **Erdboden**  ground; die **Erde** earth, world; ground, soil
das **Ereignis,-se**  event, occurrence; incident
**erfahren ä,u,a**  to learn, find out, hear; to experience; die **Erfahrung,-en**  experience
**erfassen**  to seize, grasp
**erfinden a,u**  to invent, make up
die **Erfindung,-en**  fabrication
**Erfolg haben**  to be successful
**erfolgreich**  successful
**erfordern**  to demand, require
**erfrieren o,o**  to freeze (to death)
**erfüllen**  to fill; to imbue; **erfüllt sein**  to be full
s. **ergeben i,a,e**  to turn out
**ergreifen i,i**  to take, seize
**erhalten ä,ie,a**  to get, receive
**erheben o,o**  to raise; s. **erheben** to rise, get up
**erhellen**  to light up

**erhitzen**  to heat up
s. **erhoffen**  to hope for
**erhöhen**  to increase; to elevate
**erhorchen**  to hear
**erinnern**  to remind; (s.) **erinnern** to remember; die **Erinnerung,-en an**  memory of
das **Erkanntwerden**  being recognized; **erkennbar** recognizable; **erkennen a,a (an)**  to realize, understand, recognize (by)
die **Erkenntnis,-se**  knowledge
**erklären**  to explain; **erklären zum** to declare
**erklingen a,u**  to ring out
**erkranken**  to get sick
**erlauben**  to permit; die **Erlaubnis** permission
die **Erle,-n**  alder
**erleben**  to experience; das **Erlebnis,-se**  experience, adventure, affair
**erledigen**  to take care of; **erledigt** finished off
**erleichtern**  to lighten
**erlernen**  to learn
**erleuchten**  to light up, lighten up, illuminate; to enlighten, inspire
**erlösen**  to set free, deliver
**ermorden**  to murder
**ernähren**  to support (o.'s family)
**erneut**  (once) again, once more
**ernst**  serious; der **Ernst** seriousness; **ernst meinen**  to be serious about
das **Erntefest,-e**  harvest festival
die **Erntemaschine,-n**  harvest machine; **ernten**  to harvest, reap
**eröffnen**  to open

**erraten ä,ie,a** to guess
**erreichen** to reach, catch up with
das **Ersatzteil,-e** spare part
**erschallen** to ring out
**erscheinen ie,ie** to appear, come
out; die **Erscheinung,-en**
appearance, figure
**erschießen o,o** to shoot and kill
die **Erschießung,-en** execution
**erschlagen ä,u,a** to kill, strike
dead
**erschöpft** exhausted
**erschrecken i,a,o** to be
startled/shocked; das **Erschrecken**
fright, scare; **erschrocken**
frightened
**erschweren** to make more difficult
**ersichtlich** obvious, apparent
**erst** (at) first; **erst als** only when;
only, not until/before; **erst recht**
all the more so, even more
**erstarren** to freeze, become rigid
**erstaunlich** surprising; **erstaunt**
astonished, in astonishment
die **Erstbesteigung,-en** first ascent
**ersteigen ie,ie** to climb
**erst-** first; (**zum**) **erstenmal** (for
the) first time
**ersterben i,a,o** to die away (word)
**ersticken** to suffocate
die **Erstkommunion** first
communion
**erstmals** for the first time
**ertönen** to sound
**ertragen ä,u,a** to stand, tolerate
**erträglich** bearable
s. **erträumen** to dream of, imagine
**ertrinken a,u** to drown
**erwachen** to awake

**erwachsen** grown up; **erwachsen
ä,u,a aus** to arise, develop; der
**Erwachsene(r)** adult
**erwähnen** to mention; die
**Erwähnung,-en** mention,
reference
**erwarten** to wait for, expect
**erweitern** to widen
**erwerben i,a,o** to acquire
**erwidern** to answer
**erwünscht** desired, welcome
der **Erzählband,⸗e** volume of
stories
**erzählen** to tell; der **Erzähler,-**
narrator; die **Erzählerin,-nen**
female narrator; die **Erzähltechnik**
narrative technique; die
**Erzählung,-en** narrative, story; die
**Erzählweise,-n** mode of narration
die **Erziehungsmethode,-n**
educational method
**essen i,a,e** to eat; das **Essen**
meal, dinner; der **Eßtisch,-e**
diningroom table; das **Eßzelt,-e**
mess tent
die **Etage,-n** floor
**etwa** about; perhaps; by chance;
for instance
**etwas** something
**ewig** perpetual, eternal; die
**Ewigkeit** eternity
die **Examensfeier,-n** party
celebrating an examination
**fabelhaft** fabulous, fantastic
die **Fabrik,-en** factory
der **Faden,⸗** thread
**fähig** capable; die **Fähigkeit,-en**
ability
die **Fahne,-n** flag; der

**Fahnenappell,-e** roll call and flag raising ceremony
die **Fahrbahn,-en** street; **fahren ä,u,a** to drive, ride, travel, go; to leave, depart; **fahren über** to cross (border); der **Fahrer,-** driver
der **Fahrersitz,-e** driver's seat; die **Fahrkarte,-n** train ticket; der **Fahrplan,=e** schedule; das **Fahrrad,=er** bicycle; die **Fahrt,-en** trip, ride; der **Fahrweg,-e** road; die **Fahrzeit,-en** train times
die **Fahrzeugkolonne,-n** convoy
der **Fall,=e** case, instance
die **Falle,-n** trap
**fallen ä,ie,a** to fall, come through (light)
**fallen•lassen ä,ie,a** to drop
**falls** in case
**falsch** wrong, false, fake; nasty
die **Falte,-n** fold; **falten** to fold
der **Familiengeburtstag,-e** family birthday
der **Fanfarenstoß,=e** flourish (of trumpets)
der **Fanfarenzug,=e** military band made up of trumpeters
**fangen ä,i,a** to catch, capture
die **Farbaufnahme,-n** colored photo; die **Farbe,-n** color; **farbig** colored; **farblos** colorless; der **Farbtopf,=e** paint container
das **Faschingsfest,-e** carnival ball
**fassen** to grab, take hold of, capture
**fast** almost, nearly
**faulig** rotten, bad, foul, putrid
die **Faust,=e** fist; der

**Faustschlag,=e** punch
**fegen** to sweep
**fehlen** to miss; **fehlen an** to lack
der **Fehler,-** mistake
**feiern** to celebrate, have a party
der **Feiertag,-e** holiday
die **Feile,-n** file; **feilen** to file (nails)
**fein** fine, delicate; sensitive, gentle; great, splendid; smooth
der **Feind,-e** enemy; das **Feindbild,-er** image of the enemy
die **Feindschaft,-en** enmity
das **Feld,-er** field; das **Feldbett,-en** camp bed; der **Feldweg,-e** path across/alongside a field
die **Felsstufe,-n** step in the rocks
das **Fenster,-** window; das **Fensterbrett,-er** window sill; der **Fensterladen,=** window shutter
das **Fensterlicht** light coming from the window; der **Fensterrahmen,-** window frame
der **Fensterriegel,-** window bolt
die **Ferien** (pl.) vacation
**fern** distant, afar, far away; die **Ferne** distance; das **Fernsehen** television; das **Fernsehspiel,-e** television play
**fertig** finished; **fertig•bauen** to finish building
**fest** firm, tight, sound, solid
das **Fest,-e** party, celebration; der **Festgast,=e** party guest
**fest•halten ä,ie,a** to hold on, keep a firm hold on; to capture, record
**festlich** festive
die **Festnahme,-n** arrest

fest•setzen auf   to set for
das Festspiel,-e   festival
fest•stellen   to discover, realize; to
ascertain
der Festtag,-e   holiday
fest•treten i,a,e   to pack down
(with feet)
fettig   greasy
feucht   moist; feuchtkalt   cold
and damp
das Feuer,-   fire; feuern   to fire
der Feuerschein   light of the fire
die Feuerschrift,-en   fiery
inscription; feuerspeiend   fire
breathing; das Feuerwerk,-e   fire
works; feurig   fiery, passionate
das Fichtendunkel   denseness of
the spruce trees
fieberhaft   feverish; fiebern   to
have a fever; fiebernd   feverishly
finden a,u   to find; to think,
believe, feel
der Fingernagel,ː   finger nail
fingerschmal   as narrow as a finger
finster   dark; die Finsternis
darkness
die Firma, Firmen   firm, company
der Fischer,-   fisherman
fixiert   trapped
flach   flat
flackern   to flicker
der Flammenbaum,ːe   flaming
tree; flammend   fiery
flankieren   to flank
die Flasche,-n   bottle
flattern   to fly, flap, flutter
der Fleck(en),-   stain
das Fleisch   flesh, meat
fleischfarben   flesh colored

der Fleiß   diligence,
industriousness
die Fliege,-n   fly; das
Fliegenpapier,-e   flypaper
fliegen o,o   to fly; to race; der
Flieger,-   plane; der
Fliegeralarm,-e   air-raid warning
fliehen o,o   to flee
fließen o,o   to flow
die Flöte,-n   flute; flöten   to
whistle; to play the flute; der
Flötenklang,ːe   sound of the flute
die Flucht   escape; flüchten   to
flee; die Flüchtlingsfrau,-en
refugee woman
der Flug,ːe   flight; das Flugfeld,-er
airfield; der Flugplatz,ːe   airport
die Flugreise,-n   flight; das
Flugzeug,-e   airplane
der Flügel,-   wing; der
Flügelschlag,ːe   beating of wings
der Flur,-e   hallway
der Fluß,ːsse   river
flüstern   to whisper
die Flut,-en   flood; fluten   to
flood, stream
die Folge,-n   result, consequence
folgen   to follow; folglich
consequently, therefore
fördern   to support, encourage
die Forderung,-en   demand
die Form,-en   shape; type
s. formieren   to fall into
das Formular,-e   form
der Försterweg,-e   ranger's path
das Forsthaus,ːer   ranger station
fort   away, gone; forth
fort•fahren ä,u,a   to continue
fort•führen   to take away

fort·gehen i,a  to leave
fort·reißen, i,i  to sweep/carry away
fort·rollen  to roll away
fort·schieben o,o  to push away
der **Fortschritt,-e**  progress
fort·schwimmen a,o  to swim away
fort·setzen  to continue
fortwährend  continual
die **Fracht,-en**  cargo, freight
die **Frage,-n**  question; **in Frage stellen**  to call into question; der **Fragebogen,**<sup>:</sup>  questionnaire
fragen (nach)  to ask (for); der **Frager,-**  questioner
der **Franzose(n)**  Frenchman
französisch  French
die **Frau,-en**  woman
frech  fresh, impudent
frei  free
frei·geben i,a,e  to reveal
die **Freiheit**  freedom, liberty
freilich  certainly, indeed
der **Freitag,-e**  Friday
freiwillig  voluntary, of o.'s own free will
die **Freizone,-n**  open area
fremd  strange, different, unknown, alien; **fremd werden i,u,o**  to grow apart, become strangers; der **Fremde(r)**  stranger; die **Fremdheit**  strangeness
fremdländisch  exotic; der **Fremdling,-e**  stranger
fremdsprachig  in a foreign language
die **Freude,-n**  joy; **Freude haben an**  to get pleasure from

's. freuen  to be glad/pleased
der **Freund,-e**  friend; die **Freundin,-nen**  female friend
freundlich  friendly; die **Freundlichkeit**  friendliness, kindness
freundschaftlich  friendly
der **Frieden,-**  peace
der **Friedhof,**<sup>:</sup>**e**  cemetery; das **Friedhofscafé,-s**  cemetery café
frieren o,o  to be/get cold, freeze
frisch  fresh; die **Frischhaltepackung,-en**  air-tight bag; der **Frischoperierte(r)**  newly operated patient
fröhlich  happy, cheerful, merry
die **Fröhlichkeit**  cheerfulness
frostig  frosty, icy
die **Frucht,**<sup>:</sup>**e**  fruit
früh  early; **früher**  formerly, in the past; das **Frühjahr**  spring; der **Frühling**  spring; das **Frühlingsrauschen**  rustle of spring; der **Frühlingswind,-e**  spring wind
das **Frühstück,-e**  breakfast
frühstücken  to eat breakfast
der **Fuchs,**<sup>:</sup>**e**  fox
s. fühlen  to feel
führen (auf)  to lead/take (to)
führen zu  to result in; das **Führerbild,-er**  picture of Hitler
die **Fuhrleute**  drivers, carters
die **Fülle**  wealth; **füllen**  to fill (up); der **Füllfederhalter,-**  fountain pen
das **Fundament,-e**  foundation
fünfmalig  five times; **fünfziger**  fifties

fungieren   to function
funkelnd   sparkling
für   for
furchtbar   terrible, horrible
fürchten   to fear; s. fürchten vor
to be afraid of; furchtsam   timid,
timorous
der Fuß,ːe   foot; der Fußboden,ː
floor; das Fußende,-n   foot (of
bed); die Fußgängerbrücke,-n
pedestrian bridge/overpass; der
Fußpfad,-e   foot path; die
Fußsohle,-n   sole of the foot; der
Fußtritt,-e   kick
der Fußweg,-e   foot path
die Futterernte,-n   fodder harvest
der Futtersack,ːe   feed sack
die Gabel,-n   fork
der Gang,ːe   corridor
ganz   quite, entire, whole; (so)
very; all; completely, really
gar   at all; even
die Gartenmöbel   garden
furniture
die Gärtnerei,-en   nursery
die Gasflamme,-n   gas flame
die Gasse,-n   street
der Gast,ːe   guest; die
Gastlichkeit   hospitality
das Gebäude,-   building; der
Gebäudeteil,-e   part of the
building
geben i,a,e   to give, present; es
gibt   there is; we're having (for a
meal)
das Gebet,-e   prayer
das Gebiet,-e   area
gebildet   educated
das Gebirge   mountains; der

Gebirgsort,-e   town in the
mountains
geboren   born
das Gebot,-e   commandment
der Gebrauch   use; gebrauchen
to use
die Geburt,-en   birth; der
Geburtstag,-e   birthday
das Gebüsch   bushes
das Gedächtnis,-se   memory
der Gedanke(n)   thought
gedankenverloren   lost in thought
das Gedicht,-e   poem; der
Gedichtband,ːe   volume of poetry
geduldig   patient
geeignet   suitable
die Gefahr,-en   danger
gefahrensicher   free of danger
gefährlich   dangerous
gefallen ä,ie,a   to please; der
Gefallen,-   favor
der Gefallene(r)   soldier killed in
action
der Gefangene(r)   prisoner; die
Gefangenschaft   captivity; das
Gefängnis,-se   prison; die
Gefängnismauer,-n   prison wall
die Gefängniszelle,-n   prison cell
gefaßt   composed, calm
gefragt   in demand
das Gefrorene(s)   ice cream
das Gefühl,-e   feeling; gefühlvoll
sentimental
gegen   against, toward(s)
die Gegend,-en   area, region
der Gegensatz,ːe   contrast,
opposite
der Gegenstand,ːe   topic, subject
das Gegenteil,-e   opposite

**gegenüber** towards, across, opposite
**gegenüber•stehen a,a** to stand opposite
die **Gegenwart** presence; present time/tense; **gegenwärtig** present
der **Gegenzug,ᵘe** oncoming train
**geheim** secret; das **Geheimnis,-se** secret; **geheimnisvoll** mysterious
**gehen i,a** to walk, go; **gehen um** to be about, involve, be at stake
**gehend** flowing
der **Gehilfe(n)** assistant
das **Gehör** hearing, ear(s)
**gehorchen** to obey
**gehören** to belong; **gehören zu** to be part of
der **Gehorsam** obedience
der **Geist,-er** spirit, ghost; **im Geiste** mentally
**geistlich** ecclesiastical; der **geistliche Herr** clergyman
das **Gelächter** laughter
das **Gelände** terrain
**gelangen** to reach
**gelb** yellow; **gelblich** yellowish
das **Geld,-er** money; das **Geldverdienen** earning money
die **Gelegenheit,-en** opportunity
**gelegentlich** occasional
**geliebt** beloved; der **Geliebte(r)** lover
**gelingen a,u** to succeed, turn out
das **Gelock** curls
**gelten i,a,o als** to be considered
**gemein** common, ordinary; mean
die **Gemeinde,-n** community
**gemeinsam** together; die **Gemeinschaft,-en** community

das **Gemurmel** murmuring
der **Gemüsegarten,ᵘ** vegetable garden
**gemütlich** cozy
**gen** towards
**genau** exact, closely; **genau genommen** strictly speaking; **aufs genaueste** right down to the last detail; **genauestens** down to the last detail; **genauso** just as
**genial** brilliant
das **Genick,-e** neck
**Genickschuß,ᵘsse** shot in the neck
**genießen o,o** to enjoy
das **Genossenschaftsbüro,-s** office of the co-operative; das **Genossenschaftsfest,-e** party given by the co-operative
**genug** enough
**genügen** to suffice, do, be good enough; **genügend** sufficient, enough
**geordnet** lined up
**gerade** straight; exactly; especially; just; of all things
**geradeaus** straight ahead
**geradenwegs** straight
**geradezu** virtually, almost; really
das **Gerät,-e** piece of equipment
**geraten ä,ie,a** to get
**geräumig** spacious, roomy
das **Geräusch,-e** noise, sound
**gereizt** irritated; die **Gereiztheit** irritation
das **Gericht,-e** court
**geringst** least
**gern(e)** + verb to like to
**gerötet** bloodshot
der **Geruch,ᵘe** smell

der **Gerufene(r)**   person called

der **Gesang,"e**   song

das **Geschäft,-e**   business; activity; store; duty

**geschäftsmäßig**   business-like

die **Geschäftsstraße,-n**   shopping street

**geschärft**   sharp

**geschehen ie,a,e**   to happen; das **Geschehen,-**   events, happenings

das **Geschenk,-e**   present

die **Geschichte,-n**   story; history; affair, business; das **Geschichtenbuch,"er**   book of stories; die **Geschichtensammlung,-en**   collection of stories; die **Geschichtsstunde,-n**   history class

**geschickt**   skilled

das **Geschilderte(s)**   that which is depicted

das **Geschirr**   dishes

**geschlossen**   well-rounded; self-contained

der **Geschmack**   taste

**geschmackvoll**   tasteful

**geschützt**   sheltered

die **Geschwindigkeit,-en**   speed

**geschwungen**   curved

die **Gesellschaft,-en**   society

**gesellschaftlich**   social; der **Gesellschaftsroman,-e**   social novel

das **Gesetz,-e**   law

das **Gesicht,-er**   face

das **Gespenst,-er**   ghost

**gespielt**   feigned

das **Gespräch,-e**   conversation

die **Gestalt,-en**   figure, character

**gestalten**   to arrange

**gestaltlos**   formless

der **Gestank**   stink, stench

die **Geste,-n**   gesture

das **Gestein,-e**   rock/s

**gestern**   yesterday

**gestreckt**   outstretched

**gestreift**   striped

**gesund**   healthy; die **Gesundheit**   health

das **Getränk,-e**   drink

**geübt**   practiced

die **Gewalt**   violence, force

**gewaltig**   immense, powerful, colossal; die **Gewaltlosigkeit**   non-violence; **gewaltsam**   forcible

das **Gewand,"er**   robe

das **Gewehr,-e**   rifle

das **Gewicht,-e**   weight

**gewinnen a,o**   to win; to gain

**gewiß**   certain, certainly

**gewissermaßen**   as it were; die **Gewißheit,-en**   certainty

s. **gewöhnen an**   to get used to; die **Gewohnheit,-en**   habit

**gewohnheitsmäßig**   automatically

**gewöhnlich**   usual, normal, ordinary; **gewöhnt sein an**   to be used to; **gewohnt**   usual

das **Gewölk**   clouds

der **Giebel,-**   gabel

**gießen o,o**   to pour

**giftgrün**   bilious green

der **Gipfel,-**   peak

der **Glanz**   gleam, shine; **glänzen**   to sparkle

das **Glas,"er**   glass; der **Glasboden,"**   glass floor

**glatt**   smooth, slippery

der **Glaube(n)** belief; **glauben** to believe; **glaubwürdig** believable
**gleich** immediately, right away, soon; similar, same, like; equal
**gleich sein** to be all the same
**gleichaltrig** (of) the same age **gleichen,i,i** to resemble; **gleichfalls** also; das **Gleichgewicht** equilibrium, balance; **gleichgültig** indifferent; **gleichmäßig** even, steady; **gleichzeitig** simultaneous
**gleiten i,i** to glide
die **Glocke,-n** bell; die **Glockenblume,-n** bell flower; der **Glockenrock,:e** flared skirt
das **Glück** luck, happiness
**glücklich** happy; **glücklicherweise** fortunately
**glühen** to burn, glow; **glühend** ardent
**gnädige Frau** madam
der **Goldgräber,-** gold digger; der **Goldschild,-e** shield of gold
der **Gott,:er** God; **gottbewahre** Heaven forbid; **gottgesegnet** divinely blessed
das **Grab,:er** grave
der **Graben,:** ditch; der **Grabenfluß,:sse** ditch filled with water
**grade erst** only now
die **Grammophonnadel,-n** grammophone needle
das **Gras,:er** grass; der **Grasflecken,-** grass spot
**grau** grey; **graugrün** greygreen
**grausam** cruel; die **Grausamkeit,-en** cruelty

**greifen i,i nach** to reach for
**grell** bright, glaring; **grellgelb** dazzling yellow
die **Grenze,-n** border, limit
**grenzen** to border; **grenzenlos** boundlessly; der **Grenzer,-** border patrol; die **Grenzkontrolle,-n** border control
der **Griff,-e** grip, hold, grasp
das **Grillengezirp** chirping of the crickets
**groß** large; great; severe; extreme
**großartig** magnificent; der **Großbauer(n)** farmer owning a large farm; der **Großbuchstabe(n)** capital letter; die **Größe,-n** size, hight; greatness; **großkariert** large-checked; **großmaulig** bigmouthed; die **Großmutter,:** grandmother; der **Großvater,:** grandfather
die **Grotte,-n** grotto
**grün** green
der **Grund,:e** reason; building plot; **im Grunde** basically, fundamentally; der **Grundplan,:e** ground plan; das **Grundwasser** ground water
**grünlich** greenish; **grünwollen** green woollen
der **Gruß,:e** greeting, **zum Gruß** in greeting; **grüßen** to greet, say hello
**günstig** favorable
der **Gürtel,-** belt
**gut** good, well
der **Gutsbesitzer,-** owner of a large farm; das **Gutshaus,:er** farm house (of a large farm)

das **Gymnasium, Gymnasien**
preparatory high school
die **Gymnastik**   exercises
das **Haar,-e**   hair; die
**Haaresbreite**   hair's breadth; **haarig**
hairy; **haarlos**   hairless
**haben**   to have
der **Haken,-**   hook
**halb**   half, halfway; **halbdunkel**
half dark; der **Halbkreis,-e**
semicircle; **halbnackt**   half naked
**halbnaß**   half wet; **halboffen**   half
open; die **Hälfte,-n**   half
der **Hals,:e**   neck, throat
**halten ä,ie,a**   to hold (out); to stop
**halten für**   to take to be, consider
**halten von**   to think about; s.
**halten**   to hold/carry o.s., stay; die
**Haltung,-en**   posture
der **Hammerwurf**   hammer throw
die **Handbewegung,-en**   gesture
die **Handbibliothek,-en**   reference
books; der **Händedruck**
handshake; die **Handfläche,-n**
palm of o.'s hand; das
**Handgelenk,-e**   wrist; die
**Handkante,-n**   side of the hand
der **Handkuß,:sse**   kiss on the
hand; der **Handrücken,-**   back of
the hand; der **Handschuh,-e**
mitten; die **Handvoll**   handful; der
**Handwagen,-**   hand cart; der
**Handwerker,-**   craftsman; der
**Handwerksgehilfe(n)**   tradesman
assistant
**handeln**   to act, behave
der **Händler,-**   dealer
die **Handlung,-en**   act, action; plot
**hängen, i,a**   to hang; **hängen an**

to cling to; **hängen·bleiben ie,ie**
to rest (eyes); to get caught
das **Härchen,-**   small hair
die **Harfe,-n**   harp
**harmlos**   harmless
**harmonisch**   harmonious
**hart**   hard, sharp, harsh; **härten**   to
harden
der **Hase(n)**   rabbit
der **Haß auf**   hatred of; **hassen**   to
hate; **häßlich**   ugly
die **Hast**   hurry, haste
der **Haufen,-**   pile
**häufig**   frequent
das **Haupt,:er**   head; die
**Hauptgestalt,-en**   main character
**hauptsächlich**   mainly; die
**Hauptstraße,-n**   main street; das
**Hauptthema, Themen**   main
theme
das **Haus,:er**   house; **zu Hause**   at
home; **nach Hause**   home; das
**Häuschen,-**   small house; **hausen**
to live; der **Hausherr(n)**   landlord
der **Hausschuh,-e**   slipper; die
**Haustür,-en**   front door; die
**Hauswand,:e**   wall of the house
die **Haut,:e**   skin
**heben o,o**   to raise, lift; s. **heben**
to rise
das **Heck**   rear
das **Heft,-e**   notebook
s. **heften auf**   to fix onto
**heftig**   intense, bitter, vehement,
violent
**heil**   whole; das **Heil**   well-being
**heim**   home; die **Heimarbeit**
work done at home (cottage
industry)

die **Heimat** home (town), native region/country; **heimatlich** native, of o.'s home; der **Heimatlose(r)** homeless person; der **Heimatort,-e** home town; die **Heimatstadt,-̈e** home town; die **Heimkehr** homecoming, return; **heim•kommen** a,o to return home
**heimlich** secretly
die **Heirat,-en** marriage; **heiraten** to marry
**heiser** hoarse
**heiß** hot
**heißen** ie,ei to be called, mean
**heißt es** they say
**helfen** i,a,o to help
**hell** light; **hellblau** light blue; die **Helle** brightness, lightness
**hellgrün** light green; die **Helligkeit** light, brightness
der **Helm,-e** helmet
das **Hemd,-en** undershirt, camisole
**her** **hin und her** back and forth; **von . . . her** from (the direction of)
**herab•gleiten** i,i to slip down
**herab•hängen** i,a to hang down
**herab•steigen** ie,ie to climb down
**heran•nahen** to approach
**heran•reifen zu** to mature into
**heran•ziehen** o,o **an** to pull to, draw near
**herauf•kommen** a,o to come up
**herauf•rufen** ie,u to call up
**heraus•bringen** a,a to say, get out
**heraus•brüllen** to shout out
**heraus•fordern** to challenge; die **Herausforderung,-en** challenge
**heraus•gehen** i,a to come out

s. **heraus•halten** ä,i,a to keep out
**heraus•heben** o,o **aus** to lift out of
**heraus•holen** to get out
**heraus•kommen** a,o to get out
**heraus•lachen** to laugh out
**heraus•nehmen** i,a,o to take out
**heraus•reichen** to hand out
**heraus•schlagen** ä,u,a to leap out
**heraus•schneiden** i,i to cut out
**heraußen** out
**heraus•springen** a,u to jump out
**heraus•suchen** to pick out
**heraus•treten** i,a,e to come/step out
**heraus•werfen** i,a,o to throw out
der **Herbst** fall, autumn; **herbstlich** fall, autumn; der **Herbstwind** autumn wind
**herein•fallen** ä,ie,a to shine in
**herein•kommen** a,o to come in
**herein•rufen** ie,u to call in/into
**herein•treten** i,a,e to step in, enter
s. **herein•ziehen** o,o to waft (air)
**her•geben** i,a,e to let s.o. have s.th., yield
der **Herr(n)** gentleman; der **Herrgott** God
**herrlich** magnificent, glorious, wonderful, lovely
**her•stellen** to produce
**her•treiben** ie,ie to drive
**herüber** across
**herüber•rufen** ie,u to call over
**herüber•wehen** to blow over
**herum•drehen** to turn around
**herum•gehen** i,a to go around
**herum•kommen** a,o to get around

herum•laufen äu,ie,au  to run around

herum•reißen i,i  to pull around hard

herum•sein  to be over

herum•sitzen a,e  to sit around

herum•spielen  to play around

herum•stehen a,a um  to stand around

herum•tanzen  to dance around

herum•tragen ä,u,a  to carry about

herum•werfen i,a,o  to throw around

herunter•blicken  to look down

herunter•bringen a,a  to bring down

herunter•gehen i,a  to come down

herunter•hängen i,a  to hang down

herunter•holen  to get/bring down

herunter•kommen a,o  to come down; to fall into bad ways

herunter•stoßen ö,ie,o  to dive

hervor•brechen i,a,o  to burst out

hervor•bringen a,a  to produce, bring forth

hervor•gehen i,a aus  to come from

hervor•holen  to bring out

hervor•kommen a,o  to come out

hervor•nehmen i,a,o  to get out

hervor•schießen o,o  to burst out

hervor•stechen i,a,o  to stand out

hervor•treten i,a,e  to step out

hervor•ziehen o,o  to pull out

hervor•ziehen o,o  to pull out

das Herz,-en  heart; der Herzschlag,⸗e  heart beat

der Herzog,⸗e  duke

herzu•springen a,u  to rush over

herzu•tragen ä,u,a  to carry over

heulen  to howl, cry

heute  today; heutzutage nowadays

die Hexe,-n  witch

hier  here; hierher  (to) here

hierher•kommen a,o  to come here

hierhin  here

die Hilfe  help; hilflos  helpless

der Himmel  sky; die Himmelskönigin  Queen of Heaven; himmlisch  heavenly, divine

hin und her  back and forth; vor sich hin  to oneself; hin und wieder  (every) now and then

hin, vor sich hin + vb.  to o.s.

hinab•fahren ä,u,a  to drive down

hinab•sehen ie,a,e  to look down

hinab•steigen ie,ie  to come/walk down

hinab•ziehen o,o  to pull down; to move/go down (stairs)

hinauf  up

hinauf•gehen i,a  to walk up

hinauf•klettern  to climb up

hinauf•sehen ie,a,e  to look up

hinaus•fahren ä,u,a  to drive out

hinaus•führen  to lead out

hinaus•gehen i,a  to go out

hinaus•kommen a,o  to come out

hinaus•reichen über  to stretch beyond

hinaus•rollen  to roll out

hinaus•schauen  to look out

hinaus•sehen ie,a,e  to look out

hinaus•springen a,u  to jump out

**hinaus•stürmen**  to storm out
**hinaus•stürzen**  to dash out
s. **hin•bewegen**  to move about
**hin•blicken**  to look, glance
**hindern**  to prevent, stop
**hin•deuten auf**  to point to
s. **hin•drücken an**  to move stealthily alongside
**hindurch**  through(out)
**hindurch•fahren ä,u,a**  to ride through
**hindurch•sehen ie,a,e**  to see through
**hinein**  in, into
**hinein•bitten a,e**  to ask to come in
**hinein•fluten**  to flow/flood/stream in
**hinein•gehen i,a**  to walk into
**hinein•laufen äu,ie,au**  to run into
**hinein•reden**  to keep on at s.o.
**hinein•schauen**  to look in
**hinein•sehen ie,a,e**  to look in
**hinein•starren**  to stare into
**hinein•tragen ä,u,a**  to bring in
s. **hinein•versetzen**  to put o.s. in s.o.'s position
**hinein•ziehen o,o**  to pull/draw in
**hin•fahren ä,u,a**  to drive/go there
**hingegen**  however, on the other hand
**hin•gehen i,a**  to go there
**hin•gehören**  to belong
**hin•kriechen o,o**  to creep along
**hin•legen**  to put down; s.
**hin•legen**  to lie down
**hin•lehnen an**  to lean against
**hin•pressen**  to press, force
**hin•schreiben ie,ie**  to write down

**hin•sehen ie,a,e**  to look
**hin•setzen**  to set/put down; s.
**hin•setzen**  to sit down
**hinsichtlich**  with regard to; in view of
**hin•sinken a,u**  to die down
**hin•starren**  to stare
**hin•strecken**  to stretch out, lie down
**hin•streifen über**  to skim/brush over
**hinten**  back, behind
**hinter**  behind; das **Hinterbein,-e** hindleg
**hinterdrein•laufen äu,ie,au**  to run behind
**hinterfragen**  to analyze, call into question
der **Hintergrund,꞉e**  background, setting
**hinterher•gehen i,a**  to walk behind
**hinterher•laufen äu,ie,au**  to run behind
**hinterher•rennen a,a**  to run behind
**hinterher•tragen ä,u,a**  to carry behind
**hin•treten i,a,e zu**  to step up to
**hinüber•eilen**  to hurry over
**hinüber•gehen i,a**  to go over
**hinüber•sehen ie,a,e**  to look across
**hinüber•zeigen**  to point to the other side/over there
**hinunter**  down
**hinunter•gehen i,a**  to go down
**hinunter•klappern**  to come clattering down

hinunter•kommen a,o   to come down
hinunter•laufen äu,ie,au   to run down
hinunter•reißen i,i   to pull down
hinunter•sehen ie,a,e   to look down
hinunter•steigen ie,ie   to climb down
hinweg•schwinden a,u   to fade away
hinweg•steigen ie,ie   to climb over
hin•weisen ie,ie auf   to point out/to
hin•werfen i,a,o   to throw
hin•ziehen o,o   to pull; to move
hinzu•fügen   to add
hinzu•setzen   to add
hinzu•treten i,a,e   to step up to
die Hitze   heat; hitzig   passionate
hoch, hoh-   high
das Hoch   toast
das Hochgebirge,-   high mountains; das Hochgebirgstal,⸚er high mountain valley; der Hochgebirgstourist(en) tourist in high mountain areas
hochgewachsen   tall
hoch•greifen i,i   to pull up
hoch•halten ä,ie,a   to hold up
das Hochhaus,⸚er   high-rise building
hoch•heben o,o   to pick up
hoch•jagen   to blow up
hoch•kommen a,o   to come up
hoch•reißen i,i   to pull/zoom up
die Höchstbesteigung,-en   ascent of a very high mountain
hoch•stemmen   to raise up

höchstens   at most
hoch•werfen i,a,o   to throw up
die Hochzeit,-en   wedding
hoch•ziehen o,o   to pull up
hocken   to sit, squat
der Hof,⸚e   farm; courtyard; der Hofbesitzer,-   owner of the farm
hoffen   to hope; hoffentlich hopefully; die Hoffnung,-en   hope
hoffnungslos   hopeless; die Hoffnungslosigkeit hopelessness
höflich   polite
die Höhe,-n   height, altitude, elevation; die Höhendifferenz,-en difference in altitude; die Höheneuphorie   high-altitude euphoria; das Höhenmesser,- altitude meter; der Höhepunkt,-e high point, peak
hohl   hollow; der Hohlweg,-e narrow pass
holen   to get
der Holländer,-   Dutchman
die Hölle   hell
das Holz   wood; das Holzbett,-en wooden bed; das Holzbrettchen,- small wooden cutting board; der Holzfäller,-   lumberjack; das Holzhaus,⸚er   wooden house; die Holzkiste,-n   wood box; der Holzkorb,⸚e   wood basket; der Holzplatz,⸚e   wood pile; der Holzschlittschuh,-e   wooden ice skate; die Holztribüne,-n   wooden stand; der Holzwagen,-   wood(en) cart
der Honig   honey
hörbar   audible

**horchen** to listen, eavesdrop; **der Horcher,-** eavesdropper
**hören** to hear; **der Hörer,-** receiver; **das Hörspiel,-e** radio play
**das Höschen,-** little pants; **die Hose,-n** pants, slacks
**hübsch** pretty
**die Hüfte,-n** hip
**das Huhn,**ͤ**er** chicken
**der Hund,-e** dog; **hundsgemein** mean, terrible
**hungern nach** to hunger for
**hungrig** hungry
**hupen** to honk
**hüpfen** to jump, hop
**der Husten** cough
**der Hut,**ͤ**e** hat
**die Hütte,-n** hut
**die Hypothekenbank,-en** mortgage bank
**das Idealbild,-er** ideal image
**die Idee,-n** idea
**ihretwegen** for her sake
**immer** always; **immer wieder** again and again; **immerfort** the whole time, all the time; **immerzu** constantly
**in** in, into, inside, to
**indem** by, while
**indes** while
**das Individuum, Individuen** individual
**das Industriegelände** industrial site
**infolge** as a result; **infolgedessen** consequently
**der Ingenieur,-e** engineer
**der Inhalt,-e** content

**inmitten** in the midst of, amongst, surrounded by
**innen** inside; **inner** internal, interior; **das Innere(s)** inside
**innerhalb** inside, within; **innerlich** inner, inward
**der Insasse(n)** passenger, occupant
**die Inschrift,-en** inscription
**die Insel,-n** island
**insgeheim** secretly
**insgesamt** altogether, all in all
**intensiv** intense
**interessant** interesting; **das Interesse,-n** interest; **interessieren** to interest; s. **interessieren für** to be interested in
**die Internierung** internment
**intim** intimate
**inwiefern** in what way, to what extent
**inzwischen** meanwhile
**irdisch** earthly
**irgendein-** some(one); **irgendwas** something, anything; **irgendwer** someone; **irgendwo** somewhere
**irgendwoher** somewhere
**irgendwohin** somewhere **irgenwie** somehow
**der Irre(r)** crazy person
**ja** yes
**die Jacke,-n** jacket
**jagen** to hunt, chase; **der Jägerhut,**ͤ**e** hunter's hat
**das Jahr,-e** year; **jahrelang** lasting for years; **die Jahresfeier,-n** anniversary (celebration); **der Jahrestag,-e** anniversary; **die Jahreszahl,-en** date; **das Jahrhundert,-e** century; **das**

Jahrtausend,-e  millennium
Jahrtausende  thousands of years
die Jalousie,-n  awning
jawohl  yes
je . . . desto  the . . . the; je  ever
jed-  every
jedenfalls  at least, at any rate, in
any case
jedermann  everyone, everybody
jedesmal  every time
jedoch  however
jeglich  any
jemals  ever
jemand  someone, anyone
jen-  that
jenseits  beyond, on the other side
jetzt  now
der Jude(n) Jew; das Judenauto,-s
Jews' car; der Judenladen,-  Jewish
store; jüdisch  Jewish
die Jugend  youth; jugendlich
youthful; der Jugendliche(r)
young person; die
Jugendorganisation,-en  youth
organisation
jung  young; der Junge(n)  boy;
der Junge(r)  young man
das Jungenauge,-n  boy's eye; die
Jungfrau,-en  virgin; der
Jüngling,-e  youth; jüngst-  latest
der Jungwuchs  new growth
der Kacheltisch,-e  tiled table
das Kaffeepulver,-  instant coffee
der Kai,-s  quay
der Kaiser,-  emperor; die
Kaiserin,-nen  empress; kaiserlich
imperial
kalt  cold; kaltblütig
cold-blooded; die Kälte  cold

der Kamerad(en)  comrade; fellow
student
kämmen  to comb
die Kammer,-n  room, chamber
die Kammertür,-en  chamber door
der Kampf,-e  fight, struggle
kämpfen  to fight, struggle; der
Kämpfer,-  fighter
die Kanne,-n  pail
der Kanonikus, Kanonizi  canon
kaputt  shattered, done in
der Karabiner,-  carbine
das Karbol  carbolic acid
der Karren,-  cart; karren  to cart
die Karte,-n  post card
die Kartoffel,-n  potato
die Kastentasche,-n  bag shaped
like a box
die Katze,-n  cat; katzenhaft
catlike
kauen  to chew
kaufen  to buy; der Käufer,-
buyer; das Kaufhaus,-er
department store; der Kaufmann,
Kaufleute  grocer; der
Kaufmannsladen,-  grocery store
die Kaugummiblase,-n  chewing
gum bubble; kaugummimalmend
gum chewing
kaum  hardly, scarcely, barely
die Käuzchenstimme,-n  voice of a
screech owl
kehren (gegen)  to turn (towards);
die Kehrseite,-n  the other side
keinerlei  no . . . whatsoever
keineswegs  not at all, by no
means
der Keller,-  basement
die Kellnerin,-nen  waitress

kennen a,a to know
kennen•lernen to get to know,
meet; kenntlich recognizable; die
Kenntnis,-se knowledge
der Kerl,-e fellow; jerk
die Kernwaffentechnik nuclear
weapon technology
die Kerze,-n candle
die Kette,-n chain
das Kind,-er child; die
Kinderangst,⁼e child's/children's
fear; das Kinderbuch,⁼er
children's book; der
Kindergartenplatz,⁼e space in a
nursery school; die
Kindergeschichte,-n children's
story; die Kinderkleider children's
clothes; das Kinderleben life of a
child/of children; kinderlos
childless; die Kindertage
childhood days; der Kindertraum,⁼e
child's dream; das
Kinderzimmer,- child/children's
room, nursery; die Kindheit
childhood; die
Kindheitserinnerung,-en childhood memory; kindisch childish
das Kinn,-e chin
das Kino,-s movies, movie theater
die Kirche,-n church; der
Kirchgang,⁼e church (service)
der Kirschbaum,⁼e cherry tree
die Kirsche,-n cherry
klagen to moan, wail
der Klang,⁼e tone (of voice)
klappern to clatter, rattle
klar clear; klar•machen to make
clear
die Klasse,-n class; der

Klassenraum,⁼e classroom; die
Klassenversammlung,-en class
meeting; das Klassenzimmer,-
classroom
klatschen to clap
das Klavier,-e piano
kleben to paste, glue
das Kleid,-er dress; kleiden to
dress; der Kleiderschrank,⁼e
wardrobe, closet; die Kleidung
clothes
klein small, little; kleinbürgerlich
lower middle-class, petit bourgeois
der Kleingarten,⁼ small garden
das Kleinkind,-er young child; die
Kleinschreibung use of lower case
initial letters
der Kletterer,- climber; klettern
to climb
das Klima,-s climate; die
Klimaverhältnisse climatic
conditions
klingen a,u to sound
der Klinikkorridor,-e clinic
hallway
klopfen to knock
die Klosettzelle,-n toilet stall
der Klostergarten,⁼ convent
garden
klug intelligent, shrewd,
clever
der Klumpen,- clump
der Knabe(n) boy; das
Knabenklosett,-s boys' toilet
das Knie,- knee; die Kniebeuge,-n
knee-bend; knien to kneel
knirschen to creak
knochig bony
der Knopf,⁼e button

der **Kochdeckel,-** saucepan lid
**kochen** to cook
der **Koffer,-** suitcase
die **Kohle,-n** coal; das
**Kohlenstück,-e** piece of coal
die **Kokosnuß,⸚sse** coconut
der **Kolben,-** cob
der **Kollege(n)** colleague; teammate
die **Kollegin,-nen** woman
teammate
die **Kolonne,-n** column
der **Koloß,-sse** colossus, giant
**kolossal** colossal, tremendous,
enormous
**kommandieren** to command; das
**Kommando,-s** order, command
die **Kommandosache,-n**
commando thing
**kommen a,o** to come; **kommen
auf** to get (idea)
die **Kompetenz,-en** competence,
experience
**kompliziert** complex
**komponieren** to compose
der **Kondukteur,-e** conductor
der **König,-e** king; die
**Königin,-nen** queen
der **Konjunktiv** subjunctive
**können a,o,o** to be able to
die **Konservenbüchse,-n** can of
food
das **Konzentrationslager,-**
concentration camp
s. **konzentrieren auf** to
concentrate on
der **Kopf,⸚e** head; das **Kopfnicken**
nod of the head; die
**Kopfschmerzen** headache
**kopfschüttelnd** shaking o.'s head

das **Kopftuch,⸚er** (head)scarf
der **Koppelweg,-e** path leading
through the meadow; der
**Koppelzaun,⸚e** fence in or around
a meadow
der **Korb,⸚e** basket
das **Korn** corn, grain; das
**Kornfeld,-er** grain field
der **Körper,-** body; das
**Körperchen,-** little body; die
**Körpertemperatur,-en** body
temperature
der **Korridor,-e** hallway
**kostbar** expensive, precious,
luxurious
**kostümieren** to dress up
**krachen** to crack, roar
die **Kraft,⸚e** strength, power,
energy; **kräftig** strong, powerful
**kraftvoll** powerful
der **Krämer,-** shopkeeper
der **Krampf,⸚e** cramp
**krank** sick; das **Krankenhaus,⸚er**
hospital; die **Krankheit,-en** illness,
sickness, disease
der **Kranz,⸚e** wreath
das **Kraut** cabbage
die **Krawatte,-n** necktie
die **Kreide,-n** chalk; die
**Kreideschrift,-en** chalk writing
der **Kreis,-e** circle; **kreisen** to
circle; die **Kreisstadt,⸚e** county
town
s. **kreuzen** to cross; die
**Kreuzung,-en** intersection
**kriechen o,o** to crawl
der **Krieg,-e** war; das **Kriegsende**
end of the war; der
**Kriegsgefangene(r)** prisoner of

war; das **Kriegsjahr,-e** year of
war
**kriegen** to get
die **Krise,-n** crisis
die **Kritik,-en** criticism; **kritisch**
critical; **kritisieren** to criticize
die **Krone,-n** crown
**krumm** hunched, crooked
die **Küche,-n** kitchen; die
**Küchenschürze,-n** kitchen apron
der **Küchentisch,-e** kitchen table
die **Küchentür,-en** kitchen door
der **Kuchen,-** cake
die **Kugel,-n** shot; der
**Kugelschreiber,-** ball point pen
der **Kugelstift,-e** ball point pen
die **Kuh,ִe** cow
**kühl** cool; die **Kühltasche,-n**
insulated bag
s. **kümmern um** to look after
der **Kunde(n)** customer
**künftig** in the future
die **Kunst,ִe** art; die
**Kunstdoktrin,-en** art doctrine
**künstlerisch** artistic; **künstlich**
artificial; das **Kunstmärchen,-**
art/literary fairy tale
der **Kurse,-e** class
**kurz** short; der **Kurzmantel,ִ** car
coat; die **Kurzprosa** short prose
der **Kurzprosaband,ִe** volume of
short prose
**kurzum** in short, in a word
der **Kuß,ִsse** kiss; **küssen** to kiss
die **Küste,-n** coast
**lächeln** to smile; das **Lächeln**
smile
**lachen** to laugh; das **Lachen**
laughter, laughing

der **Laden,ִ** shop, store; die
**Ladenecke,-n** corner of the store
die **Ladentür,-en** shop door
die **Lage,-n** situation
das **Lager,-** camp
das **Lagerhaus,ִer** warehouse
**lagern** to be deposited
**lahm** lame
der **Lampenpfahl,ִe** lamp post
das **Land,ִer** country; **auf dem
Land** in the country; der
**Landarbeiter,-** farmhand; der
**Landarbeiterjunge(n)** young
farmhand; **landein·gehen i,a** to
walk inland; die **Landschaft,-en**
countryside, landscape, scenery; die
**Landstraße,-n** country road; der
**Landwirt,-e** farmer
**lang(e)** long; **lang** ( + time
word) for; **langbeinig** long legged
**nach langem** after a long time
die **Langeweile** boredom
**langgezogen** elongated; **langhaarig**
long-haired; die
**Langlaufbahn,-en** racing rink
**länglich** elongated
**längs** along
**langsam** slow; die **Langsamkeit**
slowness
**längst** long since, for a long
time
der **Langstreckentaucher,-** long
distance diver
**langweilen** to bore; **langweilig**
boring, dull
die **Lanze,-n** lance
der **Lärm** noise, din; **lärmend**
noisy
**lassen ä,ie,a** to leave; to let, allow;

to cause; s. **lassen** + vb. can be +
p. part.
die **Last,-en** load; der
**Lastwagen,-** truck
das **Latein** Latin
die **Laterne,-n** street light,
lantern
die **Laufbahn,-en** career; **laufen**
**äu,ie,au** to run; der **Läufer,-** ice
skater; rug; die **Läuferin,-nen**
female ice skater
die **Laune,-n** mood, whim
die **Laus,⁼e** louse
der **Laut,-e** sound
**laut** loud; **lautlos** silent,
noiseless, soundless; die
**Lautlosigkeit** silence; der
**Lautsprecher,-** loudspeaker
**läuten** to ring
das **Lautenspiel** playing of the
lute; der **Lautenspieler,-** lute
player
**lautstark** loud
**leben** to live; das **Leben** life; **am**
**Leben bleiben** to stay alive; der
**Lebende(r)** living person; **lebendig**
lively; die **Lebensführung** life
style; die **Lebensgeschichte,-n** life
story; das **Lebensjahr,-e** year of
o.'s life; der **Lebenslauf,⁼e** life;
resume; die
**Lebensmittelbezugstelle,-n** food
distribution center; **lebensmüde**
tired of living; der **Lebensweg,-e**
journey through life
das **Leberwurstbrot,-e** liver
sausage sandwich
**lebhaft** lively, animated; vivid
**leblos** lifeless

das **Leder,** leather; die
**Lederhose,-n** leather pants
**leer** empty; **leer essen** to eat
everything on the plate; die **Leere**
emptiness, void
**legen** to put, place, situate
**lehnen (an)** to lean (against)
**lehren** to teach; der **Lehrer,-**
teacher
der **Leib,-er** body
die **Leiche,-n** corpse
**leicht** light; faint, slight; easy
**leid tun a,a** to feel sorry; to regret
**leiden i,i an/unter** to suffer from
**leider** unfortunately
die **Leine,-n** leash
**leise** quiet; low; gentle
s. **leisten** to afford
die **Leistung,-en** achievement
**leiten** to lead; der **Leiter,-** head,
commander; das **Leitmotiv,-e**
recurrent motif; die **Leitung**
leadership
**lernen** to learn
die **Lesart,-en** reading,
interpretation; das **Lesebuch,⁼er**
schoolbook, reader; **lesen ie,a,e** to
read; der **Leser,-** reader
**letzt-** last; **zum letztenmal** for
the last time; **letztlich** in the end
**leuchten** to shine, glow
die **Leute** people
der **Leutnant,-s** (second)
lieutenant
das **Licht,-er** light; das
**Lichterspiel** the play of light; der
**Lichterturm,⁼e** lighted tower
der **Lichtfinger,-** beam of light
der **Lichtkreis,-e** pool of light; der

**Lichtschein** gleam of light; der
**Lichtschimmer** gleam of light; der
**Lichtstreif(en)** streak of light
**lieb** dear, kind, pleasant; die **Liebe**
love; **liebeleer** without love
**lieben** to love
**liebenswürdig** kind; **lieber**
rather, preferably; **liebevoll** loving
**lieblos** unkind; **am liebsten**
best/most of all
das **Lied,-er** song
**liegen a,e** to lie, be located, rest
**liegen lassen ä,ie,a** to leave
behind, leave lying (on o.'s plate)
der **Lift,-e** elevator; das
**Liftgeräusch,-e** elevator noise
die **Linde,-n** linden tree
die **Linie,-n** line
**links** left; der
**Linksintellektuelle(r)** left-wing
intellectual; **linksliberal** liberal left
**liquidieren** to liquidate
der **Litauer,-** Lithuanian
der **Literat(en)** literary figure; der
**Literaturunterricht** literature
class
**loben** to praise
das **Loch,˝er** hole
die **Locke,-n** curl
der **Lodenmantel,˝** loden coat
**lodern** to blaze
der **Löffel,-** spoon
**lohen** to blaze
s. **lohnen** to be worth
**los** loose
**lösen** to remove, unclasp, take off
**los•gehen i,a,** to leave
**los•gehen auf** to go for
**los•lassen ä,ie,a** to let go

s. **los•reißen i,i** to break free
**los•schieben o,o** to shove off
die **Lösung,-en** solution
**los•werden i,u,o** to get rid of
die **Luft** air; der **Lufthauch**
gentle breeze; der
**Luftschutzbunker,-** air-raid
shelter
die **Lüge,-n** lie; **lügen o,o** to lie,
fib
die **Lust** desire, lust; **Lust haben**
to feel like; **lustig** fun; der
**Lustmörder,-** sex killer
die **Lyrik** lyric poetry; der
**Lyriker** lyric poet; die
**Lyrikerin,-nen** lyric woman poet
**machen** to do, make, take; **es**
**macht nichts** it doesn't matter
die **Macht** power, might; **mächtig**
powerful, massive, almighty; der
**Machtkampf,˝e** power struggle
die **Machtübernahme** takeover
das **Mädchen,-** girl; das
**Mädchengesicht,-er** girl's face; das
**Mädchenlachen** girls' laughter;
der **Mädchenspaziergang,˝e** girls'
walk
das **Mädel,-** girl
**mager** skinny, emaciated
der **Maiabend,-e** evening in May
der **Maihimmel** May sky; **maikühl**
cool as the month of May
das **Mal(e)** time
**malen** to paint
der **Malzkaffee** malt coffee
**man** one, you, they, people
**manch-** some
**manchmal** sometimes
**mangeln an** to lack

die **Manier,-en** manner
die **Mannesstimme,-n** voice of a man
**männlich** male, masculine
die **Mannschaft,-en** crew; der **Mannschaftsraum,**-e crew's quarters
**mannshoch** as high as a man
der **Mantel,**- coat; der **Mantelkragen,-** coat collar; die **Manteltasche,-n** coat pocket
das **Märchen,-** fairytale
**märchenhaft** fairytale, fantastic
**markieren** to mark
der **Marktplatz,**-e market place
die **Marmelade,-n** jam; das **Marmelade(n)brot,-e** jam sandwich
**marschieren** to march
der **März** March
die **Maschinenpistole,-n** submachine gun
die **Masse,-n** mass
die **Matratze,-n** mattress
die **Matte,-n** mat
die **Mauer,-n** wall; die **Mauerinschrift,-en** inscription on the wall, graffiti
die **Maus,**-e mouse; das **Mäuschen,-** little mouse; das **Mäusefest,-e** the mice celebration/banquet; die **Mäusemutter,**- mother mouse
die **Medaille,-n** medal
die **Medien** media
der **Medikamenteneinfluß** influence of drugs
die **Medizinerin,-nen** woman medical student; **medizinisch** medical; der **Medizinmann,**-er medicine man (ironic for medical doctor)
das **Meerende** the end of the sea
der **Meeresarm,-e** arm of the sea, inlet
das **Mehl** flour
**mehr** more; **nicht mehr** no longer; **mehrer-** several; **mehrfach** repeatedly; **mehrmals** several times
**meiden ie,ie** to avoid
**meinen** to think, say, mean; die **Meinung,-en** opinion, view
**meist(ens)** mostly, for the most part
**meist-** most
der **Meister,-** master; **meistern** to master
**meistgelesen** most widely read
**melden** to report
die **Menge,-n** crowd; quantity
der **Mensch(en)** human being
**Mensch!** hey; **menschenähnlich** manlike; das **Menschenalter,-** generation; die **Menschenangst,**-e human fear; das **Menschenauge,-n** human eye; das **Menschenbild,-er** human image
**menschenleer** deserted; die **Menschenmenge,-n** crowd
**Menschenskinder** hey; die **Menschheit** humanity
**menschlich** human
**merkbar** noticeable; **merken** to notice, realize; s. **merken** to remember; **merklich** noticeable
**merkwürdig** strange
**merkwürdigerweise** strangely; die

**Merkwürdigkeit,-en** curiosity
die **Messe,-n** Catholic mass
**messen** to measure, judge, gauge
das **Messer,-** knife; **messerscharf**
razor sharp
**metallengrau** metallic grey
der/das **Metallteil,-e** metal part
die **Metapher,-n** metaphor
die **Miene,-n** expression, mien
das **Mietshaus,ᵘer** apartment
house
das **Milieu,-s** environment, milieu
der **Militär,-s** army officer; die
**Militärerziehung** military
education; die **Militärschule,-n**
military school
**mindestens** at least
die **Mine,-n** mine
s. **mischen** to (inter)mingle, mix,
blend
**mißlungen** unsuccessful
das **Mißtrauen** mistrust, distrust
**mißtrauisch** distrustful
**mit** with
**mit•bringen a,a** to bring (along)
der **Mitdirektor,-en** co-director
**mit•fahren ä,u,a** to go/drive with
s.o.
das **Mitglied,-er** member
der **Mitmensch(en)** fellow human
being
**mit•nehmen i,a,o** to take along
der **Mitschüler,-** fellow student
der **Mittag,-e** noon; das
**Mittagessen** noon meal; **mittags**
at noon; die **Mittagspause,-n**
lunch break
die **Mitte,-n** middle
**mit•teilen** to tell, inform

das **Mittel,-** means
der **Mittelpunkt,-e** center
**mitten in/unter** in the middle of
die **Mitternacht** midnight
**mittler-** middle
**möchten** would like to
der **Modeeinfluß,ᵘsse** influence of
fashion; **modisch** fashionable
**mögen a,o,o** to like
**möglich** possible; **möglicherweise**
possibly; die **Möglichkeit,-en**
possibility; **möglichst** as . . . as
possible
**momentan** at the moment
der **Monat,-e** month
der **Mond** moon; die
**Mondbeleuchtung** moonlight
**mondbeschienen** moonlit
**mondhell** moonlit; das **Mondlicht**
moonlight
der **Montag** Monday; der
**Montagmorgen** Monday morning
der **Mord,-e** murder; **morden** to
murder, kill; der **Mörder,-**
murderer; **mörderisch** murderous,
terrible, dreadful
**morgen** tomorrow; der **Morgen,-**
morning; das **Morgengrauen,-**
dawn; **morgens** in the morning,
mornings; die **Morgenzeitung,-en**
morning paper
das **Motorengeräusch,-e** sound of
the motor; das **Motorrad,ᵘer**
motorcycle
**müde** tired; die **Müdigkeit**
tiredness
die **Mühe** trouble; **mühsam** with
difficulty
**mumifizieren** to mummify

der **Mund,÷er**  mouth
**murmeln**  to murmur
das **Musikstück,-e**  piece of music
die **Muskel,-n**  muscle
**müssen u,u,u**  to have to
der **Mut**  courage; **mutig**
courageous
die **Mutmaßung,-en**  conjecture
die **Mutter,÷**  mother; **mutterlos**
motherless; die **Muttermilch**
mother's milk
die **Mütze,-n**  hat, cap; das
**Mützehochreißen**  the tossing of
o.'s cap into the air
**na**  well
**na gut/schön**  all right, OK
der **Nabel,-**  navel
**nach**  to, after, according to
der **Nachbar(n)**  neighbor; die
**Nachbarschaft,-en**  neighborhood
das **Nachbarskind,-er**  child next
door; die **Nachbarwohnung,-en**
apartment next door
**nach•blicken**  to follow s.o. with
o.'s eyes
**nachdem**  after
**nach•denken a,a**  to think, reflect
**nachdenklich**  thoughtful; die
**Nachdenklichkeit**  thoughtfulness,
pensiveness
**nach•faulen**  to turn rotten
**nach•geben i,a,e**  to give in
**nach•gehen i,a**  to investigate, look
into, pursue; to follow
**nachhause**  home; der
**Nachhauseweg,-e**  way home
**nachher**  afterwards, later
die **Nachkriegsliteratur**  post-war
literature

**nachlässig**  casual
**nach•laufen äu,ie,au**  to run after,
follow
**nach•lesen ie,a,e**  to look up
der **Nachmittag,-e**  afternoon
**nachmittags**  afternoons
die **Nachricht,-en**  news; der
**Nachrichtensprecher,-**  newscaster
**nach•rufen ie,u**  to call/yell after
**nach•schauen**  to follow s.o. with
o.'s eyes
**nach•schicken**  to send after
**nach•schreien ie,ie**  to scream
after
**nach•sehen ie,a,e**  to look and see;
to gaze after
**nächst-**  next; **nächstbest**  next
best
die **Nacht,÷e**  night; die
**Nachtarbeit,-en**  night work
**nächtlich**  at night; die **Nachtluft**
night air; **nachts**  at night; der
**Nachtwind**  night wind
der **Nachtisch,-e**  dessert
der **Nacken,-**  neck
**nackt**  naked
die **Nadel,-n**  needle
der **Nagel,÷**  nail
**nah(e)**  close; die **Nähe**  nearness,
proximity, vicinity; **in der Nähe**
nearby; **näher**  better; s. **nähern**
to approach; **nahezu**  nearly
**nämlich**  namely, that is
die **Nase,-n**  nose; die
**Nasenspitze,-n**  tip of the nose
**naß**  wet
**natürlich**  natural, of course
die **Naturwissenschaft,-en**  natural
sciences

**nazistisch** Nazi; die **Nazizeit** Nazi era

der **Nebel** fog; der **Nebelfetzen,-** wisp of fog

**neben** next to, beside; **nebenan** next door; die **Nebengasse,-n** side street; der **Nebenweg,-e** side street

das **Negeridol,-e** negro (African) idol

**nehmen i,a,o** to take (away from)

der **Neid** envy

s. **neigen zu** to lean towards

**nein** no

**nennen a,a** to mention, name, call, label; die **Nennung,-en** naming

**nett** nice

**neu** new, recent; der **Neuanfang,⸚e** new beginning; die **Neuerscheinung,-en** recent publication; der **Neugeborene(r)** newborn; die **Neugier** curiosity

**neugierig auf** curious about

**neulich** the other day

**nicht** not

**nichts** nothing

**nichtssagend** meaningless

der **Nichtstuer,-** loafer; das **Nichtstun** idleness, inactivity

der **Nickelbrillenträger,-** one who wears wire-rimmed glasses

**nicken** to nod

**nie(mals)** never

**nieder** down

**nieder·brechen i,a,o** to break down

**nieder·fallen ä,ie,a** to fall down

**nieder·knien** to kneel down

**nieder·kommen a,o** to come down; to be delivered of

**nieder·lassen ä,ie,a** to land, alight

s. **nieder·legen** to lie down

**nieder·schreibeni e,ie** to write down

s. **nieder·setzen** to sit down

**nieder·treten i,a,e** to trample down

**niedrig** lowly, humble

**niemals** never

**niemand** no one; das **Niemandsland** no man's land

**nirgends** nowhere

die **Nische,-n** niche

der **Nobelpreisträger,-** recipient of the Nobel prize

**noch** still; nor; **nochmals** again

der **Norden** north; der **Nordwesten** northwest

**nordwestlich** northwest

**normalerweise** normally

die **Note,-n** grade

**notieren** to note down

**nötig** necessary

die **Notiz,-en** notes; das **Notizbuch,⸚er** notebook

**notwendig** necessary

die **Nummer,-n** number

**nun** now; **nun erst** only now

**nur** only

**nutzlos** useless

**ob** whether, if

**o-beinig** bowlegged

**oben** up(stairs), at the top, above

**ober-** upper

die **Oberfläche,-n** surface

**oberflächlich** superficial; der **Oberkörper,-** upper part of the body; der **Oberleutnant,-s** first lieutenant; das **Oberteil,-e** upper part

das **Obst** fruit

**obwohl** although

der **Ochse(n)** ox; der **Ochsenwagen,-** oxcart

**oder** or

der **Ofen,"** stove

**offen** open; **offenbar** apparently

**offensichtlich** obviously

**öffnen** to open

**oft** often; **öfter** once in a while, from time to time; **oftmals** often

**ohne** without

das **Ohr,-en** ear; die **Ohrenklappenmütze,-n** cap with ear flaps; der **Ohrenschützer,-** ear muff

der **Onkel,-** uncle

der **Opa,-s** grandpa

der **Operationstisch,-e** operating table

das **Opfer,-** victim

der **Orangensaft,"e** orange juice

**ordentlich** respectable

die **Ordnung** order; **in Ordnung sein** to be OK

**orientieren an** to orientate to

der **Ort,-e** place, town

der **Ost(en)** east; die **Ostfront** eastern front; (das) **Ostpreußen** East Prussia; die **Ostsee** Baltic (Sea); der **Ostwall** Eastern rampart

das **Ostern** Easter; der **Ostersamstag,-e** Saturday before Easter; der **Ostersonntag,-e** Easter Sunday

der **Österreicher,-** Austrian; die **Österreicherin,-nen** female

Austrian; **österreichisch** Austrian

das **Paar,-e** couple

**ein paar** a couple of; **paarmal** a couple of times

**packen (an)** to grab (by); to put

die **Packung,-en** pack

die **Pädagogikvorlesung,-en** lecture at the school of education

der **Palast,"e** palace

die **Pantoffel,-n** slipper

der **Panzerschrank,"e** safe

das **Papier,-e** paper, document

der **Papiersack,"e** paper sack

der **Papst,"e** pope

das **Parkett,-e** parquet flooring

die **Partei,-en** political party

das **Partisanenleben** life of the partisans

der **Paß,"sse** passport

**passen** to fit; **passend** suitable, appropriate

**passieren** to happen

die **Pause,-n** recess; intermission

**pausenlos** nonstop

**peinlich** embarrassing

die **Pelzmütze,-n** fur cap

**pensionieren** to retire

der **Personalausweis,-e** ID card

**persönlich** personal; die **Persönlichkeit,-en** personality

die **Pfanne,-n** pan

der **Pfeffer** pepper

die **Pfeife,-n** pipe

**pfeifen i,i** to whistle

das **Pferd,-e** horse

**pflanzen** to plant

die **Pflicht,-en** duty

**phosphoreszieren** to phosphoresce

die **Photoausrüstung,-en**
photographic equipment
die **Phrase,-n** empty phrase
der **Pinsel,-** paint brush
die **Pistolentasche,-n** holster; das
**Pistolentaschenleder,-** holster
leather
die **Plakatfigur,-en** figure in the
advertising poster
der **Platz,¨e** place, spot, square;
room
die **Platzwunde,-n** laceration
**plaudern** to talk
**plötzlich** sudden
der **Pole(n)** Pole; (das) **Polen**
Poland
die **Polizei** police; der
**Polizeigriff,-e** police hold; der
**Polizeikordon,-s** police cordon
der **Polizist(en)** policeman
**polnisch** Polish
die **Position,-en** posture
der **Postillion,-e** mail coach
driver, postillion
der **Postwagen,-** mail car
**präfigurieren** to prefigure,
foreshadow
die **Praxis** practice
der **Preis,-e** award
**preisen ie,ie** to praise
**pressen** to squeeze
(das) **Preußen** Prussia
**prima** great
der **Prinz(en)** prince
die **Probefahrt,-en** test drive
**proben** to practice
die **Produktivkräfte** productive
forces, forces of production
**provisorisch** provisional,
makeshift

der **Prozeß,-sse** process; trial
**prüfen** to test, examine, check; die
**Prüfung,-en** examination, test; der
**Prüfungsraum,¨e** examination
room
der **Punkt,-e** period; point; dot
**pünktlich** punctual
**putzen** to polish
der **Quatsch** nonsense
**quer** across
**quer·legen** to put crosswise
**quer·liegen a,e** to lie crosswise
**quieken** to squeal, squeak
**quitt sein** to be quits/even
das **Rad,¨er** wheel; bicycle; **radeln**
to bike; **rad·fahren ä,u,a** to
cycle, bike; der **Radsport** cycling
die **Rade,-n** chicory (weed in
grainfields)
der **Radsportanhänger,-** cycling
fan
der **Radiergummi,-s** eraser
der **Radikale(r)** radical
die **Radioverbindung,-en** radio
communication
die **Radspur,-en** tire mark
der **Rand,¨er** edge
**rasch** quick
**rasen** to race; **rasend** raging
der **Rasierapparat,-e** electric
shaver; **rasieren** to shave
**raten ä,ie,a zu** advise; das
**Rathaus,¨er** city hall; **ratlos**
helpless
der **Räuber,-** robber
der **Rauch** smoke; **rauchen** to
smoke; die **Rauchwolke,-n** cloud
of smoke
**rauh** raw
der **Raum,¨e** room, space

**raus•gehören** to belong out
**reagieren auf** to react to; die
**Reaktionsfähigkeit** reactions; die
**Reaktionsweise,-n** manner of
reacting
der **Rebellenschrei,-e** rebel's yell
**rechnen zu** to count among
**recht** right, quite; **erst recht** all
the more; **recht geben i,a,e** to
agree with; **recht haben** to be
right; das **Rechte(s)** the right
thing(s); **rechtfertigen** to justify
**rechts** right; die **Rechtschreibung**
spelling
die **Rede,-n** words, talk, speech
**reden** to speak, talk
das **Regal,-e** shelf
die **Regel,-n** rule
**regelmäßig** regular
der **Regen** rain; der
**Regenmantel,**: raincoat; die
**Regenzeit,-en** rainy season
**regieren** to rule over; die
**Regierung,-en** government; der
**Regierungsbezirk,-e** government
district; der **Regierungsrat,**:e
senior civil servant
der **Regimentarzt,**:e regimental
physician
**reglos** motionless
**regnen** to rain
das **Reich,-e** empire; Third Reich
(Nazi Regime)
**reich** rich
**reichen** to hand, reach, give, pass,
extend; to suffice
die **Reichsbahn** state railway
**reif** mature; der **Reifeprozeß,-sse**
process of maturing
die **Reihe,-n** row; das

**Reihenhaus,**:er row house
der **Reim,-e** refrain
**rein** clean, pure
**rein•knallen** to shoot into
die **Reise,-n** trip, journey; der
**Reisebericht,-e** travel story; der
**Reiseleiter,-** trip leader; **reisen**
to travel
**reißen i,i** to pull, drag, snatch; **mit
s. reißen** to sweep away
**reiten i,i** to ride; der **Reiter,-**
rider
**reizend** charming
die **Religionsstunde,-n** religious
instruction lesson
**rennen a,a** to run
**reparieren** to repair
die **Reportage,-n** report
die **Residenzstadt,**:e imperial city
der **Rest** remainder, remnant,
leftover; **restlich** remaining
**retten** to save; der
**Rettungswagen,-** ambulance
der **Rhythmus, Rhythmen** rhythm
**richten (an)** to direct (to), turn,
focus, point
der **Richter,-** judge
**richtig** right, correct, proper; die
**Richtigkeit** correctness
die **Richtlinien** guidelines
die **Richtung,-en** direction
**riechen o,o (nach)** to smell (like)
der **Riese(n)** giant; **riesig** giant,
huge
die **Rinde,-n** crust
**rinnen a,o** to stream, run
das **Risikobewußtsein** awareness
of risk
**rivalisieren** to compete
der **Rock,**:e skirt

die **Rolle,-n** role; roller, caster
der **Roman,-e** novel
**römisch** Roman
**rosig** rosy
**rösten** to roast
**rostgelb** russet yellow; **rostig** rusty; **rostrot** auburn
**rot** red; **rötlich** reddish
das **Routineschreiben,-** routine letter
das **Rübenfeld,-er** turnip field
**rüber•gehen i,a** to go over to
**rücken** to move (over)
der **Rücken,-** back
die **Rückfahrt,-en** return trip; die **Rückkehr** return; die **Rückkunft** return; der **Rückweg,-e** way back
der **Rucksack,⁼e** backpack
der **Rückspiegel,-** rear view mirror
die **Rückwand,⁼e** back wall
**rückwärts** backwards
**rückwärts•gehen i,a** to walk backwards
**rudern** to row
der **Ruf,-e** call, shout; **rufen ie,u** to call, shout
die **Ruhe** (peace and) quiet, silence; **ruhelos** restless; **ruhen** to rest; **ruhig** calm, quiet
der **Ruhm** fame
s. **rühren** to move, budge
**rund** round; **rundherum** all around; das **Rundholz** logs; die **Rundsicht** panorama
der **Russe(n)** Russian; **russisch** Russian
der **Saal, Säle** large room, hall

die **Sache,-n** thing; die **Sachen** clothes
das **Säckchen,-** little sack
die **Sage,-n** legend
**sagen** to say, tell
die **Saison,-s** season
das **Saitenspiel** playing of a stringed instrument
der **Salon,-s** drawing room
**sammeln** to gather, collect; die **Sammlung,-en** collection
**sämtlich** all
**sandbespritzt** covered with sand
**sanft** gentle, soft
der **Sänger,-** singer; die **Sängerin,-nen** female singer
**Sankt** saint
**satt** full
der **Sattel,-** saddle; **satteln** to saddle
der **Satz,⁼e** sentence; der **Satzrhythmus,-rhythmen** sentence rhythm
**sauber** clean; **säubern** to clean
**sauerstoffarm** oxygen deficient der **Sauerstoffmangel** oxygen deficiency
die **Schadenfreude** malicious joy
das **Schaf,-e** sheep; der **Schäferhund,-e** German shepherd
**schaffen** to manage; to pass
der **Schalter,-** information window or counter
s. **schämen** to be ashamed
**schamlos** shameless, indecent
der **Schankraum,⁼e** bar
**scharf** sharp, keen; precise; harsh, hard, shrill
der **Schatten,-** shadow

**schattig** shady
**schätzen** to value; to estimate
**schaudern** to shudder
**schauen** to look
die **Schaufel,-n** dust pan
der **Schaufelstiel,-e** shovel handle
der **Schauplatz,"e** scene
die **Schauspielerin,-nen** actress
der **Schein** light, glow, reflection
**scheinbar** seeming, apparent
**scheinen ie, ie** to appear, seem; to shine
der **Scheinwerfer,-** floodlight
die **Scheiße** shit, crap
das **Scheit,-e** log
**schenken** to give
die **Schere,-n** scissors
**scheu** shy
das **Scheunentor,-e** barn door
**schicken** to send
das **Schicksal,-e** fate
**schieben o,o** to shove, push; to put
die **Schiene,-n** track, rails
**schießen o,o** to shoot
das **Schiff,-e** ship; die **Schiffstreppe,-n** ship's ladder
das **Schild,-er** sign
**schildern** to describe; die **Schilderung,-en** description
die **Schilfwiese,-n** meadow covered with reeds
**schimmern** to gleam, shimmer
der **Schlaf** sleep; der **Schlafanzug,"e** pyjamas; **schlafen ä,ie,a** to sleep; der **Schläfer,-** sleeper; die **Schlaflosigkeit** sleeplessness; **schläfrig** sleepy; der **Schlafsack,"e** sleeping bag; die

**Schlafstörung,-en** trouble sleeping; die **Schlafwandlerin,-nen** female sleepwalker; das **Schlafzimmer,-** bedroom
der **Schlag,"e** slap, blow; **schlagen ä,u,a** to beat, knock, hit, strike, slam, tap
die **Schlange,-n** snake
**schlau** cunning, crafty
**schlecht** bad, poor
der **Schleier,-** veil
**schleppen** to drag, carry
**schlicht** plain, simple
**schließen o,o** to close
**schließlich** finally; after all
**schlimm** bad
**schlittschuh•laufen äu,ie,au** to skate
das **Schloß,"sser** castle
der **Schlosser,-** metalworker
**schlucken** to swallow
der **Schlummer** slumber
**schlüpfen** to slip
das **Schlüsselwort,-e** key word
**schmal** narrow
**schmecken** to taste
**schmelzen i,o,o** to melt; das **Schmelzwasser** melted snow and ice
**Schmerz,-en** pain; **schmerzhaft** painful; **schmerzlich** painful, sad
der **Schmied,-e** smith; das **Schmiedefeuer,-** smith's fire
**schmieden** to forge
der **Schmugglerstützpunkt,-e** smugglers' stronghold
**schmutzfleckig** covered with dirt spots; **schmutzig** dirty
**schnappen** to snap

der **Schnaps,∸e** liquor, booze
der **Schnee** snow; der
**Schneeballbusch,∸e** snowball
bush; die **Schneeflocke,-n**
snowflake; der **Schneemann,∸er**
snowman; der **Schneeprinz(en)**
snow prince; die **Schneeschaufel,-n**
snow shovel; der
**Schneeschirm,-e** snow umbrella
die **Schneeschmelze,-n** thaw; der
**Schneeschuh,-e** snow shoe; die
**Schneewand,∸e** snowbank
**schneeweiß** snow-white; die
**Schneewolke,-n** snow cloud
die **Schneidemaschine,-n** cutter
**schneiden i,i** to cut
**schneien** to snow
**schnell** fast, quick; der
**Schnelläufer,-** speed skater
**schnuppern** to sniff
die **Schokoladenfabrik,-en**
chocolate factory; die
**Schokoladetafel,-n** chocolate bar
**schon** already
**schön** nicely, beautiful; die
**Schönheit** beauty
**schräg** sloping; **schräg links**
diagonally to the left
der **Schreck(en)** fright, scare
**schrecken** to frighten, scare,
terrify; **schreckerfüllt** terrified
der **Schrei,-e** scream, shout
**schreiben ie,ie** to write; die
**Schreibmaschine,-n** typewriter
der **Schreibtisch,-e** desk
**schreien ie,ie** to scream, shout
**schreiten i,i** to walk
die **Schrift,-en** (hand)writing; der
**Schriftsteller,-** writer; die

**Schriftstellerin,-nen** woman
writer
der **Schritt,-e** step; yard
**schüchtern** shy
der **Schuh,-e** shoe
**schuld sein an** to be to blame; die
**Schuld** guilt, fault, blame; das
**Schuldgefühl,-e** (feeling of) guilt
**schuldig sein** to owe
die **Schule,-n** school; **schulen** to
train, school; der **Schüler,-**
student; die **Schülerin,-nen** female
student; das **Schulgelände** school
grounds; der **Schulhof,∸e**
schoolyard; der **Schuljunge(n)**
schoolboy; das **Schulkind,-er**
schoolchild
die **Schulter,-n** shoulder
der **Schuß,∸sse** shot
die **Schüssel,-n** bowl
die **Schußwaffe,-n** firearm
die **Schusterschürze,-n** cobbler's
apron
**schütteln** to shake; s. **schütteln**
to shudder
der **Schutz** protection; das
**Schutzdach,∸er** shelter; **schützen**
to protect
**schwach** weak; faint, dim; light
**schwachbrennend** dimly lit; die
**Schwäche,-n** weakness
**schwächlich** weakly
die **Schwägerin,-nen** sister-in-law
**schwanenhalsig** like a swan's
neck; das **Schwanenpaar,-e** pair of
swans
das **Schwänzchen,-** little tail
der **Schwarm,∸e** swarm, flock
**schwarz** black; **schwarzgerahmt**

framed in black; **schwarzhaarig** black-haired; **schwarzklar** clear black; **schwarzledern** black leather; **schwärzlich** blackish

**schwatzen** to talk, chatter

**schwätzen** to chatter

**schweigen ie,ie** to be (remain) silent, keep quiet; das **Schweigen** silence

der **Schweizer,-** Swiss; das **Schweizerdeutsch** Swiss German

**schwer** heavy; difficult; big

**schwer•fallen ä,ie,a** to be difficult

das **Schwert,-er** sword

die **Schwester,-n** sister; nurse

der **Schwiegersohn,̈e** son-in-law

**schwierig** difficult; die **Schwierigkeit,-en** difficulty

**schwimmen a,o** to swim

**schwindlig** dizzy

**schwingen a,u** to swing; to brandish; die **Schwingung,-en** swinging

**schwitzen** to sweat

**schwören o,o** to swear

der **Schwung,̈e** swinging motion

der **Sechzehnjährige(r)** sixteen-year-old boy

die **Sechziger** sixties

die **See** ocean

der **See,-n** lake

die **Seele,-n** soul; **seelisch** spiritual, mental

der **Seeräuber,-** pirate; der **Seewind** sea breeze

das **Segel,-** sail

**sehen ie,a,e** to see, look

**sehenswert** worth seeing

s. **sehnen (nach)** to long (for); die

**Sehnsucht,̈e** longing, yearning

**sehnsüchtig** longing, yearning

**sehr** very

die **Seidenbluse,-n** silk blouse

die **Seife,-n** soap; der **Seifenschaum** lather

**seinetwegen** for his sake

**seit** for, since

**seitdem** since, since then

die **Seite,-n** side; direction; page

**von seiten** on the part of; der **Seitenweg,-e** side road, back road

**seitlich** sideways; **seitwärts** sideways

**sekundenlang** a few seconds

**sekundenschnell** a few seconds

**selber** self; **selbst** self; der **Selbstbefehl,-e** command given to the self; das **Selbstbildnis,-se** self-image; die **Selbstkritik** self-criticism; **selbstvergessen** oblivious; **selbstverständlich** natural; die **Selbstverständlichkeit** matter of factness; das **Selbstverständnis** self-understand-ing; die **Selbstverwirklichung** self-realization

die **Seligkeit** bliss

**selten** rare

**seltsam** odd, peculiar, strange

die **Semesterferien** (pl.) vacation

**senden a,a** to send

**senken** to lower, drop

die **Septemberversammlung,-en** September gathering

**seßhaft** settled, established

**setzen** to sit down; to pit

**seufzen** to sigh

**sicher** certain, sure, safe; die

**Sicherheit** self-confidence
**sicherlich** surely
die **Sicht** view, sight, visibility, perspective; **sichtbar** visible
der **Siebenjährige(r)** seven-year-old
die **Siebziger** seventies
der **Sieg,-e** victory; der **Sieger,-** victor; die **Siegerin,-nen** female winner
**signalisieren** to signal
**silbern** silver; das **Silberpapier** aluminum foil; die **Silberstimme,-n** silver voice
der **Simulant(en)** malingerer
**singen a,u** to sing; to buzz, humm
**sinken a,u** to drop
der **Sinn,-e** meaning, sense; **sinnlos** senseless, meaningless, futile
**sinnverwirrend** confusing the senses
die **Siphonflasche,-n** soda bottle
der **Sirenendauerton** continuous tone of the siren
der **Sitz,-e** seat; **sitzen, a,e** to sit
**sitzen bleiben ie,ie** to remain seated
**skatologisch** scatalogical
das **Skelett,-e** skeleton
der **Skistock,-̈e** ski pole
die **Skizze,-n** sketch
**so . . . wie** as . . . as
**sobald as** as soon as
die **Socke,-n** sock
**soeben** just
**sofort** immediately, at once
**sogar** even
**sogenannt** so-called
**sogleich** immediately
die **Sohle,-n** sole

der **Sohn,-̈e** son
**solange** as long as
**solch,-** such
der **Soldat(en)** soldier; die **Soldatenhose,-n** soldier's pants
der **Soldatentod** soldier's death
**sollen** to be supposed to
**sommers** in the summer; der **Sommertag,-e** summer day
**sondern** but, rather
der **Sonnabend,-e** Saturday
die **Sonne,-n** sun; der **Sonnenaufgang,-̈e** sunrise; das **Sonnendreieck,-e** triangle of sunlight; **sonnendurchflutet** sunny
**sonnig** sunny
der **Sonntag,-e** Sunday; der **Sonntagvormittag,-e** Sunday morning
**sonst** usual, (or) else; **sonst nichts (weiter)** nothing else
**sooft** whenever
die **Sorge,-n** worry; **sorgen für** to see to, make sure; **sorgfältig** careful, with care
die **Sorte,-n** kind
**soso** well well, oh yes?
**soviel** that much
**soweit** as far
**sowenig** no more, not any more
**sowenig wie** not any more than
**sowie** as soon as; as well as
**sowieso** anyway
**sowjetisch** Soviet
**sowohl . . . als** both . . . and, as well as
das **Sozialamt,-̈er** welfare office
**sozusagen** so to speak, as it were
der **Spalt,-e** opening, gap
**sparen** to save; das

**Sparschwein,-e** piggy bank
der **Spaß** fun; **Spaß machen** to
be fun
**spät** late; der **Spätwinter** late
winter
**spazieren** to stroll
**spazieren·gehen i,a** to go for a
walk; der **Spaziergang,˵e** walk
der **Speck** bacon
**speien ie,ie** to spew
die **Speise,-n** food; der
**Speisewagen,-** diner
der **Spiegel,-** mirror; das
**Spiegelbild,-er** reflection; das
**Spiegelei,-er** eggs sunny side up
**spiegeln** to reflect; der
**Spiegelsaal, Säle** mirrored
ballroom; die **Spiegelszene,-n**
scene in front of the mirror
das **Spiel,-e** play, game; **spielen**
to play; to take place; der
**Spielkamerad(en)** play mate
der **Spinat** spinach
der **Spion,-e** spy
**spitz** pointed, sharp; die **Spitze,-n**
top, pointed end; **spitzig**
pointed
der **Splitter,-** chip, splinter
**splitternackt** stark-naked
der **Sportler,-** athlete; **sportlich**
athletic
die **Sprache,-n** language; das
**Sprachgebiet,-e** language area
**sprachlich** linguistic; **sprachlos**
speechless; die **Sprachlosigkeit**
speechlessness; der **Sprachrhythmus**
rhythm of the language
**sprachsoziologisch** sociolinguistic
**sprechen i,a,o** to speak; **sprechen**
**aus** to show, reveal; der

**Sprecher,-** speaker
das **Sprichwort,˵er** proverb
**springen a,u,** to bound, leap, jump
der **Spruch,˵e** saying
der **Sprung,˵e** jump
**spucken** to spit
die **Spur,-en** trace
**spürbar** noticeable; **spüren** to
feel, sense
der **Staat,-en** state; der
**Staatsbeamte(r)** civil servant; der
**Staatsfeind,-e** enemy of the state
das **Staatsrecht** constitutional law
die **Stadt,˵e** city; die
**Stadtbahn,-en** municipal railroad
der **Stadtbahnzug,˵e** train of the
municipal railroad; **stadtbekannt**
known all over town; der
**Städtebauer,-** builder of cities; der
**Städter,-** town-dweller; die
**Stadtgrenze,-n** city limit; die
**Stadtmitte,-n** center of town; die
**Stadtpfarrkirche,-n** parish church
der **Stadtrand,˵er** edge of town
der **Stadtteil,-e** section/part of
town; das **Stadttheater,-** municipal
theater
der **Stahlhelm,-e** steel helmet
der **Stall,˵e** stable
der **Stamm,˵e** trunk
**stammeln** to stammer
**stammen aus** to come from, date
from
das **Stammlokal,-e** favorite café
**stampfen** to stamp
**ständig** constant
der **Standpunkt,-e** standpoint
die **Stange,-n** pole
der **Stapel,-** pile
**stark** strong, great, violent

**starr** rigid, paralyzed, fixed
**starren** to stare
**starr•stehen a,a** to stand paralyzed
der **Start,-s** beginning
das **Stationsgebäude,-** station building
**statt** instead of; **statt dessen** instead
**statt•finden a,u** to take place
die **Statur** build
**staubig** dusty
**staunen** to be astonished, amazed
**staunend** in astonishment/amazement
**stecken** to put, stick; to be; **zu s. stecken** to put in o.'s pocket
**stehen a,a** to stand; to be; to say (in print)
**stehen•bleiben ie,ie** to stop, stay
**stehen•lassen ä,ie,a** to leave untouched; to walk off and leave s.o.
**steif** stiff
**steigen ie,ie** to climb, get on, step, rise
**steigern** to intensify; **steigern auf** to increase to
**steil** steep
der **Stein,-e** stone; das **Steinchen,-** little stone
die **Stelle,-n** place, spot, passage; job
**stellen** to pose (question); to place, position; s. **stellen auf** to step on
die **Stellung,-en** position
der **Stellvertreter,-** deputy
das **Sterbebett,-en** deathbed
**sterben i,a,o (an)** to die (of)
der **Stern,-e** star; die

**Sternstraße,-n** ring road
**stets** always
das **Steuer,-** helm, steering wheel
das **Steuerrad,¨er** steering wheel
das **Stiefelleder** boot leather
die **Stiege,-n** stairs
der **Stil,-e** style
**still** quiet
**still•sitzen a,e** to sit quietly
**still•stehen a,a** to stop
die **Stimme,-n** voice
**stimmen** to be right, correct, true
**stimmen für** to vote for
die **Stimmung,-en** mood
**stinken a,u** to stink
das **Stipendium, Stipendien** scholarship, fellowship
die **Stirn,-en** forehead
der **Stock,¨e** stick; floor, story
das **Stockwerk,-e** floor, story
der **Stoff,-e** nutritive substance
**stolz** proud
**stören** to disturb, bother, interfere with, hamper; der **Störenfried,-e** trouble maker
**störrisch** stubborn, obstinate
der **Stoß,¨sse** shove, push; **stoßen ö,ie,o** to push, poke, punch, kick; **stoßen auf** to hit/come upon, run into; **stoßen aus** to let out
der **Strahl,-en** beam; **strahlend** radiant
der **Strand,¨e** beach
die **Straße,-n** street; die **Straßenbahn,-en** street car; die **Straßenbewohner,-** resident of a street; der **Straßengraben,¨** roadside ditch; die

**Straßenlaterne,-n** streetlight; das **Straßenloch,¨er** pothole
der **Straßenrand,¨er** roadside
**Straßentage** street days
der **Strauß,¨sse** bunch of flowers
**streben nach** to strive for
die **Strecke,-n** section, stretch, route; **strecken** to stretch
**strecken nach** to reach for
**streicheln** to stroke, caress
**streichen i,i** to cross out; to stroke
der **Streifen,-** strip
der **Streit** quarrel, argument; s.
**streiten i,i** to argue
der **Strich-,e** line
**stricken** to knit; die **Strickjacke,-n** cardigan; die **Strickmaschine,-n** knitting machine
das **Stroh** straw; das **Strohfeuer,-** straw fire; der **Strohsack,¨e** straw mattress
der **Strom,¨e** river, stream
**strömen** to stream
der **Strumpf,¨e** sock, stocking
die **Stube,-n** parlour, room
das **Stück,-e** piece, part, bit; stretch; das **Stückchen,-** little bit, small piece
die **Studentenbewegung,-en** student movement
der **Studienplatz,¨e** study place
**studieren** to study, go to college
das **Studium** studies
die **Stufe,-n** step; stage
der **Stuhl,¨e** chair; das **Stühlchen,-** little chair
**stumm** silent
der **Stumpf,¨e** stump

die **Stunde,-n** hour; period, class
**stundenlang** lasting several hours
das **Stundenzeichen,-** bell marking the end of class
die **Sturmbö,-en** squall; **stürmen** to storm
**stürzen** to fall
**stützen** to lean on; to support, rest, prop
**subtil** subtle
**suchen (nach)** to look (for), search, seek; to try
der **Süden** south
**suggerieren** to suggest
die **Summe,-n** sum total
**sumpfig** marshy
die **Sünde,-n** sin
**süß** sweet; die **Süßigkeit** sweetness; die **Süßigkeiten** candy
die **Sympathie** liking, sympathy
**sympathisch sein** to like
der **Tabakwarenladen,¨** tobacco shop
die **Tafel,-n** sign
der **Tag,-e** day; **täglich** daily
**tagsüber** during the day
das **Tal,¨er** valley
die **Tante,-n** aunt
der **Tanz,¨e** dance; **tanzen** to dance; der **Tänzer,-** dancer; die **Tänzerin,-nen** female dancer; das **Tanzlokal,-e** dance hall
die **Tasche,-n** pocket; die **Taschenlampe,-n** flashlight
die **Taschenuhr,-en** pocket watch
die **Tasse,-n** cup
die **Tat,-en** action; **in der Tat** indeed

die **Tätigkeit,-en** activity
die **Tatsache,-n** fact; **tatsächlich**
in fact, really
**taub** deaf
**tauchen** to dive
**täuschend** deceptive
das **Tauwasser** water from
melting ice and snow
die **Taxe,-n** taxi; der **Taxifahrer,-**
taxi driver
die **Technik** mechanics; der
**Technologe(n)** technologist
der **Tee** tea; die
**Teeverteilung,-en** tea distribution
der **Teich,-e** pond
der/das **Teil** part
**teilen** to share
die **Teilnahme an** participation in
**teil•nehmen i,a,o an** to participate
in; die **Teilung,-en** division
**teils** partly; **teilweise** partly
der **Telefonhörer,-** receiver; die
**Telefonzelle,-n** telephone booth
der **Telegraphendraht,ᵉe**
telegraph wire
die **Tellerbombe,-n** teller mine
(flat anti-tank mine); das
**Tellerklappern** clattering of plates
das **Tempo** pace, speed
der **Teppich,-e** rug; der
**Teppichboden,ᵉ** carpet
**teuer** expensive; dear
der **Teufel,-** devil
die **Textstelle,-n** passage of a text
die **Theaterloge,-n** box
das **Thema, Themen** theme, topic
die **These,-n** thesis, proposition
der **Thymian** thyme; der
**Thymianbusch,ᵉe** thyme bush; der

**Thymianduft,ᵉe** thyme fragrance
**tief** deep; die **Tiefe,-n** depth
**tiefernst** deadly serious; der
**Tiefflieger,-** low-flying plane; der
**Tiefkühler,-** freezer; das
**Tiefkühlfach,ᵉer** freezer
compartment; der **Tiefpunkt,-e**
low point
das **Tier,-e** animal; das **Tierchen**
little animal; **tierisch** bestial; der
**Tierkopf,ᵉe** head of an animal
**tippen** to type
der **Tiroler,-** Tirolian
die **Tischecke,-n** corner of the
table; das **Tischtuch,ᵉer** table
cloth
das **Titelblatt,ᵉer** title
page
**toasten** to drink a toast
die **Tochter,ᵉ** daughter
der **Tod** death; die **Todesangst,ᵉe**
mortal agony; das
**Todesbewußtsein** awareness of
death; der **Todesfall,ᵉe** death
**todesmutig** courageous in the face
of death; **tödlich** fatal; **todmüde**
dead tired
**toll** fantastic
der **Ton,ᵉe** tone
die **Tonart,-en** key (music)
**tönen** to tint
das **Tor,-e** gate
die **Torte,-n** cake
**tot** dead; dull (pain); der **Tote(r)**
dead person; **totenbleich**
deathly pale; der **Totengräber,-**
grave digger; **totenstill** deathly
quiet; das **Totenzimmer,-** room in
which s.o. has died

tragen ä,u,a  to carry; to wear
der Träger,-  winner; carrier
die Tragödie,-n  tragedy
die Trainingshose,-n  sweat pants
der Traktorist(en)  tractor driver
die Träne,-n  tear
der Transportpolizist(en)
transportation policeman
der Traubenzucker  glucose,
dextrose
trauen  to trust, believe; s. trauen
to dare
die Trauer  sorrow; der
Trauergang,ˮe  funeral procession;
die Trauerkapelle,-n  funeral
chapel
der Traum,ˮe  dream; träumen
to dream; traumhaft  fantastic
traurig  sad; die Traurigkeit
sadness
der Treck,-s  train of refugees
treffen i,a,o  to strike, hit; treffen
auf  to come across, meet
treiben ie,ie  to blow
s. trennen  to part
die Treppe,-n  flight of steps; die
Treppenstufe,-n  step, stair
treten i,a,e  to step, appear
der Trichter,-  crater
das Trillersignal,-e  whistle signal
trinken a,u, (auf)  to drink (to the
health of)
der Tritt,-e  steps
trocken  dry; trocknen  to dry
die Trompete,-n  trumpet
das Tröpfchen,-  drop (to drink)
tropfen  to drip
trotz  despite
die Trunkenheit  intoxication

das Trupp,-s  troop, group; das
Trüppchen,-  little troop; die
Truppe,-n  troop
der Tscheche(n)  Czech
das Tuch,ˮer  cloth; scarf; der
Tuchmantel,ˮ  cloth coat
die Tulpe,-n  tulip
der Tumult,-e  commotion
tun a,a  to do
tupfen  to dab
die Tür,-en  door; der Türgriff,-e
door handle
der Türke(n)  Turk; die Türkei
Turkey; türkisch  Turkish
der Turm,ˮe  tower; die
Turmuhr,-en  clock on the tower
turnen  to do gymnastics; der
Turner,-  gymnast; das
Turnhemd,-en  gym shirt, tank
top; der Turnlehrer,-  PE teacher
der Turnschuh,-e  gym shoe
der Türpfosten,-  door post
das Übel,-  evil
(s.) üben (in)  to practice
über  over, about, across, above
überall  everywhere; überallher
(from) everywhere
überarbeitet  overworked
überaus  extremely, exceedingly
überfallen ä,ie, a  to come over
der Überfluß an  abundance of
übergeben i,a,e  to hand over
über•gehen i,a in  to turn into
überhängen  to overhang
überhaupt  at all; anyway
überhaupt nicht  not at all
überhören  to ignore
überkleben  to paste, glue over
über•kochen  to boil over

**überlassen ä,ie,a** to leave to; to let s.o. have s.th., entrust

**(s.) überlegen** to think about/over, deliberate; **die Überlegung,-en** reflection, thought

**übermorgen** the day after tomorrow

**übernächst** next . . . but one

**die Übernahme,-n** takeover

**übernehmen i,a,o** to take (on)

**überqueren** to cross

**überraschen** to surprise, catch by surprise; **die Überraschung,-en** surprise

**überschreiten i,i** to cross

**übersetzen** to translate; **der Übersetzer,-** translator

**die Übersiedlung,-en** moving

**über•springen a,u auf** to jump to

**überstehen a,a** to survive

**überströmt sein von** to be streaming with

**übertragen ä,u,a auf** to spread to

**übertreiben ie,ie** to exaggerate

**übertrieben** exaggerated, excessive

**über•treten i,a,e** to switch over

**überwachen** to keep a watch on

**überweit** loose fitting

**überwinden a,u** to overcome; **die Überwindung** overcoming

**überzeugen** to convince; **die Überzeugung,-en** conviction

**übrig•bleiben ie,ie** to be left over

**übrigens** incidentally, by the way

**die Übung,-en** exercise; **die Übungsbesteigung,-en** practice climb; **der Übungsflug,¨e** practice flight

**die Uhr,-en** clock, o'clock; **der Uhrenschlag,¨e** stroke of the clock

**die Uhrzeit** time

**um** round, around, at

**um . . . zu** in order to

**um•arbeiten** to adapt

**umarmen** to embrace

**um•bauen** to rebuild

**um•binden a,u** to put on

**s. um•blicken** to look around

**um•bringen a,a** to kill

**um•drehen** to turn around

**um•fallen ä,ie,a** to drop (dead)

**umfangen ä,i,a** to embrace, envelop

**umfassen** to grasp, clasp

**umgeben i,a,e** to surround

**die Umgebung,-en** surrounding area, vicinity

**um•gehen i,a mit** to treat, interact with

**umgekehrt** vice versa

**umher•gehen i,a** to walk around

**umher•wandern** to wander about

**um•kehren** to turn around

**um•kleiden** to change clothes

**um•kommen a,o** to die, perish

**der Umkreis** radius

**umrahmen** to draw around

**umringen** to surround

**s. um•schauen** to look around

**umschlingen a,u** to embrace

**s. um•sehen ie,a,e** to look around

**um•sinken a,u** to fall over

**umspringen a,u** to leap/dance around

**der Umstand,¨e** circumstance

**um•steigen ie,ie** to change trains

**um•wechseln** to shift
die **Umwelt** environment
**um•wenden a,a** to turn around
**um•ziehen o,o** to change, get changed
**unangenehm** unpleasant
**unaufhörlich** constant, ceaseless
**unaussprechbar** unspeakable
**unbedingt** absolutely
**unbekannt** unknown
**unbemerkt** unnoticed
**unbeobachtet** unwatched
**unbeschadet** unharmed
**unbeschreiblich** indescribable, tremendous
**unbestimmt** uncertain, vague, indefinite, indefinable
**unbeweglich** motionless; **unbewegt** motionless; die **Unbeweglichkeit** motionlessness
**unbrauchbar** useless
**undurchsichtig** opaque
**unendlich** endless
**unerkennbar** unrecognizable
**unerklärlich** inexplicable
**unermeßlich** immense, vast
**unermüdlich** untiring, tireless
**unerträglich** unbearable
**unerwartet** unexpected
die **Unfallstation,-en** first-aid station
**unförmlich** shapeless
der **Unfrieden** discord
**ungeboren** unborn
die **Ungeduld** impatience
**ungeduldig** impatient
**ungefähr** about, approximately
**ungehorsam** disobedient; der **Ungehorsam** disobedience

**ungelegt** unlaid (eggs)
**ungeschickt** awkward, clumsy
**ungesehen** unseen
**ungesungen** unsung
**ungewöhnlich** unusual, exceptional
**ungewohnt** unfamiliar
**unglaublich** unbelievable, incredible; die **Unglaublichkeit,-en** false belief; **unglaubwürdig** implausible
**ungleichmäßig** uneven
das **Unglück** accident, tragedy, disaster, misfortune; der **Unglückliche(r)** unhappy person
**ungünstig** unfavorable
**unheimlich** eerie, spooky
der **Uniformrock,ꞏe** short uniform coat
**unmenschlich** inhuman
**unmöglich** impossible
**unnatürlich** unnatural
**unordentlich** disheveled
**unruhig** noisy; restless; uneasy, troubled
**unscharf** blurred, fuzzy
**unsensibel** insensitive
**unsicher** unsure, uncertain; unstable; insecure; unsteady
**unsichtbar** invisible
der **Unsinn** nonsense
**unstillbar** uncontrollable
**unten** down below
**unter-** lower
**unter** under, underneath, below, among
der **Unterarm,-e** forearm
**unterbrechen i,a,o** to disrupt, disconnect

**unterdessen** in the mean time
**unterentwickelt** underdeveloped
die **Unterführung,-en** underpass
**unter•gehen i,a** to come to an
end
**unterhalb** below
**unterhalten ä,ie,a** to entertain; s.
**unterhalten** to converse
das **Unterhemd,-en** undershirt
die **Unterhose,-n** underpants
der **Unterkiefer,-** lower jaw
der **Unterkörper,-** lower part of
the body
**unternehmen i,a,o** to undertake,
take (trip), make, attempt
der **Unteroffizier,-e**
non-commissioned officer
die **Unterredung,-en** discussion
**unterrichten** to instruct, inform
der **Unterrock,ːe** petticoat
**unterscheiden ie,ie** to distinguish
s. **unterscheiden** to differ; die
**Unterscheidung,-en** differentia-
tion, distinction; der
**Unterschied,-e** difference
**unterstreichen i,i** to emphasize,
underline
**untersuchen** to examine, research
die **Untersuchung,-en**
investigation; das
**Untersuchungslager,-** examination table; der
**Untersuchungstisch,-e**
examination table
**unterwegs** on the road
**unverändert** unchanged
**unverbraucht** not worn out
**unvermeidlich** inevitable
**unverständlich** incomprehensible

**unwahrscheinlich** unlikely,
incredible
**unwichtig** unimportant
**unwillig** unwilling, reluctant;
indignant
**unwirklich** unreal
die **Unwirklichkeit** unreality
**unzählig viele** in huge numbers
**unzerstört** not destroyed
**unzertrennlich** inseparable
der **Urgroßvater,ː**
great-grandfather
die **Ursache,-n** cause
**ursprünglich** originally
das **Urteil,-e** opinion, judgment,
verdict, sentence; **urteilen** to
judge
der **Vater,ː** father; die
**Vaterfigur,-en** father figure; die
**Vaterstadt,ːe** home town
die **Verabredung,-en** agreement,
date
s. **verabschieden** to say goodbye
**veränderbar** changeable
**verändern** to change; die
**Veränderung,-en** change
**verankern** to anchor
der **Verband,ːe** bandage
**verbergen i,a,o** to conceal
**verbieten a,o** to prohibit
**verbinden a u** to associate; to
combine; to bandage; die
**Verbindung,-en** connection; das
**Verbindungsstück,-e** connecting
piece
**verbittert** embittered; die
**Verbitterung** bitterness
**verbogen** bent out of shape
**verboten** prohibited

**verbrauchen** to use (up)
der **Verbrecher,-** criminal
**verbrecherisch** criminal
**verbrennen a,a** to burn
**verbringen a,a** to spend (time)
der **Verdacht** suspicion
**verdammt** damned
**verdecken** to hide from view
**verdienen** to earn, deserve
**verdunkeln** to darken
**verdursten** to die of thirst
**verebben** to subside
der **Verehrer,-** admirer; die
**Verehrung** admiration
**verenden** to die, perish
der **Verfall** decline
**verfangen** immured
der **Verfasser,-** author
**verfolgen** to haunt; to follow; to
persecute; der **Verfolgte(r)**
persecuted person; die **Verfolgung**
pursuit, persecution
**vergangen** last; past; die
**Vergangenheit** past
**vergeben i,a,e** to forgive
**vergeblich** in vain
**vergehen i,a** to pass (time)
**vergessen i,a,e** to forget
der **Vergleich,-e** comparison
**vergleichbar** comparable
**vergleichen i,i (mit)** to compare
(to)
das **Vergnügen,-** pleasure,
amusement; **vergnügt** cheerful,
happy
**vergraben ä,u,a** to bury
das **Vergrößerungsglas,:er**
magnifying glass
das **Verhalten** behavior, conduct; s.

**verhalten ä,ie,a** to act, behave; die
**Verhaltensregeln** rules of conduct
das **Verhältnis,-se** relationship;
attitude
s. **verheiraten** to marry
**verhindern** to prevent
**verhungern** to starve; der
**Verhungerte(r)** starving person
**verkaufen** to sell
s. **verkleiden** to dress up
**verkrampfen** to become cramped,
tense up
**verkrüppelt** crippled
**verkrusten** to crust
**verlangen** to ask for, demand; to
require; to want; das **Verlangen**
**(nach)** desire, yearning, longing
(for); **verlangen (nach)** to long (for)
**verlangsamen** to slow down
**verlassen ä,ie,a** to leave
**verlassen** deserted
**verlaufen äu,ie,au** to go
**verlegen** to misplace; die
**Verlegenheit** embarrassment
**verletzt** injured
**verliebt sein** to be in love
**verlieren o,o (an)** to lose (some of)
s. **verlieren** to end in
**verloben mit** to betroth to; s.
**verloben** to become engaged; der
**Verlobte(r)** fiancé; der
**Verlobungsring,-e** engagement
ring
**verlogen** mendacious
**verloren•gehen i,a** to get lost
der **Verlust,-e** loss
**vermeiden ie,ie** to avoid
**vermeinen** to think
**vermessen i,a,e** to measure

vermögen, o,o  to be able to
vermuten  to suspect; **vermutlich**
presumable; die **Vermutung,-en**
assumption
vernehmen i,a,o  to hear
verneinen  to negate
die **Vernichtung,-en**  destruction,
extermination
vernünftig  sensible
verpacken  to wrap
verpassen  to miss
verreisen  to go on a trip
verrosten  to rust
verrückt  crazy
der **Versammlungsleiter,-**
chairman of the meeting
verschattet  covered by shadows
verschieden  different, various
verschließen o,o  to keep locked
verschlingen a,u  to engulf; to
swallow up
verschlossen  closed, locked, sealed
verschneit  snow covered
verschwinden a,u  to disappear
versichern  to affirm; die
**Versicherung,-en**  assurance
versinken a,u  to sink into
die **Versorgungskolonne,-n**  food
convoy
verspätet  belated
versprechen i,a,o  to promise; die
**Versprechung,-en**  promise
die **Verständigung,-en**
understanding, communication; das
**Verständnis**  understanding
verständnisvoll  understanding
s. **verstärken**  to intensify
das **Versteck,-e**  hiding place
verstecken  to hide

verstehen a,a  to understand, know
how to
der **Versuch,-e**  attempt
versuchen  to attempt
vertauschen  to exchange, mix up
die **Verteidigung,-en**  defense
verteilen  to assign, hand out
s. **vertiefen**  to deepen; **vertieft
sein**  to be engrossed
vertreiben ie,ie  to drive/shoo
away
der **Vertreter,-**  representative
verurteilen  to condemn
vervollständigen  to complete
die **Verwandlung,-en**
transformation, change
die **Verwandtschaft,-en**  relatives;
relationship; der **Verwandte(r)**
relative
verwarnen  to caution, warn
verwechseln (mit)  to confuse, mix
up, mistake (for)
die **Verweigerung,-en**  refusal
verwenden  to use, employ
verwirklichen  to realize, turn into
reality
verwirren  to bewilder, confuse
verworren  jumbled, unclear
verwunderlich  surprising
verwundern  to astonish, amaze
der **Verwundete(r)**  wounded person
die **Verzauberung,-en**
enchantment
verzeihen ie,ie  to forgive
verziehen o,o  to move away
verzweifelt  desperate; die
**Verzweiflung**  despair, desperation
der **Veteranenstolz**  veteran's pride
vibrieren  to vibrate

viel- much, many
vielfältig varied
vielleicht perhaps
vielmehr rather
die Vierergruppe,-n group of four
persons
der Viertausender,- mountain
with an altitude of four thousand
and some meters
die Viertelstunde,-n quarter of an
hour
vierziger forties
vitaminreich rich in vitamins
der Vogel,: bird
die Vokabel,-n vocabulary
das Volk people; lower social
classes
voll full
der Vollbart,:e (full) beard
völlig completely
vollkommen perfect, complete,
absolute
der Vollmond full moon; die
Vollmondnacht,:e night of a full
moon
voll·packen to fill
vollständig completely
von from, by
vor in front of, outside, before,
ahead, with; ago
vor allem above all
vor und zurück backwards and
forwards
vor sich hin + verb to + verb to
o.s.
voran·gehen i,a to go first, lead
the way, precede
voran·kommen a,o to make
headway

voran·schreiten i,i to stride in
front/ahead, progress
der Vorarbeiter,- foreman
voraus ahead
voraus·gehen i,a to go ahead
voraus·sagen to predict
voraus·schicken to send ahead
vorbei past
vorbei·fahren ä,u,a bei to drop in
on s.o.
vorbei·gehen i,a an to walk past,
pass
vorbei·kommen a,o an to pass by
vorbei·laufen äu,ie,au to run past
vorbei·marschieren to march by
vorbei·reiten i,i to ride past
vorbei·schießen o,o to shoot past
vorbei·tragen ä,u,a to carry past
s. vor·bereiten auf to prepare o.s.
for; vorbereitet ready
vor·beugen to bend over
vorbildlich exemplary
vor·bringen a,a to say
vordem earlier
vorder- front
vorerst at first
vor·fallen ä,ie,a to fall forward
vor·führen to demonstrate, show
der Vorgang,:e event
der Vorgarten,: front yard
vor·gehen i,a to go on
vorher previously, beforehand
vorhin a short while ago
vor·holen to get out
vorig- last
vor·kommen a,o to seem, appear;
to happen
vor·kriechen o,o to crawl/creep
forward

**vor•legen** to put to, present

s. **vor•lehnen** to lean forward

**vorletzt-** next to the last

**vor•liegen a,e + es** to be

**vorliegend** at hand

**vor•machen** to show how to do, demonstrate

der **Vormarsch** advance

**vorn(e)** front; **nach vorn** to the front

der **Vorname(n)** first name

**vornehm** elegant

**vor•neigen** to lean forward

**vornüber•fallen ä,ie,a** to fall forward

der **Vorort,-e** suburb; die **Vorortbahn,-en** suburban commuter train

**vor•schießen o,o** to shoot up

der **Vorschlag,⁼e** suggestion

**vor•schlagen ä,u,a** to suggest

**vor•schreiben ie,ie** to prescribe

die **Vorsicht** caution; **vorsichtig** cautious, careful

**vor•singen a,u** to sing to

**vor•springen a,u** to jump forward

s. **vor•stellen** to imagine, envisage

die **Vorstellung,-en** idea

**vor•strecken** to stretch out, put forward

der **Vortrag,⁼e** lecture

**vor•tragen ä,u,a** to perform, sing

**vortrefflich** excellent, superb

**vor•treten i,a,e** to jut out

**vorüber** over, past

der **Vorübergehende(r)** passer-by

**vorüber•kommen a,o an** to pass by, go past

**vorwärts** forward

**vorwärts•gleiten i,i** to glide forward

**vorwärts•kommen a,o** to make progress

**vor•werfen i,a,o** to reproach, accuse

der **Vorwurf,⁼e** reproach

das **Vorzimmer,-** outer office; antechamber

**vorzüglich** excellent

**wach** awake

die **Wache,-n** guard; **Wache haben** to be on watch; **wachen** to be awake; **wach•halten ä,ie,a** to keep awake

**wachsen ä,u,a** to grow

das **Wachslicht,-er** wax candle

der **Wachstuchtisch,-e** oilcloth-covered table

die **Waffe,-n** weapon

(s.) **wagen** to dare, venture

der **Wagen,-** car, carriage; die **Wagendecke,-n** inside roof of a car; das **Wagenfenster,-** car window

die **Wahl** choice

**wählen** to choose

**wahr** true, real

**wahren** to keep, preserve

**während** during

**wahrhaftig** indeed, truly

die **Wahrheit ,-en** truth

**wahrheitsgemäß** truthfully

**wahrscheinlich** probably

der **Wald,⁼er** wood, forest; der **Waldrand,⁼er** edge of the forest

das **Waldstück,-e** section of the forest, wooded area

die **Wand,⁼e** wall

der **Wandel** change
**wandern** to drift
die **Wanduhr,-en** wall clock
die **Wange,-n** cheek
**wann** when, at what time
die **Ware,-n** goods
die **Wärme** warmth; **wärmen** to
warm; die **Wärmestube,-n**
warming room
die **Wartefrist,-en** waiting period
**warten (auf)** to wait (for)
**warum** why; **warum wohl** why
do you think
**was** what; **was für** what kind of
das **Waschbecken,-** wash basin
die **Wäsche** underwear; **waschen**
**ä,u,a** to wash
das **Wasser,⸚** water; das
**Wasserbad,⸚er** water bath
**wasserfleckig** covered with
waterspots; der **Wasserspiegel,-**
surface of the water; der
**Wasserstoffbombenversuch,-e**
hydrogen bomb test; **wassersträhnig**
wet and stringy; der
**Wasserwerfer,-** water cannon
**wechseln** to change, exchange
**wecken** to wake
**weder . . . noch** neither . . . nor
der **Weg,-e** path, way, journey; die
**Wegbiegung,-en** bend in the path
**weg•bleiben ie,ie** to stay away
**weg•bringen a,a** to take away
s. **weg•denken a,a** to imagine life
without
**weg•drehen** to turn away
**wegen** because of, on account of,
due to
**weg•fahren ä,u,a** to depart, leave

**weg•gehen i,a** to leave
**weg•gleiten i,i** to glide away
**weg•helfen i,a,o über** to help s.o.
to get over s.th.
**weg•holen** to take away
**weg•kriegen** to get out
**weg•laufen äu,ie,au** to run away
**weg•schicken** to send away
**weg•sehen ie,a,e** to look away
**weg•stoßen ö,ie,o** to push away
**weg•werfen i,a,o** to throw away
**weg•wischen** to wipe away
**weh tun a,a** to hurt
**wehen** to blow
**wehrlos** defenseless; die
**Wehrmacht** army; die
**Wehrmachtseinheit,-en** military
unit; der **Wehrmachtsoffizier,-e**
officer of the armed forces; der
**Wehrmachtswagen,-** army trucks
das **Weib,-er** woman; **weiblich**
female
**weich** soft
die **Weide,-n** pasture, meadow
s. **weigern** to refuse
die **Weihnachten** Christmas; der
**Weihnachtsmann,⸚er** Santa Claus
die **Weihnachtsüberraschung,-en**
Christmas surprise
**weil** because
das **Weilchen** little while; die
**Weile** while
**weinen** to cry
das **Weinflaschengrün** wine bottle
green; **weinrot** wine red, claret
die **Weise,-n** way, manner,
fashion; **auf . . . Weise** in . . . way
**weiß** white; **weißen** to
whitewash

**weit** far, further; baggy; **weiten** to widen; **weiter** further; other
**weiter·fahren ä,u,a** to continue
**weiter·gehen i,a** to go on
**weiter·machen** to continue
**weiter·reiten i,i** to continue riding
**weiter·rücken** to move further along
**weiter·steigen ie,ie** to climb on
**weiter·tragen ä,u,a** to carry further/on
**weiter·ziehen o,o** to move on
**weitgehend** largely
**weither** far away
**weithin** far off
**welch-** which
die **Welle,-n** wave
die **Welt,-en** world; die **Weltanschauung,-en** world view, philosophy of life; **weltberühmt** word famous; das **Weltbild,-er** view of the world; der **Weltkrieg,-e** world war; der **Weltuntergang** end of the world
**wen** whom
**wenden a,a,** to turn (around)
**wenig** little, few
**wenigstens** at least
**wenn** when, if, whenever
**wer** who; **werweißwo** who knows where
die **Werbung,-en** advertisement
**werden i,u,o (zu)** to become, turn into
**werfen i,a,o** to throw, cast
das **Werk,-e** work, product; der **Werkmeister,-** foreman
**wert** worth; der **Wert,-e** value

die **Werteskala,-s** scale of values
**wertlos** worthless; **wertvoll** valuable
das **Wesen** nature; being, creature
die **Wespe,-n** wasp; der **Wespenschwarm,-̈e** swarm of wasps
der **West(en)** west
die **Westillustrierte(e)** magazine published in the west
**westlich** western
das **Wetter** weather
**wichtig** important
**wickeln** to diaper
**wider** contrary to
der **Widerschein** reflection
**wider·spiegeln** to reflect
**widersprechen i,a,o** to contradict
der **Widerstand,-̈e** resistance
**wie** how, as
**wieder** again; **immer wieder** again and again
der **Wiederaufbau** reconstruction
**wieder·beleben** to revive
**wieder·finden a,u** to find again
**wieder·geben i,a,e** to describe, tell
**wiederholen** to repeat; die **Wiederholung,-en** repetition
**wieder·kommen a,o** to come back
**wieder·sehen ie,a,e** to see again
das **Wiedersehen** reunion
die **Wiese,-n** meadow; der **Wiesenrand,-̈er** edge of the meadow
**wieso** why, how come
**wieviel-** how many
der **Wildschweinbraten,-** roast wild boar

die **Willensanstrengung,-en** effort of will

**winden a,u um** to wrap around

die **Windgeschwindigkeit,-en** wind velocity; die **Windstärke,-n** wind force; **windstill** still, windless; die **Windstille** calm; der **Windstoß,ːe** gust of wind

**winken** to wave, motion

**winzig** tiny

**wirken** to appear

**wirklich** real; die **Wirklichkeit** reality

**wirksam** effective; die **Wirkung,-en** effect

**wirr** confused

der **Wirt,-e** innkeeper; host; die **Wirtin,-nen** hostess; die **Wirtshausrechnung,-en** bar tab

**wischen** to wipe

**wissen ei,u,u** to know

die **Wissenschaft,-en** science

der **Witz,-e** joke; das **Witzwort,-e** humorous remark

**wo** where

die **Woche,-n** week; das **Wochenende,-n** weekend

**wöchentlich** weekly

**woher** from where

**wohin** where (to)

**wohl** probably

**wohl·gefallen ä,ie,a** to please

der **Wohllaut,-e** melodious sound

das **Wohlleben** life of luxury

der **Wohltätigkeitsbasar,-e** bazaar

**wohnen** to live, dwell; die **Wohngroßbauten** large apartment buildings; die **Wohnstube,-n** living room; die **Wohnung,-en** apartment, home; das **Wohnzimmer,-** living room

der **Wolfshund,-e** German shepherd

die **Wolke,-n** cloud; der **Wolkenzoo,-s** zoo in the clouds

die **Wolldecke,-n** wool blanket

**wollen i,o,o** to want to, intend

das **Wollgras** cotton grass

das **Wort,-e/ːer** words; das **Wörterbuch,ːer** dictionary

**wörtlich** literally; der **Wortwechsel,-** exchange (of words)

**wozu** why, to what, what

das **Wunder,-** wonder; **wunderbar** wonderful, lovely

s. **wundern** to be surprised/amazed

die **Wunderwaffe,-n** miracle weapon; das **Wunderwerk,-e** miracle, marvel

der **Wunsch,ːe** wish; **wünschbar** desirable; das **Wunschbild,-er** ideal

**wünschen** to wish

**würdig** worthy

die **Wurst,ːe** sausage; das **Wurstbrot,-e** meat sandwich

die **Wurzel,-n** root

der **Yogurtbecher,-** yogurt container

die **Zahl,-en** number

**zählen** to count; **zählen zu** to rank as, belong to

der **Zahn,ːe** tooth; der **Zahnarzt,ːe** dentist; die **Zahnbürste,-n** tooth brush

**zahnlos** toothless

**zärtlich** affectionate, tender

das **Zauberbrot,-e** magic bread

**zauberhaft** enchanting; **zaubern** to conjure (up)

der **Zaun,**-e fence

der **Zeh,-en**/die **Zehe,-n** toe; **auf Zehenspitzen** on tiptoe

**zehnfach** ten times

das **Zeichen,-** sign, symbol, indication, signal

**zeichnen** to portray, depict, draw

die **Zeichnung,-en** drawing

der **Zeigefinger,-** index finger

**zeigen** to show; s. **zeigen** to appear, show; **zeigen auf (nach)** to point to; der **Zeiger,-** hand (clock)

die **Zeile,-n** line

die **Zeit,-en** time; die **Zeitansage** telephone time service

**zeitgenössisch** contemporary; eine **Zeitlang** for a while; **zeitweilig** temporary; **zeitweise** at times; das **Zeitzeichen,-** time signal (radio)

die **Zeitung,-en** newspaper

die **Zelle,-n** cell

das **Zelt,-e** tent; die **Zeltverankerung,-en** tent anchorage

der **Zementfertigteil,-e** prefabricated cement block

**zentralgeheizt** centrally heated

**zerbrechen i,a,o** to break

der **Zerfall** decline, disintegration

**zerfallen ä,ie,a** to disintegrate

**zerreißen i,i** to split apart, rend, tear; **zerrissen** inwardly torn

**zerschlagen ä,u,a** to smash

**zerschneiden i,i** to cut up

**zerstören** to destroy

**zertreiben ie,ie** to scatter

der **Zettel,-** piece of paper

der **Ziegel,-** brick

**ziehen o,o** to tear, pull, draw; to move on

das **Ziel,-e** goal, aim, objective

**ziemlich** quite, pretty, rather

das **Zigarettenpäckchen,-** pack of cigarettes; der **Zigarettenstummel,-** cigarette butt

der **Zigeuner,-** gypsy

das **Zimmer,-** room

**zitieren** to quote

die **Zitrone,-n** lemon

**zittern** to tremble, shake

**zivil** civilian; der **Zivilberuf,-e** profession in civilian life; der **Zivilist(en)** civilian; die **Zivilperson,-en** civilian

**zögern** to hesitate

**zu** to, towards, across in, out of, for; too

**zu•beißen i,i** to bite

s. **zu•bewegen gegen** to move towards

**züchten** to breed

der **Zucker** sugar

**zu•decken** to cover

**zu•drücken** to press shut, close

**zuerst** (at) first

**zu•fahren ä,u,a** to drive towards

**zu•fallen ä,ie,a** to fall shut; fall to s.o.'s lot

**zufällig** chance; das **Zufällige(s)** casualness

**zu•flüstern** to whisper to

**zufrieden** satisfied, content; die **Zufriedenheit** satisfaction

**zu•fügen** to add

zu•führen  to supply
der Zug,ːe  train
zu•geben i,a,e  to admit
zu•gehen i,a auf  to walk towards
der Zugführer,-  platoon leader
zugleich  at the same time, both
die Zugluft  draft
die Zugnummer,-n  number of the train
zugrunde liegen a,e  to underlie
zu•halten ä,ie,a  to hold o.'s (nose)
zuhause  at home
zu•hören  to listen; der Zuhörer,- listener
zu•kehren  to turn towards
zu•knöpfen  to button
zu•kommen a,o auf  to come towards
die Zukunft  future
zu•lassen ä,ie,a  to allow, permit
zuletzt  last, finally, in the end
zumal  especially
zunächst  at first; next to
zu•nehmen i,a,o (an)  to increase (in)
die Zunge,-n  tongue; die Zungenspitze,-n  tip of the tongue
zu•nicken  to nod to
zurecht•kommen a,o  to come to terms
s. zurecht•setzen  to settle o.s.
zu•rennen a,a auf  to run towards
zurück  back
zurück•biegen o,o  to bend back
zurück•blicken  to look back
zurück•bringen a,a  to bring back
zurück•denken a,a  to think back
zurück•geben i,a,e  to give back, return

zurück•gehen i,a  to go back
zurück•halten ä,ie,a von  to keep s.o. from
zurückhaltend  reserved
zurück•holen  to get back
zurück•kehren  to return
zurück•kommen a,o (auf)  to return (to)
zurück•kriechen o,o  to crawl back
zurück•laufen äu,ie,au  to go back
zurück•legen  to put back
s. zurück•lehnen  to lean back
zurück•neigen  to bend back
zurück•reißen i,i  to pull back
zurück•rufen ie,u  to call back
zurück•schicken  to send back
zurück•springen a,u  to jump back
zurück•stellen  to put back
zurück•stoßen ö,ie,o  to push back
zurück•weichen i,i (vor)  to retreat; to shrink back (from)
zurück•wenden a,a  to turn back
zurück•werfen i,a,o  to throw back
zurück•ziehen o,o  to pull back, withdraw
zu•rufen ie,u  to call/shout to
zusammen  together
zusammen•binden a,u  to tie
zusammen•bleiben ie,ie  to stay together
der Zusammenbruch,ːe  collapse
zusammen•fassen  to summarize; to combine
zusammengebissen  clenched
zusammen•hängen i,a  to be connected

zusammen•kaufen  to buy up
zusammen•kommen a,o  to meet, come together
zusammen•rollen  to roll up
zusammen•sacken  to collapse
zusammen•schlagen ä,u,a  to beat to a pulp
zusammen•schließen o,o  to join together
zusammen•setzen  to compose, put together
zusammen•sinken a,u  to collapse
zusammen•sitzen a,e  to sit together
zusätzlich  in addition
zu•schauen  to watch; der Zuschauer,-  spectator, onlooker, member of the audience; die Zuschauerschaft  assembled spectators
zu•schieben o,o  to push over to s.o.
zu•schießen o,o auf  to shoot/rush up to
zu•schlagen ä,u,a  to hit/strike out
zu•schließen o,o  to lock up
zu•schnüren  to tie
zu•schrauben  to screw on
zu•schreien ie,ie  to scream at
zu•sehen ie,a,e  to watch, look on

der Zustand,⸚e  condition, situation, state (of affairs)
zu•stimmen  to agree
zu•stoßen ö,ie,o  to plunge
zu•treffen i,a,o  to be true
zu•trinken a,u  to toast s.o.
zuunterst  at the very bottom
zuvor  previously, before
zu•wachsen ä,u,a  to overgrow
zuwenden a,a  to turn towards
zu•werfen i,a,o  to throw to s.o.
zu•winken  to wave
zwanzigstündig  twenty-hour
zwar  to be sure, it is true that
zweier  of two; die Zweierreihe,-n  rows of two; zweifarbig  two-tone
der Zweifel,-  doubt; zweifeln  to doubt
der Zweig,-e  branch
zweijährig  two-year-old; zweimal  twice; zweimalig  twice
zweistimmig  in two parts
zweistöckig  two-storied; zweit-  second; der Zweitletzte(r)  next to the last person
der Zwergenmantel,⸚  midget's coat
die Zwiebel,-n  onion
zwingen a,u  to force
zwo  two